Vladimír Palko
Die Löwen kommer

Vladimír Palko

Die Löwen kommen

WARUM EUROPA UND AMERIKA
AUF EINE NEUE TYRANNEI ZUSTEUERN

Aus dem Slowakischen
von Sylvia Neisser Kováčová

2. Auflage 2014
© fe-medienverlags GmbH
Hauptstr. 22, D-88353 Kißlegg
www.fe-medien.de

Lektorat: Christof Gaspari
Umschlaggestaltung: Manuel Kimmerle
Druck: orth-druk, Bialystok (Polen)

Printed in EU

ISBN 978-3-86357-072-9

Die Originalausgabe erschien 2012
unter dem Titel „Levy prichádzajú"
im Michal-Vaško-Verlag, Prešov (Slowakei)

INHALTSVERZEICHNIS

VORWORT

Vor rund 25 Jahren haben wir die ersten Kontakte zu Christen in unserem Nachbarland, der Slowakei, geknüpft. Damals gab es zwar noch den Eisernen Vorhang, der Österreich im Osten umschloss, aber schon bald sollte sich die Situation ändern: Ab 1989 lebten wir Wiener nicht mehr am äußersten Rand der westlichen Welt, sondern es öffneten sich die Tore zu unseren östlichen Nachbarn, zu Ländern, mit denen uns eine lange gemeinsame Geschichte verband.

So brachen wir also in das nur 80 Kilometer entfernte Bratislava auf, nicht um dort zu Spottpreisen zu dinieren, sondern um die Christen unseres Nachbarlandes näher kennenzulernen. Wie beschenkt wurden wir doch durch die Begegnungen, die sich dabei ergaben! Wir lernten eine glaubensstarke, im Widerstand gegen den Kommunismus bewährte Kirche kennen. In der Zeitschrift »Vision2000«, die wir seit 25 Jahren herausgeben, haben wir das Zeugnis einer Reihe von Persönlichkeiten, die sich in der Auseinandersetzung mit dem Kommunismus und im Aufbau einer Untergrundkirche große Verdienste erworben hatten, veröffentlicht.

Zu diesen Persönlichkeiten gehört auch František Mikloško, einer der wichtigsten Akteure im Untergrund und danach viele Jahre Abgeordneter für die Christlich-Demokratische Bewegung (KDH) sowie Vorsitzender des Slowakischen Nationalrats von 1990 bis 1992. Ihm verdanken wir den Kontakt zu Vladimir Palko, dem Autor dieses Buches, das 2012 auf Slowakisch unter dem Titel »Levy prichádzajú« erschienen ist.

Als wir dessen deutsche Übersetzung in die Hand bekamen, war uns klar: Diese Studie der politischen Entwicklung in Europa und Nordamerika musste unbedingt für den deutschen Sprachraum zugänglich gemacht werden. Im fe-Verlag fanden wir dafür auch den geeigneten Herausgeber.

Flott geschrieben, mit viel Dokumentation versehen, schildert das Buch, wie sich in den letzten Jahrzehnten ein neuer Wertekanon in den westlichen Gesellschaften etabliert hat. Dieser stellt eine fundamentale Abkehr vom bis ins 20. Jahrhundert prägenden christlichen Menschenbild dar. Christen, die Jahrzehnte hindurch im Kampf mit der kommunistischen Diktatur gestanden waren und unter deren Verfolgung leiden mussten, erlebten nun nach 1989, wie sich ihre ehemaligen Unterdrücker im Handumdrehen an das westliche System anpassten und von diesem mit offenen Armen aufgenommen wurden. Palko –langjähriger Abgeordneter im Nationalrat und von 2002 bis 2006 Innenminister der Slowakei – hat diese Entwicklung aus unmittelbarer Nähe und nicht nur in seinem eigenen Land miterlebt.

Ausführlich schildert er das für die Christen aus dem Osten zunächst unfassbare Phänomen, wie die konservativen und christdemokratischen Parteien im Westen dem Sog der linken Ideologie in fast allen Ländern des Westens erlagen, ja zum Teil sogar aktiv an der Etablierung der mittlerweile vorherrschenden Kultur des Todes mitwirkten. Für uns hier im Westen gehört das mittlerweile so zum Alltäglichen, dass erst der breit angelegte Rückblick in diesem Buch dem Leser erschreckend vor Augen führt, was die mehrheitlich christliche Bevölkerung Europas und Nordamerikas in den letzten Jahrzehnten mehr oder weniger stillschweigend geschluckt hat.

Wir selbst haben diese Entwicklung im Zuge der Arbeit für die Zeitschrift »Vision2000« ebenfalls mitverfolgt und auch analysiert. Palkos Buch zu lesen, war für uns dennoch ein enormer Gewinn, weil es breitgefächert und bestens dokumentiert das Geschehen gut leserlich – ja geradezu spannend – aufbereitet.

Die Anthropologische Revolution, wie der Autor diesen Paradigmenwechsel bezeichnet, ist drauf und dran, sich mit Machtmitteln auszustatten, um ihre Errungenschaften zu festigen und gegen Kritik abzusichern. Die heutige Situation erinnere ihn an die Vorläufer der kommunistischen Machtergreifung, diagnostiziert Palko und illustriert diese Feststellung an der wachsenden Zahl von Übergriffen und Benachteiligungen, denen Christen heute ausgesetzt sind, wenn sie sich gegen den vorherrschenden Wertekanon auflehnen und nicht bereit sind, sich nach dessen Spielregeln zu verhalten. Daher auch der Titel des Buches: »Die Löwen kommen«.

Ja, wir leben in spannenden Zeiten, in Zeiten einer fundamentalen Konfrontation um das Menschenbild. Das vorliegende Werk versteht sich als Appell an uns Christen, die Zeichen der Zeit zu lesen und sich der Konfrontation mit der Kultur des Todes nicht zu entziehen. Es ist höchste Zeit!

Seit Jahrzehnten vom wachsenden Wohlstand verwöhnt sowie von gleichgeschalteten Medien eingelullt und ruhig gestellt, sind wir Christen im Westen besonders in Gefahr, die auf uns zukommende Herausforderung zu übersehen oder zu verdrängen. Die durch die Konfrontation mit der Diktatur des Kommunismus geschulten Glaubensgeschwister aus dem Osten haben sich da ein empfindsameres Sensorium bewahrt. Bedingt durch ihre Erfahrungen mit Zeiten der Bedrängnis, verfügen sie darüber hinaus auch über ein Repertoire von Mitteln, die helfen, in schwierigen Zeiten zu bestehen. Vladimir Palko liefert dazu im letzten Kapitel – »Zum Kampf geboren« – einige Anregungen: sich der Wahrheit, die befreit, stellen und sie auch sagen; Buße tun; Kultur schaffen; sich vernetzen ... – und vor allem den Zuruf Papst Johannes Pauls II. nach seiner Wahl im Leben umsetzen: »Fürchtet euch nicht!«

Alexa und Christof Gaspari

Lieber Kommunist als Christ – sowohl im Warschauer Pakt wie in der Europäischen Union

»Wie stehst du zur Religion, Genosse?«
Frage, mit der die Generation unserer Väter rechnen musste

Europäisches Parlament 2004:
Lieber Kommunist als Christ

»Vati, wer ist hinter dem Stacheldraht?«
»Wir, mein Sohn, wir ...«
Witz aus der Zeit des Kommunismus

Wissen Sie, was SUP bedeutet? Im Wörterbuch des kommunistischen Grenzschutzes war es eine Abkürzung für den Begriff »selbstständig angreifender Hund«. Wenn die elektrischen Sensoren am Stacheldrahtzaun eine Verletzung der Staatsgrenze meldeten, dann öffnete sich die Tür am Hundezwinger automatisch. Dort warteten speziell geschulte Hunde, die sofort loshetzten, den Flüchtling stellten, durch Anspringen zu Boden warfen – und ihn töteten. Das heißt, diese Hunde attackierten nicht etwa die Hände, sondern sie bissen direkt in die Kehle. Meistens griffen diese Hunde zu zweit an. In einer Sommernacht 1986 haben am Rande von Petržalka, des größten Stadtteils von Bratislava, Grenzschutzhunde mit den niedlichen Namen Roby und Ryšo den 19-jährigen Deutschen Hartmut Tautz aus Magdeburg tot gebissen. Der junge Tautz hatte versucht, aus Honeckers Ostdeutschland in den Westen zu seinen Verwandten zu fliehen. Er war in diesem Sommer in die Tschechoslowakei gereist und hatte unser Petržalka ausgesucht, um dort die Grenze zwischen der Slowakei und Österreich zu überqueren. Er wollte durch den Eisernen Vorhang, der sich Tausende von Kilometern vom Baltischen Meer bis zur Adria zog und dem Winston Churchill in seiner legendären Rede im amerikanischen Fulton seinen poetischen Namen gegeben hatte. Die tschechoslowakischen Behörden haben den Leichnam von Tautz seiner Mutter übergeben. Schließlich wurde er in Magdeburg begraben, ohne dass sein Sarg geöffnet werden durfte. Über Tautz wissen wir, dass er musikalisch begabt war und Klarinette spielte.

Seit damals lebe ich ungefähr einen Kilometer vom Ort entfernt, wo Tautz' tragisches Schicksal besiegelt worden ist. Bei meiner täglichen Fahrt in die Arbeit fuhr uns der Bus nur 30 Meter vom Stacheldrahtzaun entfernt an der Grenze zu Österreich entlang. Die Bewohner von Petržalka schauten aus den Fenstern ihrer Plattenbauwohnzimmer auf diesen Zaun. Sie sahen auch die hohen Wachtürme, auf denen die Mitglieder des Grenzschutzes mit ihren Sturmgewehren patrouillierten. Und sie sahen die Betonsperren, die verhindern sollten, dass ein heranrasender LKW die Grenze durchbricht. Weder ich noch die 120.000 Bewohner von Petržalka hatten damals eine Ahnung von Tautz und seiner Geschichte. Das kommunistische Regime hat solche Vorfälle verschwiegen.

Wie viele Menschen sind in den 40 Jahren an diesem Eisernen Vorhang beim Versuch, vom kommunistischen Lager in den Westen zu fliehen, ums Leben gekommen? Wie viele starben an der Berliner Mauer? Wie viele ertranken im kalten Wasser der Donau? Wie viele haben eine Kugel aus einer Kalaschnikow von einem eifrigen Grenzsoldaten in den Wäldern des tschechischen Böhmerwalds in den Rücken bekommen? Wie viele Hartmut Tautz gab es? Es waren Hunderte. Und wie viele Opfer des Kommunismus gab es insgesamt? Millionen. Der junge deutsche Tautz ist in der Slowakei ums Leben gekommen, weil der Kommunismus unsere gemeinsame europäische Geschichte gewesen war.

Ende 1989 ist der Kommunismus in Osteuropa zusammengebrochen und mit seinem Fall wurde auch der Eiserne Vorhang geöffnet. Der definitive Schlusspunkt der Teilung Europas war Sonntag, der 1. Mai 2004. An diesem Tag sind acht ehemalige kommunistische Länder, unter ihnen auch die Slowakei, in die Europäische Union eingetreten. Am Dreiländereck, dort wo die Grenzen der Slowakei, Ungarns und Österreichs inmitten der Felder und Wiesen aneinander stoßen, habe ich mich als slowakischer Innenminister mit dem österreichischen Kollegen und der ungarischen Kollegin sowie mit den Bürgermeistern und den Bewohnern der naheliegenden Gemeinden zu einem schönen Fest getroffen. Dieser Ort war nur einige Kilometer von der Stelle entfernt, wo 18 Jahre zuvor der Weg von Hartmut Tautz in die Freiheit endete. Aber an diesem Tag dachten wir nicht daran. Wir waren endgültig zurück in Europa. Mit dem Helikopter überflogen wir das österreichische Hohenau und danach ging es nach Moravský Svätý Ján in die Slowakei. Überall schien die Sonne, Volksfeste wurden gefeiert, die Menschen freuten sich, aßen und tranken. Jemand sagte in seiner Rede: »Dies ist die echte Europäische Union. Ein Ort, an dem sich Menschen treffen und es sich zusammen gut gehen lassen. Die EU – das ist nicht nur Brüssel.«

Aber die EU ist eben auch Brüssel, und es ging alles seinen Gang. Nach der Erweiterung der EU folgten die Wahlen zum Europäischen Parlament und danach die Bildung der neuen Europäischen Kommission. Jedes Mitgliedsland wird in der Europäischen Kommission durch einen eigenen Kommissar vertreten. Die Bewerber für die Kommissarsposten müssen sich bei einer Anhörung einem Ausschuss des Europäischen Parlaments stellen. Das Parlament entscheidet nicht über jeden einzelnen Bewerber, sondern über die ganze, zur Wahl stehende Gruppe. Zum ersten Mal hatten nun auch die ehemaligen kommunistischen Länder ihre eigenen Kommissare.

Die Angehörigen von kommunistischen Parteien sind nach dem Fall des Kommunismus in der Regel zu linken sozialistischen Parteien gewechselt. In manchen Fällen haben sie sich in neue Parteien integriert. Und so kam es, dass 2004 vor den Ausschüssen des Europäischen Parlaments auch aussichtsreiche Bewerber standen, die in der jüngsten Vergangenheit Mitglieder von kommunistischen Parteien im Sinne von Lenin gewesen waren. Erinnern wir uns an das ehemalige Ziel dieser Parteien. Sie strebten einen Kommunismus unter der Führung der Sowjetunion an. Durch den Klassenkampf sollte mit dem dekadenten westlichen Imperialismus zusammen mit seinen Institutionen, inklusive des Europäischen Parlaments, abgerechnet werden.

Hat einer dieser Ex-Kommunisten im Europäischen Parlament irgendwelche Probleme mit seiner Bestätigung als EU-Kommissar gehabt? Kein einziger. Und so wurden ehemalige Kommunisten zu Kommissaren wie Andris Piebalgs aus Lettland, Siim Kallas aus Estland, Dalia Grybauskaite aus Litauen, Danuta Hübner aus Polen und László Kovács aus Ungarn. Der oberste Parteichef von Piebalgs und Kallas war Leonid Breschnew gewesen. Siim Kallas war neben seiner Mitgliedschaft in der KPdSU auch Journalist beim Presseorgan der estnischen Kommunisten »Rahva Hääl« – der estnischen »Pravda« – gewesen. László Kovács gehörte zum Apparat der Ungarischen Sozialistischen Arbeiterpartei während fast der gesamten Ära des »Gulaschkommunismus« von János Kádár. Danuta Hübner war 17 Jahre lang bei den polnischen »roten Socken«, davon sechs Jahre nach der Erklärung des Ausnahmezustandes und der Unterdrückung der unabhängigen Bewegung Solidarność. Mit nur sieben Jahren hatte Grybauskaite die kürzeste Parteimitgliedschaft. Siim Kallas ist von allen der erfolgreichste Politiker. Er wurde auch in der zweiten Kommission von Barroso Kommissar und Stellvertreter der Liberalen Internationale. Ich habe in vielen Sprachversionen der Enzyklopädie Wikipedia Informationen über die genaue Zeit seiner Mitgliedschaft in der Partei von Breschnew, Andropov, Tschernenko und Gorbatschow gesucht. Die Information, dass er von 1972 bis 1990 Parteimitglied war, fand ich erst in der russischen Version. Neben Siim Kallas arbeiten in der heutigen Europäischen Kommission auch weitere osteuropäische Kommunisten, die nach 2009 ernannt worden sind.

Wir halten eine Kampagne gegen die ehemaligen Kommunisten für unnötig. Aber über die Problemlosigkeit, mit der die ehemaligen Kommunisten in der Europäischen Kommission einen Platz fanden, muss aus einem anderen Grund gesprochen werden. Der Umstand, dass man ihnen nämlich keine Schwierigkeiten machte, macht die Probleme eines anderen Menschen umso bedeutsamer.

Es war 2004 und es handelte sich um einen vollkommen anderen Kandidaten. Dieser war niemals Mitglied einer politischen Partei, die eine Diktatur unterstützt hatte, niemals in einer Partei, die ihre Opponenten ins Gefängnis hatte sperren lassen. Dieser Kandidat war stets ein demokratischer Politiker gewesen. Alle kennen ihn als friedlichen, ehrwürdigen Universitätsprofessor: Rocco Buttiglione, den Kandidaten der italienischer Regierung für den Posten des Kommissars für Inneres und Justiz. Warum aber hatte das Europäische Parlament mit ihm ein unüberwindbares Problem?

Weil Rocco Buttiglione Christ ist.

Sein Christentum wäre für die Europaabgeordnete kein so großes Hindernis gewesen, wenn es sich, wie man sagt, um ein »tolerantes« Christentum gehandelt hätte. In moderner Neusprache bedeutet dies: jederzeit im Stande zu sein, das eigene Wesen zu verleugnen. Aber Rocco war aus einem anderen Holz geschnitzt. Wenn er Ja sagte, meinte er Ja, und sein Nein war ein Nein.

Liberale Abgeordneten haben ihn im Ausschuss für bürgerliche Freiheiten, Inneres und Justiz nach seiner Meinung zur Homosexualität gefragt. Die katholische Kirche, die sich auf die biblische Lehre stützt, hält homosexuelles Verhalten für eine Sünde. Der Katholik Buttiglione antwortete den Abgeordneten im Sinn des Katechismus der Katholischen Kirche. Es handle sich da um eine Sünde, sagte er. Gleichzeitig hat er aber klargestellt, dass seine Meinung ihn bei der Ausübung seiner Tätigkeit als Kommissar nicht einschränken werde.

Durch dieses Bekenntnis hat unser italienischer Katholik in den Augen der europäischen Linken nun aber selbst eine Sünde begangen – und zwar eine der schlimmsten. Die Abgeordneten fragten Buttiglione auch nach seiner Meinung zur Familie. Er hat aufrichtig geantwortet: Es sei Zweck der Familie, dass Frauen Kinder bekommen können und sich dabei des Schutzes ihres Mannes, der für die Familie sorgt, erfreuen dürfen. Sie würden sagen: na und? Hat er etwa gesagt, dass die Frau wegen der

Kinder ihr ganzes Leben am Herd verbringen muss? Hat er nicht! Aber genauso haben die Abgeordneten seine Aussage interpretiert. Und daher hat der Ausschuss Buttiglione nicht nur für den Posten des Kommissars für Inneres und Justiz abgelehnt, sondern für *jeden* anderen EU-Kommissarsposten. Diesen Standpunkt vertraten Sozialisten und Liberale.

Der Fall Buttiglione ist ein Meilenstein, mit dem eine neue Ära begann. Die Linke im Westen vertrat damit im Fall dieses profilierten Katholiken unverblümt die gleiche Position, wie sie kurz davor noch im kommunistischen Osten von der kommunistischen Linken propagiert worden war: Ein Katholik, der nicht zickzack läuft, sondern sich konsequent zu seinem Glauben bekennt, sei nicht geeignet, eine politische Funktion zu bekleiden. Der katholische Glaube, wenn er nicht geheim gehalten wird, sei eine Eigenschaft, die politisch disqualifiziert.

Worin liegt nun der Unterschied zum Kommunismus? Nur darin, dass die Liberalen keine so absolute Macht besitzen, wie sie die Kommunisten hatten. Sonst hätten die Christen wohl die gleichen Probleme wie zu Zeiten des Kommunismus. Die Generation unserer Eltern hat Zeiten erlebt, in denen ihnen das Regime Fragen stellte wie: »Genosse, wie stehst du zur Religion?« Wenn sich der Genosse vom Glauben distanzierte oder ihn bei seiner Antwort verleugnete, war alles in Ordnung. Bekannte er sich aber zum Glauben an Jesus Christus, so gefiel dies den Genossen aber ganz und gar nicht. »Weißt du, Genosse, wenn du keine wissenschaftliche Weltanschauung besitzt, so kannst du diesen Posten nicht übernehmen ... Du musst anderswohin gehen. Das ist keine Diskriminierung, Genosse. Die Diskriminierung von Gläubigen gibt es in unserer sozialistischen Gesellschaft ja nicht. Du willst doch nicht etwa behaupten, dass es sie gibt, Genosse ...«

Darüber, was wissenschaftlich und was überholt ist, darüber entschieden selbstverständlich die Kommunisten. Und so ähnlich maßt sich heute die europäische Linke an, darüber zu entscheiden, was eine veraltete Sichtweise und deshalb nicht mehr akzeptabel ist. Lieber Rocco, wie stehst du zur Frage der Homosexualität? Sünde? Deine Ansichten sind veraltet und nicht akzeptabel. Über die Nichtakzeptanz entscheiden wir. Wir knobeln es aus und jede Seite des Würfels hat sechs Punkte.

1981 beendete ich mein Studium der Mathematik an der mathematisch-physikalischen Fakultät in Bratislava und wollte dort als Pädagoge arbeiten. »Es ist über Sie bekannt, dass Sie als Christ nicht die wissenschaftliche Weltanschauung vertreten. Die Hochschule erzieht die Menschen für unsere Gesellschaft. Sie können sie nicht erziehen«, sagte mir der Dekan der Fakultät, Michal Greguš. »Sie können überall arbeiten, aber nicht in der Schule.« Der Umstand, dass ich im selben Jahr im landesweiten Wettbewerb um »Die beste studentische wissenschaftliche Arbeit« den ersten Platz belegt hatte, war da nicht von Bedeutung.

Ähnliche Erfahrungen haben tausende slowakische Christen gemacht, Erfahrungen, die an die Geschichte von Rocco Buttiglione erinnern. Jetzt, als Politiker, versetzte ich mich in seine Lage und dabei wurde mir bewusst: Als christlich-demokratischer Politiker würde ich genauso sprechen wie er. Und es würde mir genauso ergehen. Ich wäre für die Abgeordneten des Europäischen Parlaments genauso inakzeptabel wie er.

Wir können also schlussfolgern: Die Mitglieder der ehemaligen kommunistischen Parteien sind akzeptiert in der EU. Die Christen aber haben es schwarz auf weiß bescheinigt bekommen, dass auf EU-Ebene gilt: lieber Kommunist als Christ. Wenn slowakische Christen über den Fall Rocco Buttiglione nachdenken und sich an das Happening im Dezember 1989 erinnern, als an den Grenzen zu Österreich der Stacheldraht aufgeschnitten und die Parole »Zurück nach Europa« skandiert wurde, so müssen sie sich doch fragen: Um was für eine Rückkehr handelt es sich da? Um eine Rückkehr vor das Jahr 1948? Oder vielleicht doch wieder vor das Jahr 1989?

Wer hat denn in Zeiten des Kommunismus am meisten dafür getan, den Kommunismus zu stürzen, damit die europäischen

Völker wieder zusammenleben können? Damit der Eiserne Vorhang verschwindet? Waren es nicht Christen? Ja, jedenfalls in der Slowakei haben die Christen am meisten dazu beigetragen. Wie ist es möglich, dass nun die Christen neuerlich so wenig willkommen sind, wie sie es in Zeiten des Kommunismus waren, während gleichzeitig diejenigen, die den Eisernen Vorhang errichtet und erhalten haben, im Westen willkommen sind?

Erinnern Sie sich an den Kommunismus?

»Wir werden öffentlich auftreten, wenn wir viele sind.«
Aus der ungeschriebenen Strategie der
geheimen Kirche in der Slowakei

»Ich habe mich der kommunistischen Ideologie niemals verschrieben«, erklärte der zweifache EU-Kommissar Siim Kallas, der beinahe zwei Jahrzehnte Mitglied in der kommunistischen Partei der Sowjetunion war. Es gibt keinen Grund, ihm nicht zu glauben. Viele haben sich ja im gesamten kommunistischen Lager so verhalten: Sie glaubten zwar nicht mehr an die Ideologie, aber durch ihre Mitgliedschaft in der Partei erhielten sie das Regime am Leben. Und dieses Regime schien felsenfest etabliert zu sein. Die Propaganda-Maschinerie arbeitete 24 Stunden am Tag. Die Geheimpolizei mit ihrem umfangreichen Netz an geheimen Mitarbeitern war jederzeit bereit, jede Art von Protest zu unterdrücken. Und falls ihr dies nicht gelingen sollte, war die Sowjetarmee stets bereit, einzugreifen und mit ihren Panzern jeglichen Widerstand niederzuwalzen. So wie es 1956 in Ungarn oder 1968 in der Tschechoslowakei geschah. Es schien, als hätte sich der Kommunismus für 1.000 Jahre fest etabliert.

Auch viele seiner Gegner haben das geglaubt. »Der Kommunismus stellt die Umgestaltung des ganzen sozialen Organismus dar, sodass eine Entwicklung in die entgegengesetzte Richtung grundsätzlich ausgeschlossen ist«, schrieb 1980 der sowjetische Dissident Alexander Zinoviev in der Emigration. Dieselbe Überzeugung teilte Jahrzehnte vor ihm der Amerikaner Whittaker Chambers. Noch vor dem Krieg war er Mitglied der kommunistischen Partei und sowjetischer Spion geworden. Später hat er mit dem Kommunismus radikal gebrochen. Vor einem Kongressausschuss hat er als Zeuge seine Vergangenheit enthüllt und seine Aussagen haben dazu beigetragen, hochrangige sowjetische Spione in der amerikanischen Regierung wie Alger Hiss zu entlarven. Auch nach seiner Wandlung zum Antikommunisten war Chambers überzeugt, dass der Kommunismus siegen würde und er sich freiwillig auf jene Seite begeben habe, die den historischen Kampf verlieren würde. Den Kampf mit dem Kommunismus hat Chambers als Kampf um die Seele des Menschen begriffen – auch als Kampf um seine eigene Seele. »Ich weiß, dass ich die Siegerseite verlasse und zu den Verlierern übertrete, aber es ist besser, auf der besiegten Seite zu sterben, als im Kommunismus zu leben«, schrieb er.

Hunderttausende Slowaken haben während der Zeiten des Kommunismus weder von Whittaker Chambers noch von Alexander Zinoviev jemals etwas gehört. Über die Langlebigkeit des Kommunismus jedoch haben viele das Gleiche gedacht wie die se beiden. Die Menschen hatten ja nie etwas anderes kennengelernt und weit und breit waren keine Anzeichen für einen möglichen Wechsel erkennbar. Daher verhielten sich manche wie der Este Siim Kallas: Sie sind der Partei beigetreten, weil man ohne Mitgliedschaft keine Karriere machen konnte. Andere wiederum wollten vom Regime nur in Ruhe gelassen werden, sie erfüllten ihre Pflichten in der Arbeit und lebten ihr privates Leben.

Hat wirklich keiner offen Widerstand geleistet? Hat denn keiner offen gesagt, dass das Regime lügt und dass ein Wechsel notwendig sei?

Ja, doch, es hat auch solche gegeben. Es gab einige bekannte Dissidenten unter den ehemaligen Mitgliedern der kommunistischen Partei, die nach der Okkupation der Tschechoslowakei durch die Armeen des Warschauer Paktes ausgeschert sind. Das waren zum Beispiel Miroslav Kusý und Milan Šimečka. Proteststimmen gab es auch unter liberal orientierten Menschen. Einige Monate vor dem Kollaps des Kommunismus in Osteuropa hat der Schauspieler Milan Kňažko aus Protest dem Staat den ihm verliehenen Titel »Verdienstvoller Künstler« zurückgegeben. Es gab Verfasser von bürgerlichen Samisdats wie Ján Budaj oder unabhängige Aktivisten im Bereich des Umweltschutzes wie Mikuláš Huba. Jede Stimme, die gegen den Kommunismus erschallte, sei an dieser Stelle gewürdigt. Aber es sei auch klar zum Ausdruck gebracht: Bei den genannten Personen handelte es sich um Einzelgänger. Dies nüchtern festzustellen, mindert aber auf keinen Fall die moralische und politische Bedeutung ihrer Taten. Umso bemerkenswerter war jedoch die Passivität von Zehntausenden ehemaliger Kommunisten, die nach den Säuberungen nach 1968 aus der Partei ausgeschlossen worden waren. Diese Masse von »Achtundsechzigern« blieb eben passiv bis zum Fall des Kommunismus 1989. Menschen wie Kusý und Šimečka waren unter ihnen eine Ausnahme.

Hat es in der Slowakei nur revoltierende Einzelgänger gegeben? Konnte die Regimepropaganda ruhig behaupten, dass nur unzufriedene Einzelgänger sich gegen den Kommunismus erhoben? Menschen, die nicht im Stande waren, sich in die zahlreichen Kollektive der Werktätigen zum Aufbau des Sozialismus einzureihen?

Zeitweise schien es tatsächlich so, besonders nachdem Husak mit seiner »Normalisierung« begonnen hatte, dass ein Gegner des Kommunismus in der Slowakei nur ein einsamer Irrender sein konnte. Aber mit der Zeit änderte sich das Bild. Verantwortlich dafür waren die Christen.

Sie können mit hervorragendem strategischem und taktischem Denken ausgestattet sein, aber Sie werden dennoch kein erfolgreicher General, wenn Sie nicht auch über ein Heer verfügen. Ohne Heer werden Sie siegreiche Kriege höchstens mit Zinnsoldaten auf einer Tischplatte führen. Ein wirklicher General sind Sie nur dann, wenn sich auf Ihr Signal hin auch eine wirkliche Armee in Bewegung setzt. Am 25. März 1988 am Hviezdoslav Platz in Bratislava hat sich eine Armee in Bewegung gesetzt. Es gehörten ihr Tausende an. Und die Waffen dieser Heerschar waren das Gebet, der Rosenkranz und brennende Kerzen. In ihrer überwiegenden Mehrzahl waren es slowakische Christen, obwohl unter ihnen auch bürgerlich gesinnte Regimegegner waren, die nutzen konnten, dass die Christen so gut organisiert waren. Sie alle standen zusammen Arm in Arm.

Das Regime war darauf vorbereitet. Es kämpfte mit Wasserwerfern und Hunderten von Polizisten. Es ließ verhaften und Tränengas versprühen. Ein paar Liter Wasser habe auch ich abbekommen, als ich bereits den Platz verlassen wollte. Zum Glück konnte ich mich in der Wohnung meiner Eltern, nur einige hundert Meter von dort entfernt, wieder trocknen. Die Polizei nahm damals auch die Redakteurin des Österreichischen Fernsehens, Barbara Coudenhove-Calergi, fest, denn nur Polizisten war es gestattet, Aufnahmen von dem Geschehen zu machen. Das Regime hat die Christen verjagt, aber diese Armee konnte es nicht zerstören. Das Regime hat geahnt, dass es diesmal zwar eine Schlacht gewonnen hatte, den Krieg selbst jedoch nicht gewinnen würde. Und so ist es auch gekommen. Das Regime existierte von da an nur noch eineinhalb Jahre.

Diese »Kerzendemonstration« gab eine eindeutige Antwort auf die Frage, ob in der Slowakei die Ablehnung der kommunistischen Ideologie die Angelegenheit von Einzelnen oder die von Massen war. Es waren besonders die Christen, die diesem Kampf für die Freiheit den Charakter einer Massenbewegung gegeben haben. Wenn sich der Organisator der Kerzendemonstration, der katholische Dissident František Mikloško, an den 25. März erinnert, dann erzählt er gern von dem Gespräch mit den Angehörigen des Staatssicherheitsdienstes. Es fand auf der Polizeistation statt an dem Tag, an dem man ihn festgenommen hatte. Zuerst hätten die Polizisten ironische Bemerkungen über die Demonstration gemacht. Dann aber hat einer von ihnen zu Mikloško gesagt: »Ihr wart gut! Vom Papst bekommt ihr eine Auszeichnung.« Mit diesen Worten eines unbekannten Polizisten hat das Regime die Kraft der Christen eingestanden.

Woher kam diese Kraft? Zu Beginn der Sechzigerjahre des vergangenen Jahrhunderts kehrten bis dahin eingesperrte Christen aus den kommunistischen Gefängnissen zurück. Unter ihnen müssen zwei Namen hervorgehoben werden: Silvester Krčméry und Vladimír Jukl. František Mikloško hat ihre Geschichte treffend die »Monte Christo-Geschichte« genannt. So wie der Edmond Dantès von Dumas waren auch sie im Alter von 20 Jahren unschuldig eingesperrt worden. Und so wie die Haft von Dantès, hat auch ihre Haft 14 Jahre gedauert. Ihr Schatz aber war der Schatz des Glaubens. »Dafür sind wir im Knast gesessen?«, haben sie sich nach ihrer Freilassung gefragt, als sie sehen mussten, wie das kommunistische Regime die Christen zu religiöser und gesellschaftlicher Passivität niedergezwungen hatte. Und so begannen sie, mit Jugendlichen zu arbeiten. Sie gründeten Gebetskreise, diskutierten über die Situation der Christen, machten Ausflüge in die Natur, verbreiteten religiöse Literatur und Privatdrucke. Es entstand eine informelle Organisation, die dann letztendlich auch einen treffenden Namen bekam: Geheimkirche. Lange Jahre waren Krčméry und Jukl die informellen Anführer und 1968 nach seiner Rückkehr aus dem Gefängnis auch der geheim geweihte Bischof Ján Chryzostom Korec.

Die Kraft der Untergrundkirche wuchs mehr und mehr und deshalb hat das Regime von Zeit zu Zeit zugeschlagen. In den Siebziger- und Achtzigerjahren hat es sich nicht gescheut, Dutzende von aktiven Christen festzunehmen. Viele wurden von dem jungen Rechtsanwalt Ján Čarnogurský verteidigt, der dann 1989 selbst im Gefängnis gelandet ist. Ein wirkliches Phänomen wurden dann die christlichen Samisdats – Privatdrucke von illegalen Periodika mit politischem und religiösem Inhalt.

In den Achtzigerjahren wurde die Untergrundkirche so stark, dass sie den Untergrund verlassen und öffentlich in Erscheinung treten konnte. Sie hat dies auf drei Arten gemacht. Zum einen durch die Organisation von Petitionen: 1984 reichte sie eine Petition ein, man möge Papst Johannes Paul II. zu einem Besuch in die Tschechoslowakei einladen. Danach folgte eine Petition gegen die Abtreibungsgesetze. 1988 hatte eine Petition mit 31 Forderungen einen beispiellosen Erfolg. Der mährische katholische Aktivist, Augustín Navrátil, hatte sie organisiert. Für diese Petition wurden in der Slowakei 400.000 Unterschriften gesammelt.

Eine weitere öffentlichkeitswirksame Aktivität waren katholische Pilgerfahrten, die sich manchmal in politische Demonstrationen wandelten. So war das kommunistische Regime 1985 bei den Feierlichkeiten in Velehrad anlässlich des 1.100. Todestags des heiligen Methods erstmals mit einer protestierenden Menge konfrontiert. Als dritte Manifestation gab es schließlich die Kerzendemonstration. Sie war ein politischer Auftritt mit präzise formulierten Forderungen wie: Besetzung von freien Bischofsstühlen, religiöse Freiheit für alle Gläubigen und Einhaltung der Menschenrechte für alle Bürger.

In eineinhalb Jahren hat sich der gewaltlose Geist des »Großen Freitags« in Bratislava, der Geist des 25. März 1988, in den ruhigen Geist der Novemberplätze gewandelt, in die Samtene Revolution. Der Kommunismus ist wie ein Kartenhaus in sich zusammengefallen und hat der Freiheit Platz gemacht. Zu Ende war die Kaderpolitik, die Vergabe von Arbeitsplätzen nach politischen und religiösen Einstellungen. Zu Ende war die Einschüchterung der Menschen durch die Geheimpolizei. Freie Wahlen fanden statt. Wer wollte, konnte unternehmerisch tätig werden, konnte in Europa reisen, konnte studieren und im Ausland arbeiten, seine Ansichten frei äußern. Die sowjetische Besatzungsarmee musste das Land verlassen. An der Grenze zu Österreich wurde der Stacheldraht weggerissen. Es begann der Prozess der europäischen Einigung.

Es ist und bleibt eine historische Tatsache, dass es die Christen in der Slowakei waren, die diesen historischen Umbruch am aktivsten vorbereitet haben. Sie haben den Widerstand gegen den Kommunismus zu einer Massenbewegung gemacht und auch die meisten Opfer gebracht. Auch in den anderen Ländern waren Christen die Hauptantriebskraft der antikommunistischen Rebellion. So war es auch in Polen, das 1978 durch die Wahl von

Karol Wojtyla zum Papst richtiggehend elektrisiert worden war. Nicht einmal zwei Jahre nach diesem Ereignis wurde nämlich die unabhängige Gewerkschaft Solidarność unter der Führung des Arbeiters Lech Wałęsa gegründet.

Warum erinnern wir uns an die historischen Verdienste der slowakischen Christen am Untergang des Kommunismus? Um christlichen Triumph zu feiern? Nein. Diese Erwähnung einer sieghaften Geschichte soll lediglich die Paradoxa in der heutigen Welt deutlich machen. Diese zeichneten sich nämlich bereits kurz nach dem Sieg über den Kommunismus ab und sind heute sehr ausgeprägt, betreffen allerdings nicht nur die Slowakei, sondern die ganze euro-amerikanische Zivilisation.

Gedenkt man noch der christlichen Aktionen, des Sieges über den Kommunismus, des Eintritts in ein vereintes Europa? Ein Europa, das seine Einigung gerade dem Fall des Kommunismus verdankt, einem Sturz, an dem sich slowakische, polnische und viele andere Christen große Verdienste erworben haben? Nein! Ganz im Gegenteil.

Die ersten Signale haben wir slowakischen Christen sehr rasch vernommen. Bei einer Großveranstaltung in Bratislava im November 1989 hat einer der Redner, der sich als Neffe von Vladimír Clementis vorgestellt hatte, zwar die Forderungen der Versammlung unterstützt – mit einer Ausnahme: »Wie können Sie einen Extremisten wie Ján Čarnogurský unterstützen?«, fragte er. Der Christ Čarnogurský saß zu diesem Zeitpunkt noch im Gefängnis. In der Menge kamen plötzlich Bedenken auf. Irgendeine Frau drehte sich zu mir um und sagte: »Ich bin aber nur deswegen hier, weil ich für Čarnogurský bin.« Unmittelbar darauf trat ein unbekanntes Mädchen auf die Tribüne und fragte den Vorredner: »Und wer hat ihren Onkel ermordet? Christen oder Kommunisten?« Es waren die richtigen Worte im richtigen Moment. Die Menge hat erleichtert geklatscht.

Dieser Redner konnte auf der Novembertribüne auftreten, weil er ein Neffe von Clementis war, den die Kommunisten

1952 hingerichtet hatten. Clementis war einerseits ein unschuldiges Opfer, denn die Anschuldigungen gegen ihn waren erfunden. Aus der Sicht des Novemberplatzes war er aber doch schuldig. Schließlich war er vorher, bevor ihn die Kommunisten zum Opfer gemacht hatten, ein hochrangiger kommunistischer Funktionär gewesen, der sich selbst an der Verfolgung von Nichtkommunisten beteiligt hatte. Dennoch durfte sein Neffe auf einer Versammlung auftreten, die den Kommunismus wegfegen wollte. Seiner Meinung nach aber sollte die Versammlung den inhaftierten Čarnogurský nicht unterstützen, obgleich dieser niemanden verfolgt, wohl aber als Rechtsanwalt viele Menschen vor dem Kommunismus verteidigt hatte. Dieser Vorfall war ein Vorgeschmack auf eine neue Welt, eine Welt, in der Christen unwillkommen sein würden, obgleich sie sich die meisten Verdienste um diese Welt erworben hatten.

Ein paar Monate später sahen die slowakischen Christen dann schon klarer: Der neue tschechoslowakische Präsident, der Liberale Václav Havel, wollte bei seiner Wahl zum Vorsitzenden der Föderalen Regierung lieber Marián Čalfa haben als den Christen Čarnogurský. Marián Čalfa aber hatte die kommunistische Partei erst Anfang 1990 verlassen. Und mit Erstaunen nahmen die Christen wahr, wie sich auf einmal die ehemaligen Kommunisten mit den Liberalen einig waren und die Parole verbreiteten, Christen hingen einem »schwarzen Totalitarismus« an.

Der Fall Buttiglione hat dann aber in großer Deutlichkeit gezeigt, dass diese Ablehnung der Christen ein europäisches Phänomen ist.

Ende 2004 habe ich in Prag am Treffen der Innenminister der mitteleuropäischen Länder teilgenommen. Beim Mittagessen entwickelte sich eine informelle Diskussion, bei der die Rede auch auf den Fall Buttiglione kam. Die ungarische Ministerin Monika Lamperth begrüßte dessen Ablehnung mit größter Selbstverständlichkeit. Ihrer Meinung nach hätte Buttiglione »die Frauen wieder an den Herd und in die Küche schicken« wollen.

Dieser lieben und kultivierten Politikerin war anzumerken, dass sie sich für eine moderne Europäerin hielt und Buttiglione für total antiquiert. Monika Lamperth war noch 1987 in die ungarische kommunistische Partei MSZMP eingetreten – in eine Partei, die damals noch immer von János Kádár geführt wurde, unter dessen Regierung 1956 sowjetische Panzer eingesetzt worden waren. Nach der Niederschlagung des Aufstandes hatte dessen Regierungschef Imre Nagy Asyl in der jugoslawischen Botschaft gesucht. János Kádár hatte ihm schriftlich freies Geleit zugesagt. Als aber Nagy das Botschaftsgebäude verlassen hatte, wurde er von sowjetischen Soldaten verhaftet. Und Kádár hat ihn hinrichten lassen.

Warum konnte dieses jüngste Mitglied von Kádárs Partei mit so großer Selbstverständlichkeit beim Kaffee den italienischen, christlichen Professor kritisieren? Und warum verhält sich der Westen heute so? Haben sich nicht der demokratische Westen und der kommunistische Osten am Rande eines gigantischen Konflikts befunden? Hat es etwa nicht den Rüstungswettlauf zwischen der NATO und dem Warschauer Pakt gegeben? Haben die Pershing- und SS 20-Raketen nicht aufeinander gezielt?

Hat uns die kommunistische Propaganda nicht jahrelang gelehrt, dass der amerikanische Imperialismus Hand in Hand mit dem Vatikan und dessen Spähtruppe agiert, um gemeinsam unseren Sozialismus zu vernichten? Sind nicht viele Christen in den 40 Jahren der Unterdrückung in den Westen emigriert, weil dort Religionsfreiheit herrschte? Haben nicht wir über Jahre hinweg heimlich die Sendungen der Sender »Stimme Amerikas« und »Freies Europa« aus dem westdeutschen München gehört? Erst dort haben wir unter anderem erfahren, wie das kommunistische Regime immer wieder bei uns gegen die Kirche vorging. Haben nicht christliche Politiker wie der Deutsche Konrad Adenauer, der Italiener Alcide De Gasperi, der Franzose Charles de Gaulle nach dem Krieg erfolgreich den Aufbau der Länder Westeuropas vorangetrieben? Haben sie nicht auf die Gefahr des sowjetischen

Kommunismus aufmerksam gemacht? Haben nicht Adenauer und De Gasperi ihre Länder in die NATO geführt?

Und spielte nicht der französische Finanzminister, der Christ Robert Schuman, bei der Gründung der Montanunion eine führende Rolle? Diese Gemeinschaft, aus der schrittweise die Europäische Union mit ihren Institutionen sowie das Europäische Parlament hervorgegangen sind?

Wie ist es möglich, dass heute die Abgeordneten des Europaparlaments Buttiglione wegen seiner Ansichten ablehnen? Ansichten, die natürlich auch Schuman verteidigt hätte? Was ist im Westen passiert? Die Antwort: Im Westen sind Lenins Vettern an die Macht gekommen.

KAPITEL II

Der Kommunismus wurde in Brüssel geboren

»Religion ist Opium des Volkes.«
Karl Marx

Der Kommunismus wurde in Brüssel geboren

»In der Familie ist der Mann der Bourgeois und
die Frau repräsentiert das Proletariat.«
Friedrich Engels

»Ein Gespenst geht um in Europa, das Gespenst des Kommunismus«, hat Karl Marx im Kommunistischen Manifest geschrieben. Diese Feststellung wurde 1948 tatsächlich verwirklicht, und sie wäre auch dann wahr, wenn Marx sie nur auf Westeuropa bezogen hätte.

Der Marxismus, der Sozialismus und der Kommunismus wurden im Westen geboren. Es ist eine wenig bekannte Ironie der Geschichte, dass die beiden Gründungsikonen des Marxismus, Karl Marx und Friedrich Engels, an den Vorbereitungen zum Kommunistischen Manifest im belgischen Brüssel gearbeitet haben. Aus dem Text und auch aus dem Titel des Manifests sehen wir, dass Marx und seine Anhänger sich selbst als Kommunisten bezeichnet haben. Also im Westen, und wir können ruhig sagen in Brüssel, der Hauptstadt der Europäischen Union, wurde der Kommunismus geboren. Das Ziel des Marxismus, der Kommunismus, ist die Beseitigung der Ausbeutung des Menschen durch den Menschen, vor allem die Ausbeutung des Arbeiters – vor allem, aber nicht nur – durch den Kapitalisten, den privaten Besitzer von Produktionsmitteln. Aus Engels Aussage, die wir als Motto gewählt haben, geht hervor, dass die ersten Marxisten nicht nur die Fabrik, sondern auch die Familie als Ort der Ausbeutung begriffen haben. Der ausgebeutete Proletarier war in der Ehe nach Ansicht von Engels die Frau, eine seiner Meinung nach institutionalisierte Prostituierte.

Was hat man 160 Jahre später Rocco Buttiglione vorgeworfen – im selben Brüssel, in dem schon Marx und Engels gewirkt haben? Man warf ihm vor, er habe verlangt, die Frau, die Gattin, die Mutter solle auch im 21. Jahrhundert ihre proletarische Stellung beibehalten. Für dieses Vergehen muss – selbst wenn auch nur der geringste Verdacht dafür besteht – eine Hinrichtung folgen. Stellen Sie sich das vor! 160 Jahre linker Kampf für die Befreiung der Frau aus den Fesseln der traditionellen Familie – und dann will ein Mensch Kommissar werden, der die Meinung vertritt, es sei Aufgabe des Ehemanns, seine Frau zu schützen! Sind wir denn in den 160 Jahren, seit den Zeiten von Engels, nicht weitergekommen? Doch, wir sind weitergekommen. Buttiglione hatte keine Chance.

Wie lässt sich dieser 160-jährige Bogen spannen? In der Mitte des 19. Jahrhunderts wurde in den westeuropäischen Salons und Universitäten – vor allem in Deutschland, Frankreich und in England – eine Idee geboren, die bis zum Ende des Jahrhunderts ganz Europa im Sturm erobern und das 20. Jahrhundert beherrschen sollte. In diesem Umfeld hat auch der Westeuropäer Marx sein »Kapital« geschrieben, dort wurden alle seine Werke gedruckt und vertrieben. Viele Jahre bevor die kommunistische Revolution den riesigen russischen Staat zu beherrschen begann, fanden im Westen die kommunistischen Gedanken ihren Weg von den Intellektuellen zu den Arbeitermassen sowie in die nationale und internationale Politik. Im Westen entstanden die ersten marxistischen politischen Parteien und eroberten allmählich die Parlamente. Dort entstanden auch die I. und die II. Internationale. Dort hat sich der Marxismus nach und nach in unterschiedliche Ableger verzweigt, die wiederum in den folgenden Jahrzenten dazu verdammt waren, untereinander zu konkurrieren. Diese Ableger vergaßen jedoch nie, dass sie – wenn schon nicht mehr *Brüder* – so doch zumindest *Cousins* waren. Und Cousins müssen im Kampf gegen den gemeinsamen Feind zusammenhalten.

Wer aber ist dieser gemeinsame Feind? Die Liste der gemeinsamen Feinde hat sich im Laufe der Jahrzehnte geändert, aber stets standen das Christentum und sein Wertesystem auf dieser

Liste. »Religion ist Opium des Volkes!« Dieser Spruch von Marx hat alle seine Nachfolger geeint.

Jahrzehnte bevor die russischen Bolschewiken begannen, das Leben von russischen Christen, Priestern und Bischöfen zu zerstören, floss im Westen das Blut christlicher Märtyrer, der ersten Opfer des westeuropäischen Sozialismus. Am 24. Mai 1871 donnerten im Gefängnis La Roquette nicht weit von Paris Schüsse aus den Waffen eines Hinrichtungskommandos, bestehend aus Soldaten der Pariser Kommune. Durch ihre Kugeln starben einige katholische Geistliche, unter ihnen der Erzbischof von Paris, Georges Darboy. Einige Jahre zuvor hatte dieser Hierarch eine Biografie des heiligen Thomas Beckett geschrieben, in der dieser sagte: »Ja, leiden und sterben für die Liebe zur Kirche, das ist ein Schicksal, das man sich wünschen soll. Ein wunderbares Schicksal und nützlich vor allem anderen.« Thomas Becketts Verhängnis ist auch das Verhängnis von Darboy geworden. Im 20. Jahrhundert jedoch wurde ein derartiger Tod auch zum Schicksal von unzähligen christlichen Laien und Geistlichen im kommunistischen Osten.

Durch den erfolgreichen bewaffneten Putsch von 1917 im großen Russischen Reich entstand im 20. Jahrhundert der stärkste Ableger des Marxismus, der Marxismus-Leninismus. Uljanov Lenin gründete den ersten kommunistischen Staat und stellte sich damit auf die gleiche Stufe wie die theoretischen Gründer Marx und Engels. In den unruhigen Jahren nach dem I. Weltkrieg entstanden nach dem Muster der leninschen Bolschewiken beinahe in allen europäischen Ländern kommunistische Parteien. Sie waren in ihrer überwiegenden Mehrheit Vasallen von Moskau, eben »jüngere Brüderchen«. Auch die westeuropäischen Kommunisten hatten ihre Parteien, ihre ergebenen Anhänger, ihre Presse, ihre intellektuelle Avantgarde. Die russischen Kommunisten hatten zusätzlich noch ihren großen Staat mit der Armee und alle Geldquellen. Dadurch wurde Moskau zur Hauptstadt des Weltkommunismus. Auf Moskau richteten Lenins Brüder und Cousins ihre Blicke. In zwei großen, westeuropäischen, katholischen Ländern stand der Kommunismus in der ersten Hälfte des 20. Jahrhunderts sogar fast vor dem Sieg. In Spanien wurde dieser Sieg nur durch den blutigen Bürgerkrieg und die Diktatur Francos verhindert. Und in Italien hat 1948 nur eine außerordentliche Mobilisierung aller antikommunistischen Kräfte den Sieg der kommunistischen Partei bei den zweiten demokratischen Wahlen nach dem Krieg verhindert. Die italienische kommunistische Partei blieb jedoch in den folgenden Jahrzehnten weiterhin die stärkste kommunistische Partei westlich des Eisernen Vorhangs.

Die kommunistische Weltrevolution, zu der es nach dem Sieg des Kommunismus in Russland kommen sollte, hat zwar nicht stattgefunden, dennoch aber gilt der Kommunismus in Europa und Amerika als modern und fortschrittlich: Ihm gehöre die Zukunft. Dem Jesus von Nazaret jedoch sollte die Zukunft nicht gehören. In den intellektuellen Kreisen Europas genossen die prokommunistischen Intellektuellen das Ansehen, überlegen zu sein. Kommunist oder zumindest Sympathisant des Kommunismus zu sein, war irgendwie »cool«.

In den 20er und 30er-Jahren des vorigen Jahrhunderts haben unzählige bekannte Persönlichkeiten in der westlichen Kulturszene mit dem Kommunismus sympathisiert: John Reed, Pablo Picasso, Charlie Chaplin, H. G. Wells, G. B. Shaw, Henri Barbusse, Lion Feuchtwanger, Louis Aragon … Nach dem Sieg über Hitler umgab sich die kommunistische Idee mit dem Nimbus der Unbesiegbarkeit und gewann neue Generationen von Intellektuellen wie Jean Paul Sartre und andere. Der Hauch des kommunistischen Frühlings hatte schon vor dem Krieg den jungen Gustáv Husák, Ladislav Novomeský, Vladimír Clementis und Dominik Tatarka erobert. Nach dem Krieg kamen Zeloten wie Ladislav Mňačko dazu. Aber auch die einfachen Leute bewunderten den sowjetischen Kommunismus und wollten an ihm teilhaben. Tausende Menschen aus den verschiedensten Ländern Europas und Amerikas brachen in das sowjetische Russland auf. Sie wollten den Kommunismus mit aufbauen. In den Zwanzigerjahren ist auf diese Weise auch der kleine Alexander Dubček mit seinen Eltern nach Russland gekommen.

Nichts ist so stark wie eine Idee, deren Zeit gekommen ist. Die Idee des Kommunismus erwies sich als enorm stark. Ihre Kraft wurde besonders deutlich in den Momenten, wenn ihre Sympathisanten vor der Alternative standen, zwischen ihrer Liebe zur Idee und der Anerkennung der Realität zu wählen. Die Mehrheit hat sich dann stets für die Idee entschieden – selbst dann, wenn die Realität besonders schrecklich war.

Hungersnot und Terror,
die es angeblich nicht gab

»Kein Gedenken an mich soll das Zeichen des Kreuzes tragen.«
George Bernard Shaw

Es gab kein schrecklicheres Verbrechen der Bolschewiken als die Kollektivierung der Landwirtschaft in den Jahren 1929 bis 1933. Sie verursachte eine Hungersnot, durch die Millionen von Russen, Ukrainern und Kasachen starben. Wie viele Menschen damals verhungerten? Fünf Millionen? Acht? Zehn? Das weiß keiner. Welche Tragödie, wenn man die Zahl der Opfer nicht einmal mit der Genauigkeit von Millionen bestimmen kann! Die Bauern starben in ihren Dörfern, wo ihnen der Staat das Getreide beschlagnahmt hatte. Sie starben in den Straßen der Städte, wohin sie sich aus Verzweiflung vor dem Hunger flüchteten. Sie starben in Sibirien, wohin sie mit Gewalt ausgesiedelt worden waren. Noch in den 90er-Jahren konnte man an der Alterspyramide der ukrainischen Bevölkerung ablesen, dass irgendein unsichtbarer Zahn eine Unmenge von Menschen weggebissen hatte, die dann 60 Jahre alt hätten sein sollen. Die ukrainische Regierung bemüht sich um Anerkennung dieser ungeheuren Tragödie durch möglichst viele Parlamente auf der ganzen Welt. Der Nationalrat der Slowakischen Republik hat 2008 eine derartige Erklärung verabschiedet. Die Propaganda des Sowjetregimes hat es aber teilweise fertiggebracht, diese Katastrophe vor dem Ausland zu verheimlichen – allerdings nicht ohne die Hilfe von »Cousins«.

Eine der größten journalistischen Legenden in den USA ist die »Old Gray Lady«, die »alte graue Dame«. Es ist die »New York Times«. Eineinhalb Jahrhunderte bestimmte sie die Trends des liberalen Journalismus sowohl in Amerika als auch in der Welt. In den 30er- und 40er-Jahren des vergangenen Jahrhunderts war Walter Duranty der führende Korrespondent der »New York Times« in Moskau. Zu Durantys Reputation trug bei, dass ihm Stalin persönlich im Jahre 1929 ein Interview gegeben hat. Und Duranty hat sich erkenntlich gezeigt. Zu Beginn der 30er-Jahre gibt er zwar in seinen Artikeln eine gewisse Unmenschlichkeit bei der russischen Kollektivierung zu. Er hielt sie jedoch für unerlässlich. Ein anderer Weg sei seiner Meinung nach in Russland nicht möglich gewesen. In seinen Artikeln wurde Stalins Politik durchwegs gutgeheißen. Für diese Artikel hat er 1932 den Pulitzerpreis bekommen. Der Pulitzerpreis ist die höchste journalistische Auszeichnung in den USA. »Jeder derartige Bericht ist eine Übertreibung oder eine böswillige Propaganda«, schrieb er noch am 23. August 1933 in der »New York Times«, als bereits Millionen gestorben waren. So hat sich die »New York Times« unauslöschlich in der Geschichte der Leugnung des Holocausts an den russischen und ukrainischen Bauern verewigt.

Stalin zeigte sich dankbar. Ende desselben Jahres richtete er an Duranty folgende Worte: »Sie haben durch Ihre Informationen über die Sowjetunion gute Arbeit geleistet. Obwohl sie kein Marxist sind, haben Sie sich bemüht, über unser Land die Wahrheit zu sagen ... « Nach Jahrzehnten, als endlich die Wahrheit ans Licht gekommen war, wurde darüber diskutiert, ob Duranty der Pulitzerpreis aberkannt werden sollte. Es ist niemals geschehen.

Es gab aber auch Journalisten, die damals die schreckliche Wahrheit berichtet haben. Der junge Reporter Gareth Jones hat nach seiner Rückkehr aus Russland im »Manchester Guardian« geschrieben: »Es gibt kein Brot. Wir sterben. Diese Klagen kommen aus allen Ecken Russlands ...« Duranty reagierte auf Jones Bericht mit einem Artikel, in dem er Jones Enthüllungen leugnete. Es gab Menschen, die bei der Wahl zwischen ihren Sympathien zum Kommunismus und der Wahrheit die Wahrheit gewählt haben: Malcolm Muggeridge, der als Journalist nach Moskau gefahren war, weil er mit dem Kommunismus sympathisierte, hat die reale Hungersnot schnell erkannt und Duranty später als

»den größten Lügner, dem er im Journalismus begegnet« sei, bezeichnet.

Duranty war allerdings nicht der Einzige, der die Hungersnot geleugnet hat. Louis Fischer, Korrespondent von »The Nation«, schrieb das Gleiche wie Duranty, aber mit dem Unterschied, dass er sich nach dem II. Weltkrieg vom Kommunismus lossagte. Auch die linken Intellektuellen G. B. Shaw, Herbert G. Wells und Edouard Herriot, dreimal französischer Premier und Mitglied der Radikal-Sozialisten, haben diese Hungersnot nach einem Besuch in der Sowjetunion abgestritten. »Die Ukraine ist wie ein Garten voller Blumen«, sagte Herriot nach seinem Besuch.

Die Geschichte von Herriot, Duranty, Wells, Shaw, Fischer und anderen ist nicht die Geschichte von einsamen Versprengten. Es ist die Geschichte der ganzen westlichen Gesellschaft und ihrer Schizophrenie in ihrem Verhältnis zum Kommunismus. Der ehrliche Linke, George Orwell, hat darüber geschrieben: »Man hielt es für richtig, über eine Hungersnot in Indien zu berichten und die in der Ukraine zu verschweigen.«

In der zweiten Hälfte der 30er-Jahre entfesselte Stalin eine weitere Welle des Terrors, diesmal in der kommunistischen Partei selbst. Die Zahl der Hingerichteten erreichte bis zu einer Million, die der Inhaftierten war noch höher. Ein Element des grauenhaften Geschehens waren manipulierte politische Schauprozesse von Mitgliedern der alten »Lenin Garde« – Zinoviev, Kamenev, Bucharin, Radek und anderen. Auch dieses verbrecherische Vorgehen Stalins wurde im Westen entschuldigt und auch diesmal hat Walter Durantys Berichterstattung Stalins Partei ergriffen.

Ein trauriges Kapitel war weiterhin das Wirken des amerikanischen Botschafters in Moskau, Joseph E. Davies. Er hatte persönlich an einem der Schauprozesse als Zuschauer teilgenommen. Seiner Regierung versicherte er dann, dass es Beweise gegen die Beschuldigten gebe, die über jeden Zweifel erhaben seien. Dabei interessierte es Botschafter Davies offensichtlich nicht, dass massenhaft Menschen in Russland verschwanden. Selbst das Schicksal von Amerikanern, die nach Russland ausgewandert waren und ebenso unschuldige Opfer der Säuberungen wurden, bereiteten ihm keine großen Sorgen. Er war sogar bemüht, Stalin so weit entgegenzukommen, dass er die Auslieferung des russischen Dissidenten Viktor Kravtschenko an die Sowjetunion betrieb. So war Davies zwar ein erfolgreicher Jurist, aber welcher Platz in der Hierarchie »der nützlichen Idioten«, wie Lenin ähnliche Typen nannte, steht ihm wohl zu?

Und wie verhielt sich sein wichtigster Arbeitgeber, der amerikanische Präsident Franklin Delano Roosevelt? Er sagte dem ehemaligen Botschafter in der Sowjetunion, William Bullitt, vor der Konferenz auf Jalta:

»Ich habe das Gefühl, dass Stalin nichts anderes will als Sicherheit für sein Land, und ich glaube, wenn ich ihm alles gebe, was ich kann, und im Gegenzug nichts von ihm verlange, noblesse oblige, so wird er nichts annektieren wollen und mit uns für Demokratie und Frieden kooperieren.«

Der Kommunismus in Osteuropa dauerte dann 40 Jahre.

George Bernard Shaw war ohne Zweifel ein hochbegabter Intellektueller, ein Freund des großen katholischen Gilbert Keith Chesterton, dafür aber sehr gutgläubig den sowjetischen Kommunisten gegenüber. Denn kaum einer der westlichen Intellektuellen ist so weit gegangen, die eiserne Faust der kommunistischen Partei, die Tscheka, und deren Nachfolgeorganisationen in Schutz zu nehmen, wie Shaw dies getan hat. Wer das Vorwort zu seinem Stück »On the rocks« liest, erkennt, dass seine naive Gutgläubigkeit in Sachen Kommunismus einhergeht mit seiner Abneigung gegen die organisierte Religion, vor allem das Christentum. Wer das liest, empfindet Wehmut beim Gedanken an diesen treuherzigen Intellektuellen.

Aber sparen wir uns die Wehmut noch ein wenig auf. Gerieten diese Verteidiger des Massenterrors, die Millionen von Europäern und Amerikanern beeinflusst und auf den Kommunismus eingestimmt haben, etwa in Misskredit? Nein, keineswegs. Duranty und der »New York Times« wurde der Pulitzerpreis keineswegs aberkannt. Die »New York Times« belehrt die Welt weiterhin darüber, was fortschrittlich ist und was nicht. Roosevelt wird nach wie vor zu einem der größten amerikanischen Präsidenten verklärt. Davies war jahrelang ein erfolgreicher Diplomat, Herriot ein erfolgreicher Politiker. Auch nach ihrem Tod behielten Shaw und Wells ihren Ruf als erfolgreiche Berühmtheiten. Nach ihnen sind Straßen und Plätze benannt, auf Straßen und Plätzen stehen ihre Denkmäler .

Fragen wir, wie ist es denen ergangen, die im Westen offen erklärt haben, der Kommunismus sei ein unmenschliches System? Denjenigen, die eine Opferstatistik seiner Unterdrückung enthüllt haben? Denjenigen, die sich nicht mit dem Kommnismus abfinden wollten? Wie ist es den westlichen Antikommunisten ergangen? Dabei kommen interessante Geschichten ans Licht.

Kommunisten, Antikommunisten und Anti-Antikommunisten

»Es ist ein Reich des Bösen.«
Ronald Reagan über die Sowjetunion

»Die Rede über ein Reich des Bösen war primitiv.«
Anthony Lewis, New York Times

Im Westen gab es also viele Sympathisanten des sowjetischen Kommunismus. Andererseits gab es nicht genügend von den erwähnten »Lenin Brüdern«, um den Westen kommunistisch zu prägen. Der Westen war allerdings auch nicht antikommunistisch. Es lebten dort viele Menschen, die zwar nicht Kommunisten waren, aber noch mehr als den Kommunismus bekämpften sie den Antikommunismus. Diese *Cousins* waren »Anti-Antikommunisten«. Sie glaubten, dass sowohl der demokratische Westen als auch das kommunistisch-sowjetische Lager ihre Fehler und Mängel hätten und moralisch auf der gleichen Stufe stehen. Die Anti-Antikommunisten hielten den Antikommunismus für rückständig und intolerant. Eine klare Verurteilung des Kommunismus und die Aussage, dass der Westen moralisch überlegen sei, war für sie primitive Schwarz-Weiß-Malerei.

Und es gab ausreichend viele Anti-Antikommunisten, um den westlichen Antikommunisten das Leben schwer zu machen. Der westliche Anti-Antikommunismus kann am Schicksal von vier Amerikanern illustriert werden. Einer von ihnen war zuerst Kommunist und sowjetischer Spion. Zwei weitere wurden amerikanische Präsidenten. Der vierte wurde zweimal für den Staat Wisconsin in den amerikanischen Senat gewählt. Ihre Namen lauten Whittaker Chambers, Richard Milhous Nixon, Ronald

Wilson Reagan und Joseph McCarthy. Beginnen wir mit Whittaker Chambers, dem Mann, der nach dem Krieg Amerika spaltete. Seine Geschichte ist der Schlüssel zum Verständnis der amerikanischen Politik in der Zeit des Kalten Krieges.

1939 hatte der antikommunistische russische Emigrant Isaac Don Levine dem stellvertretenden Außenminister Adolph Berle einen unauffälligen, stämmigen, 40-jährigen Mann vorgestellt. Dieser sagte Berle etwa Folgendes: »Ich bin Whittaker Chambers. Ich bin Kommunist und sowjetischer Spion gewesen. Ich habe damit aufgehört und will nun die sowjetischen Spione entlarven, die in amerikanischen Ministerien arbeiten.« Chambers begann, Namen zu nennen – und dies von keineswegs unwichtigen Leuten. Der prominenteste unter ihnen war Alger Hiss, ein wichtiger Beamter im amerikanischen State Department, dem Außenministerium, mit dem Chambers persönlich zusammengearbeitet hatte.

Berle informierte Präsident Roosevelt und das FBI, aber es passierte nichts. Zwei Jahre später wurde Walter Krivický in einem Hotelzimmer erschossen aufgefunden. Krivický, ein ehemaliger sowjetischer Nachrichtenoffizier, war nach dem Hitler-Stalin-Pakt zu den Amerikanern übergelaufen. Es war übrigens Krivický, der Chambers zu seinen Aussagen überredet hatte. Berle begriff, dass Chambers genauso wie Krivický enden könnte, und alarmierte wieder das FBI. Dieses hat Chambers vernommen, nahm ihn jedoch immer noch nicht ernst. Alger Hiss war inzwischen im Ministerium aufgestiegen und nahm als Mitglied der amerikanischen Delegation an der Konferenz von Jalta teil, wo Roosevelt, Churchill und Stalin über die Verteilung der Welt nach dem Weltkrieg entschieden haben. Unmittelbar darauf wurde er Generalsekretär der Konferenz der Vereinten Nationen in San Francisco, wo die Gründung der UNO vorbereitet wurde.

1945 spitzte sich die Affäre zu: Elisabeth Bentley, ebenfalls ehemalige Kommunistin und sowjetische Spionin, packte aus – und ihre Informationen bestätigten, was Chambers gesagt hatte. Jetzt erst lernte ganz Amerika Chambers kennen. Er und auch Alger

Hiss wurden vor das HUAC – das Komitee des Repräsentanten-hauses zur Ermittlung von unamerikanischen Umtrieben – geladen. Hiss leugnete alles, sogar dass er Chambers jemals getroffen habe. Dieser konnte allerdings beweisen, dass Hiss log, indem er detaillierte Dokumente aus dem Außenministerium vorlegte, die ihm Hiss für die Sowjets überreicht hatte. Hiss wurde des Meineids überführt und dafür ins Gefängnis geschickt. Dort verbrachte er vier Jahre.

Ganz Amerika hat die Auseinandersetzung Chambers – Hiss verfolgt. Wer hatte Recht? Chambers oder Hiss? Hiss wurde vom liberalen Amerika unterstützt, Chambers vom konservativ christlichen Amerika. Auch die Redaktion der Zeitschrift »Time«, bei der Chambers arbeitete, spaltete sich in Chambers- und Hiss-Anhänger – und so musste schließlich Chambers die Redaktion verlassen.

Die Lossagung Chambers vom Kommunismus muss auf dem Hintergrund seiner Bekehrung zum Christentum gesehen werden. Seinen eigenen Kampf und den Kampf ganz Amerikas mit dem sowjetischen Kommunismus verstand er nicht als politischen, sondern als geistigen Kampf. »Die kommunistische Vision ist die eines Menschen ohne Gott«, sagte er. Mit dem, was er sagte und schrieb, wirkte er beinahe etwas mystisch. Alger Hiss hingegen war der Prototyp des modernen liberalen Amerikaners, ein aufgeklärter Mann. Ihm zur Seite standen Menschen, die sich die Zusammenarbeit mit dem Kommunismus wünschten. Ein Mensch wie Chambers wirkte auf viele von ihnen bigott und fanatisch. Aber Chambers sagte die Wahrheit und Hiss log. Das liberale Amerika war wegen der Niederlage und der Verurteilung von Hiss verbittert. Der Streit um Chambers und Hiss wurde medial und politisch noch jahrzehnte lang fortgeführt.

Chambers starb 1961. Er hatte ein schweres Leben hinter sich: Noch bevor das Gericht Hiss für seinen Meineid verurteilt hatte, hatte dieser einen Prozess gegen Chambers angestrebt. Er wollte ihn, allerdings erfolglos, wegen Ehrenbeleidigung anklagen. Chambers stand finanziell längere Zeit am Abgrund. Die liberalen Medien standen auf der Seite von Hiss. Die Journalisten von der »Washington Post« drohten, sie würden Chambers fertig machen. Der Standpunkt dieser Medien entspricht dem bekannten Muster: »Lieber Kommunist als Christ«.

Chambers schrieb 1952 ein autobiografisches Buch »Der Zeuge«, ein Werk, das sich schwer liest, aber nicht, weil es besonders umfangreich wäre. Es ist ein Buch über den Kreuzweg eines Christen, der in der modernen Zeit Zeugnis für die Wahrheit ablegt – nicht etwa in einem kommunistischen und damit offiziell atheistischen Land, sondern in Amerika, wo es durchaus zum guten Ton gehörte, sich zur Bibel zu bekennen.

Bis zu seiner Aussage vor dem HUAC 1948 wurde Chambers von einem bis dahin unbekannten 30-jährigen kalifornischen republikanischen Kongressabgeordneten unterstützt. Sein Name war Richard Milhous Nixon. Nixon war bereits seit einem Jahr Mitglied des Repräsentantenhauses, aber nach dem Fall Chambers/Hiss kannte ihn ganz Amerika. 1950 kandidierte er für den Senat und wurde mit Hilfe einer antikommunistischen Bewegung gewählt. 1952 bei der Wahl Dwight Eisenhowers zum US-Präsidenten, wurde Nixon dessen Vizepräsident. Dank des Engagements für Chambers dauerte Nixons Weg von der Bedeutungslosigkeit bis ins Amt des Vizepräsidenten nur vier Jahre. Damit begann auch das beidseitige, von Hass geprägte Verhältnis zwischen ihm und den liberalen Medien. Diese betrachteten Hiss vor allem als Nixons Opfer, mehr noch als das von Chambers. In seinem Buch »Sechs Krisen« schreibt Nixon 1962: »Der Hiss-Fall hat mir landesweiten Ruhm eingebracht. Aber ich zog mir durch ihn auch Hass und Feindschaft zu – und zwar nicht nur von Kommunisten, sondern auch von wesentlichen Teilen der Presse und der Gemeinschaft der Intellektuellen.« Nixon erklärt, warum: »Der beste Weg, um sich jemanden zum Feind zu machen, der sich für einen Intellektuellen hält, ist es, ihm zu beweisen, dass er sich geirrt hat ... Die Emotionen schwappen dann über, so wie es im Fall von Hiss gewesen ist.«

Ein Vierteljahrhundert nach dem Fall Hiss haben die Medien dann doch den Skalp von Nixon bekommen. Nach der Watergate-Affäre haben sie eine derartige Hysterie erzeugt, dass Nixon im Sommer 1974 auf sein Amt als Präsident verzichten musste. Das war die Rache für Nixons Antikommunismus Ende der 40er-Jahre. Der Anti-Antikommunismus hatte gesiegt. Im Wahljahr 1972 hat die »Washington Post« 79-mal einen Bericht über die Watergate-Affäre auf ihre Titelseite gebracht. Man mag einwenden, Nixon habe seinen Untergang durch seine politischen Fehltritte selbst verursacht. Der Historiker Paul Johnson, und nicht nur er, ist der Meinung, alle Unregelmäßigkeiten von Nixon in der Watergate-Affäre hätten sich auch Nixons Vorgänger im Präsidentenamt zuschulden kommen lassen. Bei ihnen hätten es aber die Medien toleriert. Nixon hingegen hätten sie dämonisiert.

Einer der Leser von Chambers Buch »Der Zeuge« war auch Ronald Reagan. Nach seinen eigenen Worten sei dieses Buch der Meilenstein bei seiner Wandlung vom Demokraten zum antikommunistischen Republikaner gewesen. 1984 hat Reagan Whittaker Chambers posthum die Freiheitsmedaille verliehen.

Whittaker Chambers hat über den Kommunismus gesagt: »Im Kommunismus sehe ich den Kern des konzentrierten Bösen unserer Zeit.« Jahrzehnte später, nachdem dieser Satz in die Welt gesetzt worden war, am 8. März 1983, gab es in Orlando, Florida, ein Echo von Chambers Worten. Es war so laut, dass es in der ganzen Welt widerhallte. Der amerikanische Präsident Ronald Reagan bezeichnete die Sowjetunion in seiner Rede vor der Evangelischen Allianz der USA als »das Reich des Bösen«.

Es ist kein Zufall, dass Reagan seinen »Evil Empire Speech« gerade vor diesem Auditorium vortrug. Er wusste, dass er sich im Kampf gegen den Kommunismus auf diese Menschen verlassen konnte, dass sich diese Menschen schon allein wegen ihres Glaubens niemals vom Kommunismus verblöden lassen würden.

Seine Rede galt allerdings nur am Rande dem Kommunismus. Er thematisierte auch die Sünde der Abtreibung, die Verdrängung der Religion aus den Schulen, die Bedrohung durch Drogen. Er sprach über einen Kampf in der Welt, der nicht durch Raketen entschieden werden würde, weil es sich um einen geistigen Kampf handle. Es war keine Hetzrede. Reagan plädierte nämlich dafür, ebenfalls für die andere Seite zu beten. Er erzählte auch über Whittaker Chambers. Es war eine religiöse Rede.

»So geht das nicht«, rümpfte das liberale und anti-antikommunistische Amerika, in vorderster Front die Medien, die Nase über diese Rede. »Man muss doch miteinander reden.« Aber so war es halt. Ein paar Jahre später tauchte Gorbatschow mit der Glasnost auf. Und selbst die Russen begannen, über ihren Herrschaftsbereich Dinge zu berichten, durch die klar wurde: Reagan hatte nicht übertrieben. Ein Jahr nach Reagans Ausscheiden aus dem Amt war der Kommunismus in Europa am Ende.

Die Geschichte des vierten Mannes begann zwei Wochen, nachdem das Gericht Alger Hiss wegen Meineids verurteilt hatte. Es war Senator Joseph McCarthy, der am 9. Februar 1950 in Wheeling, West Virginia, seine berühmte Rede hielt. Er sprach über die Unterwanderung amerikanischer Institutionen durch Kommunisten und sowjetische Spione. Er gab an, über eine Liste dieser Leute zu verfügen. Diese Rede katapultierte ihn ins Zentrum der medialen Aufmerksamkeit. McCarthy nannte allerdings niemals neue Namen, sondern nur solche, die bereits zuvor von irgendjemand veröffentlicht worden waren. Er war ein Politiker, der die mediale Aufmerksamkeit suchte. Da er das Pferd »Kommunismus« bestiegen hatte, musste er auch auf ihm weiter galoppieren. Dazu fehlten ihm jedoch die Fähigkeiten. Eine seriöse Ermittlung durch den US-Kongress, die neue und exakte Ergebnisse gebracht hätte, war ihm nicht gelungen. Ab 1954 war er politisch kompromittiert und er starb 1957 als Senator. Mit seinem Namen wird eine Ära bezeichnet, die einige Jahre Ende der 40er- und Anfang der 50er-Jahre währte: die »McCarthy-Ära«.

McCarthy hat »seine« Ära nicht selbst initiiert. Sie fing einige Jahre vor seiner Rede in Wheeling an, nämlich mit der Aussage von Chambers vor dem Kongressausschuss. Da McCarthy niemals von sich aus neue Namen ins Spiel brachte, kann man ihm auch nicht vorwerfen, er habe durch ungerechtfertigte Anschuldigungen das Leben konkreter Menschen zerstört. Joseph McCarthy sagte im Prinzip die Wahrheit über die kommunistische Unterwanderung Amerikas. Beweis dafür war unter anderem der Fall Chambers/Hiss. Aber sein politisches Ungeschick haben anti-antikommunistische Kräfte benutzt, um die Tatsache der kommunistischen Unterwanderung in Frage zu stellen. Das alles sollte lediglich als gewöhnliche Hexenjagd hingestellt werden.

Man muss nicht einmal hinzufügen, dass die anti-antikommunistischen amerikanischen Medien den »McCarthyismus« all die Jahre über in der gleichen Weise wie die Moskauer »Prawda« beurteilten.

Die Geschichte der vier Amerikaner wirft eine beunruhigende Frage auf. Zweifellos hatten sie Recht. Was sie als wahr erkannt hatten, führte letztendlich zur totalen Niederlage eines Zweigs des wuchernden Marxismus: Der Sowjet-Kommunismus, also der Marxismus-Leninismus, kollabierte und ging zugrunde. Demnach hätten die Vier eigentlich gesiegt.

Aber haben sie wirklich gesiegt?

Eine in der Öffentlichkeit stehende Person siegt, wenn die Kultur eines Landes ihren Sieg moralisch gutheißt: Film, Literatur, Musik, Architektur. Wenn aber die Kulturschaffenden es anders sehen, ist es kein wirklicher Sieg.

Wird Hollywood irgendwann einen Film über die Bekehrung von Whittaker Chambers drehen? Über seinen heldenhaften Kampf gegen eine Gefahr, von der nicht nur sein Land, sondern die ganze Welt bedroht war? Wahrscheinlich nicht. In der Enzyklopädie Wikipedia finden sie unter dem Stichwort »Bibliography for Whittaker Chambers« drei Filme, in denen die Person Chambers auftritt. In »Concealed enemies« aus dem Jahr 1984 und

»The trials of Alger Hiss« aus dem Jahr 1980 steht eine Anmerkung, dass sie Pro-Hiss-Filme sind. »Nixon« von Oliver Stone ist aus dem Jahr 1995. Chambers erscheint dort nur sehr kurz. Der Zuschauer ahnt nicht, was er für Nixon bedeutet hat.

1995 hat die amerikanische Regierung die Akte »Venona« von der Geheimhaltung entbunden. Seit 1943 haben amerikanische und britische Nachrichtendienste Tausende von Telegrammen, die während des Zweiten Weltkriegs von sowjetischen Agenten nach Moskau geschickt worden waren, abgefangen und entschlüsselt. Aus der Akte ging hervor, dass einer von ihnen Alger Hiss ist. Er trug den Decknamen »Ales«. Venona hat also bestätigt, was Chambers vor einem halben Jahrhundert behauptet hatte.

Und wie zeigt Hollywood Nixon heutzutage? Nixon erscheint als fähiger Politiker, aber entweder von Dämonen besessen oder selbst ein Dämon. Der Film von Stone illustriert dies recht gut. Auf dem Internetportal »Youtube« kann man eine Aufzeichnung des berühmten Auftritts von Nixon nach seiner Niederlage bei den Gouverneurswahlen in Kalifornien 1962 finden. Nixon sagte damals den Journalisten, sie würden ihn niemals mehr treten können, weil dies seine letzte Pressekonferenz sei. Ebenso kann man dort die entsprechende Szene aus dem Film finden, in dem Anthony Hopkins Nixon gespielt hat. Der Unterschied ist augenfällig. Der wahre Nixon verhielt sich an diesem Tag den Journalisten gegenüber zwar reserviert, aber er trat mit Würde, ruhig und konzentriert auf. So wie ihn Hopkins darstellt, wirkte er aber wie ein Psychopath: verschwitzt, aggressiv, mit dem Gesichtsausdruck eines gehetzten Tieres.

Lohnend sind auch die Vergleiche von einigen Auftritten Nixons (ebenso auf »Youtube« zu sehen) mit Szenen aus dem neuesten Nixon-Film »Frost/Nixon«. Der Film des Regisseurs Ron Howard aus dem Jahr 2008 berichtet über die Entstehung einer Serie von Interviews, die der Journalist David Frost 1977 mit Nixon geführt hat. Es handelte sich um den ersten Auftritt von Nixon nach seinem dreijährigem Schweigen. Deshalb erregten die Interviews im Fernsehen große Aufmerksamkeit. Nixon erklärt in einer Szene mit einem Satz, dass manche Entscheidungen in die Kompetenz des Präsidenten fallen. Deshalb sei sein Tun in diesen Fällen nicht illegal. Der reale Nixon sagt den Satz ruhig und friedlich: »When the president does it, it is not illegal.« Der Schauspieler Frank Langella spricht diesen Satz aggressiv und hart. Er stellt also einen Nixon dar, der davon überzeugt ist, dass er alles darf, einen Menschen ohne Gespür für das Recht. Auch 60 Jahre nach dem Fall Hiss bleibt der Dämon ein Dämon.

Ronald Reagan wurde tatsächlich unter einem glücklichen Stern geboren, weil er von allen Vieren am besten abschnitt. Er nannte das Reich des Bösen beim Namen und dieses Reich ging unmittelbar nach seiner Regierungszeit unter. Es ist ein zu großer und epochaler Erfolg, um ihn einfach unter den Tisch fallen zu lassen. Reagan hat den Lenin-Marxismus besiegt.

Sein Kampf gegen den Kommunismus begann in Hollywood gleich nach dem Krieg. In der Filmstadt war die Mitgliedschaft bei der amerikanischen kommunistischen Partei unter den Schauspielern und Filmschaffenden weit verbreitet. 2003 drehte der amerikanische Fernsehsender CBS eine Serie »Die Reagans«, in der James Brolin, Ehemann der ultra-linken Barbara Streisand, den ehemaligen Präsidenten spielte. In Bezug auf Aidskranke haben die Autoren Reagan folgende Worte in den Mund gelegt: »Wer in der Sünde lebt, stirbt in der Sünde.« Reagan selbst hat so etwas nie gesagt. Als Einzelheiten aus dem Film bekannt wurden und die Konservativen protestierten, verzichtete CBS darauf, den Film zu senden. Er wurde bei einem anderen Sender, im Kabelfernsehen, ohne den inkriminierten Satz gebracht. Ronald Reagan hatte damals schon Alzheimer in einem fortgeschrittenen Stadium. Diese Rache war also eher unbedeutend.

Am schlechtesten hat der ungeschickte Senator abgeschnitten, der zudem auch noch gern getrunken hat. Joe McCarthy hatte die Wahrheit gesagt, aber er wurde für das liberale Establishment ein

Synonym für das Böse. »Der McCarthyismus« gilt als Synonym für Hexenjagd. Dass die »Hexen« damals in der McCarthy-Ära tatsächlich in Amerika präsent waren, spielt keine Rolle. Dennoch setzen sich konservative Kommentatoren bis heute für ihn ein. Ann Coulter hat zu seiner Verteidigung 2003 sogar ein Buch mit dem Titel »Treason« geschrieben.

Was für einen Sieg haben also unsere vier Kämpfer errungen? Fragen wir uns nun, ob ihre einheimischen Opponenten, die liberalen Anti-Antikommunisten, verloren haben. Keineswegs. Sie bestimmen, was von der Geschichte bleibt. Zwar weiß jeder, der Chambers »Der Zeuge« liest, wie tragisch sich die Anti-Antikommunisten geirrt haben. Nur, die Menschen lesen keine dicken Bücher. Die Menschen gehen ins Kino und schauen fern. Und dort sehen sie eben ein ganz anderes Bild.

Der Anti-Antikommunismus in Amerika ist kein abgeschlossenes Kapitel. Noch heute, fast 25 Jahre nach dem Fall des sowjetischen Kommunismus, gedeiht er vor allem auf dem Boden der amerikanischen Universitäten. Professor Paul Kengor beschreibt das Interesse der Hochschuljugend an der Wahrheit über die Gräuel des Weltkommunismus und gleichzeitig den Hass auf diese Wahrheit bei deren Lehrern. Kengor erinnert in einem seiner Vorträge über den Kommunismus an die Reaktion von amerikanischen Hochschulpädagogen. Sie verdrehten verächtlich ihre Augen, als er die schlimmsten Verbrechen des Kommunismus aufzählte: »Sie haben mich als den Geist von Joe McCarthy angesehen, der in den Raum geflogen gekommen war und sich in meinem Körper manifestiert hatte.« Die Ursache dafür ist laut Kengor, dass bis zu 90 % der Hochschulpädagogen Liberale sind. Neue liberale Themen wie die Ethnizität, Gender, sexuelle Diversität sind heute linke Angelegenheiten, so wie auch der Kommunismus eine linke Sache ist. Diversität, das neue Motto der Linken, wird allerdings nicht geduldet, wenn es sich um konservative Ansichten handelt. Der Feind steht rechts, es ist der Konservativismus. Deshalb muss die Verfolgung des Christentums durch den

Kommunismus tabuisiert werden. Das Christentum ist nämlich für amerikanische Akademiker auch ein Feind.

Die Wahrheit über den Kommunismus zu berichten, ist heutzutage riskant. Das kann die Karriere erschweren oder sogar ruinieren. Kengor erwähnt das Beispiel von Historikern, die aus Osteuropa in die USA emigriert sind. Der polnische Jude Richard Pipes kam 1940 als junger Mann nach Amerika und hat ein halbes Jahrhundert in Harvard verbracht. Ununterbrochen war er Zielscheibe von liberalen Intellektuellen, die behaupteten, sein Urteil über den sowjetischen Kommunismus sei zu streng. Pipes stimmt in einem Gespräch mit Kengor darin überein, dass niemals einem Kritiker des Nationalsozialismus etwas Ähnliches widerfahren würde. Schlechter als Pipes erging es seinem jüngeren Kollegen Vladimir Brovkin. Er emigrierte Ende 70er-Jahre in die USA. Für die Universität in Yale legte er eine Serie von Arbeiten über den sowjetischen Kommunismus vor, vor allem über das System der Gefangenenlager. Diese Arbeiten wurden abgelehnt und zwar, weil ihr Tenor zu »antibolschewistisch« war. Einer seiner Gegner sagte, Brovkin sei »nicht klar, dass die sowjetischen Gefangenen im Gulag gegen die Gesetze des Landes verstoßen« hätten. »Versuchen Sie sich vorzustellen, jemand würde einen Fachmann für nationalsozialistische Konzentrationslager kritisieren, weil dieser nicht begriffen habe, dass Juden nach Auschwitz und Bergen-Belsen in Übereinstimmung mit den Gesetzen des Landes geschickt wurden«, schreibt Kengor.

Brovkin ging dann nach Florida, wo er an einer Mittelschule unterrichtete. Die amerikanische Hochschuljugend weiß über die Millionen von Opfern des Kommunismus nichts. Ihre Lehrer wissen auch nichts, weil sie nichts wissen wollen. Die Verfolgung der Christen? Gab es so etwas überhaupt?

Die Brüder sind tot, es leben die Cousins!

*»Eine weitere große Irrlehre hat ihren Ursprung in den
Angriffen auf die Moral, vor allem die Sexualmoral ...
Der Wahnsinn von morgen ist nicht in Moskau, sondern
eher in Manhattan beheimatet.«*
Gilbert Keith Chesterton: »The next heresy«, 1926

Auch der sympathische Wahnsinn wird letztendlich unsympathisch. Am 25. Februar 1956 trat der Führer der sowjetischen Kommunisten, Nikita Chruschtschow, vor die Delegierten des XX. Parteitages der Kommunistischen Partei und hielt eine »geheime Rede«. Den nichts ahnenden Delegierten teilte er mit, dass Josip Vissarionovič Stalin, der 30 Jahre die Partei, den Staat und auch die internationale kommunistische Bewegung geführt hatte, ein Verbrecher von außergewöhnlichem Format gewesen sei. Die Historiker Zores und Roj Medvedev schreiben, »einigen Menschen wurde es schlecht, und sie mussten aus dem Saal geführt oder sogar hinausgetragen werden«.

Die Roten Sterne im Kreml leuchteten damals zwar weiterhin, aber das geistige Licht des Kommunismus, das die Welt überflutet hatte, wurde dunkler, denn die Menschen begannen zu reden. Schließlich basierte alles auf Angst und Terror. Dem Marxismus-Leninismus sollte von da an zwar noch ein ganzes Drittel des 20. Jahrhunderts eine enorme Macht gegönnt sein, aber es war eine Macht ohne Anziehungskraft. Das alles wussten die Christen längst. Zum einen waren sie die ersten Opfer des Kommunismus gewesen, zum anderen war der Kommunismus bereits im 19. Jahrhundert durch die Päpste verurteilt worden. Papst Pius XII. hatte im Jahr 1949 ein Dekret gegen den Kommunismus erlassen, nach dem jeder Katholik, der Mitglied in der kommunistischen Partei war, exkommuniziert sei.

Manche brauchten aber ein wenig mehr Zeit. Und 1956 kam diese Zeit für Tausende und Millionen. Einer von ihnen war der Superstar der französischen Kultur, Schauspieler und Chansonier Yves Montand. »Wir waren dumm und gefährlich«, sagte dieser ehemalige informelle Kommunist mit Demut.

Stellen Sie sich vor, Sie wären ein Kommunist gewesen, hätten geglaubt, dass hier endlich eine Kraft ist, die das ganze Böse in der Welt beseitigt und die Menschheit ins Paradies auf Erden führt. Stellen Sie sich vor, Sie hätten die alte Welt verachtet (das heißt mit Einschränkungen das Christentum) und Sie hätten eifrig mit dessen Anhängern gestritten, die Sie für rückständige, beschränkte Menschen hielten. Und irgendwann hätten Sie festgestellt: Sie haben in einer Illusion gelebt. Das, was Sie unterstützt hatten, war eigentlich grauenhaft. Was würden Sie tun? Sie haben nicht viele Möglichkeiten. Sie könnten sich zum Christentum bekehren, zu der alten Weisheit. Das haben Whittaker Chambers, Malcolm Muggeridge, Elizabeth Bentley getan. Oder Sie halten weiterhin Ihre bisherigen Gegner für beschränkt, obgleich diese mit ihrer Kritik Recht hatten. Sie müssten sich also eingestehen, dass Sie sich geirrt haben, und trauern nun Ihren verlorenen Illusionen nach. Jetzt müssten Sie sich wieder etwas »Neues« suchen. Etwas neues »Neues«. Weil das alte »Neue« nicht mehr neu ist. Es ist alt.

1968 haben sich in London zwei Cousinen zweiten Grades getroffen. Die eine war die erste Dame des französischen Films, Simone Signoret, die Ehefrau von Yves Montand. Ebenso wie ihr Ehemann hatte auch sie in jungen Jahren kommunistischen Ideen angehangen. Die zweite war Žofia Langerová, die Mutter eines jungen Popstars aus Bratislava, Zuzka Lonská. Žofia war mit ihrem Ehemann Oskar, auch einem überzeugten Kommunisten, nach dem kommunistischen Umbruch in der Tschechoslowakei 1948 aus den Vereinigten Staaten nach Bratislava zurückgekehrt. Oskar Langer war bald darauf stellvertretender Minister für Ernährung geworden. Später, zu Beginn der 50er-Jahre, war er in einem Prozess unschuldig verurteilt worden. Nach seiner Amnestierung kehrte er 1960 aus dem Gefängnis zurück. Seine Frau Žofia hatte sich, allein mit den Kindern, lange Jahre durchs Leben geschlagen.

Bei dem Treffen hat Žofia der berühmten Cousine über die Inhaftierung ihres Mannes erzählt. Kaum hatte sie zu sprechen begonnen, da fiel ihr Signoret ins Wort: »Aber wenn ihr in New York geblieben wärt, hätte dein Mann als Kommunist wahrscheinlich dasselbe Schicksal erlitten.« Žofia Langerová schreibt: »Dies hat mich getroffen. Als sie mich dann gebeten hat, weiter zu erzählen, habe ich gesagt, es habe keinen Sinn ... Ihre Bemerkung hat etwas von der Blindheit, wie sie Menschen ihrer Art zu eigen ist, zum Vorschein gebracht.«

Es hätte wirklich keinen Sinn gehabt. Die berühmte Cousine von Langerová hat sich nur von »Lenins Schwester« in »Lenins Cousine« verwandelt. Dass Stalin böse war, das konnte man nicht mehr leugnen. So sollte wenigstens das antikommunistische Amerika genauso böse bleiben. Und Millionen in Europa und Amerika mussten sich entscheiden zwischen der Neuentdeckung des Christentums und etwas neuem »Neuem«. Der geniale Chesterton wusste längst, dass es die Moral, die Ehe und die Beziehungen zwischen Mann und Frau betreffen würde.

Fragen lagen in der Luft. Ist der Klassenkampf unerlässlich? Muss tatsächlich die gesamte Produktion verstaatlicht werden? Soll den Staat eine kommunistische Partei regieren? Muss die parlamentarische Demokratie aufgegeben werden? Wir sehen, dass im sowjetischen Lager die Dinge genauso gehandhabt werden, und es funktioniert nicht. Die Menschen flüchten unentwegt aus dem kommunistischen »Paradies«. Und schließlich: Nicht alle Merkmale des Kommunismus sind aus der Lehre von Marx und Engels, den Gründungsvätern, abzuleiten. Sicher, Marx hat über den Klassenkampf und die Verstaatlichung der Produktionsmittel gesprochen. Aber eine kommunistische Partei mit absoluter Macht im Staat, das war die Erfindung von Lenin. Und den Klassenkampf sollte man nicht weiter hervorheben. Er hatte zu viele Tote mit sich gebracht.

Aber findet man bei den Gründervätern nicht noch andere Intentionen als die wirtschaftlichen? Akzeptieren die Menschen nicht lieber die Befreiung aus den Fesseln der biblischen Moral? Haben die Gründerväter nicht gesagt, in den Fesseln befände sich nicht nur der Proletarier in der Fabrik, sondern auch die Frau, die Gattin, die in den Fesseln der bürgerlichen Ehe schmachtet? Und sind nicht unerwünschte Schwangerschaften für die Frau die Fesseln, die sie plagen? Und soll man die Kinder nicht aus der Abhängigkeit von ihren Eltern befreien? Sind nicht die Homosexuellen eine unterdrückte Minderheit? Ist es nicht notwendig, die Migranten aus den dritten Ländern von ihrer Unterdrückung zu befreien? Befinden wir uns nicht alle in den Fesseln einer falschen und erlogenen Wahrnehmung unserer Vergangenheit?

Wozu auf eine revolutionäre Transformation der Gesellschaft durch Aufruf der Massen zu harter Arbeit setzen? Warum diese Transformation nicht auf der Sehnsucht nach Bequemlichkeit – diese weit verbreitete menschliche Schwäche – aufbauen, auf den Widerwillen, moralische Verpflichtungen zu erfüllen? Die Pflichten der Eheleute, einander treu zu sein und sich gegenseitig zu unterstützen, die Pflichten der Kinder, den Eltern zu gehorchen und sie zu achten, die Pflichten der Eltern, sich um ihre Kinder zu sorgen, die Pflichten aller ihrem Land gegenüber, die Pflichten, die eigenen Schwächen zu überwinden. Sollten nicht die bisherigen Pflichten der Familie bei der Erziehung der Kinder vom Staat übernommen werden? Und warum nicht die Menschen vom leidigen Suchen nach Wahrheit befreien und warum ihnen nicht sagen, dass es im Grunde genommen gar keine Wahrheit gibt, sondern nur einzelne Meinungen existieren. Warum den Menschen nicht eine Entbindung von all diesen Pflichten anbieten? Eröffnet sich hier nicht ein Weg, mit dessen Hilfe man die Enttäuschung über den »alten« Kommunismus überwindet?

Und das war der Weg. So sind die neue linke politische Philosophie und die neue linke Politik entstanden. Sie hatten keinen höchsten Wächter ihrer Reinheit, sie hatten keinen Kreml. Ihre Machtstruktur war nicht hierarchisch, sondern ein Netzwerk. Sie funktionierten nicht auf Befehl. Jedes Glied wusste selbst, was es wann sagen und tun sollte. Deshalb gab es auch keine eindeutige Bezeichnung. Patrick Buchanan bezeichnete den neuen Weg in den USA als kulturellen Marxismus, die meisten nannten ihn dort Liberalismus. In Europa geben wir diesem Liberalismus noch ein Adjektiv »linker Liberalismus«.

Diese Philosophie, die da entstanden ist, schafft eine revolutionäre Sicht auf das, worin des Menschen Glück in seiner intimsten Sphäre besteht, in seinen familiären und sexuellen Beziehungen. Sie erzeugt eine neue Moral in den wichtigsten menschlichen Grenzsituationen, beim Kommen und beim Gehen in diese und aus dieser Welt. Deshalb könnte man diese Philosophie auch eine anthropologische Revolution nennen.

Diese Philosophie und ihre Politik umgeben uns bis heute mit Erfolg. Betrachten wir die Menschen näher, die menschlichen Organisationen und Ereignisse, die Bindeglieder zwischen dem Marxismus-Leninismus und der neuen linken Politik sind. Untersuchen wir ebenso die Bindeglieder zwischen den Gegenpolen. Der Gegenpol zum Marxismus-Leninismus war der Antikommunismus von Chambers und Reagans Politik. Gegenpol zum linken Liberalismus ist heute die Pro-Life-Bewegung. Lassen wir auch weiterhin die Geschichten von Menschen sprechen.

Zuerst Pro-life, dann gegen den Kommunismus

*»Das traditionelle Familienleben und die Religion
waren die hauptsächlichen Träger der alten Kultur.
Deswegen war die Politik der Befürwortung von
Abtreibung eines der Instrumente der gewünschten
vorrevolutionären Zerstörung der russischen
Familie und der russischen Kultur.«*
Andrej Popov: »The USSR«

Die tschechische Übersetzung von Chambers »Der Zeuge« aus
dem Jahre 2005 hat über 700 Seiten. Das Buch hat 15 Kapitel. Ein
Kapitel umfasst im Durchschnitt also beinahe 50 Seiten. Ein Kapitel allerdings ist überraschend kurz. Es umfasst lediglich zweieinhalb Seiten. Die Botschaft des Autors an den Leser ist klar. Der
Inhalt des Kapitels ist so wichtig, dass es eine gesonderte Abhand-
lung verdient. Es ist das sechste Kapitel und es heißt »Das Kind«.
Das Kapitel behandelt die Geburt seines ersten Kindes 1933. Der
Geburt der Tochter ist eine Entscheidung vorangegangen, ob es
überhaupt zu dieser Geburt kommt oder ob die Gattin Esther es
nicht besser abtreiben sollte.

Chambers beschreibt die Atmosphäre in den amerikanischen
kommunistischen Untergrundkreisen: Sie war pro Abtreibung.
Ein Kind galt als etwas, das die revolutionäre Arbeit aufhielt und
bremste. Ein Teil der Kommunisten vertrat die Meinung, ein
Kommunist dürfe überhaupt keine Kinder haben, dies sei der
Preis für seine Botschaft. Whittaker Chambers hatte diese Ansichten im Prinzip geteilt. »Als Kommunist in der Illegalität habe
ich es für eine beschlossene Sache gehalten, dass Kinder nicht
in Frage kommen«, schreibt er und fährt fort: »Die Abtreibung
war ein gängiger Bestandteil des Parteilebens. Es gab kommunistische Ärzte, die diese Dienstleistung für eine kleine Entlohnung

erbrachten. Wählerische Kommunisten kannten liberale Ärzte, die für diese Dienstleistung eine höhere Entlohnung berechneten.« Christliche Ärzte boten diesen »Dienst« natürlich nicht an, für keine Entlohnung welcher Art auch immer. Die Christen waren loyale Bürger des Staates, die das Gesetz respektierten. Und das Gesetz, das göttliche wie auch das amerikanische, befand unmissverständlich, dass eine Abtreibung illegal sei. Die amerikanischen Kommunisten gehorchten jedoch weder Gott noch ihrer Regierung, sie gehorchten nur Moskau. Und dort sagte das Gesetz etwas anderes.

Es bleibt eine historische Tatsache, dass der erste Staat der Welt, der Abtreibungen legalisierte, Lenins bolschewistisches Russland gewesen war. Auf Lenins Anweisung wurde dies am 18. November 1920 in einem gemeinsamen Dekret des Gesundheits- und Justizministeriums Gesetz. Die Abtreibung ist die logische Auswirkung der marxistischen, materialistischen Sicht der Welt. »Die Abtreibung, die mich heute mit physischen Entsetzen erfüllt, habe ich damals – wie alle anderen Kommunisten auch – für eine gewöhnliche, physiologische Manipulation gehalten«, schreibt Whittaker Chambers. Die Logik der Abtreibung steht in Übereinstimmung mit der materialistischen Grundlage des Klassenkampfes. Der Embryo ist nur Materie, aber selbst ein geborenes Mitglied der reaktionären Klasse war in der kommunistischen Praxis des Klassenkampfes keine Person mit respektierten Rechten.

Chambers Satz über kommunistische und liberale Abtreibungsärzte illustriert, dass die Abtreibung eine bedeutende Verbindungslinie zwischen sowjetischem und kulturellem Marxismus ist – eine Verbindungslinie zwischen *den Brüdern und den Cousins*. Mit der Verbreitung des Kommunismus in die Länder Osteuropas kam es auch dort zur Legalisierung der Abtreibung. Fast überall wurde sie im ersten Jahrzehnt der kommunistischen Herrschaft durchgesetzt: 1953 in Ungarn, 1956 in Polen und Bulgarien, 1957 in der Tschechoslowakei und Rumänien, 1972 in der Deutschen Demokratischen Republik. Der sowjetische Kommunismus ging Hand in Hand mit der Abtreibung einher. Die Abtreibung war Bestandteil der kommunistischen geistigen Transformation der Gesellschaft.

In zwei Fällen kam es vorübergehend zu einer Wende. 1936 nach den katastrophalen demografischen Verlusten, die die Kollektivierung verursacht hatte, wollte Stalin steigende Bevölkerungszahlen und verschärfte deshalb das Gesetz. 1955 kehrte die Sowjetunion jedoch zum rechtlichen Status von vor 1936 zurück. Eine zweite Ausnahme, ebenso aus demografischen Gründen, war nach 1966 die Verschärfung der Abtreibungsgesetzgebung in Rumänien während der Ära Ceausescu. Diese Ausnahmen bestätigen aber nur die Regel. Die kommunistischen Staaten haben Abtreibung um Jahrzehnte früher legalisiert, als dies in Amerika und Westeuropa der Fall war. In diesem Zusammenhang sehe ich ein Paradoxon in der Beurteilung des Untergangs des Kommunismus 1989. Wie sollen die Pro-choice-Aktivisten und ihre Organisationen dieses epochale Ereignis betrachten, wenn für sie der Kampf für »das Recht der Frau auf Abtreibung« politisch vorrangig ist? War in ihrer Logik der Fall des Kommunismus nicht zugleich der Untergang der progressiven Kräfte, die die gleiche *Sache* vertraten wie sie? Im Grundsächlichen waren sie sich doch einig ... Ist nicht für alle Abtreibungskämpfer das Jahr 1989 teilweise sogar ein Sieg der Reaktion?

In zwei osteuropäischen Ländern war der Kampf für den Schutz des ungeborenen menschlichen Lebens Bestandteil des Kampfes für den Sturz des Kommunismus: In der Slowakei organisierte die Kirche im Untergrund 1986 eine Petition gegen die Liberalisierung der Abtreibung. Und im Juni 1989 trieben in Polen nach teilweise freien Wahlen die neuen Abgeordneten die ursprünglich von Solidarność begonnenen Gesetzesinitiativen gegen die Abtreibung, ein Ergebnis der Vereinbarungen des »runden Tisches«, weiter voran.

Christen lehnen eben den Kommunismus genauso ab wie die Abtreibung. Die wiedergewonnene Freiheit nach 1989 war für sie auch eine neue Möglichkeit, für den Schutz des ungeborenen Lebens zu kämpfen. Für Christen gibt es also das erwähnte Paradoxon nicht.

Pro-Choice-*Cousins* sind sich jedoch dieses Paradoxons bewusst und nutzen einen Trick. Er besteht darin, dass sie an die zwei oben erwähnten Ausnahmen erinnern und so tun, als wären diese beiden Ausnahmen im Kommunismus die Regel gewesen. Sie sagen den Anhängern von Pro-Life: Wollt ihr euch etwa so verhalten wie die Kommunisten Stalin und Ceausescu? Nein! Und dabei ist es genau umgekehrt: Die Pro-Choice-Aktivisten verfolgen in der Frage der Abtreibung dieselbe Politik, wie sie Vladimír Iljitsch Lenin, Nikita Chruschtschow, Leonid Breschnew, Mátyás Rákosi, János Kádár, Antonín Novotný, Gustáv Husák, Wladyslaw Gomulka, Edward Gierek, Wojciech Jaruzelski, Gheorghe Gheoghiu-Dej, Todor Schiwkov, Erich Honecker und Josef Broz Tito schon verfolgt haben.

Im Übrigen, weder Stalin noch Ceausescu haben jemals ein vollständiges Verbot der Abtreibung vertreten.

Kehren wir aber in das Amerika des Jahres 1932 zurück. Als die Chambers erfuhren, dass Ehefrau Esther schwanger war, haben sie auf ganz normale Weise reagiert – nämlich mit Freude. Sie waren aber Kommunisten ihrer Zeit. »Wir waren so verstrickt in den kommunistischen Lebensstil, dass die Freude nur flüchtig war. Danach folgte die Trauer darüber, dass wir das Kind nicht haben würden. Wir haben darüber gesprochen, dass meine Frau rasch zu einer medizinischen Untersuchung gehen und die Abtreibung organisieren müsse.« Als aber Esther vom Arzt zurückgekehrt war, sagte sie ihrem Gatten: »Mein Schatz, wir können dem Baby eine so schreckliche Sache nicht antun.« Chambers schreibt, ihn habe daraufhin die Freude überwältigt. Es wurde ihnen eine wunderschöne Tochter geboren.

Die Worte von Whittaker Chambers in »Der Zeuge« lassen in uns nicht den geringsten Zweifel aufkommen, wie groß die Bedeutung dieses Ereignisses für seine folgende Bekehrung war:

»Bei meiner Trennung vom Kommunismus habe ich einen langen Weg zurückgelegt und dies war der entscheidende Wendepunkt – nicht in meinem Bewusstsein, sondern auf der Ebene meines unbewussten Lebens.«

Er schreibt über das Kind, »nach dem wir uns gesehnt haben, dem Kind, das uns schon vor seiner Geburt unsichtbar aus der Dunkelheit geführt hat, deren wir uns nicht bewusst gewesen waren. Es hat uns zu einem Licht geführt, das wir damals noch nicht gesehen hatten.«

Noch bevor er sich vom sowjetischen Marxismus, der noch ein halbes Jahrhundert dauern sollte, verabschiedet hat, wendete sich Whittaker Chambers vom kulturellen Marxismus ab, dem noch weitaus mehr Zeit gegönnt sein würde: Er wurde zum Anhänger von Pro-Life.

Der Westen:
Vom Kommunismus zum Liberalismus

»Ich glaube genauso wenig wie Sie an den Kommunismus,
aber in unserem Land sind die Kommunisten
vollkommen in Ordnung, viele der besten Freunde,
die ich hatte, sind Kommunisten.«
Franklin Delano Roosevelt

In der Geschichte von Institutionen und Menschen im Westen kann man einen Prozess verfolgen, der mehr als ein halbes Jahrhundert gedauert hat und der den schrittweisen Übergang beschreibt vom Sympathisieren mit dem sowjetischen Kommunismus über den Anti-Antikommunismus bis hin zum modernen linken Liberalismus. Es sind beispielhafte Episoden, deren Liste fast unbeschränkt ergänzt werden kann.

New York Times
Ein Teil dieser kommunistisch-liberalen Wandlung ist die Geschichte nicht weniger bedeutender Medien. Nennen wir stellvertretend für sie die »New York Times«. Sie ist vielleicht die einflussreichste Tageszeitung der Welt. Ihre internationale Ausgabe, die »International Herald Tribune«, darf nicht unter den Zeitungen fehlen, die die Stewardess dem Reisenden beim Besteigen des Flugzeugs zu einem internationalen Flug anbietet.

In den 30er-Jahren haben die Artikel der »New York Times« die Verbrechen von Stalin geleugnet. Seit dem Ende der 40er-Jahre bis zur Mitte der 90er-Jahre tobte in Amerika der Kampf um Schuld oder Unschuld von Alger Hiss. Die »New York Times« stand auf der Seite von Hiss bis zum Ende. In den 80er-Jahren gehörte die »New York Times« zu den Kritikern der Rede »Evil Empire Speech« von Ronald Reagan.

Die Verteidigung der Abtreibung und der Homosexualität ist in dieser Tageszeitung längst zur Selbstverständlichkeit geworden. Im März 2010 gab die »New York Times« in den weltweiten Attacken auf Papst Benedikt XVI. wegen der pädophilen Skandale den Ton an. Einem missglückten Editorial auf der Titelseite zufolge sei der Papst persönlich für das Vertuschen der pädophilen Skandale in der Kirche verantwortlich gewesen. Ein Echo auf diesen Artikel hallte viele Tage hindurch in den Medien vieler Länder einschließlich der Slowakei wider.

Anfang 2012 entbrannte in den USA ein Konflikt zwischen den christlichen Kirchen und der Regierung von Präsidenten Obama über die in Aussicht genommene Regelungen des Gesundheitsministeriums (Department of Health and Human Services), die als »HHS Mandate« bekannt geworden sind. Ministerin Kathleen Sebelius setzte durch, dass die Arbeitgeber im Rahmen der Krankenversicherung verpflichtet seien, auch für Verhütung inklusive Abtreibung zu bezahlen. Miteinbezogen sein sollten auch Einrichtungen, die der Kirche angehören. Die Kirchen wehrten sich, bezeichneten die Regelung als Attacke auf die Religionsfreiheit und bezogen sich auf das Recht, Handlungen aus Gewissensgründen ablehnen zu dürfen. Im März 2012 veröffentlichte die »New York Times« eine bezahlte Anzeige, die eine Attacke ohnegleichen auf die katholische Kirche ritt, und zwar gerade wegen ihrer Stellungnahme zum »HHS Mandate«. Die antiklerikale Organisation »Freedom from Religion Foundation« forderte darin die liberalen Katholiken auf, die katholische Kirche zu verlassen. Sie nannte die Kirche einen »vorsintflutlichen, sexuell abartigen, autokratischen und Frauen hassenden Club von alten Junggesellen«.

Demokratische Partei der USA

In der Demokratischen Partei gab es zweifelsohne auch antikommunistische Politiker. Die Kennedys haben langjährige freundschaftliche Beziehungen mit Senator Joseph McCarthy gepflegt. Tatsache ist allerdings, dass die goldenen Zeiten der kommunistischen Infiltration in die amerikanische Administration in die Regierungszeiten von Präsidenten der Demokratischen Partei, nämlich Franklin Delano Roosevelt und Harry Truman, fallen. Roosevelts Zuvorkommen und seine Gutgläubigkeit Stalin gegenüber war Teil der Geschichte, in der sich das Sowjetimperium um die Länder Mitteleuropas erweiterte. Als das Thema der kommunistischen Infiltration geschickt (Richard Nixon) und auch weniger geschickt (Joseph McCarthy) von den Republikanern aufgegriffen wurde, haben sich die Politiker der Demokratischen Partei bemüht, die von den Republikanern vorgelegten Tatsachen zu bagatellisieren. Alger Hiss hatte 1945 den Vorsitz auf der internationalen Konferenz in San Francisco, wo die Charta der Vereinten Nationen vorbereitet wurde. Um diese unangenehme Tatsache zu kaschieren, hat Truman nach Ausbruch der Causa Hiss über sie als »Red herring« gesprochen, eine Bezeichnung für etwas Unwesentliches, wodurch die Aufmerksamkeit von wesentlichen Dingen abgelenkt würde.

Dieser fahrlässige Umgang mit dem Kommunismus hat die Demokratische Partei seit 1952 zwei schwere Niederlagen bei den Präsidentschaftswahlen eingetragen. Sie hat dann bei den Wahlen 1964 wieder auf Anti-Antikommunismus gesetzt – mit Erfolg. Sich selbst haben die Demokraten als Vermittler vorgestellt, die sich mit den Sowjets einigen können. Darüber hinaus erfolgte über Jahrzehnte hinweg eine schrittweise Umwandlung der Demokratischen Partei zur Partei des amerikanischen linken Liberalismus. Ein Meilenstein auf dem Weg der allmählichen Ausgrenzung des christlichen Glaubens aus der politischen Diskussion war die Rede des demokratischen Präsidentschaftskandidaten John F. Kennedy 1960 in Houston. Zu dieser Rede kommen wir später noch.

Heute wäre unvorstellbar, dass der demokratische Präsidentschaftskandidat ein Pro-Life-Anhänger ist. Die Rechtmäßigkeit der Abtreibung ist auf eine gewisse Art und Weise sakrosankt. In den letzten zwei Jahrzehnten wurde sie mehr und mehr Teil ihres Programms zur Durchsetzung von Forderungen der Homosexuellen-Lobby. Die Demokraten sind heute die Partei der Kultur des Todes. Eine Illustration der Entwicklung der Demokratischen Partei ist die Lebensgeschichte des jüngeren Bruders von Präsident Kennedy, Senator Edward Kennedy, der wir uns weiter unten widmen werden.

Antonio Gramsci

Antonio Gramsci ist der Prophet Jeremia des westlichen Marxismus. Der Mitbegründer der Kommunistischen Partei in Italien (PCI) hat mit seiner Theorie der kulturellen Hegemonie erklärt, warum sich Lenins Träume von der Weltrevolution, zu der es nach dem Sieg des Bolschewismus in Russland eigentlich hätte kommen sollen, nicht erfüllt haben. Gramsci sagte ungefähr Folgendes: Vergessen Sie, dass irgendwelche westeuropäische rote Garden »Winterpaläste« in den Ländern Westeuropas erobern. Solche Aktionen gehören zum »Manöverkrieg«. Dem muss aber ein »Stellungskrieg« vorangehen. Zuerst müssen die Revolutionäre die wichtigen Positionen in den kulturell entscheidenden Einrichtungen einnehmen. Die Massen befinden sich noch unter dem Einfluss der alten Kultur, die vom Christentum bestimmt ist, vor allem von der katholischen Kirche.

Zuerst einmal müssen also die Massen tausendmal Zeitungsartikel lesen, die von Revolutionären, die in den Zeitungsredaktionen sitzen, geschrieben wurden. Sie müssen Romane lesen, die von revolutionären Literaten verfasst wurden; Filme anschauen, die von Visionären der Revolution gedreht wurden. Die Studenten auf den Universitäten werden von Professoren unterrichtet, die sich den Sieg der Revolution wünschen. Und überall dort müssen die Massen von ganz anderen Werten erfahren als von denen, die ihnen die alte Kultur vermittelt. Damit dies verwirklicht werden kann, müssen die Revolutionäre die Medien, den Film, die Literatur, die Schulen okkupieren. Kurzum, die Revolution muss zuerst »durch die Institutionen marschieren«.

Die Italiener lesen bis heute die Tageszeitung »L'Unitá«, die Gramsci als Tageszeitung der Kommunisten gegründet hat. Im Italien von Benito Mussolini hat er für die kommunistische Partei einen Parlamentssitz errungen, aber nicht einmal die Immunität konnte ihn vor politischer Verfolgung schützen. »Dieses Hirn müssen wir für 20 Jahre stoppen«, sagte der Staatsanwalt damals bei der Verhandlung. Aber sein Hirn wurde nicht ausgeschaltet. Denn Gramsci verbrachte zehn Jahre hinter Gittern und schrieb im Gefängnis ständig über die kulturelle Hegemonie. Wegen seiner angegriffenen Gesundheit wurde er vorzeitig freigelassen und starb bald darauf, zwei Jahre vor dem Ausbruch des Zweiten Weltkrieges im Alter von 46 Jahren. Auf Fotos von seiner Grabstätte auf dem protestantischen Friedhof in Rom sind viele Kreuze zu sehen. Sie befinden sich aber auf den umliegenden Gräbern, nicht auf dem von Gramsci.

Sehen wir uns an, wie sich die kulturellen Institutionen des Westens im letzten halben Jahrhundert verändert haben. Wie wird über Ehe, Sexualmoral, Homosexualität, Abtreibung, Euthanasie, Drogen, Gleichstellung oder Nichtgleichstellung der Kulturen, über die Ästhetik der Kunst in den Medien geschrieben? Diese Betrachtung lässt uns erkennen: Die Linke hat den Stellungskrieg von Gramsci siegreich zu Ende gebracht.

György Lukács

Lukács wird genauso wie Gramsci als bedeutender marxistischer Denker verehrt. Er hat über das Klassenbewusstsein geschrieben, war Literaturkritiker, aber auch ein Praktiker. Nach dem Ersten Weltkrieg hat er sich bei der Gründung der ungarischen kommunistischen Partei engagiert. Seine Stunde war 1919 gekommen, in der kurzen Zeit der ungarischen Räterepublik. In der bolschewistischen Regierung von Béla Kun wurde der 34-jährige Lukács zum Volkskommissar für Bildung und Kultur ernannt. Lange Zeit vor den Thesen von Gramsci über den »Marsch durch die Institutionen« hat Lukács einen solchen Marsch angetreten. Als

Kommissar hat er die Sexualerziehung der ungarischen Kinder in den Schulen eingeführt, wodurch er zum Pionier und Vorläufer der heutigen liberalen Sexualerzieher geworden ist.

Nach dem Fall der Räterepublik ist der rote Sexualkommissar nach Wien gegangen. Dort traf er sich mit Gramsci und es entstand eine feste Freundschaft. Sicherlich hat er ihn auch beraten. Für ein gemeinsames Nachdenken, wer uns vom Joch der westlichen Zivilisation befreien soll (diese Frage hatte sich der junge Lukács mit Seufzen bereits einige Jahre vorher gestellt), ist Wien eine der angenehmsten Städte. Lukács hat die meiste Zeit zwischen den Kriegen im Exil in Berlin und danach in Moskau verbracht. Im Unterschied zu Béla Kun hat er überlebt und ist nach dem Krieg wieder für kurze Zeit in die hohe Politik zurückgekehrt. 1956 wurde er Kultusminister in der Regierung von Imre Nagy. Der Nachfolger von Nagy, János Kádár, ließ zwar Nagy hinrichten, aber Lukács blieb dem Kommunismus bis zu seinem Tod im Jahr 1971 loyal verbunden. Der ehemalige Kommissar hat in den Parteigremien irgendwann sicherlich auch den jüngeren Genossen László Kovác, den zukünftigen Kommissar, diesmal der Europäischen Kommission in der EU, getroffen.

Laut Wikipedia war der *osteuropäische* kommunistische Politiker Lukács die führende Persönlichkeit des *westlichen* Marxismus. Wer war eigentlich György Lukács? War er *Cousin* oder *Bruder*?

Frankfurter Schule

1922 nahm György Lukács als prominenter Teilnehmer an einem einwöchigen Seminar in Frankfurt am Main teil, das der junge Marxist Felix Weil organisiert hat. Die Teilnehmer verstanden sich gut und so kam es zur Gründung des marxistischen Instituts für Sozialforschung an der Frankfurter Universität. Die bekanntesten Vertreter dieses Instituts waren Max Horkheimer, Theodor W. Adorno, Erich Fromm, später Herbert Marcuse. Das Institut arbeitete von seiner Gründung an eng mit den sowjetischen Marxisten zusammen, etwa mit dem Marx-Engels-Institut in Moskau bei der ersten historisch-kritischen Ausgabe der Gesammelten Schriften beider Gründerväter. Dieser Zusammenschluss marxistischer Denker wurde unter dem Namen »Frankfurter Schule« bekannt.

In Deutschland griff Hitlers Nationalsozialismus um sich, und die Vertreter der Frankfurter Schule emigrierten nach Genf, später, im Jahre 1934, endgültig nach New York. Welche Ideen brachten sie nach Amerika? Sie verbargen sich hinter der Bezeichnung: »Kritische Theorie«. Was war Gegenstand ihrer Kritik? Die Unterdrückung in der Gesellschaft. Und was bedeutete da Unterdrückung? Fast alles: gesellschaftliche Normen, die von den Menschen gewöhnlich in der Familie, im Sexualbereich, in der Schule eingehalten werden. Respekt gegenüber einer Autorität galt für sie als Unterdrückung. Die eigene Zivilisation zu ehren – Unterdrückung. Der Westen war für sie eine repressive Gesellschaft. Den kommunistischen Osten kritisierten sie lediglich für seinen Dogmatismus. Schließlich ist György Lukács, ein kommunistischer Politiker aus dem Osten, einer der Väter der »Kritischen Theorie«.

Konservativismus war für sie im Grunde genommen Faschismus. Die Familie sei eine Quelle des Faschismus, die Mittelschicht eine Quelle des Faschismus. Und ihr Ziel? Die Abschaffung dieser Unterdrückung, also eine radikale Veränderung der Gesellschaft. Nach mehreren Jahrzehnten kann man nunmehr sagen: Diese radikale Veränderung ist eingetreten. Sie fand schrittweise statt, manchmal allerdings, wie etwa im Jahr 1968, auch sehr rasch. Waren diese Leute die Auslöser des Umbruchs, weil sie schon lange über die Notwendigkeit zur Veränderung gesprochen haben? Zumindest teilweise. Jedenfalls haben sie dem Wandel einen philosophischen Anstrich gegeben.

Nach dem Krieg sind einige Vertreter der Frankfurter Schule nach Deutschland zurückgekehrt. Das Institut für Sozialforschung ist bis heute in Frankfurt tätig.

Herbert Marcuse

Der bekannteste Vertreter der Frankfurter Schule wurde Herbert Marcuse, ein Apostel der sexuellen Befreiung und der »polymorphen Perversität«. Er war ein philosophischer Guru Ende der 60er-Jahre in Amerika. Auf mehreren Bildern aus der Zeit sehen wir den 70-jährigen, weißhaarigen Marcuse, wie er, umringt von einer Menge von Jugendlichen, spricht.

Seine Gedanken haben auch viele Akteure des Jahres 1968 beeinflusst, wie Angela Davis in den USA und Rudi Dutschke in Deutschland. Beide haben Marcuse persönlich gekannt. »Marcuse hat mich gelehrt, dass ich Akademikerin, Forscherin, Aktivistin und Revolutionärin sein soll«, sagte Angela Davis, später eine bedeutende Repräsentantin der Kommunistischen Partei in den USA und Mitarbeiterin der Schwarzen-Panther-Partei. Ihr geistiger Führer Marcuse war auch der Erfinder der »Toleranz«, wie wir sie heute kennen. Toleranz nach Marcuse »bedeutet Intoleranz gegenüber den Bewegungen der Konservativen und der politischen Rechten und das Tolerieren aller Bewegungen der Linken«. Die heutigen Christen haben dies begriffen. Es ehrt Marcuse, dass er dies alles offen ausgesprochen hat.

Angela Davis

1970 versuchten einige Kriminelle im kalifornischen Marin County, Richter Harold Haley direkt aus dem Gerichtssaal zu entführen. Bei der Schießerei ist Richter Haley ums Leben gekommen. Die Polizeiuntersuchung ergab, dass die Waffe Angela Davis gehörte. Davis wurde beschuldigt, verhaftet, aber von den Geschworenen freigesprochen. Mick Jagger von den Rolling Stones hat über sie ein Lied »Süßer schwarzer Engel« (Sweet Black Angel) komponiert. »Angela, wir atmen gemeinsam, *Schwester*, du bist eine von Millionen«, hat Ex-Beatle John Lennon zusammen mit Yoko Ono über sie gesungen. Diese Kommunistin aus dem Westen ist wahrscheinlich der einzige Mensch auf der Welt, über den sowohl Mick Jagger als auch John Lennon ein Lied komponiert haben. Nach ihrem Freispruch hat sich Davis in Castros Kuba erholt. 1973 war sie Gast der kommunistischen Weltfestspiele der Jugend und Studenten im Honeckers Ostdeutschland. 1979 hat ihr die Sowjetunion den Lenin-Friedenspreis verliehen. In den 80er-Jahren war sie die Kandidatin der Kommunistischen Partei für das Amt des US-Vizepräsidenten.

Heute ist sie nicht mehr Mitglied der Kommunistischen Partei. An der Universität widmet sie sich feministischen Studien. Vor Kurzem habe ich mir auf »Youtube« ihren Vortrag angesehen, in dem sie Partei für Mumia Abu-Jamal ergreift. Mumia wurde lebenslänglich für den Mord am Polizisten Daniel Faulkner im Jahr 1981 verurteilt. Laut Angela Davis sollte heute die Kommunistische Partei die Demokratische Partei unterstützen. »Die Revolutionäre müssen Realisten sein«, sagt sie. Aus der *Schwester* ist eine *Cousine* geworden. Ja, das ist Sinn für Realität.

ACLU

Wenn Sie erfahren, dass sich in Amerika zu Beginn des 21. Jahrhunderts wieder einmal jemand bemüht, irgendein Kunstwerk mit einem christlichen Motiv aus dem öffentlichen Raum beseitigen zu lassen, und dabei mit der amerikanischen Verfassung argumentiert, so können Sie wetten, dass dieser jemand die ACLU – American Civil Liberties Union – ist. Wenn jemand die Legalisierung der Kinderpornografie als Computeranimation verteidigt, dann wissen Sie, es handelt sich um die Freiheit der Meinungsäußerung, so wie die ACLU sie sich vorstellt. Schauen wir uns die kommunistischen Wurzeln von ACLU an.

ACLU entstand nach dem Ersten Weltkrieg als Reaktion auf die Politik von Justizminister Mitchell Palmer, der die Ausweisung von kommunistischen und sozialistischen Radikalen aus Amerika gefordert hatte. Eines der Gründungsmitglieder von ACLU war im Jahr 1920 Elizabeth Gurley–Flynn, die spätere Vorsitzende der Kommunistischen Partei in den USA. Sie war Feministin und Abtreibungsbefürworterin. Durch eine Ironie des

Schicksals starb sie 1964 während eines Besuchs in der Sowjetunion. 30 Jahre stand Roger Nash Baldwin an der Spitze von ACLU. Er hat den Kommunismus leidenschaftlich verteidigt. 1934, nach einem Besuch in der Sowjetunion, sprach er offen darüber, dass die Bolschewiken zwar sehr brutal mit der Opposition umgingen, dass »ihn das aber nicht erschüttere«, weil die Politik der Bolschewiken den Fortschritt verkörpere. Nach dem Zweiten Weltkrieg hat sich Baldwin vom Kommunismus getrennt und ihn als Sklaverei bezeichnet.

ACLU hatte im Jahr 2010 eine halbe Million Mitglieder und verteidigte die irrsinnigsten Fälle von linkem Liberalismus.

Wilhelm Reich

Wissen Sie, was das Orgon ist? Es ist eine geheimnisvolle, kosmische, erotische Kraft, die durch die Materie strahlt. Entdeckt hat sie Wilhelm Reich – oder er war zumindest von dieser seiner Entdeckung überzeugt. Der österreichische Psychoanalytiker wurde Ende des 19. Jahrhunderts in der Westukraine geboren. Die Ehe seiner Eltern war durch die Untreue seines Vaters geprägt und endete mit dem Selbstmord seiner Mutter. Wer die Erinnerungen von Reich an seine Familie liest, braucht starken Nerven.

In der Zeit zwischen den Kriegen war dieser Freud-Schüler ein Frauenheld, Wegbereiter für die Sexualerziehung und Mitglied der Deutschen Kommunistischen Partei. Seiner Ansicht nach ist die beste Neurosen-Therapie die freie Liebe. Die klassische Sitzung des Patienten bei seinem Psychoanalytiker hat er durch einen physischen Kontakt des Psychoanalytikers mit seinem Patienten ergänzt. Der ausgezogene Patient wurde von Reich körperlich berührt, um die »orgiastische Potenz« bei ihm zu lösen. Seine Partnerin hat er zur Abtreibung gezwungen. Sie hat es abgelehnt, ihn nach Amerika zu begleiten. In den USA hat er dann seine »Orgontheorie« weiterentwickelt. Er therapierte Patienten mit Hilfe von »energetischen Orgonakkumulatoren«. In den 50er-Jahren begannen sich schließlich auch Gerichte mit

Reichs Organ zu beschäftigen. Sie untersuchten, ob es sich dabei nicht um einen Schwindel handelte. Reich wurde schließlich inhaftiert, und zwar für die Verächtlichmachung des Gerichts. Er starb 1957 im Gefängnis.

Seine Ansichten waren im Amerika der 40er-Jahre ziemlich verbreitet. Sie wurden an den Universitäten gelehrt und auch über die Medien popularisiert. An Orgon glaubt zwar keiner mehr, aber die sexuelle Revolution ist Realität geworden.

Margaret Sanger

»Es ist die barmherzigste Tat, die eine Familie mit vielen Kindern für eines seiner kindlichen Mitglieder tun kann, es zu töten.«

»Ich freue mich, wenn ich die Menschheit von der Tyrannei des Christentums sowie des Kapitalismus befreit sehen werde.«

Dies sind Sprüche von Margaret Sanger, einer radikalen amerikanischen Sozialistin. In ihnen verbindet sich der Geist der modernen Kultur des Todes mit dem atheistischen Materialismus. Margaret Sanger war Mitglied der Sozialistischen Partei, Freundin des bekannten kommunistischen Journalisten John Reed und des Führers der amerikanischen Sozialisten Eugen Debs, der sich selbst als »Bolschewik« bezeichnete. Sie war bahnbrechend tätig für die Geburtenkontrolle wie auch für die Abtreibung. Nach dem ersten Weltkrieg gründete sie die Amerikanische Liga für Geburtenkontrolle, die ab 1942 unter dem Namen »Planned Parenthood« bekannt wurde. Im Rahmen dieser Liga entstanden die ersten, damals noch illegalen Abtreibungskliniken. Heute ist »Planned Parenthood« ein gigantischer Koloss mit Hunderten von Kliniken, der sowohl Abtreibungen durchführt wie auch »Sexualaufklärung« betreibt. Er ist ein weltweit einflussreicher Befürworter und Unterstützer der Kultur des Todes.

Margaret Sanger hat die freie Liebe leidenschaftlich verteidigt und auch ihr Privatleben an ihr ausgerichtet. Nicht einmal die eigene Ehe störte sie dabei. Als sie zum zweiten Mal heiratete, unterschrieb der neue Ehemann, der Millionär Noah Slee, eine Vereinbarung, wonach Sanger ein getrenntes Appartement mit Dienstpersonal zur Verfügung stand. Dort war sie mit ihren Freunden hinter verschlossenen Türen allein. Ihr Ehemann konnte sie nur telefonisch um ein Treffen bitten.

Sanger hat nicht nur Abtreibungen propagiert, sondern auch Eugenik und Rassismus. Ihre zahlreichen Aussagen über die Notwendigkeit, die Anzahl minderwertiger Menschen unterschiedlichster Art zu reduzieren, die »Verrückten«, die »Behinderten«, die Angehörigen »niedriger Rassen«, könnten aus dem Wörterbuch von Adolf Hitler stammen. Jeder andere, der so etwas von sich gegeben hat, wäre heute längst aus der geschichtlichen Erinnerung gestrichen. Wenn jemand allerdings für Abtreibung gekämpft hat, ist er in der heutigen liberalen Gesellschaft von sonstiger Schuld befreit.

So äußerte sich etwa US-Außenministerin Hilary Clinton voller Bewunderung über Sanger. »Planned Parenthood« hatte Hilary Clinton nämlich 2009 den Margaret-Sanger-Preis verliehen und bei der Preisübergabe sagte Clinton: »Ich bewundere Margaret Sanger sehr: für ihren Mut, ihre Zähigkeit, ihre Vision.« Die Vision der Margaret Sanger hat bis heute zu etwa einer Milliarde legaler Abtreibungen auf der ganzen Welt geführt. Und somit gehört Margaret Sanger heute in das Pantheon der »liberalen Propheten« oder »Heiligen«. Sie hatte eine neue Welt prophezeit, für sie gekämpft – und diese Welt wurde Wirklichkeit. Sanger war die *Cousine* aus dem Westen, aber ihre Träume bezüglich der Abtreibung haben zuerst die *Brüder* aus dem Osten verwirklicht.

Hollywood

Im März 1999, also 50 Jahre, nachdem Whittaker Chambers vor dem HUAC ausgesagt hatte, wurden in Los Angeles wie jedes Jahr die »Oscars« vergeben. Dabei werden Künstler für die neuen Filme ausgezeichnet, aber es wird auch ein Oscar für ein Lebenswerk vergeben. In dieser Kategorie gaben die Moderatoren Robert De Niro und Martin Scorsese den Namen bekannt, und zum Podium schritt langsam ein 90-jähriger, weißhaariger Greis, ein weltberühmter griechisch-amerikanischer Regisseur. Es war Elias Kazancioglu, den die ganze Welt unter dem Namen Elia Kazan kennt.

Im selben Augenblick tat sich ein Riss in der versammelten Prominenz im Zuschauerraum auf. Einige – wie Warren Beatty und Karl Malden – standen sogleich auf und klatschten. Einige – wie Steven Spielberg – klatschten zwar höflich, aber blieben sitzen. Und manche wie – Nick Nolte, Ed Harris, seine Ehefrau Amy Madigan und viele andere – saßen mit versteinerten Mienen und rührten sich nicht.

An diesem Ereignis kann man in aller Kürze die Geschichte der geheimen Verbindung Hollywoods mit dem Kommunismus ablesen, zu der es ein halbes Jahrhundert früher gekommen war. Und dies war nicht die kurze Geschichte einer Sommernacht.

Elia Kazan ist eine Legende. 1948 hat er bereits den Oscar für den besten Film bekommen. Aus unbekannten Schauspielern wie Marlon Brando oder James Dean hatte er mit seinen Filmen Stars gemacht. Auch die slowakischen Zuschauer kennen seine Filme: »Endstation Sehnsucht«, »Die Faust im Nacken«, »Jenseits von Eden«, »Fieber im Blut«. Kazan war auch Schriftsteller. Die slowakischen Leser kennen seinen Roman »Der Mann aus Anatolien«. Warum musste der legendäre Elia Kazan bis zu seinem 90. Geburtstag auf die Würdigung seines Lebenswerks warten? Und warum hat diese Auszeichnung Hollywood gespalten? Weil Elia Kazan in jungen Jahren Kommunist war? Nein. Sondern weil Elia Kazan in jungen Jahren radikal mit dem Kommunismus gebrochen hatte.

Vor einem halben Jahrhundert hatte nämlich nicht nur ein Whittaker Chambers vor dem HUAC ausgesagt. Ausgesagt haben viele Menschen und einer von ihnen war auch der junge Elia Kazan. 1952 hat er nicht nur ausgesagt, sondern er erlaubte sich, auch »friendly witness« zu sein, also vor dem Kongressausschuss die Wahrheit zu sagen. Er gab alles, was er wusste, preis.

Kazan war 1934 Mitglied der Kommunistischen Partei der USA geworden und hatte dann nach eineinhalb Jahren im Streit ihre Reihen verlassen. Er wurde zum überzeugten Antikommunisten. Im Anschluss an seine Aussage vor dem HUAC legte er seinen Standpunkt im April 1952 in einem Artikel in der »New York Times« dar. »Mitglied der Kommunistischen Partei zu sein, bedeutet, den Beigeschmack des Polizeistaates zu verspüren ... Die Kommunisten bemühen sich um die Kontrolle der Gedanken und die Unterdrückung der persönlichen Meinung ... Sie verdrehen die Wahrheit, respektieren sie nicht und unterdrücken sie. Das alles steht in schroffem Widerspruch mit ihren Forderungen nach ›Demokratie‹ und einer ›wissenschaftlichen Vorgangsweise‹.«

Kazan leugnete auch seine eigene Naivität nicht: »Nicht einmal im Jahre 1936, als ich die Partei verlassen habe, wusste ich, dass sie vom Kreml geleitet wird.« Hellsichtig wies er darauf hin, dass die Kommunisten in Amerika zwar Verfechter von Meinungsfreiheit, der Freiheit der Medien und der individuellen Freiheiten sind, dass sie diese aber unterdrückten, sobald sie wo an die Macht gekommen seien. Kazan setzte sich auch mit der Ansicht auseinander, man könne zwar die Kommunisten hassen, dürfe sie aber nicht bloßstellen, denn sie hätten das Recht, ihre – wenn auch unpopulären – Meinungen zu vertreten. Mit einer Attacke auf sie unterstütze man Kräfte, die die Bürgerrechte bedrohen. Dies, so stellte Kazan fest, sei einfach falsch und eine Lüge.

Interessant ist an dem Artikel von Kazan, dass er sich bemüht, an die Liberalen zu appellieren. Schweigen diene den Kommunisten, stellt er darin fest, und es sei notwendig, öffentlich für die Verteidigung der Freiheit einzutreten. »Die Liberalen müssen sich zu Wort melden«, schreibt Kazan. Und die Liberalen haben sich auch tatsächlich zu Wort gemeldet – und zwar mit Kazans Ausgrenzung. Und sie dauerte bis zu dessen Tod. Den Kritikern von Kazan war es egal, dass irgendwo in Mitteleuropa Vladimír Jukl, Silvester Krčméry und tausend andere ihren Weg wie Monte Christo gingen. Es war ihnen egal, dass Millionen von Unschuldigen gestorben waren. Es interessierte sie nur ihr eigener verletzter Stolz und ihre Demütigung durch seine Enthüllungen.

»Ich hoffe, jemand wird ihn erschießen«, sagte der fast 90-jährige Abraham Polonsky, als er erfuhr, dass Kazan für den Oscar nominiert worden war. Die Filmzuschauer können sich an Polonsky, den Regisseur des Western »Willie Boy«, erinnern, ein überzeugter Marxist und ehemaliges Mitglied der Kommunistischen Partei. Polonsky war einer von denen, deren Namen Kazan vor dem HUAC erwähnt hatte. Wie stark musste dessen Kränkung gewesen sein, dass er sie sogar an die nachfolgenden Generationen von Hollywood weitergegeben hat, an Künstler wie Nolte oder Harris, die 1952 noch kleine Jungen waren!

Hollywood ist vielleicht das wichtigste Terrain, das bei Gramscis Marsch durch die Institutionen erobert worden ist. Dies sollte auch an seinen Produktionen in den folgenden Jahrzehnten erkennbar werden. In den Fünfzigerjahren wurden in Hollywood Filme wie »Quo vadis«, »Ben Hur« und »Die Zehn Gebote« gedreht. Aber bald darauf sollte Hollywood einen Weg beschreiten, der bis zu der homosexuellen Cowboy-Romanze »Brokeback Mountain« führte. Hollywood ist schon seit Jahrzehnten ein Zeichen für den linken Liberalismus mit kommunistischen Wurzeln geworden.

Zum Vergleich: 2003 bekam Roman Polanski den Oscar für die beste Regiearbeit in dem Film »Pianist«. Der preisgekrönte Regisseur war selbstverständlich nicht anwesend. Hätte er nämlich amerikanischen Boden betreten, so hätte ihn die Polizei sofort verhaften müssen. Schließlich wird seit 1979 nach Polanski wegen Vergewaltigung eines 13-jährigen Mädchens gefahndet. Als Harrison Ford den Sieg von Polanski bekanntgab, klatschte der ganze Saal.

Bleiben wir noch eine Weile in Hollywood.

Der Marathon-Mann und Asphalt-Cowboy

Erinnern Sie sich an die Szene in dem Film »Der Marathon-Mann«, in der sich Laurence Olivier über den erschreckten Dustin Hoffman mit einem Zahnarztbohrer beugt und ihn fragt: »Ist es sicher?« Viele Zuschauer erinnern sich nach Jahren nur noch an diese Folterszene, aber aus der Sicht unseres Buches finden sich dort noch interessantere Szenen. Dieser erfolgreiche Thriller aus dem Jahr 1976 charakterisiert getreu Hollywood, weil er anti-nazistisch und anti-antikommunistisch ist. Der Hauptbösewicht des Filmes ist der Nazi-Kriegsverbrecher Szell mit dem interessanten Vornamen Christian. Während des Krieges war er Zahnarzt in Auschwitz. Aus seinem südamerikanischen Versteck bricht der gealterte Szell in das New York der 70er-Jahre auf, um an seine Diamanten in der Bank zu kommen. Sein unfreiwilliger Gegenspieler ist Thomas »Babe« Babington (Dustin Hoffman). So wie der Bösewicht Szell den Nazi des Filmes darstellt, so stellt der positive Held Babe den Anti-Antikommunismus dar. Babes Vater hatte nämlich in der Zeit des »McCarthyismus« als Opfer der antikommunistischen »Hexenjagd« Selbstmord verübt.

Ende der Siebzigerjahre habe ich den Film zum ersten Mal gesehen und konnte damals noch nicht alle seine Botschaften deuten. Als ich ihn 2011 im Fernsehen wieder angeschaut habe, verblüffte mich ein Detail. Im Film kommt eine Szene vor, in der der schwer verletzte Bruder Doc (Roy Scheider) in Babes Wohnung stirbt. Später durchsuchen die Mitarbeiter des Sicherheitsdienstes der Regierung diese Wohnung. Dabei macht die Kamera einen Schwenk auf die Bücher von Babe. Der Zuschauer erkennt den Titel: »False wittnes« – Falscher Zeuge. Der Zeuge ist falsch, sagt uns dieser Film über Jahre hinweg. Wir wissen, wer der Zeuge ist. Der Zeuge ist Whittaker Chambers. Der Zeuge, das sind alle, die geschrien haben, Amerika drohe eine kommunistische Gefahr. Das Drehbuch zu diesem Film hat William Goldman geschrieben, der im gleichen Jahr den Oscar für das Drehbuch »Die Unbestechlichen« erhalten hat. Mit diesem Film, der die

80

Watergate-Affäre behandelt, hat Hollywood im Grunde genommen endgültig mit Richard Nixon abgerechnet, dem Mentor von Whittaker Chambers, dem Autor des Buches »Der Zeuge«.

Filmexperten behaupten, im Film »Der Marathon-Mann« werde eine homosexuelle Beziehung zwischen Babes Bruder Doc und den Kollegen von Doc aus dem Sicherheitsdienst, Janeway (William Devane), angedeutet. Das überrascht nicht. Der Regisseur des Filmes war John Schlesinger gewesen, ein Brite, der in Hollywood wirkte. Er war ein bekennender Homosexueller. Über sein promiskuitives Sexualleben erzählt zum Beispiel der Drehbuchautor Alan Bennett. Schlesinger widmete sich wohl am meisten von allen Hollywoodakteuren dem Thema Homosexualität und setzte sich dafür ein, den homosexuelle Lebensstil zu einem Teil des »Mainstream«-Verhaltens zu machen. Dafür engagierte er sich bereits einige Jahre vor »Der Marathon-Mann«. 1969 drehte Schlesinger seinen berühmtesten Film, »Asphalt-Cowboy«. Der Film bekam einen Oscar in der Kategorie »Bester Film«. Schlesinger allein bekam den Oscar für die beste Regie. Den Oscar für das beste Drehbuch erhielt der Drehbuchautor des Films Waldo Salt. Wegen der Sexualthematik ist das der einzige Film in der Geschichte der Oscar-Verleihungen, der in Amerika für Jugendliche als nicht geeignet, also »X–rated«, eingestuft wurde.

Der Film schildert die Freundschaft zweier verlorener Existenzen: Der optimistische texanische Cowboy Joe Buck (Jon Voight) kommt nach New York, wo er eine Karriere als Prostituierter, als Liebhaber reicher Frauen, anstrebt. Er hat keinen Erfolg und trifft auf den kleinen Gauner »Ratso« Rizzo (Dustin Hoffman). Der versucht, für ihn den Zuhälter zu machen. Joe Buck drückt sich in seiner Karriere als Prostituierter auch nicht um den homosexuellen Sex. Ein Problem ist für ihn nur, wenn er dafür nicht bezahlt wird. Joe (und selbstverständlich die Filmemacher) haben aber ein Problem mit dem Christentum. Joe geht eine unangenehme Erinnerung an den Taufakt durch den Kopf. Rizzo will ihm bei seiner Karriere als Gigolo helfen und macht ihn mit einem abscheulichen Herrn, O'Daniel (John McGiver), bekannt. Dieser soll ein erfahrener Zuhälter sein. O'Daniel ist zugleich ein frommer Christ, der in seinem Appartement vor einem Altärchen mit einer blinkenden Jesusstatue betet. Mit Widerwillen verlässt Joe Buck den scheinheiligen O'Daniel.

Der Oscar war für den Drehbuchautor Waldo Salt auch ein persönlicher Triumph und eine Genugtuung. Er war seit 1938 Mitglied der Kommunistischen Partei, weigerte sich aber 1951, sich vor dem Kongressausschuss HUAC zu seiner Mitgliedschaft in der Kommunistischen Partei zu äußern. Daraufhin durfte er 15 Jahre lang nicht in Hollywood arbeiten. Dafür schrieb er für das britische Fernsehen.

Was erzählen die Verfasser beider Filme von ihrem eigenen Leben und was erzählen ihre Filmgestalten? Es ist eine besondere Mischung: Anti-Antikommunismus, Anti-Christentum, neue Sexualmoral. Und diese Filmschaffenden war nicht die zweite Garnitur, sondern die Elite von Hollywood.

Daniel Cohn-Bendit

Der bulgarische Journalist Dimitrij Ivanov erinnert an eine Geschichte, in der eine Gruppe ausländischer Jugendlicher 1961 versucht, während des Sommersportuniversiade in Sofia eine Protestkundgebung vor dem Gebäude der amerikanischen Botschaft zu organisieren. Unglücklicherweise haben sie die amerikanische Botschaft mit der bulgarischen Nationalbank verwechselt, weshalb es ihnen nicht gelungen ist, die Aufmerksamkeit der Medien auf sich zu lenken. In das kommunistische Sofia hat die Jugendlichen angeblich der 16-jährige Daniel Cohn–Bendit zum Protest gegen das kapitalistische Amerika geführt. Ob dies nun wahr ist oder eine erfundene Anekdote, jedenfalls hat er sich später reichlich mediale Aufmerksamkeit verschafft.

Daniel Cohn-Bendit stand im Zeitraum von vierzig Jahren zweimal im Zentrum von Ereignissen, die Europa verändern sollten. Zunächst 1968. Damals revoltiert im Westen eine junge

Generation, die kurz nach dem Krieg geboren worden war. Sie wuchs im neu erarbeiteten Nachkriegswohlstand auf. Gegen wen hat diese Jugend rebelliert? In Amerika gegen die Johnson-, danach gegen die Nixon-Regierung. Regierungen, die den Krieg gegen den Kommunismus in Vietnam geführt haben. In Frankreich wurde gegen die Regierung von General de Gaulle protestiert. Er hatte Frankreich während des Krieges aus der Schande der Okkupation und des Vichy-Regimes geführt und dem Land in den 60er-Jahren Stabilität und Prosperität gegeben. In Deutschland wurde gegen die Regierung der Christdemokraten, der Partei von Konrad Adenauer und Ludwig Erhard, protestiert, die den marxistischen Sozialismus und seinen Klassenkampf ablehnten, Deutschland in die NATO geführt und das deutsche Wirtschaftswunder geschaffen hatten. Dieser Generation gefielen Woodstock, die freie Liebe, die Beatles, Jimi Hendrix, ein bisschen Mao, ein bisschen Che Guevara, der kubanische Kommunist, dessen kurzer revolutionärer Weg in den Wäldern Boliviens endete, ein bisschen Anarchie, ein bisschen Terrorismus, ein bisschen Marcuse, ein bisschen Drogen. Der sowjetische Kommunismus interessierte sie nicht, weder im Guten noch im Bösen. Die eigene Regierung hielten sie für ein größeres Problem als Breschnew, der mit seinen Panzern die Sehnsüchte von zwei Völkern mitten in Europa niedergewalzt hat.

Cohn-Bendit war ein Gesicht dieser Rebellion. Sein historisches Wirken begann er als Student mit einem skandalösen Auftreten in Nanterre, wo auf dem Gelände der Hochschule ein Schwimmbad eröffnet wurde. Cohn-Bendit forderte, dass die Mädcheneinrichtungen auch für Männer zugänglich sein sollten. Sein Auftreten als Heißsporn brachte ihn im Verlauf von ein paar Wochen ins Zentrum der studentischen Unruhen in Frankreich. Es war aber auch jenseits der Grenze, in Deutschland, bekannt.

Die Stürme des Jahres 1968 erschütterten den europäischen Konservativismus. Nach den großen Unruhen Anfang Mai löste Präsident de Gaulle am 30. Mai das Parlament auf und verkündete auf der »Place de la Concorde« in Paris Neuwahlen vor Tausenden seiner Anhänger. Aus diesen Wahlen gingen die Gaullisten gestärkt hervor. Aber der Same einer enormen Veränderung war gesät. De Gaulles Regierungschef Georges Pompidou sagte damals: »Es wird nie wieder so werden wie zuvor.« Und es wurde nicht wie zuvor.

Für die Aktivitäten im Jahr 1968 nimmt Cohn-Bendit schon seinen Platz in den Enzyklopädien ein. Aber der Rote Danny sollte bei einem weiteren historischen Ereignis hervortreten, und zwar 30 Jahre später als Abgeordneter des Europäischen Parlaments. Denn er beteiligte sich 2004 erfolgreich an der Liquidation der Kandidatur von Rocco Buttiglione für den Posten eines Kommissars. Cohn-Bendit war damals nämlich stellvertretender Vorsitzender der Fraktion der Grünen und verkündete für diese öffentlich, dass Buttiglione inakzeptabel sei. Es sprach über die Notwendigkeit von Kompetenz bei den Kommissaren. Im Fall Buttiglione war das Wort »Inkompetenz« eine Ablenkung von dessen Aussagen über Homosexualität und Familie. 1968 stand Cohn-Bendit für die Erschütterung des christlichen Wertesystems, 2004 stand er für dessen Niederlage.

Das Ausmaß dieser Niederlage begreifen wir erst so richtig, wenn wir uns bewusst machen, aus welchem Mund diese Ablehnung von Buttiglione kam. Als der Rote Danny nämlich nach 1968 für einige Zeit aus dem Zentrum der politischen Geschehnisse verschwand, arbeitete er als Erzieher in einem Kindergarten. In seinem autobiografischen Buch »Der große Basar« aus dem Jahr 1975 beschreibt Cohn-Bendit seine erotischen Kontakte mit Kleinkindern im Kindergarten und wie der sexuelle Funken zwischen ihm und den kleinen Mädchen übergesprungen ist. Das Buch »Der große Basar« ist bekannt und die Medien befassen sich immer wieder mit dessen pädophilen Passagen. Darauf antwortet Cohn-Bendit heute, diese erotischen Passagen seien inakzeptabel und ein Fehler gewesen und er habe sie sich lediglich ausgedacht. Man müsse all dies im Kontext der Sexualmoral des Jahres 1968 verstehen. Was sagt er da? Ist die Sexualmoral etwa heutzutage strenger? Keineswegs, das Gegenteil ist der Fall!

»Aus der Kommission hat mich ein Pädophiler katapultiert«, sagte 2005 Rocco Buttiglione an Cohn-Bendits Adresse gerichtet. Hat dies Europa irgendwie interessiert? Nein.

So oder so, dieses Buch hat Cohn-Bendit, der den integreren Katholiken Buttiglione abgeschossen hat, nicht geschadet. Nach den Wahlen ins Europäische Parlament 2009 wurde Cohn-Bendit befördert. Heute ist er Chef der Fraktion die »Grünen/Europäische Freie Allianz«, in der 55 Abgeordnete des Europäischen Parlaments zusammengeschlossen sind. Die zeitweilige Erinnerung an das Buch hat ihn 2008 auch nicht an Pöbeleien auf der Prager Burg gehindert. »Ihre Meinung zum Lissabonner Vertrag interessiert mich nicht. Mich interessiert nur, ob sie ihn unterzeichnen«, erklärte der Rote Danny als Delegationsmitglied des Europäischen Parlaments dem tschechischen Präsidenten Václav Klaus. Dazu stellte Klaus fest, ein solches Verhalten habe sein Land seit 1968 nicht mehr erlebt.

Es ist eine neue Ära mit neuen Grundsätzen. Lieber Kommunist als Christ? Lieber ansatzweise ein Pädophiler als das Christentum?

Elfriede Jelinek

1974 hat der österreichische Bürger Johann Unterweger eine 18-jährige Prostituierte ermordet. Er strangulierte sie mit ihrem Büstenhalter. Das Gericht hat ihm 25 Jahre Gefängnis aufgebrummt. Im Gefängnis wandelte sich Johann zu »Jack« Unterweger, zum Schriftsteller. Er schrieb Geschichten, Gedichte und mehrere österreichische linksorientierte Intellektuelle begannen, ihn für einen Kollegen zu halten, der schon genug gelitten habe. Sie initiierten eine Petition für seine vorzeitige Freilassung aus dem Gefängnis.

Die Petition war erfolgreich. 1990 kam Jack frei und wurde eine Berühmtheit, Gast bei verschiedenen Partys, ein Beispiel für erfolgreiche Resozialisierung. Er begann durch Österreich und die Welt zu reisen. Das Blöde daran war nur, dass überall, wo er auftauchte, ob in Wien, Graz, Prag oder Los Angeles, der Leichnam einer ermordeten Prostituierten aufgefunden wurde. Meistens waren die unglücklichen Mädchen mit einem Teil ihrer Unterwäsche erwürgt worden. Da die Polizei praktischer ist als linke Intellektuelle, fand sie rasch heraus, dass der Mörder der begnadigte Literat Unterweger war. Das Gericht im österreichischen Graz verurteilte ihn wegen neun Morden – und Unterweger erhängte sich im Gefängnis. So endeten seine kriminelle und auch seine literarische Karriere.

Normalerweise würde man erwarten, dass nun auch die gesellschaftliche Karriere der Unterzeichner der Petition für seine Freilassung beendet wäre, weil sie sich schämen. Für eine Unterzeichnerin der Petition kam der große Ruhm aber erst dann. Es war das Mitglied der Kommunistischen Partei Österreichs, Elfriede Jelinek.

Ihre Partei war immer eine Insel des Stalinismus in der prosperierenden österreichischen Gesellschaft gewesen. Sie stand stets treu zur Sowjetunion, ignorierte die Flüchtlingsscharen, die aus der benachbarten Tschechoslowakei und aus Ungarn über Österreich in den Westen strömten und das Flüchtlingslager in Traiskirchen füllten. Das einzige Mitglied dieser Partei, das es in der Geschichte bis zu einem Sitz im Kabinett gebracht hatte, war Ernst Fischer gewesen, Schulminister in der Interims-Nachkriegsregierung unter dem Kanzler Karl Renner. Als sich Fischer 1968 kritisch zur Okkupation der Tschechoslowakei äußerte und über einen »Panzerkommunismus« sprach, hat ihn die Partei aus ihren Reihen ausgeschlossen. Ihre Tageszeitung »Volksstimme« konnte man während des Kommunismus in Bratislava im Laden für ausländische Presse kaufen. Sie war populärer als die Partei selbst, weil die Slowaken darin das Programm des österreichischen Fernsehens fanden. In diese Partei ist Elfriede Jelinek 1974 eingetreten und blieb dort Mitglied bis 1991. Was 1991 passiert ist, weiß man nicht, aber 1989 ist für Frau Jelinek anscheinend nicht genug passiert.

2004 ging die Nachricht um die Welt, die Schwedische Akademie habe den Nobelpreis für Literatur einer unbekannten Österreicherin, Elfriede Jelinek, verliehen. Auf Slowakisch erschien ihr Roman »Die Liebhaberinnen«, in dem der Leser über das Gefühlsleben der Hauptdarstellerin, was Kinder, Familie und Männer anbelangt, informiert wird. Kinder seien »ekelhafte weiße krallende Madensäuglinge«. Die Heldin hat »Lust, den Säuglingen ihre zarten Fingerknöchelchen zu brechen«. Die Männer essen nicht, sie »fressen« grundsätzlich. Die Ehe ist für die Frau das »Ende des Lebens und der Anfang des Kinderkriegens«. Dieses Werkchen ist völlig von solcher »Geistigkeit« erleuchtet. Das Mitglied der Schwedischen Akademie, Knut Ahnlund, ist aus Protest gegen diese Auszeichnung ausgetreten. Er hat Jelineks Schreiberei als »schrille Pornografie« bezeichnet.

Zum Glück können Sie sich ein Leben lang bemühen, Ihr Land in eine Sackgasse zu führen, wobei jeder Ihre Blindheit sehen kann. Sie können taub sein gegenüber dem Leiden und dem Tod von Millionen von Menschen. Sie können Ihre Zeit durch Suhlen in überholten Gedanken verschwenden. Wenn Sie aber auf der Saite gegen die Familie spielen, wenn Sie feministisch sind, so wird Ihr altmodischer Anzug á la Breschnew im Nu zum Prophetenkleid der Modernität. Es genügt, den Klassenkampf mit dem Geschlechterkampf zu vertauschen. Dieses »Upgrade« vergibt alle Sünden.

Diese Episode ist nicht nur die Geschichte von Elfriede Jelinek. Es ist auch die Geschichte der Schwedischen Akademie. Erinnern sie sich noch an Gramscis Marsch durch die Institutionen? Es sieht so aus, als wäre der Marsch durch die Schwedische Akademie erfolgreich gewesen.

Elfriede steht unter den Laureaten nicht allein. Ein eherner Kommunist war auch der Portugiese José de Sousa Saramago, der 40 Jahre seines Lebens in den Reihen der Partei verbracht hatte.

Er kandidierte auch bei Kommunalwahlen für die Kommunisten. Literarisch wurde er mit dem blasphemischen Werk »Evangelium nach Jesus Christus« berühmt. Der Roman spielt unter anderem mit dem beliebten Thema der modernen Gotteslästerer, dem Verhältnis zwischen Jesus Christus und Maria Magdalena. Mit diesem Thema kam er zwar verspätet daher, hinter Martin Kasarda aus der Slowakei, dafür aber hat er Dan Brown mit dessen »Sakrileg« überholt. Von ihnen allen hat Saramago den Nobelpreis bekommen, und zwar 1998.

Doris Lessing bekam den Nobelpreis für Literatur im Jahre 2007. In der kommunistischen Partei war sie nicht, aber zum Kommunismus bekannte sie sich über Jahrzehnte hinweg. Einige ihrer Romane spielen in der Welt der westlichen kommunistischen Linken, sie findet sich darin mit dem Stalinismus ab und behandelt die Themen der Frauenemanzipation. 1947 verließ sie Südafrika und ging nach London, um sich ganz der Literatur zu widmen. In Afrika hinterließ sie einen Ehemann mit zwei kleinen Kindern. 2010 sagte sie dazu: »Ich habe eine mutige Tat getan. Es gibt nichts Langweiligeres für eine intelligente Frau, als unendlich viel Zeit mit kleinen Kindern zu verbringen.« Das ist wie Jelineks Bogen vom Kommunismus zum Feminismus.

Harold Pinter, der den Preis 2005 erhalten hat, war kein Kommunist. Aber als Mitglied der britischen Organisation CND (Campaign for Nuclear Disarmament), die eine einseitige Atomabrüstung des Westens fordert und somit die Auslieferung auf Gnade und Verderb an die Sowjetunion, können wir ihn ruhig als Anti-Antikommunisten bezeichnen. Zu Beginn des Kalten Krieges weigerte er sich aus Gewissensgründen, den Wehrdienst zu leisten. Er sagte aber, er sei kein Pazifist, denn gegen die Nationalsozialisten würde er kämpfen. Er war ein antinationalsozialistischer Anti-Antikommunist. Versuchen Sie sich den umgekehrten Fall vorzustellen. Würde ein Laureat sagen: Gegen Hitler würde ich niemals kämpfen, aber gegen die Kommunisten schon ...

Faszinierend wirkt vor allem Saramago, der ein stolzer Kommunist geblieben ist. Nach dem Kollaps des sowjetischen Kommunismus wurde die Wahrheit über die grausame Verfolgung der Christen vor allem in Russland enthüllt. Millionen Tote während der Kollektivierung waren Ergebnis des bolschewistischen Angriffs auf das christliche Wesen Russlands. Saramago hielt es aber für richtig, das Christentum mit einem gotteslästerlichen Werk anzugreifen, und dies in einer Zeit, als Europa gerade über den kollabierten Kommunismus reflektierte. Saramago war zu Tode beleidigt, als es die portugiesische Regierung ablehnte, seinen Roman für den Europäischen Literaturpreis vorzuschlagen. Aus Protest zog er nach Spanien, auf die kanarische Insel Lanzarote. Saramago sieht den realen sowjetischen gescheiterten Kommunismus äquilibristisch. »Die sowjetische Wirtschaft war nur eine verkleidete kapitalistische Wirtschaft«, sagte er 2007 der »New York Times«. Für Saramago ist das Orwellsche Jahr »1984« europäische Gegenwart. Über den sowjetischen Kommunismus im Orwell-Jahr »1984« spricht er nicht.

Eine solche Weltsicht mag die Schwedische Akademie. Als wäre der Kommunismus die Idee für eine besser Welt, obgleich er im Osten schließlich Realität gewesen war. Der französische Historiker Francois Furet schreibt:

»In Europa hat der Beobachter zudem den Vorteil, dass er vergleichende Studien anstellen kann. Die Idee des Kommunismus kann man hier in zwei politischen Existenzformen beobachten. Je nachdem, ob sie durch eine Partei an der Macht war oder konzentriert in den kommunistischen Parteien der liberalen Demokratien bzw. sich diffus und weniger militant in der öffentlichen Meinung wiederfand ... Es ist interessant, dass es der Idee des Kommunismus in der zweiten Welt besser ging, und dies trotz des großartigen Theaters, das die erste Welt vorgeführt hat ... Die Idee des Kommunismus lebte länger in den Köpfen als in der Realität, sie lebte länger im Westen als im Osten Europas.«

Diese Worte des französischen Historikers aus dem Jahr 1995, der in seiner Jugend auch dem Zauber der kommunistischen Idee erlegen war, sollten für jeden Christen aus Osteuropa befreiend sein. Wer nach seinen Erfahrungen mit dem Kommunismus den antichristlichen Geist im vereinten Europa miterlebt, stellt sich jedoch die Frage, ob er selbst falsch liegt, wenn seine Gedanken auf einen so massiven Widerstand stoßen. Aber warum sollte er die Dinge falsch sehen? Furet erklärt es ihm. Er hat eine Welt verlassen, in der es dem Kommunismus als Machtsystem lange Jahre gut gegangen ist, und er kommt nun in eine Welt, die der Idee des Kommunismus noch mehr zu Füßen liegt. Warum sollte er dort willkommen sein?

JFK und Fidel, Barack und Mariela

Eine meiner ältesten Erinnerungen an die Kindheit ist die Frage, die ich als Fünfjähriger meinem Großvater gestellt habe. »Opa, wird es Krieg geben?«, fragte ich ihn im Herbst 1962. »Ich denke nicht«, hat er geantwortet. Mit Sicherheit konnte er es aber nicht wissen. Mit Sicherheit wusste dies damals niemand auf der ganzen Welt. Allerdings jeder sprach über ihn. Deswegen konnte ihn auch ein fünfjähriges Kind wahrnehmen. Damals war nämlich die kubanische Raketenkrise.

Die Welt war nur einen Schritt vom Dritten Weltkrieg entfernt. Im Oktober 1962 näherten sich sowjetische Schiffe und U-Boote Kuba. Nach einer Übereinkunft des kubanischen Führers Fidel Castro und des sowjetischen Leaders Nikita Chruschtschow hatte man schon einige Wochen zuvor auf Kuba mit der Aufstellung von sowjetischen ballistischen Raketen R-12 und R-14, die Atomsprengköpfe tragen konnten, begonnen. Sie waren im Stande, beinahe jede Region in den USA zu treffen. Die Last, diese sowjetische Gefahr abzuwenden, ruhte auf den Schultern des amerikanischen Präsidenten John Fitzgerald Kennedy aus der Demokratischen Partei. Die amerikanischen Spionageflugzeuge Lockheed U-2 verfolgten täglich die Stationierung der

Raketen und lieferten Beweise. Zuerst leugneten die Sowjets alles. »Ich bin froh, dass ich nicht Ihr Talent besitze, alles zu verdrehen«, entgegnete hart der amerikanische Botschafter Adlai Stevenson dem sowjetischen Botschafter Zorin auf einer Sitzung der UNO und veröffentlichte Bilder mit Beweisen für die Raketen. Präsident Kennedy hatte die Entscheidung zwischen verschiedenen Möglichkeiten. Er konnte eine Invasion Kubas anordnen, die Bombardierung der errichtenden Raketenstützpunkte aus der Luft oder eine Seeblockade Kubas. Er entschloss sich für die Blockade, die er »Quarantäne« nannte«.

Die erstaunte Welt stand am Rande eines Atomkriegs und erwartete den Zusammenstoß zwischen der amerikanischen und der sowjetischen Flotte. Der Kriegsausbruch war wahrscheinlich besonders nahe, als die Amerikaner vor der kubanischen Küste eine Granate auf das sowjetische U-Boot B-59 warfen, um es zum Auftauchen zu zwingen. Angeblich verdanken wir die Einhaltung des Friedens dem späteren Vizeadmiral Vasilij Archipov, der im U-Boot stellvertretender Kapitän war und den Kapitän überredete, keinen Befehl zum Abschuss des Torpedos mit der Atomladung zu geben.

Nachdem die nervenzerreißende Krise einige Tage angedauert hatte und nach einer Kontaktaufnahme mit Kennedy, gab Chruschtschow nach. Die Raketen wurden abmontiert und die Krise beendet. Die Welt atmete auf. Und Fidel Castro? Der fühlte sich von Chruschtschow verraten. Das Mitglied des sowjetischen Politbüros, Anastas Mikojan, besuchte persönlich Kuba, um ihm Chruschtschows Vorgehen zu erklären.

Seit dieser Zeit sind 50 Jahre vergangen. Im Weißen Hause amtiert heute Präsident Barack Obama aus derselben Demokratischen Partei. Im November 2012 hat Barack Obama seine Stellung bei den Präsidentschaftswahlen im Duell mit dem Republikaner Mitt Romney verteidigt. Im Juni bekam er eine unerwartete Unterstützung. »Als Bürgerin der Welt wünsche ich mir, dass Obama gewinnt«, sagte Mariela, die Nichte von Fidel Castro, zur Starjournalistin von CNN, Christiane Amanpour, in einem Interview. Amanpour verriet über Mariela, dass diese Barack Obama sehr bewundere, weil Obama gleichgeschlechtliche Ehen fördert. Christiane und Mariela haben sich auf dem CNN-Bildschirm sehr gut verstanden. Über zahlreiche politische Häftlinge des kubanischen Regimes, die schon seit einem halben Jahrhundert zur kubanischen Realität gehören, wurde nicht gesprochen.

Mariela ist die Tochter des Präsidenten Raul Castro und Zeugin der ideologischen Verschiebungen, zu denen es im kubanischen kommunistischen Regime gekommen ist. In den 60er-und 70er-Jahren war Homosexualität mit der kommunistischen Ideologie nicht vereinbar. Heute ist dies anders. In Kuba diskutiert man über registrierte Partnerschaften. Die Vorreiterin für diese Veränderung ist gerade Mariela Castro, die Leiterin des Nationalen Zentrums für sexuelle Erziehung. Ihr zufolge ist die Kommunistische Partei Kubas ein guter Verbündeter im Kampf für die Rechte der Homosexuellen. »Wenn wir unsere patriarchale und homophobe Kultur nicht ändern, werden wir als neue Gesellschaft keinen Fortschritt erreichen ... und dies ist doch das, was wir anstreben, nämlich die Kraft der Emanzipation auf Wegen des Sozialismus«, sagt Mariela. Und die kubanischen Emigranten in Amerika, die vor dem Sozialismus ihres Vaters und Onkels geflüchtet sind? Die sind nach ihrer Meinung die »kubanische Mafia«.

1962 war es ein gigantischer Konflikt, als der amerikanische Präsident aus der Demokratischen Partei und der kubanische kommunistische Führer *auf entgegengesetzten Seiten der Barrikaden* standen. Und auch heute tobt ein gigantischer Kampf um die menschliche Familie und Ehe. Der amerikanische Präsident aus der Demokratischen Partei und eine prominente Vertreterin des kubanischen Kommunismus stehen nun in diesem Kampf *auf der gleichen Seite der Barrikade.*

Europäische kommunistische und sozialistische Parteien

Nach dem Zweiten Weltkrieg mussten sich die Menschen im zerstörten Westeuropa zwischen kommunistischen und sozialistischen Parteien auf der einen und christlich-konservativen Parteien auf der anderen Seite entscheiden. Winston Churchill oder Clement Attlee? Alcide De Gasperi oder Palmiro Togliatti? Konrad Adenauer oder Kurt Schumacher? Im Vordergrund standen wirtschaftliche Fragen. Das Land brauchte eine wirtschaftliche Erneuerung. Verstaatlichung und Planwirtschaft als Prinzip des Klassenkampfes? Oder wirtschaftliche Freiheit und soziale Marktwirtschaft?

Eine Weile stand es unentschieden. In Deutschland kam 1949 der Christdemokrat Konrad Adenauer mit der Mehrheit von einer Stimme (konkret seiner eigenen) ins Kanzleramt. Italien erlebte 1948 eine harte Wahlkampagne, als dem Land ein kommunistischer Umsturz drohte, ähnlich wie in der Tschechoslowakei. Die italienischen Kommunisten wurden von Moskau finanziert und die Christdemokraten wurden nach allem, was man weiß, vom amerikanischen CIA unterstützt. Die Christdemokraten haben gewonnen. In Großbritannien löste das Mitglied der Labour-Partei Attlee bereits in den ersten Wochen des Friedens den Konservativen Churchill ab.

Aber allmählich wurde der Wettbewerb zu Gunsten der christlichen und konservativen Kräfte entschieden. Die Menschen wollten ein wirtschaftlich besseres Leben und glaubten nicht daran, dass die Kommunisten und Sozialisten dies zustande bringen könnten. Sie schenkten den Christen und Konservativen Glauben. In Deutschland wuchs von Wahl zu Wahl die Unterstützung für den christlichen Zweierblock CDU/CSU. 1957 errangen CDU/CSU mehr als die Hälfte der Sitze im Parlament. Der Lebensstandard stieg, die Rentenreform gelang, die Produktion nahm zu, der Volkswagen-»Käfer« wurde ein Symbol für den Wohlstand. Die Deutschen begannen, in Spanien Urlaub zu machen. Und Deutschland gewann dann auch noch die

Fußballweltmeisterschaft. Der Optimismus wuchs. Um die Sozialisten stand es schlimm und so sollte es auch noch in den 60er-Jahren bleiben. Im Frankreich der 50er-Jahre konnte man nicht ohne Christdemokraten regieren, und in den 60er-Jahren beherrschten die Gaullisten die Politik, von denen viele politisch in der christlich Tradition standen. In den Benelux-Ländern setzten sich auf Kosten der Sozialisten mehr und mehr die Christdemokraten durch. In Österreich stellte die katholische Volkspartei 25 Jahre lang nach dem Krieg den Bundeskanzler.

In Italien haben gleich nach dem Krieg linksorientierte Filmemacher eine neue Filmrichtung geschaffen, den Neorealismus. Sie drehten Filme mit dem Kriegsthema wie »Rom, offene Stadt« des Regisseurs Robert Rossellini und des Drehbuchautors Federico Fellini, aber vor allem Filme mit sozialen Themen, über die schwierige Situation des Normalverbrauchers in Italien. So zum Beispiel »Fahrraddiebe« von Vittorio De Sica oder »Die Erde bebt« von Luchino Visconti, einem Mitglied der Kommunistischen Partei.

In den 50er-Jahren ging der Neorealismus leise zu Ende. Warum? Weil in Italien eine Periode der Prosperität unter der Regierung der Christdemokraten eintrat. Wem macht es Spaß, bedrückende Filme anzuschauen, wenn es den Menschen im wirklichen Leben erheblich besser geht?

Was war also im westlichen Nachkriegseuropa passiert? Die Sozialisten und Kommunisten forderten die Christdemokraten zum Duell heraus. Als Spielplatz wählten sie die Wirtschaft, weil sie dachten, dies wäre ihre stärkste Waffe. Sie boten den Menschen die Befreiung von der »Ausbeutung« durch das Kapital an. Aber die Menschen wählten die »Ausbeutung«, weil diese für sie in der Wirklichkeit ein besseres Leben bedeutete. Ein Rückschlag für die westliche Linke waren die Enthüllung von Stalins Verbrechen und die Ereignisse in Ungarn 1956.

Aber die Linke begriff es langsam. Hatte es ihnen nicht Gramsci in seinen Briefen aus dem Gefängnis noch vor dem Krieg gesagt? Hier herrsche die Hegemonie der alten Kräfte, vor allem der katholischen Kirche. Und es sei notwendig, diese Hegemonie zu zerstören. Hatte er nicht gesagt, man müsse einen Stellungskrieg führen? Die Kultur ändern? Und die Linke erkannte bald, dass sie im Stande war, auf einem anderen als dem wirtschaftlichen Spielplatz Siege zu erringen. Eben auf dem Spielplatz der Kultur.

Das Vorzeichen für große Veränderungen, und zwar auf kulturellem Gebiet, war eine erfolgreiche schwarze Komödie. 1961 drehte Pietro Germi den Film »Scheidung auf Italienisch«. Er schildert Verwicklungen, die daraus resultieren, dass Scheidungen in Italien noch immer nicht gesetzlich geregelt sind. Marcello Mastroianni spielt den sizilianischen Baron Ferdinand Cefalú, der die junge Cousine Angela (Stefania Sandrelli) heiraten möchte. Unglücklicherweise ist er schon verheiratet und deshalb bereitet er einen Mord an seiner Frau Rosalie (Daniela Rocco) vor. Der Film erhielt 1962 den Oscar für das beste Drehbuch und war ein Hit auf der ganzen Welt. Bereits ein Jahr zuvor hatte Fellinis Film »Dolce vita« symbolisch gezeigt, wohin der Trend geht. Ein Hubschrauber entführt im Film die Christusstatue in Richtung Petersplatz. Ja, es ist modern zu sagen, man müsse Christus und seine Moral in den Kirchen isolieren, sie sollten keinen Platz mehr im öffentlichen Leben haben.

Die italienischen Kommunisten sind, im Unterschied zu den Sozialisten, zwar während des Sowjet-Kommunismus nie an die Regierung gekommen, aber Regierungspartei zu sein, ist nicht der einzige Weg, Siege zu erringen. Man kann politisch auch siegen, wenn man in einer wichtigen Sache auf der Siegerseite steht. In den 70er-Jahren haben die italienischen Kommunisten gemeinsam mit Sozialisten und Liberalen einen solchen politischen Sieg beim Kampf um die Legalisierung der Scheidung feiern können. Schon 1970 hat das Parlament nämlich das Gesetz Nr. 898 über die Scheidung gebilligt. Die Antragsteller waren die Abgeordneten Loris Fortuna und Antonio Baslini. Der Erstere war bis zu den ungarischen Ereignissen 1956 Kommunist und danach Sozialist, der Zweite ein Liberaler. Die Verabschiedung des Gesetzes war eine Niederlage für die regierende Christdemokratie, DC. Das gemeinsame Vorgehen der Liberalen, Kommunisten und Sozialisten gegen die Christen sollte zum Modell für viele künftige Situationen werden. Dabei waren die Sozialisten damals Partner der Christdemokraten in der Koalitionsregierung des christdemokratischen Premiers Emilio Colombo.

Dieser Sieg bzw. die Niederlage sollte sich in der gleichen Angelegenheit 1974 noch einmal wiederholen. Damals gab es ein Referendum über die Aufhebung des Scheidungsgesetzes. Die Italiener entschieden sich mit Zwei-Drittel-Mehrheit für die Scheidung. Die Christdemokraten waren für die Aufhebung des Gesetzes gewesen. Die Sozialisten, Koalitionspartner in der Regierung der Christdemokraten unter Marian Rumor, haben in der Kampagne gemeinsam mit den oppositionellen Kommunisten die Beibehaltung der Scheidung unterstützt. Ein drittes Mal hat die parlamentarische kommunistisch-sozialistische Mehrheit 1978 auf gleiche Weise die regierenden Christdemokraten gedemütigt und die Legalisierung der Abtreibung durchgesetzt.

Und ein viertes Mal haben Kommunisten, Sozialisten und Liberale die Christdemokraten beim Volksentscheid am 17. Mai 1981 besiegt. Damals wurde entschieden, dass Abtreibung legal bleiben sollte. Die Infragestellung der Ehe und des ungeborenen menschlichen Lebens – In hoc signo vinces! In diesem Zeichen wirst du gewinnen!

Die Kommunisten haben sich zusehends vom sowjetischen Kommunismus distanziert und eine demokratische Gesinnung an den Tag gelegt. Warum sollte dieser Weg falsch sein, wenn es ihnen so gelang, in einem demokratisch gewählten Parlament zu siegen? Dieser eigene Weg bekam die Bezeichnung »Eurokommunismus«. Dem Beispiel der Italiener sind andere kommunistische Parteien in der Welt gefolgt. Die kommunistische Partei des Stalinisten Palmiro Togliatti, belastet von den engen Verbindungen zum kompromittierten Zweig des Kommunismus, wandelte sich also zur Partei des Eurokommunisten Enrico Berlinguer. Sie war siegreich in den modernen kulturellen Kriegen. Und diesen gehört die Zukunft.

Nach dem Fall des Sowjet-Kommunismus eröffneten sich den italienischen Kommunisten paradoxerweise politische Möglichkeiten, die bis dahin unvorstellbar gewesen waren. Die Partei hat sich still und heimlich in »Demokratische Partei der Linken« umbenannt und ist seit dieser Zeit der wichtigste Teil der linken Wahl-Gemeinschaft »Olivenbaum«, die sich mit der Berlusconi-Partei an der Macht abgewechselt hat. Den Umwandlungsprozess der Kommunistischen Partei hatte ihr Vorsitzender Achille Occhetto eingeleitet, der auch nach der Umbenennung in der Parteiführung arbeitete. 1998 konnte sein langjähriger Mitstreiter in den kommunistischen Reihen, Massimo D'Alema, italienischer Premier werden. Vor 40 Jahren wäre dies noch undenkbar gewesen. Genauso konnte Giorgio Napolitano, seit 1945 Mitglied der Kommunistischen Partei, 2006 als erster (ehemaliger) Kommunist Italiens Präsident werden.

1956 war die Italienische kommunistische Partei innerlich gespalten in ihrer Haltung bezüglich der Unterdrückung des ungarischen Aufstandes durch die Sowjetarmee. Napolitano gehörte damals zu dem Flügel, der die Aufständischen als Konterrevolutionäre bezeichnete. Er war mit Chruschtschows Vorgehen einverstanden. Die Zusammenarbeit mit der KPdSU spielte für ihn eine Schlüsselrolle. Mitte der 70er-Jahre lehnte es der amerikanische Botschafter John A. Volpe ab, Napolitano wegen seiner starren kommunistischen Einstellung ein amerikanisches Visum zu erteilen. Als sich am 1. Mai 2011 hunderttausende Menschen auf dem Petersplatz in Rom aus Anlass der Seligsprechung Johannes Pauls II., des Siegers über den Kommunismus, versammelten, war unter den Ehrengästen auch der 86-jährige Giorgio Napolitano anwesend, der sich sein ganzes Leben zum Kommunismus bekannt hatte – als Staatsoberhaupt Italiens.

Der Kommunismus in Osteuropa musste untergehen, damit in Westeuropa die Kommunisten an die Macht kommen konnten. Sie sind nicht mehr Lenins nächste Verwandte, sie sind nur noch seine Cousins. Und deshalb geht es ihnen so gut. Wie hat es Gramsci gesagt? Zuerst muss im Stellungskrieg die Kulturhegemonie des Opponenten zerstört werden. Dann kommt der Manöverkrieg, die direkte Teilhabe an der Macht. Und die italienische Christdemokratie? Die hat den Fall des Kommunismus nicht überlebt. Wir kommen noch darauf zurück.

Ähnliche Siege im Bereich der Kultur wie in Italien haben die Linken Parteien auch in anderen europäischen Ländern errungen. In den 70er-Jahren wurde die Legalisierung der Abtreibung auch in Frankreich durchgesetzt – auch dort von den Bänken der Opposition aus. In Deutschland und in Österreich gelang es ihnen als Regierungsparteien. Die deutschen Sozialisten sind in den 70er-Jahren an die Macht gekommen, zum ersten Mal nach dem Zweiten Weltkrieg. Schon Ende 50er-Jahre hatten sie sich von der traditionellen marxistischen Kampfrhetorik verabschiedet, als sie dem neuen Godesberger Programm zustimmten.

Die spanische sozialistische Partei PSOE existierte während des Franco-Regimes nur im Untergrund. Als jedoch das Regime abdankte, wurde Felipe Gonzales auf einem Kongress in Frankreich zu ihrem Generalsekretär gewählt. Er hat die Partei von den Resten des orthodoxen Marxismus gelöst und wurde 1982 spanischer Premier. Er begann zwar mit der Verstaatlichung der Gesellschaft Rumasa, aber in späteren Jahren hat seine Regierung beinahe 200 staatliche Unternehmen privatisiert. Wirtschaftlich hat sich die Partei insgesamt nach rechts bewegt. Wo ist die Vergangenheit geblieben, wo die Verbundenheit mit der Sowjetunion, wo der Widerstand gegen die NATO ...? Ein Symbol für die Wende in der Außenpolitik wurde Javier Solana, Mitglied von PSOE. Vom Widerstandskämpfer gegen die Mitgliedschaft in der NATO wurde er später sogar deren Generalsekretär.

PSOE hat Spanien im Bereich der Kultur tiefgreifend verändert. Schon 1985 verabschiedete sie ein Gesetz, mit dem sie die Abtreibung legalisierte, wenn auch unter restriktiven Bedingungen. Erheblich weiter als Felipe Gonzales ging jedoch sein Nachfolger José Luis Zapatero. Dieser Enkel eines Armeekapitäns, der von Franko-Anhängern während des Bürgerkriegs erschossen worden war, weil er es abgelehnt hatte, an ihrer Seite zu kämpfen, hat Spanien bis zur Unkenntlichkeit verändert.

1977 fanden in Spanien die ersten freien Wahlen nach dem Ende des Franco-Regimes statt. Der 17-jährige Zapatero klebte damals während der Wahlkampagne Plakate von Kommunisten und Sozialisten. Die marxistischen Parolen zur Verstaatlichung und zum Erwerb der Macht durch die Arbeiterklasse haben ihm gefallen. Dann entschied er sich für die Sozialisten. Ein Vierteljahrhundert später spricht er nicht mehr über Verstaatlichung und die Diktatur des Proletariats. Hingegen wurde er zu einem Kultur-Revolutionär.

2010 haben Zapateros Sozialisten die Liberalisierung der Abtreibung (die Abtreibung ist auf Antrag bis zur 14. Schwangerschaftswoche erlaubt) gesetzlich verankert. Bereits zuvor hatten sie 2005 die gleichgeschlechtliche »Ehe« institutionalisiert – inklusive der Möglichkeit, Kinder zu adoptieren. Auf diese Weise wurde Spanien das erste Land, das diese »Ehe« ohne den in anderen Ländern üblichen Zwischenschritt der registrierten Partnerschaft legalisiert hat. Der spanische Staat kennt seither nicht mehr Vater und Mutter, sondern nur noch Eltern A und Eltern B.

Das Gesetz über die Ehe von Personen gleichen Geschlechts hat Justizminister José Fernando Lopez Aguilar vorbereitet. Ende 2005 hatte ich Gelegenheit, ihn persönlich kennenzulernen. Nach einer Sitzung des EU-Ministerrates hat uns der Zufall beim Abendessen an einem Tisch zusammengeführt. Bei einem Glas Wein habe ich Aguilar gefragt, ob er auch mit der Legalisierung von Polygamie einverstanden wäre, was er verneint hat.

Ich habe ihm daraufhin gesagt, dass ich als Gegner der Homosexuellen-»Ehe« von deren Befürwortern manchmal gefragt werde: »Wer sind Sie eigentlich, Herr Palko, dass sie zwei Männern, die sich lieben, daran hindern wollen, in einer Ehe zusammenzuleben?« Worauf ich die Frage anschloss, wie er, Aguilar, eine analoge Frage beantworten würde: »Wer sind Sie, Herr Aguilar, dass Sie einen Kerl und drei Mädchen, die sich alle gern haben, hindern wollen, in einer glücklichen Ehe zu leben?« Darauf lächelte mein Gesprächspartner und sagte, dass er gegen die Polygamie sei, weil die öffentliche Meinung in Spanien diesen Gedanken ablehnt. Sollte sich das jedoch ändern, würde er auch mit der Polygamie einverstanden sein.

In der Slowakei hat 2009 die Präsidentschaftskandidatin der rechten (!) Parteien SDKÚ, KDH und SMK, Iveta Radičová, ihre Definition von Moral verkündet: »Moral oder Unmoral ist in einer Gesellschaft die Sache des gesellschaftlichen Konsenses.« Ein Echo auf die Worte von Minister Aguilar.

Zu Beginn der 90er-Jahre hat die westliche sozialdemokratische, kommunistische und auch postkommunistische Linke entdeckt, dass die Homosexuellen-Agenda ein weiterer Spielplatz ist, auf dem sie die konservative Rechte besiegen kann. Heute hat mit Ausnahme von Malta und Italien jedes westeuropäische Land ein Gesetz über registrierte Partnerschaften oder über die »Ehe« von Personen des gleichen Geschlechts verabschiedet. Und der Linken stehen noch weitere Themen zur Verfügung, mit der sie zusätzliche Wähler gewinnt: die Förderung der Immigration und der Euthanasie, die Embryonenforschung, das therapeutische Klonen, die Legalisierung leichter Drogen ... Der spanische Ex-Premier, Felipe Gonzales, hat im September 2010 die Legalisierung von Drogen auf der ganzen Welt vorgeschlagen. Er hält es für das einzige wirksame Mittel im Kampf gegen die Drogen-Mafia.

Das durch den Krieg zerstörte Westeuropa wurde überwiegend unter der Regie von christlichen Politikern wieder aufgebaut. Als sich dann die Sozialisten immer mehr durchsetzten,

änderten sie in wirtschaftlichen Fragen die Politik der Christdemokraten nicht dramatisch. Dramatische Veränderungen aber
haben sie im Bereich Kultur durchgesetzt. Und Bereiche, die sie
einmal okkupiert hatten, gaben sie auch nicht mehr auf, nicht
einmal, wenn sie in Opposition gehen mussten.

Der Klassenkampf erstarb im westlichen Europa und nach
dem Kollaps des Kommunismus auch im Osten. Die Cousins
reichten sich die Hände und wurden sich einig. So, wie die Linke im Westen begriffen hat, in welchen Bereichen sie die konservative und christliche Rechte besiegen kann, so haben die Kommunisten im Osten begriffen, wo sie sich verändern mussten und
wo sie so bleiben konnten wie bisher, wenn sie nach der historischen Niederlage des Kommunismus 1989 wieder an die Macht
zurückkehren wollten.

Wer ist der heutige Dracula in Rumänien?

1989: 193 084
1990: 992 265
Statistik der Abtreibungen in Rumänien

Am Feiertag zum Gedenken an die Geburt Christi, am 25. Dezember 1989, klangen über Europa Engelchöre: »Verherrlicht ist Gott in der Höhe, und auf Erden ist Friede bei den Menschen seiner Gnade.« Mit großer Rührung haben in den osteuropäischen Ländern die nunmehr freien Christen ebenfalls die weihnachtliche Ruhe gefeiert. Diese Ruhe herrschte aber nicht im Innenhof der Armeekaserne in der rumänischen Stadt Targoviste. Denn die Mitglieder der Fallschirmjägereinheit Ionel Boeru, Gheorghiu Octavian und Dorin Marian Cirlan, haben aus ihren Dienstwaffen auf einen Greis und eine Greisin, die nebeneinander an der Kasernenmauer standen, gefeuert. Die Hinrichtung des »Conducators« Nicolae Ceausescu, des rumänischen Diktators, und seiner Frau Elena verlief in solcher Hast, dass der anwesende Kameramann dies nicht einmal filmen konnte. In der ganzen Welt wurden also nur Bilder des am Boden liegenden erschossenen Paares verbreitet.

Rumänien war das einzige Land, in dem der Kommunismus nicht sanft dahingeschwunden ist. Die Securitate von Ceausescu schoss auf die Menschen in den Straßen und in den Tagen, die der beschriebenen Hinrichtung vorausgegangen waren, starben mehr als 1.000 Menschen. Das Todesurteil über Ceausescu, dem sofort die Hinrichtung folgte, fällte ein außerordentliches Kriegstribunal. Es war durch ein Dekret der »Front der Nationalen Rettung« eingesetzt worden, einer neuen Machtstruktur. Das Dekret unterzeichnete am 24. Dezember Ion Iliescu, ihr Führer. Ceausescu und seine Frau waren die letzten Rumänen, die durch ein Gericht zur Todesstrafe verurteilt worden sind. Zwei Wochen nach ihrer Hinrichtung hat die »Front der Nationalen Rettung« in Rumänien die Todesstrafe abgeschafft. Das Blutvergießen wurde beendet.

Wurde es wirklich beendet? Nein, es begann ein neues, diesmal legales Blutvergießen, bei dem keine Schüsse fallen. Ein Tag nach der Hinrichtung, am 26. Dezember 1989, wählte die »Front der Nationalen Rettung« Iliescu zum Präsidenten. Und dieser führte per Dekret die Legalisierung der Abtreibung auf Antrag wieder ein. Die Todesstrafe ohne Prozess droht nun unschuldigen, ungeborenen Kindern.

In Rumänien wurde der Kampf gegen den Kommunismus Ceausescus vor allem von den Kommunisten selbst geführt. In vorderster Front stand Ion Iliescu. Er strebte seit seiner frühen Jugend eine steile Karriere in der kommunistischen Partei an. Bereits in den 60er-Jahren schaffte er es ins Zentralkomitee der Partei und wurde Minister für die Jugend. Ceausescu sah in ihm eine Konkurrenten und bremste Iliescus Ambitionen. Und so wurde Iliescu in der Partei auf eine Funktion auf Bezirksniveau zurückgestuft. Aber er wartete auf seine Chance in der Partei. Ein Bild aus dem Jahre 1976 zeigt ein nettes Picknick im Grünen. Elena Ceausescu treibt irgendeinen Sport und neben ihr steht der 41-jährige Iliescu in einem kurzärmeligen Hemd – eine Idylle. 13 Jahre später schickt der karrierebewusste Kommunist Elena und ihren Mann vor ein Hinrichtungskommando.

Einfluss in der Front der »Nationalen Rettung« hatte auch der 70-jährige Silviu Brucan, der sich nach dem Zweiten Weltkrieg an der Verfolgung von Nichtkommunisten beteiligte. Brucan behauptete, der Aufstand im Dezember 1989 sei nicht gegen den Kommunismus, sondern nur gegen Ceausescu gerichtet gewesen. Beteiligt waren auch viele Kommunisten aus dem zweiten Glied wie Adrian Nastase oder Traian Basescu. Die »Front der Nationalen Rettung« gewann 1990 die Wahlen, weil die anderen politischen Parteien keinen Zugang zu den Medien hatten. Gegen die Demonstranten, die gegen Iliescus Methoden protestierten, schickte dieser bereits zu Beginn des Jahres 1990 Panzer.

Die »Front der Nationalen Rettung« wandelte sich allerdings schrittweise und so entstanden zwei rumänische Parteien. Die eine ist die von Iliescu geführte »Sozialdemokratische Partei«, die andere die »Demokratische Liberale Partei«. 2004 trafen sich im zweiten Wahlgang der Präsidentschaftswahlen die Kandidaten dieser beiden Parteien. Als vor dem TV-Duell der Kandidat der Sozialdemokraten, Adrian Nastase, mit dem Liberalen Basescu debattierte, sagte Basescu plötzlich selbstkritisch: »Wissen Sie, was in diesem Moment der größte Fluch für Rumänien ist? Dass die Rumänen zwischen zwei ehemaligen Mitgliedern der Kommunistischen Partei wählen müssen.« Die Rumänen haben bei der Wahl zwischen dem kommunistischen Sozialdemokraten und dem kommunistischen Liberalen Basescu gewählt.

Ihr ehemaliger gemeinsamer Chef in der »Front der Nationalen Rettung« Iliescu hat mit einem Dekret am 26. Dezember 1989 die Ausnahme beseitigt, die im sowjetischen Block im Hinblick auf Abtreibungen existierte. In der Gemeinschaft osteuropäischer linker Parteien, zu denen sich die Kommunistischen Parteien gewandelt hatten, herrscht nämlich Einigkeit: Die Unterstützung der Rechtmäßigkeit von Abtreibungen ist ein Kitt, der die Linke in ganz Europa verbindet.

Die statistisch ermittelte Zahl von Abtreibungen im Jahr 1990 in Rumänien ist einfach ein Wahnsinn: beinahe eine Million. Da drängen sich Fragen auf. Dem irischen Schriftsteller Bram Stoker diente als Vorbild für die legendäre Dracula-Gestalt ein rumänischer Fürst aus dem 15. Jahrhundert, Vlad Tepes, bekannt auch als Vlad der Pfähler. Ceausescus Kritiker haben den rumänischen Staatschef oft mit Vlad Tepes verglichen. Denn Ceausescu war ein brutaler Politiker. Aber wenn wir das gesetzeskonforme Massaker in Betracht ziehen, das sich im Schoß von rumänischen Frauen seit 1990 vollzogen hat, so fragt sich, ob er wirklich der

Einzige ist, den wir als Vlad-Dracula in der modernen rumänischen Geschichte ansehen müssen.

2007 drehte der Regisseur Cristian Mungiu den Film »Vier Monate, drei Wochen und zwei Tage«, der die Ära von Ceausescu Ende der 80er-Jahre wieder aufleben lässt. Er hatte die Abtreibung zum Thema: Die Studentin Gabriela wird schwanger und will das Kind loswerden. Ihre Freundin Otilia – sie ist die eigentliche Hauptgestalt des Filmes – hilft ihr mit allen ihr zur Verfügung stehenden Mitteln. Ihr Bemühen kennt keine Grenzen. Sie treibt Geld auf und auch einen Abtreibungsarzt, der den illegalen Eingriff vornimmt. Sie organisiert ein Hotelzimmer, wo die Abtreibung stattfindet und sie beseitigt schließlich das tote Körperchen. Der Höhepunkt der Aufopferung ist, als sie sich dem zynischen Abtreibungsarzt sexuell hingibt, weil er außer Geld von beiden Mädchen im Hotelzimmer auch noch Sex verlangt. Damit betrügt sie ihren nichts ahnenden Freund Adi. Otilia wird so als eine Art Heilige der Abtreibungsideologie dargestellt. Der Film wurde im Westen mit Preisen überschüttet. Er gewann unter anderem die Goldene Palme in Cannes. Der Kampf gegen den Kommunismus wie der Kampf für die Abtreibung gefiel dem säkularen Westen.

Inhaltlich vertritt der Mungiu-Film also die Ideen von »Prochoice«. Aber dies stimmt wiederum nicht ganz. Denn am Ende des Films sitzen die beiden Heldinnen schweigend am Tisch, und Otilia sagt zu Gabriela, dass sie über diese Sache niemals mehr sprechen dürften. Warum eigentlich? Warum sollte man nicht mehr über einen kleinen Sieg über das tyrannische Regime sprechen? Also, falls es tatsächlich ein Sieg über das Regime war. Und warum bittet Gabriela gleich nach der Abtreibung Otilia im Hotelbad über dem toten Körperchen: »Sag, dass du es begräbst! Versprich es mir ...« Wir wissen, was begraben wird. Ein Mensch, der gestorben ist. Der Mensch, der in diesem Fall absichtlich getötet wurde.

Vor Elfriede war hier Alexandra Michailovna

»Der Maßstab der Sexualmoral ändert sich immer.
Da gibt es keine Pause.«
Alexandra Kollontai in ihrer Ansprache zur
englischen Ausgabe von »Red love«

»Besinnt euch, ihr Unvernünftigen! Das, was
ihr tut, ist nicht nur grausam, sondern in der Tat
satanisch. Mit der Macht, die uns von Gott
gegeben ist, exkommunizieren wir euch, falls
ihr noch christliche Namen tragt ...«
Patriarch von Moskau und ganz Russland, 19. Januar 1918

Ende der 30er-Jahre entschloss sich Stalin, beinahe alle noch lebenden Mitarbeiter von Lenin, mit denen dieser die Oktoberrevolution gemacht hatte, zu töten. Eine der wenigen, die dieser
Säuberung entkam, war Alexandra Michailovna Kollontai. Sie
war die Tochter des zaristischen Generals Domontovitsch, des
Helden im russisch-türkischen Krieg. Die junge russische Adelige ist zur Jahrhundertwende dem Zauber des Kommunismus
verfallen. In Lenins Regierung nach dem bolschewistischen Umbruch übernahm sie die Funktion der Kommissarin für soziale
Angelegenheiten, danach hatte sie über Jahrzehnte hinweg diplomatische Funktionen inne.

Kollontai bekam vor allem dadurch geschichtliche Bedeutung,
dass sie eine Theoretikerin des bolschewistischen Feminismus
war. Sie vertrat klar die Doktrin der Klassiker des Marxismus,
wonach die Ehe in der bürgerlichen Gesellschaft Versklavung
für die Frau bedeute. Sie propagierte eine bolschewistische Frau,
die dadurch frei werde, dass sie vom Mann wirtschaftlich unab-

hängig ist. Ihre Sexualität sollte sie nicht verleugnen und immer frei dorthin gehen, wohin sie ihr Herz zieht. In diesem Sinne soll auch der Mann genauso frei sein. Für die Erziehung ihrer Kinder sei der Staat verantwortlich, mehr als sie selbst.

Ihre Ansichten erkennt man am besten in ihrem belletristischen Schaffen, vor allem in dem Roman »Vasilisa Malygina«, der im Westen unter dem charakteristischem Namen »Red love« veröffentlicht wurde. Die zentralen Romanhelden sind die begeisterte junge Kommunistin Vasja und ihr eleganter Ehemann Volodja. Die Geschichte spielt im postrevolutionären Russland der 20er-Jahre, als der Kriegskommunismus durch die »Neue Ökonomische Politik«, NEP, ersetzt wurde.

Die Geschichte ist eine treffende Beschreibung der Träume von Feministinnen und anderen modernen Liberalen: auseinanderbrechende und wechselnde Beziehungen, die Verachtung häuslicher Tätigkeit (»keine Küche, kein Familienleben und ähnlichen Unsinn«), Kinder, die keinen Vater brauchen und vom Staat erzogen werden (»Die Organisation wird ihn großziehen. Wir werden Kinderkrippen einrichten«), Väter, die sich nicht um ihr Kind kümmern und deren Familie allenfalls zwei Frauen sein können.

Das sind auch die Ansichten der Feministinnen in der Europäischen Union und in den USA zu Beginn des 21. Jahrhunderts. Im August 2010 hat die Schauspielerin Jennifer Aniston gesagt: »Was ist eine Familie? Sie muss nicht unbedingt aus einer traditionellen Mutter, einem Vater, zwei Kindern und dem Hund Spot bestehen.« In der Zeit der künstlichen Befruchtung brauchen die Frauen keine Männer mehr, um Kinder zu bekommen.

Kollontai hat solche Ansichten in den 20er-Jahren des vorigen Jahrhunderts mit einem Vorsprung von 80 Jahren formuliert. Man darf sich nicht wundern, dass auch Lenin wegen der Kollontai ein bisschen nervös geworden ist.

Alexandra Kollontai hat die revolutionären Ansichten auch in ihr persönliches Leben projiziert. Den Militäringenieur Kollontai hat sie gegen den Willen seiner Eltern geheiratet. Als 26-Jährige hat sie ihn und den kleinen Sohn Michail verlassen, um sich in Europa dem Studium und der revolutionären Praxis zu widmen. Ihre große Liebe wurde später der um 17 Jahre jüngere bolschewistische Marineführer Pavel Dybenko. Sie wurden ein interessantes Ehepaar. Sie war das weibliche Gesicht der Revolution, Kommissarin für soziale Angelegenheiten, er Kommissar für die Marine. Es war eine stürmische Ehe, die mit einem Selbstmordversuch von Dybenko in die Krise geriet. Anfang der 20er-Jahre haben sie sich getrennt. Das Verhältnis von Alexandra und Pavel kopiert genau das Romanverhältnis von Vasja und Volodja in Kollontais Buch.

Im Januar 1918 hat die frisch berufene Kommissarin Alexandra Kollontai angeordnet, die Truppen der Roten Flotte sollten das Alexander-Newski-Kloster besetzen, ein wichtiges Symbol für die russisch-orthodoxe Kirche. Kollontai wollte damit das »Alexander Newski Lawra« für das »Kommissariat für soziale Angelegenheiten« besetzen. Die Seeleute versuchten zwar mit Gewalt die Klosterbesetzung, aber die Mönche läuteten die Glocken und riefen damit die Gläubigen zum Schutz des Klosters. Schließlich versammelten sich etwa 2.000 Gläubige – und es floss Blut. Der Priester Skipetrov wurde erschossen. Auch Soldaten, die in der Nähe des Klosters wohnten, eilten herbei. Ein Teil von ihnen stellte sich auf die Seite der Angreifer, andere versuchten, das Kloster zu schützen. Die Rotarmisten mussten sich zurückziehen. In Smolnyj begriffen die Bolschewiken, dass die Auseinandersetzung mit dem orthodoxen Christentum kein leichtes Spiel sein würde. Der Überfall auf das Kloster durch einen Befehl von Kollontai war für den Patriarchen von Moskau mit ein Grund, seine Botschaft vom 19. Januar 1918 zu veröffentlichen, mit der er über alle Täter von bolschewistischem Unrecht ein Anathema verhängte. Im Text seines Appells verurteilte er ganz ausdrücklich auch den Angriff auf Lawra von Alexander Newski.

Natürlich hat Kollontai auch die Legalisierung der Abtreibung in Russland unterstützt. Durch sie wurde das Sowjetische Russland zum Vorreiter auf diesem Sektor. Als ihr politischer Einfluss sank, konzentrierte sie sich auf die Diplomatie. Kollontai wurde Leiterin der sowjetischen Mission in Norwegen und danach Botschafterin in Schweden. Sie war überhaupt die erste Botschafterin in der Geschichte der Diplomatie. Stalin hat sie vielleicht deshalb als eine Art Symbolfigur verschont. Kollontais alte Liebe, Pavel Dybenko, verschonte er allerdings nicht. Obwohl Stalin einen seiner Genossen nach dem anderen in den Tod geschickt hat, überlebte Kollontai. Dem Mörder ihres Mannes aber schmeichelte und diente sie bis zu ihrem Tod, als sie 1952 fast 80-jährig starb. Stalin hatte die Walküre der Revolution gezähmt.

1994 drehte der britische Regisseur Ken Cooper einen Dokumentarfilm »Welle der Leidenschaft. Das Leben von Alexandra Kollontai«. Ihre Stimme verlieh der Kollontai der Star des britischen Films, die Abgeordnete des britischen Parlaments für die Labour-Partei, Glenda Jackson. Über die Kollontai wurden Bücher geschrieben und Studien angefertigt. Die *osteuropäische* Kommunistin ist bis heute eine Ikone des *westlichen* Feminismus geblieben. War sie eine *Cousine*? Oder eine *Schwester*?

Alexandra Kollontai hat in Skandinavien erfolgreich Karriere gemacht. Das norwegische Königreich verlieh ihr die höchste staatliche Auszeichnung, den Sankt-Olav-Orden. In Schweden war sie Botschafterin. In Schweden hat auch ein halbes Jahrhundert später eine andere kommunistische Feministin einen Welterfolg erlebt, Elfriede Jelinek. Wir wissen nicht, ob Elfriede Jelinek die Romane von Kollontai gelesen hat. Aus der feministischen Prosa von Kollontai weht ein irrer feministischer Fortschrittsoptimismus. Aus Jelineks Werk weht Zorn.

Drei Punkte – Minimum der ost-westlichen Einigung der Linken

Nach 1989 verwirklichte sich ein Plan, die Ideen der Linken in West- und Osteuropa unter einen Hut zu bringen. Man wollte die bestehenden ideologischen Unterschiede beseitigen. Diesen Plan hat sich niemand ausgedacht, niemand hat ihn niedergeschrieben und propagiert. Jeder wusste von selbst, was er zu tun hatte.

Ausgangspunkt war die Erkenntnis, dass es der Linken nicht gelungen war, auf wirtschaftlichem Gebiet zu siegen. Dass sie aber große Erfolge auf kulturellem Gebiet einfahren konnte. Die Kommunisten aus dem Osten waren tonangebend bei der Legalisierung der Abtreibung. Die Sozialisten und Kommunisten aus dem Westen hinkten bei dieser Agenda um Jahrzehnte nach. Aber mit dem nötigen Eifer gelang es ihnen dann doch, die christliche Rechte zu besiegen. Dies war der Ausgangspunkt für den ersten Punkt im Plan:

1. Die Liberalisierung der Abtreibung und die Aufrechterhaltung ihrer Rechtmäßigkeit wurde zum programmatischen Prinzip, das die Linke im vereinten Europa zusammenschweißte.

Die rumänische »Front der Nationalen Rettung«, die Partei der rumänischen Sozialdemokraten, hat das Abtreibungsverbot unter Ceausescu, diese Regelwidrigkeit, so schnell beseitigt, dass sogar das Echo der letzten Schüsse der Revolution gegen Ceausescu noch nicht verklungen war. In der Slowakei hat die Partei der demokratischen Linken von Peter Weiss, also die umbenannte Kommunistische Partei, 1992 die Versuche der Christlich-Demokratischen Bewegung, die Legalisierung der Abtreibung aufzuheben, zurückgewiesen. Genauso geschah es in Polen. Dort setzte sich die besiegte Vereinigte Arbeiterpartei zur Wehr gegen die

Aktivitäten von Christen aus der Solidarność, die Abtreibungen zu verhindern.

Während des Sowjet-Kommunismus hat die kommunistische Propaganda im ideologischen Krieg gegen den Westen das Argument von dessen »Verfaultsein« benutzt. Zu diesem »Verfaultsein« gehörte auch die dort herrschende lockere Sexualmoral, die Verbreitung der Pornografie, die Toleranz gegenüber der Prostitution, ja sogar deren Legalisierung, die homosexuelle Agenda, die Verbreitung des Drogenkonsums und die moderne Rockmusik. Was die kommunistische Propaganda aber verschwieg, war die Tatsache, dass diese Dekadenzerscheinungen nicht das Werk des schwächer werdenden christlichen, sondern das des stärker werdenden neomarxistischen Einflusses im Westen war und ist, ein Werk der *Cousins*.

In all diesen Fragen bestand allerdings ursprünglich Konsens unter den Linken in Ost und West, etwa, was die Abtreibung oder das Bemühen, Frauen optimal in den Arbeitsprozess einzugliedern, anbelangt. Die Rolle des Staates sollte bei der Erziehung möglichst umfassend sein und auch Scheidungen sollten erleichtert werden. Darin waren sich Kommunisten und die westliche Linke einig: Alles Christliche und historisch Gewachsene sei abzulehnen und zu »dekonstruieren«.

Nach einem Jahrzehnt musste sich der sowjetische Kommunismus allerdings in Fragen der Familie, in der Frauenfrage dem Konservativismus der russischen Gesellschaft anpassen und die revolutionären Aktivitäten verlangsamen. Daher kam es noch in der ersten Hälfte des vergangenen Jahrhunderts zu einer ideologischen Auseinanderentwicklung in Ost und West. Bei seinem Besuch im Russland der 20er-Jahre musste der damals niedergeschlagene Gramsci dies erkennen. Es wurde ihm klar, dass man im Westen anders vorgehen müsse. Heute wissen wir, dass Gramsci erfolgreich war.

Der kommunistische Osten ist also auf halbem Weg stehen geblieben. In den 60er- und 70er-Jahren hat er im Kulturbereich die westliche sexuelle Revolution und die Drogenkultur nicht übernommen. Genau genommen hat er dadurch seine westlichen *Cousins* kritisiert, nicht aber die Rechte, seinen Erzfeind. Er hat aber verloren und musste sich deshalb anpassen.

Damit sind wir beim zweiten Punkt des Einigungsplanes.

2. Das Ende der Parolen über die Dekadenz des Westens. Die postkommunistische Linke übernimmt stillschweigend die Kulturagenda der westlichen Linken.

Und so beendeten die Postkommunisten nach 1989 in den Ländern des postkommunistischen Europas, also auch in der Slowakei, ihre Kritik an der sexuellen Revolution und der Pornografie. In den Medien war nur noch die Kritik von konservativen Christen zu vernehmen.

Homosexualität war für die Kommunisten aus dem Osten einst ein Symbol für die Verkommenheit des Westens. Heute hat die postkommunistische Linke in Osteuropa insgesamt die Agenda der homosexuellen Bewegung in ihr Programm übernommen und setzt sie erfolgreich durch. In der Slowakei brachten Abgeordneten der demokratischen Linken damals ohne Erfolg ein Gesetz über registrierte Partnerschaften ein. Und der Oberbürgermeister der Hauptstadt Bratislava, Milan Ftáčnik aus der Partei Smer, einst Kommilitone des Autors aus universitären Zeiten, übernahm 2012 persönlich die Schirmherrschaft über die jedes Jahr stattfindende Regenbogenparade der Homosexuellen. Er war ungefähr vor fünfunddreißig Jahren Mitglied der Kommunistischen Partei.

Im benachbarten Tschechien setzte die Sozialdemokratie in Zusammenarbeit mit der Kommunistischen Partei von Böhmen und Mähren, KSČM, die registrierten Partnerschaften durch. Ähnliches geschah auch in Ungarn. Und im kommunistischen Kuba verkündete Mariela Castro, die Nichte von Fidel Castro, dass die kubanischen Behörden die Einführung von registrierten Partnerschaften vorbereiten. Für die in diesem Abschnitt dargestellte ideologische Kehrtwendung benötigte man im Grunde nur ein Jahrzehnt.

So bleibt ein dritter Punkt zu beleuchten:

3. Die christliche Tradition soll weiterhin geschwächt und das Christentum aus der öffentlichen in die private Sphäre verdrängt werden. Konkurrenzideologien und andere Religionen sind zu unterstützen.

Es ist die Linke, die Mulikulti pflegt und die Immigration aus nichteuropäischen Kulturen nach Europa unterstützt. Die Linke verkündet die Gleichheit der Werte aller Religionen. Die Linke will sich nicht daran erinnern, dass Europas Wurzeln im Christentum liegen und nicht im Islam, im Hinduismus oder anderen Religionen. Die osteuropäischen Kommunisten haben noch vor Jahrzehnten mit Verachtung die Verbreitung von asiatischen Religionen im Westeuropa beobachtet, etwa dass junge Menschen in langen Kleidern durch die Straßen marschierten und »Hare Krishna« sangen. Stars der Popmusik, die Beatles John Lennon, Paul McCartney, Ringo Starr und George Harrison, holten sich hingegen Inspirationen beim indischen Guru Maharishi Mahesh. Für Kommunisten war dies ein lächerlicher Ausdruck für den Verfall des Westens.

2002 änderte sich dies. Milan Ftáčnik, damals Unterrichtsminister für die Partei der demokratischen Linken, wollte Yoga als Pflichtfach in den slowakischen Grundschulen einführen. Wäre Yoga nur gewöhnlicher Sport, so gäbe es kein Problem. Aber Yoga hat auch einen geistigen Background. Wollte hingegen ein Christdemokrat seine Religion als Pflichtfach in den Schulen durchsetzen, würde gegen ihn die Hölle losbrechen – und dies, obgleich die Kenntnis des Christentums stark mit der Kenntnis unserer Kultur und Zivilisation zusammenhängt. Aber obligatorische Einführung in die Spiritualität indischer Yogis? Nach Ansicht der liberalen Linken nur eine willkommene pädagogische Innovation. Ftáčnik hat Yoga nur auf Grund des Widerstands der Christdemokraten nicht durchsetzen können.

Im Januar 2008 sprach der Syrer Ahmad Badr Hassoun im Europäischen Parlament. Der Großmufti kommentierte den Film »Fitna« über die Islamisierung der Niederlande, den der niederländische Politiker Geert Wilders hatte herstellen lassen. Die Autoren des Films sprechen zum Schluss über Passagen des Koran, die für sie aus europäischer Sicht nicht akzeptabel seien. Unmittelbar danach ertönt ein Geräusch, das an das Zerreißen von Papier erinnert. Dadurch wird der Eindruck vermittelt, es würden Seiten aus dem Koran gerissen. Der Film wurde erst im März 2008 aufgeführt und so konnte man im Januar noch nicht wissen, ob und inwieweit der Koran im Film tatsächlich in irgendeiner Weise entwürdigt wird. Der Großmufti sagte allerdings schon damals im Europäischen Parlament Folgendes über den Film: »Falls es nach dem Ausstrahlen des Films zu Unruhen, Gewalttaten und Blutvergießen kommen sollte, ist Wilders dafür verantwortlich. Es ist Sache der Niederländer, ihn zu stoppen.«

Anständige Menschen lehnen das Verbrennen oder Zerreißen des Korans ab, aber die Worte des Großmufti sollten schon im Voraus mögliche Gewalttaten seitens der Muslime entschuldigen. Würde ein christlicher Geistlicher sich in ähnlicher Weise zur Schändung christlicher Symbole äußern – zu solchen kommt es ja sehr oft in Europa und Amerika –, würde er auf komplettes Unverständnis stoßen. Das Europäische Parlament und in erster Linie die Linke haben dem Großmufti jedoch wohlwollend Beifall gespendet.

Weniger gut erging es Papst Benedikt XVI. im Europäischen Parlament. 2009 hat nämlich die Linke im EP eine Resolution eingebracht, mit welcher der Papst wegen seiner Ablehnung von Kondomen verurteilt werden sollte. Diese Resolution wurde nur mit ganz geringer Stimmenmehrheit abgelehnt. Im belgischen Parlament jedoch wurde eine solche Anti-Papst-Resolution sogar gebilligt.

Die Entwicklung in Europa eröffnet neue Fragen. Die Gegner des Kommunismus, vor allem die Christen, konnten den jungen Marxisten in den 50er-Jahren als Ewiggestrige vorkommen, auf die es aus der Sicht der zukünftigen gesellschaftlichen Entwicklung nicht ankam. Ihnen musste man menschlich nichts Böses wünschen. Nur, was sollte man mit Menschen anfangen, die die Gesetzmäßigkeiten der Entwicklung nicht verstehen wollten?

Jetzt allerdings erleben wir – diesmal im Westen – bereits die ersten Fälle, bei denen Menschen verfolgt werden, weil sie nicht mit dem linken Liberalismus übereinstimmen. Wir registrieren die ersten Versuche, Menschen mit Gefängnis für ihre Äußerung zu bestrafen, nur weil sie mit der homosexuellen Agenda nicht übereinstimmen. Diesbezüglich bekannt geworden ist der Fall des schwedischen Pastors Ake Green im Jahre 2004. Wir wurden Zeugen der medialen Agitation gegen Green, die Verdrehung seiner Aussagen mit dem Ziel, ihn zu dämonisieren, damit nur ja niemand Mitleid mit ihm habe (siehe Kapitel VI). Bei Ereignissen wie diesem wird klar: Das Schicksal von verfolgten Christen interessiert die heutigen Liberalen nicht. Ebenso wenig hat übrigens das Schicksal der verfolgten Christen vor einem halben Jahrhundert die jungen Kommunisten interessiert.

Nach dem Fall des Kommunismus wurde behauptet, die Geschichte sei nun mit dem Sieg der liberalen Demokratie und ihrer Ideologie, dem linken Liberalismus, an ihr Ende gelangt. Aber der aufmerksame Beobachter erkennt, dass das Ende der Geschichte tatsächlich noch nicht gekommen ist.

Möbius-Streifen –
Gewinner und Verlierer

Die Kommunisten in Osteuropa erlebten 1989 eine tiefe Erniedrigung. Alles, was sie propagiert hatten, was sie brutal mit Gewalt, mit Gefängnis, letztendlich mit dem Mord an denjenigen, die anderer Meinung waren, durchgesetzt hatten, wurde auf einmal als Lüge abgelehnt. Obwohl ihnen im Grunde genommen nichts passiert ist, werden sie diesen Moment bis an ihr Lebensende nicht vergessen. Worte wie »Kommunist«, »Kommunismus«, mit denen sie sich über Jahre identifiziert hatten, weil sie entweder an sie glaubten oder weil sie für ihre Karriere nützlich waren, wurden plötzlich belastende Aufkleber. Sie alle würden diese Vergangenheit am liebsten vergessen.

Die Weitsichtigeren von ihnen haben aber begriffen, dass der verlorene Kampf fortgesetzt werden kann und dass in Europa und in Amerika immer noch eine bis jetzt nicht entschiedene Etappe dieses Kampfes über die Interpretation der ewigen menschlichen Fragen stattfindet: Wer ist der Mensch? Was sind seine moralischen Prinzipien, nach denen er sein Leben in der Familie und in der Gesellschaft ausrichten soll? Wie wird sein Abgang aus dieser Welt sein? Sie haben begriffen, dass der sowjetische Marxismus verloren hat, dass aber der kulturelle Marxismus, der auf einer neuen Anthropologie, einem Aufstand gegen die biblische Sichtweise des Menschen, aufbaut, siegt. Sie stellten fest, dass die links-liberalen Kräfte im Westen, die schon bisher ihre Symathisanten waren, zu den Gewinnern zählen und dass ihnen die Türen in Europa offenstehen. Deshalb sind nun auch aus den Besiegten zwar nicht strahlende Sieger, zumindest aber Menschen auf dem Weg zum Sieg geworden.

Und die Christen aus Osteuropa? In einigen osteuropäischen Ländern, sicherlich in der Slowakei und in Polen, waren sie die entscheidende Kraft im Kampf gegen den Kommunismus. Dessen Fall war für sie ein Moment des Triumphs. Sie sind in eine neue Welt eingetreten, wollten nach den vielen Jahren der Unterdrückung endlich frei sein. Und sie waren es auch. Aber plötzlich mussten sie erkennen: Unter dem Druck der rechten Parteien waren die links-liberalen Kräfte im Westen zwar gegen den Kommunismus, sie waren gleichzeitig aber auch gegen das Christentum. Jetzt aber – nach dem Fall des Kommunismus – wandten sie sich entschieden gegen das Christentum.

Und es wurde ihnen klar vor Augen geführt, dass sie, die Christen, im politischen Kampf auf europäischer Ebene verlieren würden. Zwar befinden sie sich derzeit noch nicht auf der Seite der Besiegten, wohl aber bei den Verlierern. Der Fall Rocco Buttiglione hat es selbst denen klargemacht, die es nicht wahrhaben wollten.

Ein Bild möge den Gedanken illustrieren: Schneiden Sie einen langen Papierstreifen zurecht. Wenden Sie ein Ende um 180 Grad und verkleben Sie dann die beiden Enden. Sie bekommen eine Fläche, die die Mathematiker als Möbius-Streifen kennen. Wenn Sie auf diesem Streifen mit dem Finger in einer Richtung entlangfahren, werden Sie sowohl seine Ober-, als auch seine Unterseite berühren und letztlich wieder zum selben Ausgangspunkt zurückkehren.

Die Christen sind auf den Möbius-Streifen in die Zukunft aufgebrochen. Sie hatten das Gefühl, dass sie von der Gruppe der Verfolgten zu den Siegern gewechselt seien. Und letztendlich mussten sie feststellen, dass sie sich nun wieder in der Position derjenigen befinden, die verdächtig, reaktionär und gefährlich sind. So wie wenn Babe aus dem Film »Der Marathon-Mann« mit Janeways Hilfe vor seinem Folterer flieht, um zu erfahren, dass Janeway seine Befreiung nur vorgetäuscht hat und er wieder in die Gewalt von Szell zurückmuss.

Und warum ist dies so? Haben etwa die Christen aus dem Osten keine starken Partner im Westen gehabt? Konnten die starken christlich-demokratischen und konservativen rechten Parteien im Westen ihre linken Gegner deshalb besiegen, weil sie sich vor ihren Wählern als wirksame Mauer gegen den sowjetischen Kommunismus zeigten? Sicher, das haben sie geschafft. Aber sich in einen neuen Kampf um das Menschenbild zu stürzen, das haben sie nicht erreicht.

Deswegen konnten sie auch für ihre neuen christlichen Partner aus dem Osten keine wirksamen Verbündeten im neuen Kampf werden. Sie haben ihnen sogar hin und wieder eine Falle gestellt. Mit den christlichen Politikern ist nämlich etwas Schwerwiegendes passiert. Erinnern wir uns an Gramscis Marsch durch Institutionen. Der kleine linke ideologische Schuh spazierte ohne großes Aufsehen auch durch die konservative Politik. Aber die Ergebnisse sind nicht unscheinbar geblieben.

Was ist also in den letzten 50 Jahren im Westen mit den christlichen Politikern geschehen? Schauen wir uns die Ereignisse an. Zuerst gehen wir nach Übersee. Dann kehren wir nach Europa zurück.

KAPITEL III

Sexy-Katholiken in Amerika

*»Ich glaube, dass die religiösen Ansichten des Präsidenten
seine private Angelegenheit sind.«*
John Fitzgerald Kennedy, der erste katholische Präsident der USA

»Der Staat hat in den Schlafzimmern der Menschen nichts verloren.«
Pierre Elliott Trudeau, katholischer Regierungsvorsitzender Kanadas

Mein Sohn wird Präsident

»Houston, wir haben ein Problem ...«
Apollo 13

Der junge Mann mit dem Namen John Fitzgerald Kennedy bekam von Gott dem Herrn so viele Gaben, dass er eine große politische Karriere wahrscheinlich gar nicht hätte verfehlen können. Charmant, witzig, ruhig, faszinierend, mit einem Lächeln,
bei dem seine schönen weißen Zähne glänzten. Er wurde 1917 in
die Familie eines reichen irisch-amerikanischen Unternehmers,
Joseph Kennedy, als zweites von neun Kindern geboren. Der Vater Joe war ein Mann, der nicht nur unternehmerischen, sondern
auch politischen Erfolg hatte. Als Mitglied der Demokratischen
Partei war er ein Freund von Präsident Franklin Delano Roosevelt und verhalf diesem bei seinen Wahlkampagnen wesentlich
zu den Stimmen der Katholiken.

Der katholische Priester, P. Charles Coughlin, ein einflussreicher Prediger, attackierte Roosevelt wegen seiner nachsichtigen
Haltung dem Stalin-Kommunismus gegenüber. Daraufhin nutzte Joe Kennedy seine Beziehungen zum katholischen Klerus, um
Coughlin zu beruhigen. Die Kontakte von Joseph Kennedy reichten bis in den Vatikan. Edward, Joes jüngster Sohn, empfing 1939
von Papst Pius XII. höchstpersönlich in Rom die Erstkommunion.

Joseph nahm in der Administration von Roosevelt mehrere
Posten ein. Seine politische Karriere erreichte ihren Höhepunkt,
als er zum US-Botschafter in Großbritannien ernannt wurde.
Von diesem Amt berief ihn die amerikanische Regierung jedoch
ab, weil er öffentlich Zweifel äußerte an der amerikanischen Hilfe
für Großbritannien, das Hitler überfallen hatte. Von da an übertrug Joseph seine politischen Ambitionen auf seine Kinder. Und
diese Ambitionen waren grenzenlos. Einer seiner Söhne sollte

amerikanischer Präsident werden, also der mächtigste Mann der Welt. Nichts Geringeres war gut genug.

Für seine Präsidentschaftspläne hatte er seinen ältesten Sohn, Joseph Kennedy Junior, auserkoren. Aber der junge Joseph starb 1944 als Militärpilot im Zweiten Weltkrieg. Sein Bombenflugzeug, eine B-24, wurde durch eine Explosion der eigenen Sprengstoffladung beim Flug über der englischen Küste zerstört. Von da an sollte die Flagge der Familienambitionen der zweite Sohn, John Fitzgerald, übernehmen. Und dieser hat die Aufgabe bravourös gemeistert.

Es hat nicht viel gefehlt und auch er wäre auf den Kampfplätzen des Zweiten Weltkriegs gefallen. Bei den Salomon-Inseln im Pazifischen Ozean griff ein japanischer Torpedojäger Kennedys Torpedoboot PT-59 an und versenkte es. Kommandant Kennedy und seiner Besatzung gelang es, zur nächstliegenden Insel zu schwimmen. Kennedy rettete dabei einen verwundeten Matrosen. Er zog ihn schwimmend hinter sich her und hielt dabei mit den Zähnen einen Riemen von dessen Schwimmweste. John F. Kennedy erhielt dafür mehrere Tapferkeitsauszeichnungen. Es muss allerdings auch angemerkt werden, dass der amerikanischen Oberbefehlshaber im Pazifik, General Douglas MacArthur, den Vorfall kritisch beurteilt hat. Laut MacArthur sollte Kennedys Boot nur einen einzigen Torpedo auf den Feind abfeuern und dann verschwinden. MacArthur vertrat die Ansicht, Kennedy habe sich mit seinem Boot unnötig lange in der Gegend dort herumgetrieben und es dadurch den Japanern ermöglicht, ihn zu versenken.

Nach dem Ende des Krieges betrat der dekorierte Kriegsheld die politische Arena. 1946 wurde er in den Kongress gewählt, 1952 zum Senator von Massachusetts. Hinter ihm stand die bewährte Wahlmaschinerie des Vaters. Auch als Journalist erntete John Erfolge. Für das Buch »Profile des Mutes« bekam er den Pulitzerpreis. 1953 heiratete er die zarte, wunderschöne, dunkelhaarige Jacqueline Bouvier. Aus ihnen wurde ein populäres Paar.

1960 entschloss sich der 40-jährige JFK, den Traum des Vaters und seinen eigenen zu erfüllen. Bei den Wahlen zum 35. US-Präsidenten kündigte er seine Kandidatur an. Er war ein gut aussehender, junger, sympathischer Mann. Ein erfahrener Senator. Ein Kriegsheld. Ein preisgekrönter Autor. Der Ehemann einer schönen Frau. Er stammte aus einer reichen Familie mit großem politischem Einfluss. Alle Trümpfe waren auf seiner Seite. Alle außer einem: seine religiöse Zugehörigkeit. John Fitzgerald Kennedy war Katholik.

Die 34 Präsidenten vor ihm waren Episkopale, Unitarier, Presbyter, Methodisten, Baptisten, Quäker, also durchwegs Protestanten oder konfessionslose Deisten gewesen. Aber in den beinahe 200 Jahren der US-Geschichte hatte es keinen Katholiken gegeben.

Die Vereinigten Staaten haben sich von Anfang an als christliches Land entwickelt, aber als Land mit protestantischer Tradition, der Tradition von Siedlern mit einem rebellischen Geist, einer Tradition, zu der unabdingbar auch der Antikatholizismus zählte. Das Amerika des Jahres 1960 unterschied sich demografisch jedoch vom Amerika der Siedler zu Beginn des 17. Jahrhunderts und dem Amerika der Gründerväter Ende des 18. Jahrhunderts. Mittlerweile lebten dort schon viele Katholiken mit irischen, italienischen und osteuropäischen Wurzeln. Zu einem Bruch mit der erwähnten Tradition war es jedoch noch nicht gekommen.

Im Unterschied zu den protestantischen Gemeinschaften hat die katholische Kirche allerdings ein Oberhaupt, das nicht in Frage gestellt wird, den Papst. So stand massiv die Frage im Raum: Wird der amerikanische Präsident etwa dem Papst gehorchen oder wird er dem amerikanischen Volk dienen? Ein katholischer amerikanischer Präsident – das klang weiterhin seltsam.

Kennedy wusste, dass sein Katholizismus auf jeden Fall zum Wahlkampfthema werden würde. Das zeigte sich schon während der Vorwahlen innerhalb der Demokratischen Partei. Bei diesen war Hubert Humphrey sein Hauptgegner. Entscheidend für Kennedys Erfolg bei den Vorwahlen war sein Sieg in West Virginia. Die Umfragen zeigten, dass Kennedy in West Virginia ursprünglich souverän im Verhältnis vier zu eins vor Humphrey führte. Er war schließlich ein bekannter Medienstar. Je mehr die Medien jedoch an seinen Katholizismus erinnerten, desto mehr tendierten die protestantischen Wähler zu Humphrey. Letztendlich hat aber Kennedys Maschinerie gesiegt, und Kennedy wurde Präsidentschaftskandidat der Demokratischen Partei. Im November 1960 sollte er jedoch einem gewieften Kämpfer, dem amtierenden Vizepräsidenten Richard Nixon, gegenübertreten, hinter dem die gesamte Republikanische Partei stand.

»Als ich in die amerikanische Marine eingetreten bin, hat mich niemand nach meiner religiösen Zugehörigkeit gefragt«, wies Kennedy auf seine Verdienste im Krieg hin. Dennoch blieb sein Katholizismus ein zentrales Thema. Bei den Wahlen erwartete man eines der knappsten Ergebnisse in der Geschichte und bis zur Wahl waren es nur noch zwei Monate. Nixon führte in den Umfragen knapp vor Kennedy. So entschloss sich dieser, das protestantische Misstrauen ein für alle Mal und überzeugend zu brechen. Dies sollte bei seinem Auftritt am 12. September 1960 auf dem Treffen der Greater Houston Ministerial Association, einer Vereinigung von protestantischen Geistlichen, im texanischen Houston geschehen. Dort hielt er eine historische Rede. Ihre Bedeutung können wir in vollem Umfang allerdings erst heute ermessen.

Wie ein katholischer Kandidat und protestantische Geistliche die Grundlagen zur Entchristlichung der amerikanischen Politik gelegt haben

»Kennedys Rede in Houston war aufrichtig, überzeugend, klar – und falsch.«
Charles Chaput, Erzbischof von Denver, März 2010

Senator Kennedy hätte in Houston den 300 protestantischen Predigern einfach sagen können, der Katholizismus als solcher stehe nicht im Gegensatz zu den amerikanischen Interessen. Den Katholizismus und die USA in Opposition zu stellen, sei künstlich. Er glaubte aber, dies wäre den amerikanischen Protestanten nicht genug. Stattdessen sagte er in Houston einfach, sein katholischer Glaube werde keinen Einfluss auf seine Entscheidungen als Präsident haben:

»Ich glaube an ein Amerika, in dem die Trennung von Kirche und Staat absolut ist ... Ich glaube an einen Präsidenten, dessen religiöse Ansichten seine private Angelegenheit sind. Diese Ansichten zwingt er dem Volk nicht auf, und das Volk zwingt sie ihm nicht als Vorbedingung für das hohe Amt auf.«

Wusste JFK, was seine Worte einmal bewirken würden? Sicher soll ein katholischer Präsident bei Weitem nicht alle seine religiösen Ansichten auf seine Politik übertragen. Der Präsident eines Landes ist zweifellos nicht der oberste Theologe des Landes. Viele aus religiöser Sicht ungemein wichtige Fragen können aus dem Blickwinkel der Politik unwesentlich sein, schon aus dem einfachen Grund, weil sie im politischen Alltag keine Rolle spielen. Aber Bestandteil einer religiösen Überzeugung ist auch ein

124

moralisches Wertesystem, das Antworten auf konkrete, ernste Fragen im Leben der Menschen gibt. Und diese werden wiederum manchmal auch zu politischen Fragen. Sind es dann auch nur die »privaten Angelegenheiten« eines Politikers? Kann ein Politiker zwei Meinungen haben? Eine private, die mit seiner Religion übereinstimmt, und eine andere, nach der er regiert?

JFK wusste 1960 noch nicht, wie groß die Kluft im Gewissen eines Politikers sein kann, der einerseits auf das Lehramt der katholischen Kirche hören will, gleichzeitig aber die Erwartungen seiner Wähler erfüllen muss, die in Anlehnung an den veränderten Zeitgeist ein revolutionäres, verändertes Wertesystem vertreten. 1960 war die Abtreibung noch illegal, etwas Geschmackloses. Und die Forderung, Personen des gleichen Geschlechts eine Ehe eingehen zu lassen, wäre den Menschen nicht einmal im Traum eingefallen. In diesen politischen Fragen herrschte Konsens.

JFK hat in seiner Rede wahrscheinlich zum ersten Mal die Redewendung »anderen seine religiöse Ansicht nicht aufzwingen« benutzt. Natürlich muss man mit JKF so weit übereinstimmen, dass man niemandem seinen Glauben aufzwingen darf. Voraussetzung für jeden Glauben ist die freiwillige Zustimmung. Sonst wäre es kein Glaube. Niemand soll andere Menschen unter Androhung von Sanktionen zwingen, die Tatsache zu akzeptieren, dass es sich bei Gott um drei göttliche Personen handelt. Das darf aber nicht bedeuten, dass sich der Politiker nicht bemühen soll, einige seiner Ansichten, besonders wenn die öffentliche Verwaltung davon betroffen ist, auch politisch in Form eines Gesetzes für alle verpflichtend durchzusetzen.

Kennedy hat mit der Floskel »den Anderen seine religiösen Ansichten nicht aufzwingen« in den folgenden Jahren ganze Bataillone von »christlichen« Politikern inspiriert, die diese Floskel fleißig wiederholt haben. Dabei versteckt sich dahinter ein zweifacher Trick: Erstens zwingt ein Politiker mit jeder Gesetzesänderung, die er durchsetzt, bereits allen Mitgliedern der Gesellschaft seine Vorstellungen auf. Das Gesetz ist schließlich für alle gültig, auch für diejenigen, die mit seinem Inhalt nicht einverstanden sind. Zweitens hat diese Floskel jahrzehntelang »christlichen« Politikern als Entschuldigung gedient, wenn sie die Abtreibung oder die Forderungen der Homosexuellen-Lobby unterstützt haben. Außerdem ist die Meinung, dass ein menschlicher Fötus nicht getötet werden dürfe und dass die Ehe einen einzigartigen Bund von Mann und Frau darstellt, nicht spezifisch katholisch, nicht einmal spezifisch christlich. Sie wird auch von anderen Religionen vertreten und diesen Standpunkt nehmen auch viele Menschen ein, die sich zu keiner Religion bekennen.

Kennedys These, »anderen seine religiösen Ansichten nicht aufzuzwingen«, hat ein anderer bedeutender katholischer Politiker der Demokratischen Partei ein Vierteljahrhundert später dann aber ganz offen und direkt im Zusammenhang mit der Abtreibung benutzt. Es war der Gouverneur des Staates New York, Mario Cuomo. 1984 brachte er in einer berühmt gewordenen Rede an der katholischen Universität Notre Dame die schizophrene Spaltung der liberalen katholischen Politiker bei der Frage der Abtreibung deutlich zum Ausdruck. Er sagte nämlich, dass er als Katholik die Abtreibung zwar nicht billige und dass seine Frau Matilda nie abtreiben würde. Gleichzeitig betonte er aber, dass er dies als Gouverneur nicht durchsetzen werde, weil in seinem Staat auch Nichtkatholiken und Ungläubige lebten, die dies anders sehen könnten. Cuomo verbanden übrigens mit den Kennedys familiäre Bande: Sein mittlerweile wieder geschiedener Sohn Andrew heiratete die Nichte von JFK, Kerry Kennedy. Und Andrew Cuomo hat mittlerweile das gleiche Amt inne wie einst sein Vater: das des Gouverneurs des Staates New York. Und in dieser Funktion setzte Cuomo jun. 2011 die Anerkennung der Ehen von Personen des gleichen Geschlechtes durch.

Diese politische Linie, die in völligem Widerspruch zur Lehre der katholischen Kirche steht, vertreten heutzutage katholische Politiker in der Demokratischen Partei von Obama, wie zum Beispiel Obamas Vizepräsident, Joe Biden, und die ehemalige Vorsitzende des Repräsentantenhauses, Nancy Pelosi.

Ein halbes Jahrhundert nach der Rede von Houston hielt der katholische Erzbischof von Denver, Charles Chaput, im Frühling 2010 eine Rede, in der er Kennedys Aussage und deren Folgen für die amerikanische Politik analysierte. Chaput hielt diese Rede »am Tatort«, und zwar in Houston an der Baptistenuniversität. Chaput zufolge sei Kennedys Rede »aufrichtig, überzeugend, klar – und falsch« gewesen. Kennedy habe mit seiner Feststellung die Rolle der gläubigen Christen in der Politik untergraben, auch wenn er sich dessen nicht bewusst gewesen sein sollte.

Kennedys Behauptung von der absoluten Trennung von Kirche und Staat entspricht nach Chaput nicht dem wirklichen Geist der amerikanischen Verfassung und nicht den Intentionen der Gründerväter. Diese wollten lediglich absichern, dass der Staat durch seine Gesetze nicht einen Zweig des Christentums vor dem anderen bevorzuge. Mit Kennedys Rede begann aber ein Prozess, durch den alle christlichen Konfessionen aus dem öffentlichen Leben verdrängt werden sollten. Dieser Prozess gründet, laut Chaput, gerade in dem von Kennedy in den Raum gestellten Konzept des »Privatseins«, der »Privatisierung des Glaubens«. Damit vertrat er die Vorstellung, dass das Gewissen eines Politikers nicht durch die Lehre der Kirche gesteuert werden dürfe.

Was meint eigentlich ein christlicher Politiker, wenn er sagt, er werde nicht für die Einschränkung von Abtreibungen stimmen? Als Christ bekennt er sich doch zu Gott und dessen Weisungen. Er gibt zu, dass für ihn in seinem Innersten Abtreibungen ein großes Übel sind, dass er aber als Politiker den Menschen jedoch mehr als Gott gehorchen werde. Dieses Auseinanderdividieren führt zu geistigem Chaos und zur Verharmlosung des großen Übels.

Die Rede von Kennedy in Houston erwies sich als bedeutsam für seinen Erfolg: Zwei Monate später schlägt er Nixon ganz knapp und erobert das Weiße Haus. Er und Jacqueline bilden ein traumhaftes Star-Präsidentenpaar. Die Journalisten vergleichen das Weiße Haus mit König Artus Camelot. Mit seinem Charme und Sexappeal hat JFK den Traum der 60er-Jahre hinaus in die Welt gestrahlt.

Der vor Kurzem verstorbene Publizist Charles Colson, der ehemals auch Berater von Richard Nixon war, vergleicht in seinem Buch »Kingdoms in conflict« Kennedys Einstellung und die seiner Nachfolger mit der Einstellung des katholischen Historikers Hilaire Belloc 1906. Der Katholik Belloc kandidierte für das britische Parlament im anglikanischen England. Er entschloss sich, der Konfrontation mit den antikatholischen Vorurteilen seines Landes standzuhalten, trat vor die Wähler mit einem Rosenkranz in der Hand und sagte: »Ich bin ein Katholik. Wenn es möglich ist, gehe ich jeden Tag zur Messe. Wenn es möglich ist, falle ich auf die Knie und bete. Wenn sie mich wegen meiner Religion ablehnen, danke ich Gott, dass er mich vor der Schande verschont hat, ihr Vertreter zu sein.« Belloc wurde gewählt. Kennedy schlug einen anderen Weg ein.

Erinnern wir uns daran, wie alles begann. Am Anfang gab es einen talentierten katholischen Politiker, der gern Präsident der Vereinigten Staaten werden wollte. Und da waren die amerikanischen Protestanten, die eifersüchtig ihre 200-jährige politische Vormachtstellung verteidigten. Auf einem Video sind die Fragen aufgenommen, die sie Kennedy in der Diskussion, die seiner Rede folgte, gestellt haben. Wiederholt fragen sie ihn über den Vatikan aus. Kennedy breitete vor ihnen die Vision seiner Präsidentschaft aus, bei der sein Katholizismus im Grunde genommen keine Rolle spielte. Niemand, einschließlich Kennedy selbst, hatte damals begriffen, wohin die Behauptung, die Zugehörigkeit des Präsidenten zu einer der christlichen Kirchen sei unbedeutend, führen würde. Dafür müssen jetzt jedoch sowohl die Protestanten wie die Katholiken büßen.

Über wichtige politische Reden wird noch Jahrzehnte später diskutiert. So ist Kennedys Rede auch im amerikanischen Wahlkampf 2012 zum Thema geworden. Der katholische Präsident-schaftskandidat Rick Santorum unterzog die Rede in Houston bei den Vorwahlen der Republikanischen Partei einer massiven Kritik. Er stellte fest, diese Rede verkünde im Endeffekt die Botschaft, dass gläubige Christen nichts in der Politik zu suchen hätten. »Die Behauptung, Christen sollten im öffentlichen Raum keine Rolle spielen, ist für mich ehrlich zum Kotzen. Was ist das für ein Land, in dem behauptet wird, nur Ungläubige könnten im öffentlichen Leben wirken und ihre Agenda durchsetzen?«, erklärte Santorum am 26. Februar im Fernsehsender ABC. Seine Worte haben einen Sturm von zustimmenden, aber auch von ablehnenden Kommentaren ausgelöst. Interessant war die Stellungnahme von Albert Mohler, dem führenden baptistischen Vorsitzenden: »Santorum hätte sich die gastrointestinalen Einlagen schenken können, aber seine Kritik an der Rede ist im Grunde genommen völlig richtig.« Und so unterstützte der Baptist den Katholiken in seiner Kritik an einer Rede, die ein Katholik gehalten hatte, um die Protestanten, unter anderem auch die Baptisten, zu beschwichtigen. Endlich, nach einem halben Jahrhundert, haben es alle begriffen.

Den irdischen Weg von Kennedy hat eine Kugel aus dem Gewehr von Lee Harvey Oswald 1963 im texanischen Dallas beendet. Texas ist für ihn schicksalshaft geworden. Aber das war nicht die größte Tragödie der Familie Kennedy.

Liberaler Löwe des Senats

»Ich hoffe, dass du immer so gut und
fromm bleibst wie heute.«
Papst Pius XII. zum siebenjährigen Edward Kennedy

In den 60er-Jahren hat mich mein Vater als Kind immer wieder
stolz erinnert: »John F. Kennedy war der erste Katholik im Amt
eines amerikanischen Präsidenten.« Und so bin ich ein Fan der
Familie Kennedy geworden.

Es gab Zeiten, da kannte fast jeder in der Slowakei den Namen
Kennedy. Auch hier haben die Menschen erkannt, dass an dieser
Familie etwas Außergewöhnliches ist. Sie sind nämlich nicht nur
Politiker, sondern auch »Celebrities« – obwohl wir damals die-
ses Wort noch nicht kannten. John alias Jack, Robert alias Bobby,
Edward alias Teddy. Alle waren intelligent, habsüchtig, humor-
voll und charmant. Die Ermordung von John und danach die von
Robert erschütterte Amerika und die Welt. Ich erinnere mich:
Auch in der Slowakei diskutierten ganz gewöhnliche Menschen
die Vorfälle. War an der Ermordung Vizepräsident Johnson beteiligt? Selbstverständlich war das Blödsinn, aber sogar Kinder
sprachen darüber. Heiratete Jackie, die Witwe von JFK, den Mil-
liardär Onassis aus Liebe oder wegen des Geldes? Auch einfache
Arbeiterinnen hat das beschäftigt.

Die Kennedys haben sowohl Erfolg wie Tragödie verkörpert.
John war Präsident, Robert Justizminister, Edward 46 Jahre lang
Senator. Als Robert Kennedy 1968 für die Präsidentschaft kandidierte, habe ich mir als Fan gesagt, dass es wunderbar wäre,
wenn er gewinnen würde. Und als er noch während der Vorwahlen durch die Kugel eines Mörders getötet wurde, habe ich mich
ernsthaft gefragt: Gibt es vielleicht noch einen Bruder? Könnte
nicht der Präsident werden?

Und es gab tatsächlich noch Edward. Er war gut drauf. Schon sechs Jahren lang war er Senator für den Staat Massachusetts. Bald aber fiel ein Schatten auf ihn. Sein Oldsmobile stürzte 1969 eines Nachts auf der Insel Chappaquiddick ins Meer. Edward saß am Steuer. Es gelang ihm, den Wagen schwimmend zu verlassen, aber seine Beifahrerin, Mary Jo Kopechne, ertrank. Edward meldete dies erst am nächsten Tag bei der Polizei. Das Gericht hat ihn daraufhin zu zwei Monate Gefängnis auf Bewährung verurteilt.

Jeden anderen hätte dies die Karriere gekostet. Nicht aber einen Kennedy. Die Kennedys waren stets Medienlieblinge. Sie verstanden es immer gut, mit Medien umzugehen. »Liegt vielleicht ein fürchterlicher Fluch auf unserer Familie?«, fragte Edward bei einem Fernsehauftritt nach der Tragödie in Chappaquidick. Damit hat er sich in der Opferrolle präsentiert: die Familie, über der ein grausames Geschick waltet. Er war demnach der Vierte in der Reihe nach seinen älteren Brüdern. In Wirklichkeit war das Opfer seiner Unverantwortlichkeit eine ertrunkene junge Frau. Die Wähler in Massachusetts haben jedoch seine Interpretation akzeptiert. Er wurde weiterhin zum Senator gewählt.

Alkohol, Frauen, Tod, Macht ... Im gesamtamerikanischen Maßstab war Edward Kennedy aber danach nie wieder ein Held ohne Furcht und Tadel. Für die Präsidentschaft kandidierte er 1980 – und fiel durch. Der Schatten eines ertrunkenen Mädchens war doch noch präsent. Damals war ich nicht mehr sein Fan. Ich wurde Fan von Ronald Reagan. Damals haben viele Katholiken in Amerika und auch außerhalb gewusst, dass es eine zweideutige Sache ist, stolz auf Erfolge der katholischen Kennedys zu sein.

Die eigentliche Tragödie der Familie Kennedy ist aber eine andere. Schlimmer als die Todesfälle der drei älteren Brüder von Edward. Schlimmer als die Enthüllungen über das ungeordnete Privatleben und die eheliche Untreue des verstorbenen Präsidenten Kennedy, die Jahre nach seinem Tod an die Öffentlichkeit drangen. Schlimmer als die Gerüchte über die Beziehungen der

Familie zur Mafia. Die eigentliche Tragödie war: Gerade derjenige von den Brüdern, dem eine unglaublich lange politische Karriere gegönnt war, hat diese zu einer bedingungslosen, konsequenten und leidenschaftlichen Unterstützung der Kultur des Todes genutzt. Als Junge hatte er die Erstkommunion aus den Händen des Papstes erhalten. Noch im Jahr 1971, schon als erfahrener Politiker, stand er auf Seiten von Pro-Life. In einem Brief vom 3. August 1971 schrieb er: »Ich glaube, das menschliche Leben hat, ob gewollt oder nicht gewollt, auch in seinen Anfangsstadien Rechte, die anerkannt werden müssen: das Recht, geboren zu werden, das Recht, zu lieben, das Recht, groß zu werden.«

Diese Stellungnahme ist unzweideutig. Edward Kennedy hat sie jedoch nie mehr wiederholt. Er wurde vielmehr ein Verfechter für das uneingeschränkte Recht auf Abtreibung, ein Vertreter der Ehe gleichgeschlechtlicher Personen und ein Förderer der uneingeschränkten Stammzellenforschung. Er war ein so leidenschaftlicher Befürworter des Rechts auf Abtreibung, dass er als Senator auch gegen das Verbot der Abtreibung durch die »teilweise Geburt«, eine besonders grausame Methode der Tötung, gestimmt hat.

Wie konnte es dazu kommen? Wie konnte aus dem Vertreter einer Familie, deren Katholizismus ein untrennbarer Bestandteil ihres Images ist, ein Politiker werden, der beinahe vier Jahrzehnte lang offen und konsequent die Lehre des Magisteriums der katholischen Kirche leugnete?

1964 trafen sich in Hyannisport am Sitz der Familie Kennedy die Familienmitglieder mit mehreren liberalen katholischen Priestern, Theologen und Universitätsjuristen, um über die Haltung der katholischen Politiker zu Abtreibungsfragen zu diskutieren. Ihre Namen sind bekannt: Albert Jonsen, Joseph Fuchs, Robert Drinan, Giles Milhaven, Richard McCormick und Charles Curran. Giles Milhaven erinnert sich an dieses Treffen: »Obwohl sich die Theologen in mehreren Punkten nicht einigen konnten, haben sie doch in einer Frage übereingestimmt ..., und zwar, dass ein katholischer Politiker mit reinem Gewissen für die Abtreibung stimmen kann.«

Dieses Treffen sehen die Analytiker der Geschichte der Kennedys als ausschlaggebend an für die Wandlung von Edward zu einem Champion des Liberalismus. Die bekannte Pro-Choice-Organisation NARAL, National Abortion Rights Action League, stellt jedes Jahr fest, wie stark amerikanische Politiker mit ihrer Weltsicht übereinstimmt. Bei Edward Kennedy erschien wiederholt die Bewertung von 100 %.

Es kann einfach nicht übersehen werden, mit welcher Leidenschaft Edward Kennedy für die Kultur des Todes gekämpft hat. Gerade deshalb hat er auch die bewundernde Bezeichnung »Löwe des Senats« erhalten. Unvergesslich ist sein Auftritt im Senat gegen Robert Bork, den Präsident Reagan 1987 als Richter für das Oberste Gerichts nominiert hatte. Seit den 60er-Jahren, vor allem aber seit 1973, als das Oberste Gericht der USA im Fall »Roe vs. Wade« über ein Verbot von Abtreibungen in den einzelnen US-Staaten entschieden hat, kommt jeder Änderung der Zusammensetzung des Obersten Gerichts große Bedeutung zu. Das Oberste Gericht verändert mit seiner Auslegung der Verfassung die Kultur des Landes mehr als der gewählte Kongress. Robert Bork war ein umstrittener Kandidat. Von seiner Wahl versprachen sich die christlich denkenden Menschen auch eine Wende im Urteil Roe vs. Wade.

Der Angriff, den Edward Kennedy gegen Bork geführt hat, war brutal. Mit seiner auch im Fernsehen übertragenen Rede, die die Überschrift »Das Amerika des Robert Bork« trug, vernichtete er Borks Kandidatur vollkommen. »In seiner Vorstellung war nicht einmal eine einzige Zeile klar«, sagte später Bork, der nicht Richter am Obersten Gerichts geworden ist. Das amerikanische Englisch wurde damals um ein neues Wort bereichert: Jemanden »borken« bedeutete seit dieser Zeit, ihn vollkommen zu vernichten. Dieses Verdienst gebührt vor allem dem katholischen Politiker Edward Kennedy.

Wir haben bereits einen Zusammenhang zwischen dem Anti-Antikommunismus und dem Liberalismus bei den Fragen »Schutz des Lebens« und »Familie« festgestellt. Vor langer Zeit war die Familie Kennedy sehr antikommunistisch eingestellt. Obwohl Vertreterin der Demokratischen Partei, verband sie eine tiefe Freundschaft mit dem republikanischen Senator Joe McCarthy. McCarthy war häufig Gast auf dem Sitz der Kennedys in Hyannisport. Eine Zeit lang war er auch mit Patricia, der Schwester des zukünftigen Präsidenten, befreundet. Ihr Vater unterstützte ihn finanziell in seiner politischen Arbeit. Auch gab es eine Vereinbarung, wonach der republikanische Senator seine Kampagne in Massachusetts nicht gewinnen durfte, weil dies den Interessen der Kennedys in der Demokratischen Partei unmittelbar entgegenstehen würde. Bobby Kennedy sammelte politische Erfahrungen im Senatsausschuss, dem McCarthy vorstand. Als der Senat 1954 McCarthy verurteilte, verweigerte JFK als Senator seine Mitwirkung.

Antikommunismus verband die Kennedys ursprünglich mit Nixon. JFK hat Nixon für dessen Angriffe auf Alger Hiss gelobt. Kennedy Senior sagte 1960 zu Nixon bei einem zufälligen Treffen in New York vor den Präsidentschaftswahlen folgende Worte: »Ich würde Ihnen gerne meine Bewunderung dafür aussprechen, was Sie im Fall Hiss geleistet haben und für alle ihre antikommunistischen Aktivitäten. Falls Jack nicht nominiert wird, wähle ich Sie.« In der berühmten TV-Debatte von JFK und Nixon, mit der der Wahlkampf startete, bemühte sich JFK, Nixon aus einer antikommunistischen und antisowjetischen Position heraus zu attackieren. Entgegen aller Wahrheit behauptete er, die Regierung Eisenhower – und damit auch sein Vizepräsident Nixon – hätte ein »missile gap« verursacht, also die Unterlegenheit der Vereinigten Staaten bei der Anzahl von Interkontinentalraketen gegenüber der Sowjetunion.

Was aber war nach einigen Jahrzehnten aus der antikommunistischen Tradition der Kennedys beim Familienpatriarchen Edward geworden? So wie er definitiv vom Katholizismus zur Unterstützung der »Kultur des Todes« gewechselt war, so tauschte er den Antikommunismus der Familie aus den 50er-Jahren mit dem Anti-Antikommunismus der 80er-Jahre. Professor Paul Kengor weist in seinem Buch »Kreuzer: Ronald Reagan und der Fall des Kommunismus« auf einen faszinierenden Bericht hin, den Viktor Tschebrikov, Chef des KGB, am 14. Mai 1983 an seinen Vorgänger, Jurij Andropov, geschickt hatte. Andropov amtierte damals als Generalsekretär der Kommunistischen Partei der Sowjetunion im Kreml und im Weißen Haus in Washington Ronald Reagan, der sieben Wochen zuvor in Orlando die Sowjetunion als Reich des Bösen bezeichnet hatte.

Tschebrikov berichtet nun von einer informellen Botschaft, die Senator Edward Kennedy der sowjetischen Führung geschickt hatte. Der Überbringer der Botschaft war der ehemalige kalifornische Senator und Kennedys Mitschüler John V. Tunney, der damals Moskau besuchte. Tschebrikov schreibt, dass Kennedy wegen der schlechten sowjetisch-amerikanischen Beziehungen beunruhigt sei. Aus dem Kontext geht hervor, dass er die Verschlechterung der Beziehungen nicht den Sowjets zuschreibt, sondern Reagan und seiner »kriegerischen Gier« und Unbeugsamkeit. Nach Tschebrikov bot Kennedy Andropov seine Hilfe an und machte den Vorschlag, für Andropov Gelegenheiten zu schaffen, um die amerikanischen Bürger direkt anzusprechen. Eine solche Gelegenheit könnte zum Beispiel ein Interview im amerikanischen Fernsehen in Form einer Direktübertragung sein. Für sich selbst forderte Kennedy eine Einladung nach Moskau.

Tschebrikov schreibt, dass Kennedy nicht nur bezüglich eines TV-Auftritts von Andropov behilflich sein wollte, sondern auch daran gedacht habe, den sowjetischen Vertretern auf niedrigeren Ebenen, zum Beispiel Armee-Mitgliedern, die Gelegenheit zu geben, »amerikanische Bürger direkt von den friedlichen Absichten der Sowjetunion zu überzeugen«.

Das Problem war also nicht Andropov, sondern Reagan. So sah es zumindest Teddy Kennedy. Paul Kengor nimmt an, dass aus diesen Plänen deshalb nichts wurde, weil im September ein südkoreanisches Flugzeug KAL mit 269 Passagieren an Bord, davon 61 Amerikaner, durch einen sowjetischen Abfangjäger über dem Ochotskischen Meer abgeschossen wurde. So konnte die PR für den Generalsekretär nicht stattfinden. An den Bericht von Tschebrikow gelangte der Journalist Tim Sebastian 1992 bei seinen Nachforschungen im Archiv des Zentralkomitees der Kommunistischen Partei, das Präsident Boris Jelzin zeitweilig zugänglich gemacht hatte. Er schrieb am 9. Februar 1992 in der London Times darüber einen Artikel. Schockierend ist die Tatsache, dass diese Nachricht für die liberalen Medien kein Thema war. Der Senator aus Massachusetts bekam eben nie ein mediales Problem.

2009 – Tod, Begräbnis und ein
sehr schwarzer Humor

»Was ihr für einen meiner geringsten Brüdern
getan habt, das habt ihr mir getan.«
Mt 25,40

Edward Kennedy starb am 25. August 2009 an einem Gehirntumor. Im Senat hatte er 47 Jahre gewirkt.

Es gibt Dinge, die sind auch so, wie sie scheinen. Das katholische Begräbnis von Edward Kennedy war eine großartige Feier für den Verstorbenen, eine Huldigung für sein Leben und seine Politik. Im Fernsehen sahen es Millionen von Menschen. Ein zweistündiges Video ist auf »Youtube« zugänglich. Der Gottesdienst fand in der Basilika »Unserer Lieben Frau der immerwährenden Hilfe« in Boston statt. Die heilige Messe zelebrierte der Kardinal von Boston, Sean O'Malley. Auf den Bänken saß die Prominenz aus dem ganzen Land: Präsident Obama, die Expräsidenten Bush jr., Clinton, Carter, Senatoren, Kongressabgeordnete, Hollywoodstars wie Jack Nicholson, der Exgouverneur von Kalifornien, Arnold Schwarzenegger.

Die Predigt hielt der Geistliche Mark Hession. Er sagte über Kennedy unter anderem: »Unsere Hoffnung, unsere christliche Glaubenshoffnung ist, dass die Früchte seines Wirkens als politische und öffentliche Person ihn für das Königreich Gottes gut vorbereitet haben.«

Sollte dies schwarzer Humor von der Kanzel sein? Erinnern wir uns noch einmal, wie Kennedy als Politiker abgestimmt hatte. Stellen Sie sich ein neunmonatiges Kind kurz vor der Geburt vor. Der Abtreibungsarzt dreht es so, damit es mit seinen Füßen voraus den Schoß der Mutter verlässt. Er zieht den ganzen kleinen Leib aus dem Schoß, nur nicht das Köpfchen. Der Abtreibungsarzt führt nun eine Sonde in den Schoß der Frau ein und durchsticht das Köpfchen. Danach saugt er mit einem Rohr das Gehirn des Kindes aus. Senator Kennedy hat dafür gestimmt, dass diese Prozedur auch weiterhin legal bleibt – Früchte seines politischen Wirkens. Natürlich muss man hoffen, dass Edward Kennedy bei Gott Gnade findet. Aber sicher nicht dank, sondern trotz seines politischen Wirkens.

Es wurden auch die Worte aus dem Evangelium nach Matthäus zitiert: »Ich war nackt und ihr habt mich gekleidet ...« Auf sie bezog sich dann die eigentliche Laudatio, die der Präsident der Vereinigten Staaten in der Kathedrale gehalten hat. Barack Obama sagte über Kennedy: »Er war der Beschützer aller, die nichts haben.« Selbstverständlich hat Obama an die Fürsorge für die Armen gedacht. Aber fällt Ihnen nicht auch gleich ein, dass die wirklich Bedürftigen diese abgetriebenen Kinder sind?

Ein Teil der heiligen Messe nahmen die Fürbitten der Gläubigen ein. Kennedys Großneffe Jack Schlossberg trug folgende Bitte vor: »Für eine neue Zeit der Hoffnung, wie sie mein Onkel Teddy vorhergesehen hat, in der wir uns zu unseren besten Idealen emporschwingen werden. Wir schließen das Buch der alten Politik, der Rasse und des Geschlechts, in der eine Gruppe gegen die andere Gruppe steht, die Heterosexuellen gegen die Gays. Bitten wir den Herrn ...«

Nun, wenn es denn so sein soll, wie es Onkel Teddy vorhergesehen hat, dieser eingeschworene Befürworter von homosexuellen Ehen, dann würde ich an seiner Stelle den Herrn mit so einer Bitte lieber nicht belästigen ...

Doch in der Kathedrale kam all dies allen als vollkommen normal vor.

In Amerika leben jedoch noch Tausende von Menschen, denen dies nicht normal vorkommt. Sie haben sich jetzt gemeldet, Priester wie auch Laien. Keiner von ihnen hatte etwas dagegen, dass Edward Kennedy ein katholisches Begräbnis bekommen sollte. Es wurde auch bekannt gemacht, dass Edward Kennedy

noch vor seinem Tod das Sterbesakrament, das Sakrament der Versöhnung, empfangen hat.

Diese Menschen haben Edward Kennedy nicht in die Hölle gewünscht. Sie wussten, dass in den wenigen Minuten vor dem Tod eines Menschen der ganze Kosmos hineinpasst. Dass dann über die Erlösung zwischen ihm und Gott entschieden wird und dass es nötig ist, für die Erlösung von Kennedy zu beten.

Diese Menschen haben aber die katholische Hierarchie gebeten, das Begräbnis der Wirklichkeit entsprechend zu gestalten, weil eben Kennedy jahrzehntelang vor aller Welt das Gegenteil von dem durchgesetzt hat, was das Lehramt der katholischen Kirche lehrt. Sie haben die Meinung geäußert, ein privates Begräbnis ohne Medien wäre angebrachter als ein mediales Spektakel. Sie haben ihre Besorgnis kundgetan, dass ein derartiges Begräbnis wie eine Feier der lebenslangen Revolte Kennedys gegen die Lehre der Kirche klingen würde. Ihre Sorge war berechtigt.

Phil Lawler, Redakteur von »Catholic Culture«, hat es auf den Punkt gebracht: »Eine Woche nach dem Begräbnis von Edward Kennedy stellt sich nicht die Frage, ob der Senator aus Massachusetts ein katholisches Begräbnis verdient hat, wohl aber, ob ihm eine Zeremonie mit öffentlichen Ovationen zukommt, die einem uneingeweihten Beobachter wie eine informelle Heiligsprechung erscheinen muss.« Judie Brown, Mitglied der »Päpstlichen Akademie für das Leben«, stellte fest: »Diese ganze Parodie von den Fernsehkameras bis hin zum eigentlichen Theater übertrifft alles, was ich in den 65 Jahren meines Lebens erlebt habe.«

Die amerikanischen Bischöfe haben geschwiegen. Eine Kritik an der Gestaltung des Begräbnisses wäre ohne Zweifel einer öffentlichen Kritik am Kardinal von Boston gleichgekommen. Eine Ausnahme machte Bischof Rene Henry Gracida aus Corpus Christi in Texas, der sagte, bei dem Begräbnis sei so viel falsch gemacht worden, dass er nicht wisse, wo er mit seiner Kritik beginnen solle. In seinem Blog nannte er es: »Eine ungeeignete grandi-

ose Feier für den notorischsten aller katholischen Schismatiker.«
Bischof Gracida war sich bewusst, wie heikel sein öffentlicher
Kommentar war: »Ich fürchte, falls ich als Bischof auf alle Details
dieses Skandals eingegangen wäre, würde dieser Skandal noch
größer werden. Deswegen lasse ich Laien sprechen.«

Ein Begräbnis ist unter anderem ein Akt der Barmherzigkeit
und der Liebe. Viele Kritiker der Veranstaltung haben hervorgehoben, dass sie Kardinal O'Malley für einen guten und warmher-
zigen Mann halten. Liebe muss aber von Wahrheit begleitet sein.
Die Wahrheit war aber nicht zu hören. Die Frage ist doch, ob es
beim Begräbnis für die Wahrheit nicht zu spät sei. Zu fragen wäre
vielmehr, wie sich die Kirche einem Menschen wie Kennedy gegenüber bereits während seines Lebens hätte verhalten sollen –
und nicht erst bei seinem Begräbnis.

Gerade darauf hat Roger Landry, ein Priester, in »Anchor«, der
Zeitschrift der Diözese, zu der auch Edward Kennedy gehört hatte, hingewiesen. Der eigentliche Skandal war Landry zufolge die
Art, wie die Hirten ganz allgemein mit moralischen Grundsätzen
umgehen. Ein katholischer Politiker, der diese übertritt, riskiert
keine Konsequenzen. »Im Ergebnis können Scharen von katholischen Politikern und Millionen Laien vom Beispiel des Senators
Kennedy ableiten, dass die Lehre der Kirche über den Schutz des
Lebens nicht so wichtig sein kann. Schließlich darf sie öffentlich
vollkommen ungeahndet übertreten werden.«

Wenn auch das Leben von Edward Kennedy in erster Linie
sein eigenes Problem gewesen war, so wurden das Leben des katholischen Politikers und sein Begräbnis zum Problem für die katholische Kirche.

Einige Wochen nach dem Begräbnis wurde der Briefwechsel
zwischen Bischof Thomas Tobin und dem Sohn des verstorbenen
Edward, Patrick Joseph Kennedy, publik. Kennedys Sohn war bereits Mitglied des Repräsentantenhauses für den Staat Rhode Island. In dieser Korrespondenz hatte der Bischof Patrick Joseph
bereits im Jahr 2007 klargemacht, er könne die heilige Kommuni-

on nicht empfangen, weil seine Unterstützung der Abtreibungspolitik mit dem katholischen Glauben nicht vereinbar sei.

Die Kennedys waren in Amerika die katholische Familie Nr. 1.
Getraut wurden sie von Kardinälen, ihre Kinder von Erzbischö-
fen getauft. Die kirchlichen Vertreter, die Senator Kennedy zu
Grabe getragen haben, sprachen von »Ted« und verkündeten, er
habe oft diese Kathedrale besucht.

Hat sich denn kein einziger katholischer Prälat aus seiner Diözese gefunden, der ihm in den Jahrzehnten ohne Umschweife ins
Gesicht gesagt hätte, dass er gegen die Lehre der Kirche in den am
schwersten wiegenden Fragen verstieß? Ted, du stellst dich gegen Gott ... So wie es Bischof Tobin zu Edwards Sohn gesagt hat?

Das Begräbnis von Senator Kennedy war nicht das erste derart
umstrittene Problem. Ein ähnliches Begräbnis gab es neun Jahre
zuvor hinter der nördlichen Grenze der USA. Es war ein Staatsbegräbnis, die katholischen Feierlichkeiten wurden in der Basilika Notre Dame in Montreal abgehalten.

Übersiedeln wir also nach Kanada.

Katholische Pirouetten

»Verwerfen wir Totems, brechen wir Tabus.
Oder besser, betrachten wir sie als abgeschafft.
Kurzum, werden wir intelligent.«
Pierre Elliott Trudeau, katholischer Premier Kanadas

Die Königin hatte sich vom Regierungschef verabschiedet und beide bewegten sich entgegengesetzten Seiten des Saales zu. Der Regierungschef machte dann hinter dem Rücken der Königin etwas Unglaubliches, etwas, was im Buckingham Palast noch nie vorgekommen war: Er drehte eine Pirouette. Mit einer Hand über dem Kopf, drehte er sich auf der Fußspitze um die eigene Achse und ging dann weiter.

Den Vorfall bannte ein Fotograf aufs Bild. Doug Balls Aufnahme gehört zu den Ikonenbildern des 20. Jahrhunderts. Es geschah am 7. Mai 1977 auf dem Gipfeltreffen der G7-Länder. Die Königin war Elisabeth II. und der Regierungschef zwar nicht der britische Premier, sondern Pierre Elliot Trudeau, dessen König formell ebenfalls Elisabeth II. war, denn sein Land ist Teil des Britischen Commonwealth.

Mit seiner Pirouette wollte Trudeau nach Aussage von Ball seinen »Nonkonformismus, seine Verachtung des aristokratischen Pomps« ausdrücken. Mit dieser Geste wollte Trudeau gegen das strikte Protokoll des königlichen Hofes protestieren, das zwischen Staatsoberhäuptern und Regierungschefs Unterschiede macht. Selbstverständlich war Trudeaus Rebellion nicht spontan. Seine Mitarbeiter verrieten später, Trudeau habe diese Pirouette sogar trainiert.

Dieser Mann mit der eingeübten Rebellion war der populärste Premier in der kanadischen Geschichte. »Trudeaumania« dauerte in Kanada beinahe zwei Jahrzehnte. Pierre Trudeau wurde

1967 zuerst Justizminister und schon ein Jahr später Premier. Damals war er beinahe 50 Jahre alt, verkörperte aber dennoch mit seinem Verhalten den Hippiegeist der 60er-Jahre. Alle seine Vorgänger strahlten im Amt des Premiers Seriosität aus. In ihm hingegen kreuzten sich politische Härte und Zielstrebigkeit mit dem Treiben eines pubertären Jungen. Er trug eine mäßig strubbelige Frisur, kam ab und zu in Sandalen ins Parlament und umarmte und küsste in der Öffentlichkeit mit Vorliebe Frauen. »Ich habe ungern Kinder geküsst, aber das hinderte mich nicht daran, ihre Mütter zu küssen«, erklärte er. »Der größte Popstar, den dieses Land geboren hat«, sagte der Kunstkritiker Geoff Pevere über ihn. John Lennon hat sich nach dem Treffen mit ihm bewundernd geäußert: »Wenn alle Politiker so wie Herr Trudeau wären, hätten wir den Weltfrieden.«

Als Politiker konnte er hart sein. Während der so genannten Oktoberkrise 1970, als die paramilitärische Organisation »Front für die Befreiung Quebecs« einige kanadische Politiker entführt hatte, schreckte der frisch gebackene Premier nicht davor zurück, das »Gesetz über Kriegsmaßnahmen« anzuwenden, das nur dreimal in diesem Jahrhundert zum Zuge gekommen war – während des Ersten und des Zweiten Weltkriegs. Auf der Basis dieses Gesetzes konnte die Polizei im Verlauf der Krise ohne Gerichtsurteil etwa 500 Personen verhaften und gefangen halten.

Und Trudeau konnte auch richtig arrogant sein. Während der Oktoberkrise antwortete Trudeau auf die Frage des Journalisten Tim Ralfe, wie weit er für die Lösung der Krise zu gehen bereit sei, ganz kühl: »Just watch me – Beobachten sie mich eben.« Ein Jahr später sagte er im Parlament einem oppositionellen Politiker den vulgären englischen Ausdruck: »f...k off«, allerdings so leise, dass man seine Worte nicht hören konnte, aber die Bewegung seiner Lippen war eindeutig. Als ihn die Journalisten danach fragten, lächelte er und behauptete, dass er »fuddle duddle« gesagt habe, was im Englischen selbstverständlich nichts bedeutet. Auf den zeitgenössischen Aufnahmen sehen wir abwechselnd den entspannten

Premier Trudeau, umringt von Journalisten, und den schwarzen oppositionellen Abgeordneten Lincoln Alexander, der ein höfliches Auftreten des Premiers einmahnt. Diese Aufnahmen signalisieren den Beginn einer Zeit, in der Menschen machtlos wirken, die im öffentlichen Leben Höflichkeit verlangen.

Weshalb ist Pierre Elliott Trudeau für unsere Ausführungen wichtig? Aus zwei Gründen: Zum einen war Trudeau praktizierender Katholik, zum anderen legalisierte derselbe Mann die Abtreibung in Kanada.

Der junge Trudeau war Zögling einer Jesuitenschule, die geistig dem politischen Katholizismus nahestand, wie er in Europa vom Salazar-Regime in Portugal oder dem Franco-Regime in Spanien vertreten wurde. Als der junge Mann aber durch die Welt zu reisen begann, durch die Vereinigten Staaten, Frankreich und England, befreite er sich mehr und mehr vom jesuitischen Einfluss. Er saugte die Gedanken des Marxismus und Sozialismus auf, in der Ökonomie machte er sich mit dem Keynesianismus bekannt, studierte das Verhältnis zwischen Christentum und Kommunismus. Der britische Marxist Harold Laski hat ihn beeinflusst.

Und er schuf sich eine seltsame Synthese von Werten. »Ich glaube an ein Leben nach dem Tod, ich glaube an Gott und ich bin Christ«, sagte er. Er blieb praktizierender Katholik, besuchte jeden Sonntag den Gottesdienst. Er empfing die Kommunion. Als 1971 der 52-jährige Trudeau die 22-jährige Schönheit Margaret Sinclair heiratete, konvertierte diese zum Katholizismus. Sein Leben lang hatte er viele Freunde unter katholischen Geistlichen. Über den Katholizismus von Trudeau fand sogar im Mai 2003 eine Konferenz an der Universität in Waterloo statt, drei Jahre nach seinem Tod. Die Teilnehmer einigten sich darauf, dass Trudeau sein ganzes Leben dem Katholizismus verbunden gewesen war.

Doch es war ein seltsamer Katholizismus.

Gleich nachdem Trudeau 1967 Justizminister geworden war, bereitete er eine umfangreiche Gesetzesänderung vor. Es ging um die Erleichterung von Scheidungen, die Entkriminalisierung homosexueller Beziehungen, vor allem aber um die Legalisierung der Abtreibung. Im Dezember 1967 wurde das Gesetz C-150 verfasst. Pierre Trudeau wählte dabei den Weg eines so genannten »Omnibus«-Gesetzes, weil das betreffende Gesetz sehr umfangreich war und mehr als 100 Änderungen nicht nur im Strafgesetz, sondern auch in anderen Bereichen des Rechts nach sich zog. Der Historiker Alphonse De Valk führt aus, Trudeau habe diese Taktik offen zugegeben, weil er damit die Wachsamkeit der Öffentlichkeit zerstreuen und von kritischen ethischen Fragen, um die es ihm hauptsächlich ging, ablenken konnte. Im Jahr darauf saß Trudeau auf dem Sessel des Premierministers und das Gesetz wurde im Parlament von seinem Nachfolger als Minister, John Turner, verteidigt. Dieser hob hervor, das Gesetz trage das »unauslöschliche Siegel« von Trudeau. Das Gesetz C-150 wurde am 14. Mai 1969 im Parlament verabschiedet. Übrigens war John Turner auch Katholik und folgte Trudeau 1984 als Premierminister nach.

Während der Regierungszeit Trudeaus stieg die Zahl der Abtreibungen. Dennoch ignorierte der Premier eine Petition gegen die Liberalisierung der Abtreibung aus dem Jahr 1975, die von einer Million Menschen unterschrieben worden war. Und 1981 setzte er die »Charta der Rechte« als Bestandteil der kanadischen Verfassung durch und eröffnete damit dem höchsten Gericht des Landes die Möglichkeit, die Gesetze zu Gunsten einer noch größeren Liberalisierung der Abtreibung auszulegen. Das geschah dann auch 1988, als das höchste Gericht die bisherigen Abtreibungsbeschränkungen abgeschafft hat. Seit dieser Zeit kann in Kanada auf Wunsch abgetrieben werden. Jährlich werden in Kanada etwa 100.000 Abtreibungen durchgeführt. 1981 bei der Verabschiedung der Charta stellte David Crombie, ein Abgeordneter der Konservativen, den Antrag, man möge den Text so ergänzen, dass die Charta auf keinen Fall die Rechte des Parlaments bezüglich der Rechtsprechung bei Abtreibungen außer Kraft setze. Gegen diesen Antrag intervenierte Trudeau persönlich bei den Abgeordneten seiner Partei, damit sie Crombies Ergänzungen nicht unterstützten.

Die Regierung Trudeau hat die Kultur des Todes nicht nur durch die Abtreibungsgesetzgebung gefördert, sondern auch dadurch unterstützt, dass er Abtreibungsorganisationen wie »Planned Parenthood Federation of Canada« und »International Planned Parenthood« mit finanziellen Mitteln aus dem Staatshaushalt subventionierte.

Der Publizist David Dooley hat 2004 auf den Seiten von »Catholic insight« folgendes Festgehalten:

»Die Abtreibung wurde in Kanada in der Zeit des katholischen Premiers eingeführt, florierte während des Antritts weiterer katholischer Premiers, die das am Montag leugneten, was sie am Sonntag bekannten. Die Charta der Rechte wurde angenommen, nachdem Trudeau im März 1981 Kardinal Carter davon überzeugt hatte, dieser möge dem Abtreibungsgesetz nichts in den Weg legen. Die Versuche, (in der Charta) das Leben ab der Empfängnis bis zu seinem natürlichen Tod zu sichern, wurden von Justizminister Jean Chretien verhindert, der die Befehle von Trudeau auszuführen hatte. Die Vertreter von Pro-Life waren entsetzt und haben die Gefahr gesehen. Sie hatten Recht. Carter hat sich getäuscht, und Trudeau nutzte wieder einmal seine Überzeugungskunst und zog jemanden auf seine Seite.«

Wie gesagt, Jean Chretien ist auch Katholik und er wurde später kanadischer Premier.

Trudeau hat den Kardinal belogen und man muss sich die Frage stellen, ob dies für ihn wirklich schwierig war. Schließlich war Kardinal Carter einer der Unterzeichner der bekannten Erklärung von Winnipeg, in der sich die kanadischen Bischöfe 1968 kritisch über die Enzyklika »Humanae vitae« von Papst Paul VI. geäußert hatten.

Beim katholischen Liberalen Trudeau wiederholt sich ein-mal mehr die Formel vom Anti-Antikommunismus. Trudeau und der kubanische kommunistische Diktator Fidel Castro ha-ben sich außerordentlich gut verstanden. 1973 besuchte Premier Trudeau Kuba. Bei einem der typischen kommunistischen Pro-pagandameetings rief er von der Tribüne auf Spanisch: »Viva comandante Fidel Castro! Es lebe Castro!« Fidel Castro nahm 2000 am Begräbnis von Trudeau teil. Es scheint, dass sie beide John Lennon gerne hatten. Trudeau hatte den begeisterten Len-non als Premier empfangen, Fidel ließ ihm in Havanna eine Sta-tue bauen.

»Er hat niemals einen Kommunisten getroffen, den er nicht gern gehabt hätte«, sagte der Journalist Jamie Glazov, Sohn von russischen Dissidenten aus der Breschnew Zeit, über Trudeau ironisch. Vollkommen unverständlich aber ist Trudeaus Lob-spruch über Mao Tse-tung, demzufolge dieser dem chinesischen Volk ein wunderbares System beschert habe. Die Historiker sind sich nämlich darin einig, dass dieses mehr Menschen das Leben gekostet hat als das System von Stalin. Und 1981 hat Trudeau die kommunistischen Machthaber in Polen in Schutz genommen, nachdem diese das Kriegsrecht eingeführt, den Ausnahmezu-stand verhängt und die unabhängige Gewerkschaft Solidarność unterdrückt hatten. Als Ronald Reagan 1983 eine härtere Gang-art gegen die Sowjets einlegte und seine Rede über das Reich des Bösen hielt, rief Trudeau hingegen zu einer Politik der Zu-geständnisse auf.

Mit den US-amerikanischen republikanischen Politikern ist Trudeau nie klargekommen. Nixon hat privat an seine Adres-se das Schimpfwort »asshole« ausgesprochen, und Trudeau ließ verlauten, auch bessere Menschen hätten über ihn schon schlim-mere Sachen gesagt.

Wer weiß, ob sich der Katholik Trudeau irgendwann an seine namenlosen katholischen Brüder und Schwestern, die in sowje-tischen Lagern als drittklassige Bürger vegetierten, erinnert hat.

Die Geschichte Kanadas kennt wahrscheinlich keinen leidenschaftlicheren Kämpfer für die Kultur des Todes, als es der heute schon 88-jährige Henry Morgentaler ist, ein Arzt, der schon vor 1969 Tausende Abtreibungen – zu dieser Zeit noch illegal – durchgeführt hatte. Damals bekannte er sich auch öffentlich dazu und verbrachte dafür zehn Monate im Gefängnis. In den darauffolgenden Jahren lieferte er sich richtige Rechtsgefechte, z. B. im Prozess Morgentaler versus Queen, um eine vollkommene Freigabe der Abtreibung durchzusetzen. Was erzählte nun aber der Katholik Trudeau über Morgentaler? »Es ist ein guter Freund und ein aufrichtiger Humanist.« Und Henry Morgentaler wiederum sprach den Premier in seinen Briefen, in denen er ihn um die weitere Liberalisierung der Abtreibung bat, mit »lieber Pierre« an.

Der katholische Publizist Steve Jalsevac veröffentlichte im Jahr 2000 auf der Pro-Life-Homepage »Life Site News« eine vernichtende Bilanz des Liberalismus von Trudeau:

»*Die Kulturrevolution begann im Westen schon in den 60er-Jahren. In Kanada gab es keine Volksbewegung, die das Recht auf Abtreibung laut gefordert hätte, die Erleichterung der Scheidung oder die allgemeine Anerkennung der Homosexualität. Dennoch hat Trudeau, zuerst 1967 als Justizminister und 1969 als Premier, den Kanadiern diese Veränderungen aufgezwungen, ob sie es sich nun gewünscht hatten oder nicht. Trudeau bestand darauf, dass Kanada eine liberale Gesellschaft werden müsse, obwohl niemand wusste, wohin dies führen werde.*«

Im Hinblick auf Trudeau erinnert Jalsevac an die These von Kennedy über die »Nichtaufzwingung«:

»*Trudeau verankerte in der kanadischen Politik ein neues, aber falsches und tödliches Konzept, wonach in der Öffentlichkeit stehende Personen in moralischen Fragen niemandem ihre ›persön-*

liche Moral‹ (womit stets und ausschließlich traditionelle morali-
sche Prinzipien gemeint sind) auf dem Weg der Rechtsprechung
›aufzwingen‹ dürften. In einer Sendung der BBC am 13. Juli 1970
sagte Trudeau: ›Ich kann nicht alle Menschen bitten, dass sie mei-
ne persönliche Moral als ihre Moral annehmen. Es muss gesichert
sein, dass das Strafgesetz nicht die persönliche Moral der Menschen,
die sich im Augenblick an der Macht befinden, repräsentiert. Aber
es soll das repräsentieren, was die Menschen als grundlegende öf-
fentliche Standards im ethischen Verhalten fühlen.‹ Gerade Tru-
deau hat jedoch der Öffentlichkeit seine Einsichten aufgezwungen.
Seine persönliche elitäre Meinung, dass Moral im Gesetz nicht zu
suchen habe, hat er der kanadischen Gesellschaft durch das Par-
lament aufgezwungen. Seine persönliche Einsicht war auch, man
müsse die Kanadier sogar dazu bringen, sich diese Änderungen zu
wünschen.«

Bei der Frage der Abtreibung war die Einstellung von Trudeau
schizophren. Der Zeitung »Toronto Star« sagte er am 23. Februar
1982:»Im Allgemeinen meine ich, dass die Abtreibung ein Fehler
ist und die Ehe für immer dauern soll.« Trudeau wusste also, dass
Abtreibung Mord ist. Jalsevac erwähnt seinen Ausspruch vom 25.
September 1976:

»Meiner Meinung nach ist der Fötus, das Kind im Schoß, ein le-
bendes Wesen, das wir respektieren müssen. Ich denke nicht, dass
wir es willkürlich umbringen können. Es gibt Fälle, in denen das
Umbringen legal ist ... Es gibt Fälle, in denen es sogar legal ist, ein
Kind umzubringen ... ich behaupte jedoch, wenn wir töten, müssen
wir uns gegenüber der Gesellschaft verantworten. Deshalb fordert
das Gesetz drei Ärzte. Sie sind kompetenter als ich ... und ich mei-
ne, dass es ein gutes Gesetz ist. Für uns Männer ist es leicht gegen
die Abtreibung zu sein. Ich bin gegen die Abtreibung. Aber ich war
nie schwanger ...«

Dieser Mann, der bekannte, er sei gegen Abtreibungen, trägt die Schuld dafür, dass in den letzten Jahrzehnten in Kanada Millionen ungeborener Kinder durch Abtreibung umgebracht wurden.

Steve Jalsevac erinnert an die Folgen von Trudeaus Politik:

»Als Katholik hat sich Trudeau tragisch darin geirrt, ein katholischer Politiker könne rechtmäßig derartige Ansichten vertreten ... Die Folge (seiner) Veränderungen war letztendlich ein dramatischer Anstieg aller Arten bis dahin verbotener oder zumindest strenger regulierter Handlungen. Kanadas gesamtes moralisches Fundament wurde untergraben, was zusammen mit anderen Zeittrends zum allgemeinen Kollaps der moralischen Kultur geführt hat ... Mehr als zwei Millionen ungeborener Kinder haben ihre Leben verloren, und ihre Mütter haben an den Folgen der Abtreibung gelitten. Das Familienleben wurde destabilisiert, weil sich die Auflösung der Ehe mehr und mehr verbreitete, und die Kinder aus diesen Ehen haben gelitten und wurden sozial destabilisiert. Die Geburtenrate sank tief unter die Grenze, die zur Erhaltung einer Nation nötig ist, und sie sinkt weiterhin.«

Aber über all dies wird in den kanadischen Medien nichts geschrieben. Menschen wie Steve Jalsevac veröffentlichen auf den Pro-Life-Internetseiten. Man wird sie niemals im Fernsehen in den Abendnachrichten sehen.

Pierre Elliott Trudeau war 15 Jahre lang kanadischer Premier und bis heute sicher der bemerkenswerteste. Er starb am 28. September 2000 als 81-Jähriger. Sein Begräbnis hat an Pomp wahrscheinlich alles übertroffen, was Kanada bis dahin gesehen hatte. Das Staatsbegräbnis begann am 30. September. Ein Flugzeug der kanadischen Armee hat den Sarg mit seinen leiblichen Überresten aus Montreal in die Hauptstadt Ottawa geflogen. Die Glocke auf dem Turm des Parlaments hieß den verstorbenen Premier mit 81 Schlägen willkommen. Am Sarg, der im Parlamentsgebäude ausgestellt war, sind etwa 60.000 Menschen vorbeigezogen. Am 2. Oktober erklangen 19 Ehrensalven und unter den Klängen der kanadischen Hymne wurde der Sarg zum Bahnhof gebracht, von wo er mit einem Sonderzug nach Montreal überführt wurde.

Und am 3. Oktober sah die Welt, wie es ist, wenn ein katholischer Staatsmann zu Grabe getragen wird. Der Begräbnisgottesdienst fand in der Basilika »Notre Dame« von Montreal statt. Dort waren 3.000 Menschen versammelt. Und mehrere Tausende verfolgten vor der Basilika den Gottesdienst auf einem Großbildschirm. Anwesend war der Generalgouverneur von Kanada, der kanadische Premier Chretien, vier ehemalige kanadische Premiers, der amerikanische Expräsident James Carter, der kubanische Präsident Fidel Castro. Königin Elisabeth II. ließ sich durch Prinz Andrew vertreten.

Den Gottesdienst hielt der Erzbischof von Montreal, Kardinal Jean-Claude Turcotte. Als der Sarg in die Kirche gebracht wurde, sang der Chor die Kantate von J. S. Bach »Jesus, bleibet meine Freude«. Danach erklang das »Ave Maria« von Gounod. Der Höhepunkt war eine gefühlsbetonte Rede des ältesten Sohnes Justin. »Je t'aime, papa ... Ich liebe dich, Papa«, sagte er zum Schluss, beugte sich zum Sarg und seufzte. Den Menschen in der Kirche kamen die Tränen und sie klatschten spontan.

In diesen Tagen waren die kanadischen Medien voll mit nicht verstummenden Lobeshymnen auf Pierre Elliott Trudeau und die Größe seiner Politik. Über Trudeaus Erbe, dem wir uns hier widmen, sprach in den Medien jedoch niemand. Verständlicherweise hat niemand in »Notre Dame« daran erinnert. Wir wissen schon, beim Begräbnis ist es zu spät.

Bei den Wahlen 2008 wurde der 37-jährige Justin Trudeau dann zum Abgeordneten im kanadischen Parlament für die politische Partei seines Vaters gewählt. Er sagte über sich, dass er gläubig sei. Aber er unterstütze alle Forderungen der Homosexuellen-Bewegung und selbstverständlich unterstütze er genauso wie sein Vater klarerweise die Rechtmäßigkeit der Abtreibung.

Er nimmt regelmäßig unter großem Interesse der Medien an der Montreal Gay-Parade teil. Im Widerspruch zwischen der Lehre der Kirche und seinen politischen Ansichten sieht er kein Problem. Bei Treffen mit Studenten in katholischen Schulen fordert er die Jugend auf, sie solle »die alten Männer mit ihren alten Ideen ablehnen«.

Es ist noch nicht lange her, da sprach man darüber, dass er einmal Parteichef und Premier werden solle.

Haben wir nicht etwa in dieser Geschichte Trudeaus wichtigste politische Gegner vergessen? Die Torys, also die kanadische konservative Partei? Vor mehr als 40 Jahren haben die Konservativen das Omnibusgesetz C-150 von Trudeau mit überwältigender Mehrheit abgelehnt. 43 Abgeordnete der konservativen Partei stimmten dagegen, dafür waren nur zwölf. Und wie stehen die Dinge heute? Der Vorsitzende der konservativen Partei und kanadische Premier Stephen Harper versichert, niemand in seiner Partei werde gegen die Abtreibung auch nur einen Finger rühren, ebenso wenig wie gegen die »Ehen« von Personen gleichen Geschlechts, die bereits 2005 von der liberalen Partei durch das Parlament legalisiert worden waren. »Solange ich Premier bleibe, werden wir die Diskussion über Abtreibungen nicht eröffnen«, sagte Harper vor den Wahlen 2011. So ist es heutzutage in der Politik. Die Liberalen gewinnen und die Konservativen konservieren diese Siege.

Der Gesang von liberalen Sirenen in katholischen Ohren

»Die hauptsächliche Ingredienz der Politik
ist ihre zeitliche Festlegung.«
Pierre Elliott Trudeau

Es bestehen diverse Ähnlichkeiten zwischen den Kennedys und Pierre Trudeau. JFK und Trudeau gehörten zur selben Generation, JFK ist 1917 geboren und Trudeau zwei Jahre später. Sie waren Katholiken, charismatische Führer, ehrgeizig. Sie hatten ihr Verhältnis zu Frauen nicht unter Kontrolle. Keinem ist seine Ehe gelungen. Über Johns Untreue redete man erst nach Jahren, Edwards und Pierres Ehen endeten mit einer Scheidung. Pierre Trudeau wurde Vater einer unehelichen Tochter, als er 72 war. Nicht nur durch ihr Verhältnis zu Frauen, sondern auch durch ihre mangelnde Disziplin und Arroganz waren sie auf gewisse Weise katholische »Machos«. Diesen Begriff hat im Zusammenhang mit den Kennedys der Journalist Sandy Grady geprägt, er trifft aber auch auf Trudeau zu.

John und Pierre haben die These verkündet, ihr Christentum beziehungsweise ihr Katholizismus und die aus ihm resultierenden moralischen Grundsätze dürften nicht der Mehrheit der Gesellschaft aufgezwungen werden. Unmittelbar darauf haben sie jedoch entscheidend dazu beigetragen, dass der Mehrheit der Gesellschaft radikale, revolutionäre Veränderungen aufgezwungen wurden. John hat dazu mit seiner Rede in Houston beigetragen, Edward und Pierre sind selbst politische Revolutionäre geworden. Der Widerspruch zwischen ihrem Katholizismus und ihrem politischen Wirken wurde sichtbar bei Edwards Begräbnis, das eine Kopie des Begräbnisses von Pierre gewesen ist. Die Werte von Pierres Sohn sind genauso verwirrt wie die von Edwards Sohn.

Beide waren Lieblinge der Medien und schließlich sind beide Familien durch eine Fama verbunden, die angebliche Liebschaft, die Senator Edward Kennedy mit Margaret Trudeau gehabt haben soll.

Einige Kritiker von John Fitzgerald Kennedy und Pierre Elliott Trudeau weigern sich, ihnen innere Aufrichtigkeit abzusprechen. Wir sind auch durchaus nicht die Richter dieser Personen. Die Folgen ihrer Ideen (im Fall John) und ihrer Taten (im Fall Edward und Pierre) sind jedoch tragisch.

Kennedy und auch Trudeau waren im Unterschied zu ihren Vorgängern Träger eines Images von Modernität und Nonkonformität. Sie waren Berühmtheiten. Sie sind in einem katholischen Umfeld groß geworden, aber sie wollten auch mit der Zeit Schritt halten. Sie waren progressiv und wollten ihre Progressivität mit ihrem Katholizismus in Einklang bringen. In früheren Zeiten hätten sie keinen Erfolg gehabt. Aber die 60er-Jahre waren ihre Zeit. Es war die Zeit der großen Veränderungen.

Im öffentlichen Wirken von John, Edward und Pierre spielten ihre Beziehungen und Kontakte zu Männern der katholischen Kirche, zu Priestern und Bischöfen eine bedeutende Rolle. Aber diese Beziehungen waren auf beiden Seiten nicht wirklich in Ordnung. Die katholischen Politiker handelten gegen die Lehre der Kirche. Und die Geistlichen der katholischen Kirche waren nicht im Stande, dieses Problem rechtzeitig zu erkennen und es klar zu benennen. Einige haben sogar die Politiker in die Irre geführt.

Ein Gedanke, dessen Zeit gekommen ist, ist eine Kraft, die man nicht aufhalten kann. Seit der Zeit, in der Gramsci im Gefängnis gesessen war, sind seine linken Gedanken auf ihrem Gramsci-Marsch nach vielen Umwegen in das Umfeld einflussreicher katholischer politischer Familien gelangt.

Ein Gedanke, dessen Zeit gekommen ist, ist auch deshalb stark, weil er eine Welt repräsentiert, die zwar kommt, eine Welt, bei der aber noch nicht klar ist, inwieweit sie schon die Wirklichkeit selbst darstellt oder erst nur eine Vorstellung von ihr. Es ist der Gedanke ohne seine Konsequenzen. Die Folgen kommen aber auf jeden Fall. Manchmal dauert es Jahrzehnte, aber sie treffen ein. Und dann kommt die Zeit des Gerichts, und auch sie kann nicht aufgehalten werden. Den Folgen der Politik dieser Männer werden wir uns widmen.

Kennedy und Trudeau sind als Katholiken aufgewachsen. Das Umfeld ihrer politischen Parteien war weder spezifisch katholisch noch spezifisch christlich. Im Nachkriegseuropa haben wir es mit einer anderen politischen Tradition zu tun, einer Tradition von Parteien, die das Christentum direkt in den Namen ihrer Partei aufgenommen hatten. Es ist ein wenig in Vergessenheit geraten, was es eigentlich in der Politik bedeutet, wenn man sich direkt auf Jesus Christus beruft. Weil das Wort Christentum vom Namen des Erlösers abgeleitet ist.

Die Art, wie mit diesem Namen in der europäischen Politik umgegangen wurde, verdient ebenfalls eine Analyse.

Kehren wir zurück nach Europa.

KAPITEL IV

Kranke europäische christdemokratische Stars

»*Was nützt es einem Menschen,
wenn er die ganze Welt gewinnt,
dabei aber sich selbst verliert
und Schaden nimmt?*«
Lk 9,25

»*Ich sterbe als guter Diener des Königs,
aber in erster Linie bin ich ein Diener Gottes.*«
Thomas Morus, Politiker und Heiliger

Die europäische christdemokratische »succes story«

»Die Nacht schreitet voran, gehen wir zu den kranken Sternen.«
Rudolf Dilong: Kranke Sterne

Die Verse von Dilong aus dem Sammelband »Sterne und Trauer« haben mich an den Parteitag der »Christlich-Demokratischen Bewegung« in Košice im Herbst 1990 erinnert. Der Vorsitzende der KDH, Ján Čarnogurský, hatte seine Rede poetisch beendet. Er erzählte, wie er mit dem Zug durch die Nacht nach Košice fuhr, am Himmel leuchteten Sterne. »Ich bin überzeugt, dass einer dieser Sterne der unsere ist«, rief er.

Seit dieser Zeit schreiten wir zu unserem christlich-demokratischen Stern. Doch es steht die Frage im Raum, ob wir uns denn einig sind, welcher von den Sternen der unsere ist. Haben wir einen gemeinsamen europäischen Stern?

Vor 20 Jahren wurde die junge slowakische Christdemokratie auf ihrem Weg von erfahrenen christdemokratischen und konservativen Parteien aus Westeuropa begleitet. Sie konnten auf die Bilanz eines beinahe ein halbes Jahrhundert während er folgreichen Wiederaufbaus des Nachkriegseuropa zurückblicken. Auf all die christdemokratischen Premiers der Nachkriegszeit aus Deutschland, Italien, Österreich, Luxemburg, Belgien, den Niederlanden: Konrad Adenauer, Helmut Kohl, Alcide de Gasperi, Giulio Andreotti, Robert Schuman, Leopold Figl, Wilfried Martens, Ruud Lubbers, Jean-Luc Dehaene ... Die Bilder der berühmtesten von ihnen hingen als Wandzeitung im Sitz der KDH. Wir haben ihre Erfolge bewundert und wollten sie uns zum Vorbild nehmen. Wir sind ein Bestandteil der großen europäischen Familie geworden und haben uns in der Slowakei damit gebrüstet, dass wir im Ausland anerkannt sind.

Ihre Geschichte war eine Erfolgsgeschichte. Aber wo endet diese Geschichte? In den Jahren danach haben wir erfahren, welcher Preis von einigen für ihren Erfolg gezahlt werden musste – und dass wir ihnen nicht in allem ähnlich werden wollten, zumindest nicht alle, die sich in der Slowakei Christdemokraten nennen. Sind für uns die europäischen christlichen und konservativen Politiker heute noch Autoritäten? Nicht einmal auf diese Fragen können wir uns in der Slowakei einigen. Vor Kurzem habe ich im Buch des heutigen Vorsitzenden der KDH Ján Figeľ, »Rückkehr nach Hause«, geblättert. Er hat es geschrieben, nachdem er aus Brüssel, wo er fünf Jahre als erster slowakischer EU-Kommissar gewirkt hatte, zurückgekehrt war. Auf den ersten Seiten haben mich die Bilder von José Manuel Barroso, Wilfried Martens und Joseph Daul angesehen. Der Vorsitzende der Europäischen Kommission, der Vorsitzende der Volkspartei (EPP) und der Vorsitzende des Abgeordnetenklubs der EPP im Europäischen Parlament. Auch sie sind Teil dieser erfolgreichen Geschichte. Schauen wir uns einmal einige Episoden aus ihrer Karriere an. Außerdem befassen wir uns auch mit anderen Namen und deren politische Parteien, um auch die Kehrseite des Erfolgs zu zeigen.

Dazu eine ironische Vorbemerkung, die sich aufgrund der Gegebenheiten im Westen geradezu aufdrängt: Ein anständiger westeuropäischer Sozialdemokrat kann sich dreimal scheiden lassen und viermal heiraten, aber bei einem anständigen Christdemokraten wird nur eine Scheidung und eine zweite Ehe toleriert. Allerdings gilt diese Regel heute nicht mehr, weil wir unter den berühmten Christdemokraten auch schon zweimal Geschiedene und dreimal Verheiratete finden. Auf diese Unfälle im Privatleben wollen wir jedoch nicht unser Augenmerk richten. Unerwähnt bleiben soll auch, welcher Christdemokrat in seinen jungen Jahren Maoist gewesen war, obwohl uns dies verwundert und vorsichtig stimmt.

Wir wollen die betreffenden Personen vielmehr durch das Prisma des Kampfes zwischen der »Kultur des Lebens« und der

»Kultur des Todes« betrachten. Und dabei werden wir erkennen, dass ihre Geschichte nicht die eines Erfolgs, sondern eigentlich die eines großen Rückzugs ist.

Die Geschichte von José und Rocco

»Robert Schuman, christdemokratischer Politiker,
als Vater der europäischen Integration bezeichnet,
möglicherweise auf dem Weg zur Heiligsprechung.«
Pressebericht, März 2004

José Manuel Barroso ist einer der erfolgreichsten europäischen Politiker der letzten Dekade. Er war Vorsitzender der portugiesischen »Demokratischen Volkspartei«, portugiesischer Premier und ist heute Vorsitzender der Europäischen Kommission. Er ist der dritte Politiker nach Walter Hallstein und Jacques Delors, der eine zweite Amtszeit in dieser Funktion angetreten hat.

Zum ersten Mal hat man ihn 2004 für diese Funktion vorgeschlagen. Der designierte Vorsitzende stellt auf der Basis von Vorschlägen der Regierungen der Mitgliedsstaaten die personelle Besetzung der Kommission zusammen und legt die Liste dem Europäischen Parlament zur Zustimmung vor. Noch vor der Entscheidung des Parlaments müssen die Kandidaten für das Amt eines Eurokommissars bei Anhörungen in den Ausschüssen des Parlaments Rede und Antwort stehen.

Im Oktober 2004 wurde der designierte Kommissar für Inneres und Justiz, Rocco Buttiglione, zu seiner Einstellung zur Homosexualität ebenso wie zu seinen Vorstellungen zum Thema Familie befragt (siehe Kapitel I). Aufgrund seiner der katholischen Lehre entsprechenden Antworten hat ihn der zuständige Ausschuss am 11. Oktober nicht nur für diesen, sondern für jeden anderen Europakommissarsposten abgelehnt.

Barroso hatte die Wahl. Er konnte sich nun auf den Kampf einlassen, auf seinem ursprünglichen Vorschlag beharren und dabei eine allgemeine Ablehnung riskieren, also auch seinen eigenen politischen Sturz. Oder er konnte nachgeben.

161

Barroso hat nicht gekämpft. Am Mittwoch, dem 13. Oktober, behauptete er noch, dass Buttiglione auf die Funktion des Eurokommissars »perfekt vorbereitet« sei. Bereits fünf Tage später lehnte er es ab, vor Journalisten diese Unterstützung für Buttiglione zu wiederholen. Vielmehr rückte er mit einem Vorschlag heraus, der für die Katholiken erniedrigend war: Die Menschenrechte sollten im Rahmen der Kommission nicht durch den Kommissar für Inneres und Justiz, sondern durch einen speziellen Ausschuss unter seinem direkten Vorsitz vertreten werden. Die Sozialisten, Liberalen und Grünen lehnten das ab. Und Barroso kapitulierte vollständig. Das Parlament sollte seine Kommission am 27. Oktober billigen. Barroso zog kurz vorher seinen Vorschlag für die Zusammensetzung der Kommission zurück.

Auch die italienische Regierung kapitulierte. Premier Silvio Berlusconi hatte zwar ein Jahr zuvor den Chef der Sozialisten, Martin Schulz, im Europäischen Parlament als »Capo aus den Konzentrationslagern« beschimpft, aber in dieser Grundsatzfrage nahm er den Kampf mit Schulz nicht auf. Silvio Berlusconi ließ am 30. Oktober verkünden, seine Regierung denke über einem anderen Kandidaten nach. Danach blieb Buttiglione nichts anderes übrig, als zurückzutreten.

Von Berlusconi haben wir keinen Kampf für christliche Werte erwartet, aber wie verhielt sich die Europäische Volkspartei EPP? Nach der Ablehnung von Buttiglione im Parlamentsausschuss sagte der Vorsitzende des Abgeordnetenklubs der EPP, Hans Georg Pöttering, Buttiglione genieße das volle Vertrauen der EPP. Gleichzeitig fügte er jedoch hinzu, es sei die Sache von Barroso, auf die Ablehnung von Buttiglione durch den Ausschuss zu reagieren: »Es liegt ganz in der Verantwortung von Herrn Barroso.« Einerseits hat er mit diesen Worten das ganze Problem auf Barrosos Schultern abgeladen, andererseits hat er den Kern des Problems nicht genannt: dass sich nämlich ein aufrichtiger Katholik, wenn es nach den Sozialisten, Liberalen und Grünen geht, überhaupt nicht für ein Amt als Kommissar eignet, weil er durch seinen Glauben ebenso unakzeptabel ist, wie es ein Katholik einst im kommunistischen Regime war. Wenn ein Kandidat, den die EPP unterstützt, durch direkte mediale Attacken der Linken angegriffen wird, dann sind derart halbherzige Äußerungen von Seite der EPP, man unterstütze ihn, keine angemessene Antwort. Auch fand sich auf nationaler Ebene keiner der Chefs der Mitgliedsparteien der EPP bereit, Buttiglione grundsätzlich zu verteidigen.

Sehr lehrreich war auch ein Brief, den Buttiglione an Barroso nach seiner Ablehnung im Ausschuss geschickt hat. Er äußerte darin sein Bedauern über Probleme, die es durch seine Nominierung gegeben habe, und beteuerte, er habe niemandem nahetreten wollen und das Wort Sünde passe wahrscheinlich nicht in eine politische Debatte. Diese Entschuldigung war überflüssig. Die Abgeordneten bekamen schließlich von ihm nur Antworten auf das, was sie ihn gefragt hatten. Und soll man sich etwa für Formulierungen aus dem Katechismus entschuldigen? Für ihr kommunistisches Verhalten sollten sich vielmehr die Kritiker von Buttiglione entschuldigen. Übrigens hat dieser Brief Buttiglione nicht geholfen.

So endete der Kampf um die Legitimität von katholischen Standpunkten in der EU. Im Grunde genommen hat er nicht einmal begonnen. Das war nicht nur ein persönliches Versagen von José Manuel Barroso, denn schließlich ist die politische Partei von Barroso in Portugal eher liberal als christlich-konservativ. Bis 1996 war sie Mitglied der »Liberalen Internationale«, erst danach ist sie zur EPP übergetreten. Es war ein historisches Versagen der christdemokratischen und konservativen europäischen Politik, ein Versagen der ganzen Europäischen Volkspartei.

In der Europäischen Volkspartei sind 73 politische Parteien aus 39 Ländern zusammengeschlossen, wenn man die Parteien aus den Nichtmitgliedsländern der EU weglässt. 18 von ihnen tragen das Wort »christlich« direkt in ihrem Namen. Das sind zum Beispiel die deutschen CDU/CSU, die niederländische CDA, die luxemburgische Christlich Soziale Volkspartei, die »Belgischen Flämischen Christlichen Demokraten«. Andere nennen sich Volksparteien wie die Österreichische Volkspartei.

Die Geschichte des Abgeordnetenklubs der EPP im Europäischen Parlament reicht bis in die 50er-Jahre des vorigen Jahrhunderts zurück. Damals begann die parlamentarische Versammlung der »Europäischen Gemeinschaft für Kohle und Stahl« zu tagen. Die Christdemokraten bildeten darin einen christdemokratischen Club. Auf das Christentum wird bis heute, wenn auch nur in Klammern, in der offiziellen Bezeichnung des Abgeordnetenklubs Bezug genommen. Der Name lautet: »Gruppe der Europäischen Volksparteien (Christdemokraten)«.

Die EPP sah jedoch der politischen Liquidierung des Christdemokraten Buttiglione ganz einfach zu. In den letzten Jahrzehnten war der EPP-Club immerhin der größte oder der zweitgrößte. Die Volksparteien wechselten sich mit der Partei der »Europäischen Sozialisten« in der Position der stärksten Fraktion ab. Die Sozialisten haben den Volksparteien in der Zwischenzeit mit Unterstützung weiterer links-liberaler Gruppen gezeigt, dass sie Politiker, die sich vorbehaltlos an die geistigen Grundlagen der Volksparteien, also an das Christentum, halten, als nicht akzeptabel betrachten. Und die Vertreter der Volksparteien haben sich damit abgefunden. Der moralische Fall der Volksparteien in der Causa Buttiglione ist auch ein Zeichen für die Machtverteilung im Europäischen Parlament.

Auf der Ebene der Mitgliedsstaaten sind bei den nationalen Parlamentswahlen die christdemokratischen und die sozialistischen Parteien Gegner. Große Koalitionen aus Sozialisten und Christdemokraten sind eher die Ausnahme. Das, was auf der nationalen Ebene eine Ausnahme ist, ist aber auf der Ebene des Europäischen Parlaments die Regel. Die Besetzung aller Funktionen im Europäischen Parlament hängt von einer Vereinbarung zwischen den Volksparteien und den Sozialisten ab, die gemeinsam über zwei Drittel der Stimmen verfügen. Das Markenzeichen dieser seit Jahren währenden Koalition ist: Die beiden Gruppierungen stellen abwechselnd den Vorsitzenden des Europäischen Parlaments, und zwar immer für die Hälfte einer Wahlperiode.

Deshalb ist es bemerkenswert, dass sich die Sozialisten im Fall Buttiglione eine solche Konfrontation erlaubt haben, obgleich die beiden großen Gruppierungen ihre Koalition durchaus weiterhin fortführen wollten und deshalb auf Zusammenarbeit angewiesen waren. Dieser Vorfall erschreckte die Volksparteien. Was den Chef des Abgeordnetenklubs EPP, Hans Pöttering aus der deutschen CDU, betrifft, so muss man sich klarmachen, dass er 2004 seine Stellungnahme zum Fall Buttiglione vor dem Hintergrund abgegeben hat, dass er nach zweieinhalb Jahren auf Grund der Vereinbarung mit den Sozialisten den Parlamentsvorsitz übernehmen würde.

Die Politik der EPP auf der Ebene des Europäischen Parlaments ist ein Abbild der Politik ihrer Parteien in den Mitgliedsstaaten der Union. Wie verhalten sich dort die christlichen Parteien, die das Christentum seit Jahrzehnten im Namen tragen? Bleiben wir in Brüssel, der Stadt der Spitzen, der Schokolade und der Waffeln, aber wechseln wir von der EU zur belgischen Politik.

Was der König nicht unterzeichnet, unterzeichnet gern ein flämischer Christdemokrat

»Er schrieb Bücher und Artikel über die Bedeutung von traditionellen Werten, über die Rolle der Religion, den Schutz des ungeborenen Lebens, die christlichen Wurzeln Europas und über die Notwendigkeit, sie zu bewahren.«
Paul Belien über Herman Van Rompuy

Der Erste Mann der Europäischen Union ist der flämische Christdemokrat Herman Van Rompuy. 2009 tauchte er aus der belgischen Szene als Präsident der EU auf, gewissermaßen als unser Präsident. Der Erste Mann der EPP, ihr Vorsitzender, ist der flämische Parteikollege Wilfried Martens. Beide sind die Verkörperung von politischem Erfolg. Untersuchen wir, wie ihr Erfolg mit der faszinierenden Geschichte der belgischen Liberalisierung von Abtreibung zum Jahreswechsel 1989 und 1990 zusammenhängt. Eine Geschichte, die medienwirksam durch den epochalen Fall des Kommunismus in Europa völlig überdeckt wurde.

Herbst 1989, die Partei der flämischen Christdemokraten (in Belgien existiert jede Partei zweimal, einmal flämisch und einmal wallonisch) hat einen neuen Vorsitzenden. Es ist der 42-jährige Hoffnungsträger Herman Van Rompuy. Sein älterer Parteikollege Wilfried Martens ist Chef der belgischen Regierung. Es ist eine Koalitionsregierung aus Christdemokraten und Sozialisten.

Der sozialistische Senator, also ein Koalitionspartner der Christdemokraten, Roger Lallemand, legt dem föderalen Parlament zusammen mit der Senatorin Lucienne Herman-Michielsen ein Gesetz über die weitgehende Liberalisierung von Abtreibungen vor. Herman-Michielsen ist Mitglied der oppositi-

166

onellen liberalen »Partei der Freiheit und des Fortschritts«. Die Sozialisten haben sich also bei der ideologischen Grundsatzfrage mit den oppositionellen Liberalen gegen den Koalitionspartner, die Christdemokraten, zusammengetan. Und was haben die Christdemokraten dazu gesagt? Nichts! Sie haben nicht mit einer Regierungskrise gedroht. Sie haben sich im Voraus damit abgefunden, dass das Gesetz verabschiedet wird und der Koalitionspartner sie betrügt. Sie haben keine politische Mobilisierung gegen das Gesetz organisiert. Umgekehrt haben sie aber gehofft, dass das Gesetz keine Aufmerksamkeit erregen werde und man weiterhin zusammen regieren könne. Sie versuchten sogar zu verhindern, dass die christdemokratische Presse darüber schreibt.

König Baudouin I. hat dann aber alles verkompliziert. Der König war ein frommer Katholik und litt an der Kinderlosigkeit seiner Ehe mit Königin Fabiola. Die vom Parlament verabschiedeten Gesetze werden erst rechtswirksam, wenn sie der König unterzeichnet. Aus der Umgebung des Königs verlautete, er habe gesagt: »Lieber trete ich zurück, als dass ich dieses Gesetz unterzeichne.«

Der junge Journalist Paul Belien von der Zeitung »Gazet van Antwerpen«, die den Christdemokraten nahesteht, erfuhr von diesem Ausspruch und wollte ihn veröffentlichen. Sein Chefredakteur, der ehemaliger Sprecher von Premier Martens, war dagegen. Belien veröffentlichte die Information in seinem Artikel im amerikanischen Wall Street Journal am 1. November 1989. Belien behauptet nun, dass unmittelbar darauf ein verärgerter Anruf von Martens in der Redaktion erfolgte und er von seinem Chef gerügt wurde. Die belgischen Politiker haben laut Belien angenommen, dass ihr König nur blufft.

Das Gesetz wurde in der zweiten Kammer am 3. April 1990 verabschiedet. Der König hat es tatsächlich nicht unterschrieben. Was dann passierte, war oft Gegenstand von Spekulationen. Es wäre zumindest ungenau, wenn man sagte, der König sei zurückgetreten. Die Agentur »Associated Press« berichtete, die Regierung habe den König auf dessen Ersuchen hin suspendiert. Gemäß »Associated Press« erklärte die Regierung, der König habe sie um eine »rechtliche Lösung gebeten, bei der das Funktionieren der parlamentarischen Demokratie und das Recht des Königs, nicht gegen sein Gewissen handeln zu müssen, in Einklang gebracht werden könne«.

Die Verhandlungen zwischen dem König und der Regierung verliefen geheim. Die Öffentlichkeit wurde erst informiert, als alles schon vorbei war. Die Regierung fand eine Lösung, und das ist der eigentliche Skandal. Sie wendete einen Artikel aus der Verfassung an, mit dem eine Situation geregelt wird, wenn der König außerstand ist, sein Amt auszuüben. In diesem Fall gehen seine Kompetenzen an die Regierung und das Parlament über. Die Regierung erklärte, der König sei nicht in der Lage, sein Amt auszuüben. Daraufhin unterzeichnete Premier Martens das Abtreibungsgesetz. Am nächsten Tag setzte das Parlament den König wieder in seine alte Funktion ein – eine offensichtliche Vergewaltigung der Verfassung.

Paul Belien schrieb darüber im »Wall Street Journal«:

»Ich habe in meinem ersten Artikel für das Wall Street Journal eine falsche Vorhersage gemacht. Ich dachte, wenn der König die Unterzeichnung ablehnt, so kommt es zu einer Verfassungskrise. Dies ist nicht eingetreten. Die Politiker haben schlichtweg die Verfassung ignoriert. Herr Martens hat den König einfach für ein-zwei Tage entmachtet und er ließ das Gesetz statt vom ihm von der Regierung unterzeichnen. Er hat dafür den Artikel der belgischen Verfassung genutzt, der zuletzt während des Zweiten Weltkriegs angewandt worden war, als sich der König in den Händen des Feindes – der Nazis – befand. Heute scheint es so, dass die Regierung voraussetzt, der König befinde sich zwar nicht erneut in den Händen des Feindes, der Nazis, sondern sei Gefangener seines eigenen Gewissens.«

Nach diesem zweiten Artikel wurde Belien aus der Redaktion gefeuert. »Wall Street Journal« schrieb dazu: »Die Schuld von Herrn Belien ist die Tatsache, dass man die belgische Presse nicht als eine gute Quelle für Informationen über Vorgänge in Belgien betrachten kann – und dies weiß auch die Mehrheit der Belgier.«

Das Vorgehen der Regierung von Martens wurde wesentlich vom Vorsitzenden der flämischen Christdemokraten, Herman van Rompuy, unterstützt. »Es ist eine außergewöhnliche Lösung in einer außergewöhnlichen Situation«, so sein Urteil. Übrigens, er und Belien waren einst Freunde. Einige Jahre vor diesen Ereignissen hatte van Rompuy Belien noch die Zusammenarbeit in einer Wirtschaftszeitschrift angeboten. Belien erinnert sich an ein Treffen mit van Rompuy auf der Hochzeit eines gemeinsamen Freundes wenige Wochen nach seinem Abgang von »Gazet van Antwerpen«. Van Rompuy ignorierte ihn. Irgendwie hatten sie sich nichts zu sagen. Belien ist seit dieser Zeit als Journalist ein Halb-Dissident. Van Rompuy wurde Finanzminister, Parlamentsvorsitzender, Premier und ist heute europäischer Präsident. Sein Kollege Wilfried Martens ist Vorsitzender der internationalen Gruppierung von Parteien mit der größten Vertretung im Europäischen Parlament. Er ist der am zweitlängsten amtierende belgische Premier in der beinahe 200-jährigen Geschichte des Landes.

Solide Karrieren also.

Das Vorgehen der flämischen Christdemokraten ist wohl das schlimmste Beispiel für christdemokratische Politik im 20. Jahrhundert. Den Widerstand des Königs sollte man würdigen. Dennoch muss man sich die Frage stellen, ob er nicht sein eigenes Gewissen auf Kosten des Gewissens anderer entlasten wollte. Das Handeln der Christdemokraten muss man jedoch als totales Versagen bezeichnen. Anfangs haben sie nur passiv zugesehen, wie sich der Koalitionspartner mit der Opposition zusammentat, danach haben sie eine öffentliche Diskussion verhindert und schließlich die Verfassung aktiv vergewaltigt, damit das Abtreibungsgesetz in Kraft gesetzt werden konnte.

Nach der Wahl von van Rompuy zum Präsidenten der EU wurde über ihn auch in der Slowakei diskutiert. Der Vorsitzende der KDH, Ján Figeľ, bescheinigte ihm, er sei der reinste Christdemokrat, den Europa und Belgien hätten, ein Mensch mit einem festen Charakter. Seine Wahl könne wertorientierte Menschen ermutigen. Bei dieser Beurteilung sind jedenfalls einige Ereignisse in Vergessenheit geraten.

Beunruhigend ist folgende Tatsache: Während die Christdemokraten bei der Legalisierung der Abtreibung aktiv zusammenarbeiten, melden sich Menschen, die anderen politischen Parteien nahestehen zu Wort, Parteien, die in den Medien als »rechtsradikal« bezeichnet werden. Zwar ist der erwähnte Journalist Paul Belien nicht Mitglied einer politischen Partei, aber seine Frau, Alexandra Colen, ist Abgeordnete im belgischen Parlament für die flämische Partei »Vlaams Belang«. Sie stellt deren katholischen Flügel dar. Im politischen Kampf vertritt sie eindeutig christlich-ethische Prinzipien. So hat Alexandra Colen etwa schon vor Jahren gegen den skandalösen und schockierenden Kinderkatechismus in den belgischen Schulen gekämpft. Er enthält schwer den Anstand verletzende pädophile Elemente. Immer wieder hat sich Colen in dieser Sache an den belgischen Kardinal und an die Würdenträger der katholischen Kirche im Ausland gewandt.

Christdemokraten gegen den Nachkommen von Ludwig dem Heiligen

»Was stimmt mit diesen katholischen Monarchen nicht?
Warum weisen sie die Bürger nicht auf den Nihilismus hin,
der in den gemachten Vorschlägen steckt? Warum laden sie die
Bürger nicht dazu ein, diese vereint abzulehnen? Und warum
treten sie nicht zurück, wenn dies nicht gelingt, und demons-
trieren auf diese Weise, dass sie diesen Dreck nicht mit der
Erhabenheit der christlichen Monarchie verklären werden?«
Gerald Warner, Telegraph, 2008

Wenden wir uns nun nach Belgien dessen angenehmen Nachbarland Luxemburg zu. Das winzig kleine Großherzogtum mit seiner erstaunlichen Geschichte, dem köstlichen Moselwein und dem hohem Lebensstandard. Leider Gottes ist dieser Standard aber nicht so hoch, dass man sich dort um die alten Menschen bis zu deren natürlichem Tod sorgt. Im Februar 2008 haben die Parlamentsabgeordneten in diesem malerischen Land nämlich ein ganz unmalerisches Euthanasie-Gesetz verabschiedet.

Die stärkste Parlamentspartei in Luxemburg ist die »Christlich Soziale Volkspartei«. Ihr Vorsitzender, Jean-Claude Juncker, war lange Jahre luxemburgischer Premier. Die Christdemokraten haben aber im Parlament keine absolute Mehrheit, und so regierten sie in den letzten Jahren gemeinsam mit der sozialistischen LSAP. Die Christdemokraten haben nicht für die Euthanasie gestimmt, aber ihre sozialistischen Partner haben sich bei der Abstimmung mit den oppositionellen Liberalen und Grünen verbündet, und so wurde das Gesetz mit einem Stimmenverhältnis von 30 zu 26 verabschiedet.

Gemäß der Verfassung sind die vom Parlament verabschiedeten Gesetze erst gültig, nachdem ihnen der Großherzog zugestimmt hat. Die Zustimmung zu Gesetzen durch den luxemburgischen Monarchen wurde in moderner Zeit für eine reine Formalität gehalten. Zum letzten Mal wurde eine solche Zustimmung 1912 verweigert, als die Großherzogin Marie Adelheid ein Gesetz, durch das die Rolle der katholischen Kirche im Bildungssystem gemindert worden wäre, abgelehnt hat.

Beinahe 100 Jahre später ließ ihr Großneffe, Großherzog Henri, im Dezember 2008 mitteilen, er werde dem Gesetz über die Euthanasie nicht zustimmen. »Bei Fragen, die die Beendigung des Lebens betreffen, nutze ich mein Recht auf Gewissensfreiheit«, sagte er. Als Reaktion auf die Entscheidung des Großherzogs teilte der christdemokratische Premier mit, der Großherzog habe seine Kompetenzen überschritten. Das Parlament werde gemäß Juncker die Verfassung ändern und dem Monarch das Recht, die Gesetze zu billigen, entziehen. Das Wort »billigen« werde durch das Wort »veröffentlicht« ersetzt.

»Ich verstehe die Gewissensprobleme des Großherzogs«, sagte Premier Juncker, »aber ich glaube daran, dass ein Gesetz, das vom Parlament verabschiedet ist, auch rechtswirksam werden muss.« Tatsächlich? Auch wenn es ein Gesetz über das Töten von alten Menschen ist? Und warum will sich der Premier für diese Rechtswirksamkeit aktiv einsetzen, wenn doch seine eigene Partei nicht für dieses Gesetz gestimmt hat? Jeder Politiker kann von seiner Funktion zu jeder Zeit zurücktreten. Seit wann steht für einen Christen die formelle Einhaltung von Prinzipien der parlamentarischen Demokratie in der Werteskala über der Unantastbarkeit des menschlichen Lebens?

Warum wird nicht zugegeben, dass manche Entscheidungen von Parlamenten einfach katastrophal sind? War dies nicht etwa im Fall des Ermächtigungsgesetzes im deutschen Reichstag 1933 so? Damals wurden die ausufernden Kompetenzen für Kanzler Hitler gebilligt. War etwa auch diese Entscheidung des Parlaments heilig?

»Wir wollen eine Verfassungskrise verhindern«, entschuldigte der christdemokratische Justizminister Luc Frieden die Verfassungsänderung. Tatsächlich? Und warum haben sie den Sozialisten und Liberalen nicht noch vor der Abstimmung mit einer Verfassungskrise gedroht? Warum haben sie den Sozialisten und Liberalen nicht gesagt, dass sie es sind, die die Krise hervorrufen und sie deshalb auch selber lösen müssen?

Für die Verfassungsänderung werden zwei Drittel der Stimmen aller Abgeordneten gebraucht. Das luxemburgische Parlament hat die Verfassung tatsächlich mit den Stimmen von 56 Abgeordneten geändert, also auch mit den Stimmen der Christdemokraten. Das alles geschah unter der Amtsführung eines christdemokratischen Premiers und Justizministers. Danach stand nichts mehr im Wege und das Gesetz über Euthanasie trat ab März 2009 in Kraft. Papst Benedikt XVI. hat beim Treffen mit dem luxemburgischen Botschafter am 18. Dezember 2008 seine Besorgnis über dieses luxemburgische Gesetz geäußert. Er hat die Euthanasie als etwas Böses bezeichnet und die politischen Führer daran erinnert, dass den Menschen mit dem Guten gedient werden soll. Vergeblich.

Seither hat der Großherzog keine Gesetze mehr zu billigen, Luxemburg hat die Euthanasie und die Christdemokraten sind weiter an der Macht. Im Juni 2009 wurden in Luxemburg ordentliche Parlamentswahlen abgehalten. Die Kräfteverhältnisse haben sich kaum geändert. Die siegreichen Christdemokraten von Juncker setzten ihre Koalition mit der sozialistischen LSAP fort, so als wäre nichts geschehen.

Großherzog Henri hat einen respektablen Stammbaum. Er reicht bis in das 7. Jahrhundert zurück. Er ist der direkte Nachfahre von einem spanischen und von zwölf französischen Königen. Einer seiner Vorfahren war König Ludwig IX., der heiliggesprochen wurde. Dieser würde sich wohl fragen, warum der Großherzog in diesem Land eigentlich noch regieren will. Also, regieren ...

So erleben heutzutage katholische Monarchen Gewissensdramen. Der Widerstand von Henri war ein Echo auf die Entscheidung des belgischen Königs Baudouin, der das Abtreibungsgesetz nicht unterzeichnen wollte. Baudouin ist der Onkel von Henri. Auch der spanische König Juan Carlos musste Farbe bekennen. Das Gesetz, das Abtreibung ermöglichen sollte, haben die Sozialisten unter Ministerpräsident José Luiz Zapatero Anfang 2010 im Abgeordnetenhaus und auch im Senat durchgesetzt. Danach ging es zur Unterschrift an den König. Würde er es unterzeichnen? So fragten sich die spanischen Lebensschützer und organisierten eine Petition im Internet mit der ausdrücklichen Aufforderung: Majestät, unterzeichnen Sie nicht! Das Gesetz über die Ehe von Schwulen hatte er allerdings ein paar Jahre zuvor, ohne mit der Wimper zu zucken, unterschrieben. Und auch diesmal soll er angedeutet haben, beim Thema Abtreibung ebenso zustimmen zu wollen. »Schließlich bin ich nicht der belgische König«, sagte er. Der Chefredakteur des Wochenblattes »Alba«, Gonzalo Altozano, hat über ihn geschrieben: »Erwarten Sie von ihm keinen Heroismus.« Altozano hatte Recht. Ihre katholische Majestät, Nachfolger der großen Isabella von Kastilien, König Juan Carlos, hat Anfang März 2010 ohne großes Theater das Abtreibungsgesetz unterzeichnet.

Der zweite Onkel des Großherzogs Henri, der belgische König Albert II., der 1993 den Thron des verstorbenen Baudouin bestiegen hat, hatte 2006 dann ebenfalls kein Problem, das Gesetz über die Ehe von Personen gleichen Geschlechts zu unterschreiben.

Premier Juncker habe ich während des Staatsbesuches von Premier Dzurinda 2004 in Luxemburg kennen gelernt. Dzurinda hat sich mit ihm schon immer gut verstanden. Juncker ist nämlich ein sehr ruhiger, kultivierter Politiker. Während der Pressekonferenz wurde er damals nach der Erwähnung von Gott im Entwurf der EU-Verfassung gefragt. Und Juncker hat ruhig an seiner Zigarette gezogen und geantwortet: »Mir fehlt dort die Erwähnung von Gott nicht.« Mir war das damals richtiggehend peinlich und mit einem Gefühl der Trauer war mir klar, dass wir uns nicht verstehen würden.

Jean-Claude Juncker genießt in der EU großen Respekt. Er wurde sogar als möglicher Kandidat für den Posten des europäischen Präsidenten gehandelt. Als Regierungschef seit 1995 bis zur Gegenwart ist er der am längsten amtierende Premier in der ganzen EU. Und wir ahnen jetzt auch schon, warum.

Ebenfalls Mitglied der »Christlichsozialen Volkspartei« ist die EU-Kommissarin Viviane Reding. Sie arbeitet schon in einer zweiten Legislaturperiode in der Europäischen Kommission, derzeit als Kommissarin für »Justiz, Grundrechte und Bürgerschaft«. Im Juni 2011 hatte sie mit der ungarischen Regierung einen Konflikt wegen deren Kampagne gegen die Abtreibung. Im Mai waren nämlich in Budapest Plakate zu sehen, auf denen ein ungeborenes Kind seine Mutter bittet, es am Leben zu lassen und lieber zur Adoption freizugeben, wenn sie es nicht selbst großziehen wolle.

Ungarn hat diese Kampagne mit Geldern finanziert, die die Europäische Union für das Programm »Progress« zur Verfügung gestellt hatte. Die französische Sozialistin Sylvie Guillaume hatte Anstoß an der ungarischen Kampagne genommen und sich diesbezüglich an die Kommissarin Reding gewandt. Diese gab ihr Recht und erklärte, die Kampagne stünde nicht im Einklang mit den Zielen des Programms »Progress«.

Wenn wir uns die Ziele des Programms »Progress« auf den Seiten der Europäischen Kommission ansehen, bemerken wir als Erstes einen Verweis auf die Sozialagenda, die durch die Kommission festgelegt wurde. Liest man die Sozialagenda, so wird dort ausführlich auf die Überalterung der Bevölkerung Bezug genommen. Und unter den sieben Prioritäten, die aufgelistet werden, sticht der Punkt mit der Bezeichnung »Kinder und Jugend – das Europa von morgen« hervor.

Wo liegt nun das Problem, Frau Europakommissarin? Wer die Politik kennt, weiß, dass auf dem Hintergrund dieser Feststellungen in »Progress« ein Politiker die Finanzierung einer Anti-Abtreibungskampagne sehr wohl rechtfertigen kann. Dazu müsste er das allerdings auch tatsächlich wollen.

Im Sommer 2011 erschienen jedoch in der Blogosphäre Informationen über Aussagen von Reding, die geradezu unglaublich erschienen. Angeblich soll sie gesagt haben, die ungarische Kampagne gegen die Abtreibung richte sich gegen EU-Werte und man müsse alle EU-Länder zur Anerkennung von registrierten Partnerschaften oder sogar von Ehen von Personen gleichen Geschlechts zwingen. Diese Informationen waren aber ungenau. Es waren nämlich nur die Sozialistinnen, die auf ihren Internetseiten die Äußerungen der Kommissarin so ausgelegt hatten. Und entsetzte christliche Pro-Life-Anhänger haben dies dann auf ihren Seiten wiederholt.

Aber gerade da liegt das Problem. Nur schwammige Äußerungen lassen sich auf diese Art und Weise missdeuten. Wenn jemand einen *klaren* Standpunkt bezieht, der christlich ist, dann kann niemand mit irgendeiner Wortakrobatik daraus einen gegensätzlichen Standpunkt konstruieren. Die linken Liberalen jedenfalls beziehen klar und laut Stellung. Die Christen in den entsprechenden Funktionen hingegen reden – im günstigsten Fall – unklar.

Natürlich weiß Viviane Reding, dass man in der Politik Härte zeigen muss. Als Nicolas Sarkozy die arbeitslosen rumänischen und bulgarischen Roma aus Frankreich ausgewiesen hat, rief sie: »So eine Schande haben wir hier seit dem Zweiten Weltkrieg nicht mehr erlebt.« »Was zu viel ist, ist zu viel«, sagte sie an die Adresse von Sarkozy und schlug mit der Faust auf das Rednerpult. Sarkozy mit den Nationalsozialisten zu vergleichen, das war schon ein richtiger Kanonendonner. In diesem Fall wusste Viviane Reding, dass viele an ihrer Seite stehen. Wenn es sich aber um die Themen Abtreibung und Familie handelt, wird sie vorsichtig.

Zu Beginn 2010, vor der Berufung der zweiten Kommission von Barroso, erschienen in katholischen Blogs Überlegungen, dass sich der Fall Buttiglione wiederholen werde und dass sich diesmal der Angriff der Sozialisten, Liberalen und Grünen gegen die Katholikin Reding richten werde. Sie jedenfalls konnte problemlos ihr Amt antreten.

Wie »der Göttliche« und seine »Democristiani« eine Unterschrift geleistet haben

»Gewiss, Pilatus ist mein Kollege.«
Oscar Luigi Scalfaro, ehemaliger Präsident Italiens,
langjähriger christdemokratischer Politiker

In Europa gab es nach dem Krieg keine erfolgreichere parteipolitische Geschichte als die der Democrazia Cristiana – der italienischen Christdemokratie, DC. Die Partei mit dem Emblem »Scudo crociato«, dem Kreuzschild, regierte in Italien ununterbrochen 47 Jahre lang. Im römischen Palast Chigi auf der Piazza Colonna, dem Sitz des Regierungschefs, herrschte mit wenigen Unterbrechungen fast durchgehend ein Christdemokrat. Dasselbe gilt auch für den Quirinalpalast, in dem der Präsident der Republik residiert. Die Wahlergebnisse der Partei lagen stets um die 40 Prozent.

Alcide de Gasperi, der Gründer der DC, gehört zu den europäischen Legenden. Die »Democristiani« haben die Gefahr des Kommunismus im Land abgewehrt und wesentlich zu Italiens wirtschaftlichem Aufschwung beigetragen. De Gasperi hinterließ eine Generation von politisch langlebigen Christdemokraten, die ihre Liebe zur Macht offen zeigten: Amintore Fanfani, Aldo Moro, Giulio Andreotti ... Wie in einer Operette löste in der italienischen Politik eine Regierung die andere ab, der Begriff »neue Regierung« war aber da jeweils eher ein Euphemismus. Denn einige Nachfolger von de Gasperi waren in jeder dieser Regierungen dabei.

Giulio Andreotti ist 2013 als 94-Jähriger gestorben. Er war Verteidigungsminister, Innenminister, Außenminister, Finanzminister, Wirtschaftsminister und Premier. Er war Senator auf Lebenszeit. Parlamentsmitglied war er seit 1948, also schon seit 65 Jahren. Regierungsmitglied wurde er zum ersten Mal im Jahre 1947, die Regierung verlassen hat er 1992. Regierungsmitglied war er insgesamt 35 Jahre. Imposant. Man hat ihm den Spitznamen »Il divo Giulio« – Göttlicher Julius – gegeben und ihn damit mit Caesar verglichen.

Es gibt Politiker mit klaren Konzepten und Machtpolitiker. Andreotti war Letzteres. Und er konnte über sie auch witzig erzählen. »Die Macht nutzt ab«, sagte der kommunistische Abgeordnete Pajetta. »Die Macht nutzt diejenigen ab, die sie nicht haben«, antwortete darauf Andreotti. »Die Macht ist eine Krankheit, von der keiner gesunden will«, sagte er auch. Die Drehbuchautoren in Hollywood haben ein Gespür für gute Dialoge. 1990 wurde der dritte Teil der Mafia-Sage »Der Pate« gedreht. Als im Film der Mafia-Politiker Lucchesi ermordet wird, flüstert ihm sein Mörder kurz vor dem tödlichen Schlag ins Ohr: »Die Macht nutzt diejenigen ab, die sie nicht haben ...«

Ein regungsloses Gesicht, reglose Augen hinter einer großen Brille, ein gebeugter Kopf gleichsam ohne Hals auf einem gebeugten Rumpf, ruhige, langsame Artikulation: Das war Andreotti.

In den 90er-Jahren wurde viel über seine Zusammenarbeit mit der Mafia geredet. Deswegen wurde er auch zunächst verurteilt, danach aber von jeglicher Schuld freigesprochen. Andreottis Kontakte zur Mafia sind auch das Hauptthema des Film »Il Divo«, den 2008 der Regisseur Paolo Sorrentino über ihn gedreht hat. Dieses Gerede über Andreotti und die Mafia muss mit einer gewissen Vorsicht betrachtet werden. Denn für die vorwiegend linksorientierten italienischen Medien war jeder Christdemokrat ein potenzielles Mitglied der Mafia. Nicht gesprochen hat die Linke allerdings über ein Thema, bei dem Andreotti als Christdemokrat tatsächlich gescheitert ist – und zwar, weil er gegenüber der Linken klein beigegeben hat.

1978 war die Regierung des Premiers Giulio Andreotti an der Macht. Es war eine Minderheitsregierung nur aus Christdemokraten. Das Thema der Legalisierung der Abtreibung hing schon einige Jahre in der Luft. Der Wille zum Widerstand war bei den »Democristen« bereits gemindert. 1976, nach dem Austritt von Dioxin in der Fabrik in Seveso, hatten Pro-Abtreibungskreise eine Atmosphäre der Angst erzeugt, indem sie auf mögliche Missbildungen der Ungeborenen von schwangeren Frauen hinwiesen, die von Dioxinvergiftung betroffen gewesen waren. Abtreibung war damals in Italien noch eine Straftat, aber das ein Jahr davor ergangene Urteil des Verfassungsgerichts sprach von einem Anspruch der Frau auf Entfernung des Fötus, falls ihre Gesundheit bedroht sei.

Der Mailänder Erzbischof Giovanni Colombo forderte die Frauen auf, ihre Kinder nicht zu töten. Die christdemokratischen Minister für Gesundheit und Justiz hießen aber mit der Billigung von Premier Andreotti Abtreibungen bei Frauen aus Seveso gut. Sie wurden euphemistisch »therapeutisch« genannt. In Wirklichkeit waren die Abtreibungen eugenisch, weil die Mütter schließlich nicht bedroht waren. Mehr als 30 derartige Abtreibungen wurden in der Mailänder Klinik Mangagiallo durchgeführt. Die Körper der abgetriebenen Kinder wurden zur Untersuchung nach Deutschland geschickt, mit dem Ergebnis, dass keines der abgetriebenen Kinder Anzeichen von Deformationen aufwies. Die Frauen, die nicht abgetrieben hatten, gebaren gesunde Kinder. Die abgetriebenen Kinder waren die einzigen menschlichen Opfer des Störfalls. Sonst waren nur Hasen und Hühner umgekommen.

Die Stunde der Wahrheit schlug am 18. Mai 1978. Überwiegend mit den Stimmen der Kommunisten und Sozialisten, also der parlamentarischen Opposition, wurde im Senat »Legge 194« – das Gesetz Nr. 194 – mit dem Orwellschen Namen »Das Gesetz über den Schutz der Mutterschaft und der freiwilligen Unterbrechung der Schwangerschaft« verabschiedet. Zuvor war das Gesetz von der Abgeordnetenkammer verabschiedet worden.

Die Christdemokraten stimmten dagegen. Damit das Gesetz aber in Kraft treten konnte, waren die Unterschriften sowohl der Mitglieder der Exekutive als auch des Präsidenten erforderlich. Die Christdemokraten standen also vor der Wahl: unterzeichnen oder zurücktreten?

Der Parteivorsitzende Aldo Moro hatte schon vor der Abstimmung im Senat gesagt: »Die DC verpflichtet sich, der Mehrheit, die dem Abtreibungsgesetz zustimmt, keine Steine in den Weg zu legen.« Das war ein klares Signal für die Abtreibungsanhänger: Sie würden nichts riskieren. Aldo Moro gehört zu den großen Gestalten der DC. Er war bereits zweimal Premier gewesen und außerdem persönlicher Freund von Papst Paul VI.. Die Christdemokratie hat er auf den Weg des Kompromisses mit dem linken Zeitgeist geführt. In diesem Zusammenhang wird häufig an eine Passage aus seiner Rede 1975 erinnert:

»*Zwar verlangt der Charakter einer Volkspartei, dass einige prinzipiellen Standpunkte, die in einer anderen Phase der Gesellschaft relevant waren, zurückgestellt werden, weil sie jetzt ein Hindernis beim Kontakt mit den Massen und in der politischen Zusammenarbeit darstellen. Es sind jene Prinzipien, die das öffentliche Bewusstsein der privaten Sphäre zuordnet ...*«

Im Mai 1978 verband sich die Tragödie der DC mit der persönlichen Tragödie des Vorsitzenden. Aldo Moro wurde am 16. März von Terroristen der Roten Brigaden entführt. Nach sieben Monaten – auch der Papst hatte inzwischen die Terroristen aufgefordert, Aldo Moro freizulassen – wurde er am 9. Mai 1978 durch Schüsse eines Mario Moretti ermordet. Am gleichen Tag wurde sein Körper in einem abgestellten Auto gefunden.

In dieser Atmosphäre der Gewalt stimmte der italienische Senat neun Tage später über das Abtreibungsgesetz ab. Der Gleichklang beider Gewalttaten war symbolisch. Es war eine Woche nach dem Begräbnis des ermordeten Parteivorsitzenden, da entschied sich Premier Andreotti, das Gesetz zu unterschreiben. Giulio Andreotti, der Christdemokrat, unterzeichnete das Gesetz über die Tötung von ungeborenen Kindern.

Offensichtlich war ihm schon lange klar, dass er es tun würde. Bereits ein Jahr zuvor, am 21. Januar 1977, hatte das Abtreibungsgesetz die erste Abstimmung in der Abgeordnetenkammer passiert. Giulio Andreotti notierte an diesem Tag in sein Tagebuch:

»*Sitzung im Montecitorio über das Abtreibungsgesetz. Passiert mit 310 Stimmen dafür und 296 dagegen. Es entsteht für mich ein Problem mit der Unterzeichnung dieses Gesetzes (unterzeichnen soll auch Leone). Aber wenn ich es ablehnte, würden wir die Krise eröffnen, wo wir doch endlich begonnen haben, die Risse zu stopfen. Wir müssen das Gesetz wohl erleiden, sonst würde die DC aus der Regierung gedrängt. – Das wäre schlechter.*«

Der katholische Historiker Roberto De Mattei kommentiert dies wie folgt: »Der Verlust der Regierung wurde für schwerwiegender gehalten als die moralische Verantwortung, die mit der Unterzeichnung des Gesetzes verbunden war. Ein Todesurteil für Unschuldige sollte gesetzlich verankert werden. Es war die Ablehnung des fünften Gebots, das natürliche göttliche Gesetz wurde mit Füßen getreten.«

Dieses Gesetz hat auch der Präsident der Republik, Giovanni Leone, unterschrieben, der vor seinem Amtsantritt Christdemokrat gewesen war. Der Präsident hat nicht einmal von seinen Befugnissen gemäß Artikel 74 der italienischen Verfassung Gebrauch gemacht, wonach er das Gesetz ins Parlament zur erneuten Verhandlung hätte zurückverweisen können. Nach vier Tagen hat er das Gesetz unterzeichnet. Dabei war das Gesetz nicht einmal mit großer Mehrheit im Parlament beschlossen worden.

Und so wurde das Gesetz Nr. 194 am 22. Mai 1978 in der »Gazzetta Ufficiale«, dem italienischen Gesetzesblatt, veröffentlicht. Unter dem Gesetz befinden sich ausschließlich Unterschriften von katholischen Politikern. Es sind die Unterschriften von Premier Andreotti, die Unterschrift der Gesundheitsministerin Tina Anselmi, der ersten Frau in der italienischen Regierung, die Unterschriften der Minister Francesco Bonifacio, Tommaso Morlino und Filippo Pandolfi. Und schließlich auch noch die Unterschrift von Präsident Leone. Ein Katholik neben dem anderen. Präsident Leone ist drei Wochen danach von seinem Amt zurückgetreten, wegen einer Bestechungsaffäre in Zusammenhang mit dem Kauf von Abfangjägern der Firma Lockheed. Im August starb Papst Paul VI.

Die Mitarbeit der Christdemokraten bei der Legalisierung der Abtreibung hat sich nicht auf Unterschriften beschränkt. Die Regierung Andreotti hat 1979 den Generalstaatsanwalt beauftragt, er solle vor dem Verfassungsgericht die Übereinstimmung des Gesetzes Nr. 194 mit der Verfassung verteidigen.

Man könnte nun sagen, dass die DC um jeden Preis die Führung der Regierung behalten musste, um der kommunistischen Gefahr zu begegnen. In Italien stand im Unterschied zu anderen europäischen Ländern nicht die sozialdemokratische Partei an der Spitze der Linken, sondern die kommunistische. Drohte Italien etwa die Machtergreifung des Kommunismus, so wie wir ihn aus dem osteuropäischen Lager kennen? Waren die Christdemokraten um jeden Preis auf das Verharren in der Regierung angewiesen? Hätte der Wechsel der DC in die Opposition Ende der 70er-Jahre den Eintritt der Kommunisten in die Regierung bedeutet, den Austritt Italiens aus der NATO und dafür den Beitritt zum Warschauer Pakt und Unterwerfung unter die Sowjetunion? Wären die nichtkommunistischen linken Parteien bereit, sich an einem solchen Komplott zu beteiligen?

Ein solches Szenario ist nicht realistisch. Der Kommunismus sowjetischen Typs drohte in Italien lediglich kurz nach dem Zweiten Weltkrieg, als die kommunistische Partei von Togliatti noch eine stalinistische Partei war. Ende der 70er-Jahre war die kommunistische Partei von Berlinguer »eurokommunistisch« und abgekoppelt von Moskau. Ganz im Gegenteil. Italien drohte damals ein anderes Programm der Kommunisten: die Kultur des Todes, wie sie der Papst später genannt hat. Dieses Programm haben die Kommunisten auch verwirklicht – mit Hilfe der Christdemokratie.

Die Christdemokraten haben damals nicht über eine kommunistische Gefahr gesprochen. Im Gegenteil, Aldo Moro hatte in der Zeit vor seinem Tod die Vision vom *compromesso storico* – dem historischen Kompromiss. Dieser bedeutete die Einbeziehung der kommunistischen Partei PCI in die Zusammenarbeit mit der DC und die Mitverantwortung für das Land. Dies war ein Paradoxon. Moro hatte der PCI die Hand zur Zusammenarbeit angeboten und die PCI hat im Parlament die Abtreibung durchgeboxt, was schließlich ein Affront gegenüber der DC war. All das hat dann letztendlich der DC auch das Rückgrat gebrochen.

Die Vision vom *compromesso storico* starb im Mai 1978. Und wieder einmal hat sich der Anti-Antikommunismus auf eine interessante Weise mit der Unwilligkeit verbunden, für den Schutz des ungeborenen Lebens zu kämpfen.

Die Democrazia Cristiana als allein regierende Partei hat ihre Erniedrigung in der Abtreibungsfrage mit der Floskel von der »Neutralität der Regierung« zu beschönigen versucht. Darauf ist einerseits zu sagen: Wie kann ein Christdemokrat über Neutralität im Fall eines so ernsten moralischen Problems reden, das vom christlichen Gesichtspunkt aus vollkommen klar ist? Und andererseits ist die Unterzeichnung eines Gesetzes keineswegs Ausdruck von Neutralität, sondern von Zustimmung.

Dieses Verhalten der DC hätte man bereits 1970 vorhersehen können, als die Kommunisten gemeinsam mit den Sozialisten in Italien die Legalisierung der Scheidung durchgesetzt hatten. Damals waren die Sozialisten Regierungspartner der DC in der Regierung des Christdemokraten Emilio Colombo. Und damals entstand wahrscheinlich auch zum ersten Mal die Situation, dass die Linken in der Regierung sich mit der oppositionellen Linken gegen die regierenden Christdemokraten zusammentaten – noch dazu in einer Angelegenheit, die gegen das Wesen der christlichen Partei gerichtet war. Und schon damals hat sich die DC nicht gewehrt.

Das Gleiche hat Premier Mariano Rumor von der DC 1974 bei einem Referendum über die Beibehaltung des Scheidungsgesetzes erlebt. Wieder einmal führten die regierenden Sozialisten gemeinsam mit den oppositionellen Kommunisten eine Kampagne für die Scheidung durch – auch diesmal erfolgreich. Und schließlich wiederholte sich dasselbe Spielchen unter dem DC-Premier Arnaldo Forlani: Erneut verbündeten sich die mitregierenden Sozialisten mit den Kommunisten, als es 1981 in einem Referendum darum ging, ob das Gesetz Nr. 194 beibehalten werden sollte.

Die Linke hatte längst begriffen, dass keine noch so große Gemeinheit, ob im Parlament oder direkt von der Seite des Regierungspartners, die Christdemokraten soweit bringen würde, nur ein einziges Mal mit dem Verlassen der Regierung zu drohen. Deshalb konnten sie ihre Agenda straflos durchsetzen – und sie haben mit dieser Agenda daher auch gesiegt. Einige der Christdemokraten waren sich dieses Fehlers bewusst. Roberto De Mattei erinnert an die Überlegungen des Mitbegründers der DC, Senator Guido Gonella, bei der Legalisierung der Scheidung im Jahre 1970. »Dies ist das, was wir tun sollten: Selbst die Regierung opfern, um die Verabschiedung des Gesetzes zu verhindern«, schreibt Gonella.

Worte wie die von Gonella bildeten jedoch in der DC die Ausnahme. Im Gegensatz dazu hat man sich dort mit der praktizierten Vorgehensweise sogar noch gebrüstet. 1991 sagte der ehemalige italienische Präsident Francesco Cossiga, der vor seiner Wahl Mitglied der DC war:

»Die größten historischen Verdienste der Christdemokratie bestehen darin, dass sie es fertig gebracht hat, ihre eigene ideologische Position und ihre Ideale hintanzustellen. Gesetze über Abtreibungen und Scheidungen wurden mit Staatsoberhäuptern und Ministern aus der Christdemokratie gemacht, die damals ihre politische Identität zurückgestellt haben zu Gunsten von Demokratie, Freiheit und Unabhängigkeit.«

Na gut, sagen wir uns. Aber wenn es so wunderbar und großartig war, warum ist die DC dann 1993 wie ein Kartenhaus zusammengebrochen? Die Korruptionsskandale reichen als Erklärung nicht aus. Wie kommt es, dass plötzlich bei den Politikern, den Mitgliedern und den Wählern der DC der Stolz auf die Partei und der Glaube daran, dass diese Partei ihre Arbeit fortsetzen muss, geschwunden sind? Wie kommt es, dass der Riese plötzlich zusammengebrochen ist und nicht mehr aufstand? War es nicht deswegen, weil alle längst wussten, dass die DC nur noch eine Maschine zum Machterhalt war? Dass die DC kein Herz mehr hatte?

Im Buch Daniel im Alten Testament entweiht der König die heiligen Tempelgefäße und eine geheime Hand schreibt an die Wand »Mene tekel ...« Und die Fremden vernichten den König und sein Königreich. Geprüft, gewichtet und für zu leicht befunden. Das ist auch die Geschichte des italienischen christdemokratischen Reiches, das ein halbes Jahrhundert gedauert hat.

Zehn Jahre nach dem Untergang der DC, 25 Jahre nach der Unterzeichnung des Gesetzes Nr. 194, sagte Giulio Andreotti 2003: »Heute würde ich lieber zurücktreten, als es zu unterzeichnen«. Nur seit dieser Zeit wurden auf der Basis dieses Gesetzes fünf Millionen ungeborene Kinder getötet.

2001 war ich mit František Šebej und Peter Weiss zu Besuch im italienischen Senat. Die Tagung fand im Palast Madama statt. Im letzten Moment betrat der 80-jährige Senator auf Lebenszeit Andreotti den Raum. Er setzte sich und hörte still zu. Am Ende der Tagung schüttelte ich ihm die Hand und dankte ihm mit einem Satz für alles, was er für die Christdemokratie getan hatte. Er gab sich teils wortkarg und teils bescheiden. Nun, nach all den Jahren kommt mir mein damaliger Satz mehr als zweideutig vor.

Margaret Thatcher hat über Andreotti gesagt: »Es sah so aus, als hätte er eine große Aversion gegen Prinzipien, vielleicht sogar die Überzeugung, ein Mann von Prinzipien sei dazu verurteilt, eine lächerliche Gestalt zu werden.«

Jacques, Sarko und natürlich
Simone – Simone! Simone!

»Wenn ich Chirac bitte, ein Tunnel vom Èlysée-Palast zum
Bourbon-Palast zu graben, so könnte ich
bereits am nächsten Tag ein schon weit gediehenes
Ergebnis sehen und einen Chirac, der sich
eine hohe Belohnung erwartet.«

Georges Pompidou über Jacques Chirac

Wir haben schon den Vorsitzenden des Abgeordnetenclubs der EPP, Joseph Daul, erwähnt. Der Franzose Daul ist Mitglied der UMP – Union für eine Volksbewegung – des früheren französischen Präsidenten Nicolas Sarkozy. Nennen wir sie aber lieber »Die Gaullisten«. Charles de Gaulle würde sie heute allerdings wohl nicht wiedererkennen, was allerdings nicht darauf zurückzuführen wäre, dass sie sich seit de Gaulles Zeiten mehrmals unbenannt haben: von RPF (Sammlungsbewegung des französischen Volkes) zu UDR, RPR und schließlich zu UMP.

Es ist April 2007. Die Kampagne für die Präsidentschaftswahlen ist zu Ende. Tausende von gaullistischen Wählern versammeln sich in einer riesigen Sporthalle in Paris-Bercy zum abschließenden Meeting der Unterstützer des Präsidentschaftskandidaten Nicolas Sarkozy. Eine alte, elegante Dame schreitet majestätisch zum Mikrofon. Sie hält eine kurze, energische Rede zur Unterstützung von Sarkozy. Die Halle jubelt.

Es ist Simone Veil, die erste Vorsitzende des Europäischen Parlaments. Sie hat das nationalsozialistische KZ Auschwitz überlebt. In den 70er-Jahren war sie Gesundheitsministerin und in dieser Funktion hat sie 1974 die Legalisierung der Abtreibung durchgesetzt. Präsident war damals Valéry Giscard d'Estaing, Regierungschef der Gaullist Jacques Chirac.

Für Charles de Gaulle bestand der Sinn einer gaullistischen Partei darin, ihn, Charles de Gaulle, zu unterstützen. Er selbst hat politischen Parteien keine große Bedeutung beigemessen und sich deshalb stets um die Durchsetzung des Präsidialsystems bemüht, bei dem ein Mensch Volk und Staat verbindet und führt. Aber wenn man schon das Parlament nicht auflösen kann, sollte man es dann nicht mit Abgeordneten der Partei besetzen, die ihre Aufgabe darin sehen, den Präsidenten zu unterstützen?

Nur die starke Persönlichkeit von de Gaulle garantierte die Verwirklichung einer derartigen Konzeption. Die Menschen wählen Parteien nach ihrer persönlichen Philosophie und Ideologie. Auch wenn sich de Gaulle über Parteien und Ideologien stellte, so war er doch kein Mensch ohne Ideologie. Er war ein gläubiger Katholik und Patriot. Am Tag seines größten Triumphes, am 26. August 1944, fuhr de Gaulle in einem grandiosen Umzug durch das befreite Paris und nahm den Beifall von hunderttausenden Bürgern entgegen. Der Umzug begann beim Arc de Triomphe, der Staat und Nation repräsentiert. Er endete in der Kathedrale Notre Dame mit einem feierlichen Magnifikat. Die Orte, an denen der Umzug begann und endete, symbolisierten de Gaulles Werte. Und mit diesen Werten hat er auch die konservativ-katholischen Wähler angezogen. Diese hatten keine große Auswahl. Nach dem Krieg konnten sie die christlich-demokratische Partei MRP von Robert Schuman oder die Gaullisten wählen. 1958 nach der Rückkehr von de Gaulle an die Macht wandten sie sich immer mehr den Gaullisten zu und die MRP verfiel.

Nach dem Mai-Unruhen 1968 stellte sich das konservative Frankreich in einem nie dagewesenen Ausmaß hinter die Gaullisten. In den vorgezogenen Parlamentswahlen erhielt die UDR mit etwa 60 Prozent mehr als 300 Abgeordnetenmandate. Die Gaullisten erwartete aber eine turbulente Zeit. De Gaulle verließ ein Jahr später die Politik und starb bald darauf. Die Präsidentschaftswahlen gewann Georges Pompidou, der viele Jahre seine rechte Hand gewesen war. 1974 starb auch er. Im Mai sollten dann vorgezogene Präsidentschaftswahlen stattfinden.

Bei der Linken musste man mit der Kandidatur eines starken Mannes rechnen. Es war François Mitterand, der bereits bei den Wahlen 1965 de Gaulle schwer zu schaffen gemacht hatte. Mitterand wurde von den Sozialisten und Kommunisten unterstützt.

Bei den Konservativen erwuchs den Gaullisten ein gewichtiger Konkurrent. Der junge Technokrat Valéry Giscard d'Estaing war bereits in den 60er-Jahren als Wirtschafts- und Finanzminister eine herausragende politische Gestalt. Er baute seine Partei FNRI, Föderation unabhängiger Republikaner, auf.

Nach Pompidous Tod war wahrscheinlich Jacques Chaban-Delmas in der UDR die Persönlichkeit mit der größten Autorität. Er war in der Zeit der Okkupation ein Held des Widerstands gewesen. In den 60er-Jahren war er Vorsitzender der Nationalversammlung und in den Jahren 1969 bis 1972 Premierminister. Er machte kein Geheimnis aus seinen Ambitionen auf das Amt des Präsidenten.

Der junge, 41-jährige Innenminister Jacques Chirac, »der Bulldozer« von Pompidou, begann nun mit einem großen Präsidentschaftsspiel. Einerseits mochte er als Pompidou-Anhänger Chaban-Delmas, den Pompidou erst kurz zuvor als Premier abgesetzt hatte, nicht. Andererseits konnte er sich denken, dass Chaban-Delmas im zweiten Wahlgang Mitterand nicht besiegen würde. Chirac organisierte also den »Appell der 43«. Unterzeichnet haben ihn vier Minister und 39 Abgeordnete der UDR, einschließlich Chirac. Der Appell war de facto eine Unterstützung der Kandidatur von Valéry Giscard d'Estaing.

Für Chaban-Delmas war es ein Schlag. Im ersten Wahlgang hatte Mitterand 43 %, Giscard d'Estaing 32 % und Chaban-Delmas nur 15 % der Stimmen erhalten. Im zweiten Wahlgang am 19. Mai 1974 besiegte Giscard d'Estaing Mitterand nur knapp, mit nicht einmal 51 % der Stimmen. Vielen Gaullisten fiel es offensichtlich nicht leicht, Giscard zu wählen, der 1969 bei de Gaulles

Referendum mit Nein gestimmt und damit definitiv zum Rücktritt von de Gaulle beigetragen hatte.

Der neu gewählte Präsident Valéry Giscard d'Estaing ernannte eine neue Regierung. Als Premier berief er Jacques Chirac, was niemanden überraschte. Chirac wurde damit der mächtigste Mann in der UDR. Durch das Bündnis von zwei ambitionierten Ministern gelangte der eine in den Élysée-Palast und der anderen in den Palast Matignon. Das sollte aber nicht lange gut gehen. Doch zunächst hatte es seinen Zweck erfüllt.

Außer der UDR saßen in der Regierung auch noch die »Unabhängigen Republikaner« von Giscard, die zentristische CDP und die MR – »Mouvement reformatéur« –, die Nachfolger der Christdemokraten von Schuman mit Jean Lecanuet an der Spitze. Das Kräfteverhältnis der regierenden Parteien im Parlament war jedoch unausgeglichen. Seit den Parlamentswahlen im Jahr zuvor hatte die gaullistische UDR in der Nationalversammlung respektable 183 Abgeordnete, während die Republikaner von Giscard nur 55, die CDP 34 und die MR 30 Abgeordnete stellten. Dennoch stellte die UDR außer dem Premier nur fünf von 16 Ministern in der Regierung. Die Machtansprüche mussten also aufeinanderprallen.

Es gab noch ein weiteres Problem. Giscard d'Estaing war ein Liberaler und wollte auch liberale Reformen durchsetzen, zum Beispiel die Legalisierung der Abtreibung. Sein verlängerter Arm sollte Simone Veil werden, die er zur Gesundheitsministerin ernannt hatte.

Die Legalisierung der Abtreibung kam im Herbst 1974. In den Bildern von damals sehen wir Ministerin Veil, wie sie das Gesetz im Parlament vorstellt. Sie trägt ein elegantes Kostüm, ein weißes Kollier, sie wirkt entschlossen, konzentriert und stark.

Es gab eine lange, ermüdende und emotionale Parlamentsdebatte. An der Diskussion über das Gesetz beteiligten sich 168 Abgeordnete und Minister. »Wollen Sie die Kinder in die Öfen schicken?«, rief ein Abgeordneter der Ministerin in Anspielung auf ihre persönlichen Erfahrungen in einem nationalsozialistischen Konzentrationslager zu. Ein anderer Abgeordneter spielte der Kammer die Tonaufnahme des Herzklopfens eines achtmonatigen ungeborenen Kindes vor. Veil saß die ganze Zeit über im Parlament und kämpfte – und sie siegte. Das Gesetz wurde in der Nationalversammlung mit 284 zu 189 Stimmen verabschiedet. Im Januar 1975 wurde es rechtswirksam. Von da an kannte ganz Frankreich Simone Veil. Das Gesetz »Über die freiwillige Unterbrechung der Schwangerschaft«, wie die offizielle Bezeichnung lautete, ist bis heute als *Loi Veil*, das Veil-Gesetz, bekannt.

Die größten Gegner des Gesetzes waren in der Nationalversammlung die Gaullisten. Der Abgeordnete Jean Foyer, ehemals Justizminister, trat in der Diskussion fünfmal ans Mikrofon und warnte vor »Kinderleibern, die sich auf dem Schlachtfeld türmen werden«. Der Gaullist Hector Rolland sprach unverblümt von Genozid.

Von den 183 gaullistischen Abgeordneten haben nur zehn für das Gesetz gestimmt, alle anderen haben es abgelehnt.

So sehr die Gaullisten auch gekämpft haben, so trägt ihr Einsatz doch auch das Merkmal einer gewissen tragischen Schizophrenie, die an der Aufrichtigkeit der Partei zweifeln lässt. Warum?

Die Gesundheitsministerin hatte dem Gesetz zwar ihren Namen gegeben, weil sie mit ihm medienwirksam in Verbindung gebracht wurde. War es aber wirklich ein *Loi Veil*? Rechtlich gesehen sind Gesetzesentwürfe, die im Parlament vorgelegt werden, nicht die Entwürfe eines Ministers. Es sind Gesetzesinitiativen der Regierung – und von ihr gebilligt. Der Minister ist von der Regierung lediglich beauftragt, den Regierungsentwurf im Parlament zu verteidigen.

Auf der Internetseite der französischen Nationalversammlung findet man eine Abbildung des Parlamentsdruckes Nr. 1297 mit dem Entwurf des Gesetzes. Auf der Vorderseite lesen wir, dass die Gesundheitsministerin Simone Veil das Gesetz über die freiwillige Unterbrechung der Schwangerschaft »*au nom de M. Jacques Chirac, premier ministre*« vorgelegt hat – also im Namen von Jacques Chirac, dem Premierminister.

Es ist nicht nur *Loi Veil*. Es ist auch *Loi Chirac*.

Beinahe 200 der gaullistischen Abgeordneten haben also gekämpft und gegen ein Gesetz gestimmt, das der Regierungschef der UDR gebilligt und ins Parlament eingebracht hatte. Verantwortlich war also ihr eigener katholischer Premier, seit Dezember 1974 Generalsekretär der UDR und damals bereits ihr mächtigster Politiker. Die gaullistischen Abgeordneten kämpften gegen die Ministerin, die *im Namen des gaullistischen Premiers und ihres Parteichefs handelte*. Dieser aber schwieg in diesen Tagen.

Wer hat denn überhaupt für das Gesetz gestimmt, wenn fast alle Gaullisten dagegen gewesen waren? Dafür hat jedenfalls die komplette sozialistische und kommunistische Opposition – sie hatte in der Nationalversammlung 176 Abgeordnete – gestimmt. Die übrigen Stimmen lieferten ein Teil der Regierungsabgeordneten, vor allem die Republikaner von Giscard von der FNRI und die Zentristen. Wir sehen also in Frankreich das gleiche Modell, das wir schon kennen. Ein Teil der Regierungsabgeordneten verbündet sich bei der Abstimmung über das Gesetz mit der Opposition gegen die eigenen Leute in der Regierung und sorgt damit dafür, dass es beschlossen wird. Aber dass dies alles von einer Ministerin der Regierung eines katholischen Premiers, der zu den Konservativen gehört, organisiert wird, war wirklich ein Unikum.

Es ist angebracht, auch noch auf die Haltung eines anderen damaligen Politikers, des Justizminister Jean Lecanuet, einzugehen. Die Legalisierung der Abtreibung hängt ja automatisch auch mit dem Justizressort zusammen, weil dabei ja aus einer Straftat eine legale Handlung wird, womit sich die strafrechtliche Politik des Staates ändert. Jean Lecanuet wuchs politisch in der christdemokratischen Partei MRP auf und in den 60er-Jahren war er deren Hauptfigur. Er wollte eine echte Alternative zu den Gaullisten in der politischen Szene schaffen. 1965 kandidierte er bei den Präsidentschaftswahlen und erreichte im ersten Wahlgang respektable 15,6 % der Stimmen und damit den dritten Platz. Dies waren genau die Stimmen, die de Gaulle im ersten Wahlgang gefehlt haben. Danach hat Lecanuet einige Jahre lang die Christdemokraten durch das Zusammenlegen mit anderen kleineren Gruppierungen verändert. Während der Parlamentsdebatte zur *Loi Veil* hat auch er sich als Minister eingeschaltet. Bei seinen Auftritten hat er den Gesetzesentwurf verteidigt und zugegeben, dass dies zwar eine »schmerzhafte« Aufgabe sei, gleichzeitig behauptete er aber, man könne nicht am Verbot der Abtreibung festhalten, schon allein wegen der großen Zahl illegaler Abtreibungen. Vier Jahre später führte Lecanuet seine politische Partei in die neue politische Organisation UDF über, die Giscard d'Estaing unterstützt hat. Lecanuet war Vorsitzender der UDF bis 1988. Die *Loi Veil* hat also den Christdemokraten Lecanuet und den liberalen Präsidenten Giscard – er hat auch die Erleichterung von Scheidungen durchgesetzt – nicht auseinandergebracht.

Der frisch gebackene Generalsekretär der Gaullisten und Premier in einer Person, Jacques Chirac, trat 1976 vom Posten des Premiers zurück. Erst 1995, also beinahe 20 Jahre später, gelang es ihm, auf dem Präsidentensessel, um den er sich so viele Jahre bemüht hatte, Platz zu nehmen. Als die Europäische Union darüber diskutierte, ob in der Präambel des Verfassungsvertrags der EU an die christlichen Wurzeln Europas erinnert werden sollte, war es Präsident Jacques Chirac, der sich zusammen mit den europäischen Sozialisten entschieden dagegen aussprach.

Simone Veil setzte in der Partei von Giscard ihre erfolgreiche Karriere fort. 1979 führte sie die Kandidatenliste der Partei von Giscard in den ersten Wahlen zum Europäischen Parlament an. Dank ihres Erfolges – es gelang ihr sogar die Gaullisten zu besiegen – wurde sie zur Vorsitzenden des Europäischen Parlaments gewählt. Diese populäre Politikerin haben übrigens auch gaullistische Führer gehegt und gepflegt. Und so wurde Simone Veil – als beinahe 70-Jährige 1993 in der Regierung von Edouard

Balladur erneut Gesundheitsministerin. Dort machte sie die Bekanntschaft des jungen Finanzministers Nicolas Sarkozy.

Ihn unterstützte sie dann 2007 in dem Megameeting in Bercy. Auf den an die Großleinwand projizierten Aufnahmen können wir erkennen, dass sie am Hals ein weißes Kollier trug. Es ähnelt dem, das sie 30 Jahren zuvor im Parlament bei der Verteidigung der *Loi Veil*, bei ihrem Kampf gegen die Gaullisten getragen hatte. Wer weiß, vielleicht war es dasselbe? Vielleicht war es ihr Siegessymbol? Sie hat sich in all den Jahren nicht verändert, aber die Gaullisten haben sich geändert. Falls Jean Foyer sie in Bercy gesehen hätte, wäre er sich wie auf einem fremden Planet vorkommen. Außerdem wurde Sarkozy damals auch von Giscard d'Estaing unterstützt, der sich im Alter von seiner Partei getrennt hatte und den Gaullisten beigetreten war. Letztendlich haben sich also alle wiedergetroffen.

2005 wurde Simone Veil von der »Union orthodoxer Rabbiner der USA und Kanada« für ihre Teilnahme am Gedächtnistag zur Erinnerung an den 60. Jahrestag der Befreiung von Auschwitz kritisiert. Laut der Union ist Simone Veil mit der Legalisierung von Abtreibungen für die Vernichtung von menschlichem Leben verantwortlich, ein Verbrechen, das die Verbrechen der Nationalsozialisten übersteigt. Aber im heutigen Frankreich ist Simone Veil so etwas wie eine säkulare Heilige. 2008 wurde sie unter die »Unsterblichen« in die französischen »Akademie der Wissenschaften« aufgenommen. An der feierlichen Veranstaltung nahmen alle lebenden Präsidenten teil: Sarkozy, Chirac, Giscard d'Estaing. Aber vor der Französischen Akademie standen viele Pro-Life-Anhänger und protestierten.

Die Gaullisten sind geachtete Mitglieder der Europäischen Volkspartei EPP. In der offiziellen Bezeichnung des Abgeordnetenclubs der EPP im Europäischen Parlament stehen in Klammern weiterhin die Worte »Christdemokraten«. Aber wie würde Dante den Pro-Life-Anhängern sagen: Alle, die ihr eintretet, lasst alle Hoffnung fahren!

Es gibt unscheinbare Ereignisse, die in aller Kürze riesige Veränderungen erkennbar machen. Im April 2008 lud Präsident Nicolas Sarkozy Daniel Cohn-Bendit in den Élysée-Palast ein, zu einem Routinetermin. Im zweiten Halbjahr sollte Frankreich den Vorsitz in der EU übernehmen, und der Präsident empfing Vertreter aller politischen Gruppierungen im Europäischen Parlament. Und Cohn-Bendit war Vorsitzender des Clubs, zu dem sich die europäischen Grün-Parteien zusammengeschlossen hatten.

Aber das Treffen war aus einem anderen Grund interessant. Es fand nämlich einige Tage vor dem 40. Jahrestag der Ereignisse im Mai 1968 statt, jener Studentenrevolte, deren Hauptfigur damals Daniel Cohn-Bendit gewesen war. Dieser 68-Aufstand war der Beginn des politischen Niedergangs des politischen Giganten de Gaulle. Nicolas Sarkozy war Chef der gaullistischen Partei. Im Präsidentschaftswahlkampf 2007 hatte er das Erbe des Jahres 1968 in Frage gestellt. Es war gerade auf dem Treffen in Bercy, wo Sarkozy seine Gegnerin, die Sozialistin Segoléne Royal, beschuldigt hat, das unmoralische Erbe vom Mai 1968 hochzuhalten. Für sich selbst nahm er in Anspruch, dieses Erbe liquidieren zu wollen.

Nach dem Treffen mit dem Präsidenten stellte sich Cohn-Bendit den Journalisten im Hof des Élysée-Palastes. Auf die Frage der Presse, ob Sarkozy tatsächlich den »Mai 1968 liquidieren« wolle, antwortete Cohn-Bendit, er halte Sarkozys Worte aus dem Wahlkampf nur für eine Phrase. Er sagte, er habe Sarkozy bei dem Treffen sein neues Buch über das Jahr 1968 geschenkt und scherzte: »Er wird mein Buch lesen, mich anrufen und sagen: Ich habe mich geirrt, entschuldige ... Ich werde das Jahr 68 nicht liquidieren. Im Gegenteil. Eigentlich hat es mir ja ermöglicht, Präsident zu werden.«

Diese Worte von Cohn-Bendit erklären mehr als eine Menge von Analysen. »Das Jahr 68 war wunderbar. Hier begann die grundlegende Veränderung der französischen Gesellschaft. Der beste Beweis dafür ist: Ein zweimal geschiedener Mann ist heute Präsident der Republik«, fuhr er fort mit einer Anspielung auf Sarkozys gescheiterte Ehen. »Erinnern wir uns an Tante Yvonne von vor 40 Jahren. Die muss sich doch im Grab umdrehen.«

»Tante Yvonne« war die Ehefrau von Charles de Gaulle, eine Verfechterin des hohen Wertes der Familie.

Daniel Cohn-Bendit sprach wie ein zufriedener Sieger. Er hatte im Mai 1968 in Frankreich gewonnen. Mit der Anspielung auf Yvonne de Gaulle erinnerte er indirekt daran, dass der wirkliche Verlierer des Jahres 68 in Frankreich Charles de Gaulle gewesen war. Er wusste, der Mai damals hatte das Land verändert, denn seither begannen sich sogar die konservativen Wähler und die konservative gaullistische Partei zu ändern. Er wusste, Nicolas Sarkozy war zwar formell noch immer Chef einer gaullistischen Partei, aber er ähnelte mehr den rebellischen Studenten vom Mai 1968 als den Bürgern, die sich am 30. Mai 1968 in Paris auf den Champs-Élysées zur Unterstützung von de Gaulle versammelt hatten. Er wusste, Sarkozy würde selbstverständlich die Auswirkungen des Mai 1968 nicht rückgängig machen, weil Sarkozy selbst aus ihm hervorgegangen war. Auch die *Loi Veil* war eine Konsequenz des Mai 1968, ebenso wie die Tatsache, dass ausgerechnet die Gaullisten jene Frau begeistert begrüßten, die dem Gesetz den Namen gegeben hatte, und zwar auf einer Versammlung, auf der Sarkozy die Rückgängigmachung des Vermächtnisses vom Mai 1968 ankündigen wollte.

Gramscis linker Marsch verschont nicht einmal die konservativen Parteien.

Wenn Sarkozy ehrlich wäre, würde er Cohn-Bendit zurufen: »Entschuldige, Danny ...«

Wenn dies die Konservativen sind ...
oder das Erbe der Eisernen Lady

»Wir haben das in einer Minute gelöst.«
David Cameron über die Streichung von Philip Lardner
von der Wahlliste wegen dessen Einwände gegen die
Propaganda für Homosexuelle

Im Unterschied zu Ländern mit historisch ununterbrochener katholischer Tradition wie Belgien, Luxemburg oder Italien, in denen wir den moralischen Verfall der Christdemokraten aufgezeigt haben, kann man in Großbritannien nicht von einer christlich-demokratischen Tradition sprechen. Nach den Turbulenzen des 16. Jahrhunderts wurde die katholische Tradition verdrängt. Eine Folge davon ist das Fehlen einer christlichen Partei in der modernen Zeit. Die konservative Partei – die »Torys« – wird jedoch für eine Volkspartei gehalten, die sich zur Tradition bekennt und damit auch zum kulturellen Erbe des Christentums. Für die politischen Entscheidungen der Konservativen ist dies jedoch heute ohne Bedeutung.

1967 regierte in Großbritannien die Labour Partei von Premier Harold Wilson. Der 28-jährige Abgeordnete der liberalen Partei, David Steel, legte den »Abortion Act« vor, ein Gesetz, das Abtreibung bis zur 28 (!) Woche der Schwangerschaft zuließ. Das Gesetz wurde verabschiedet. Für das Gesetz stimmten auch die Abgeordneten der Konservativen Partei. Eine von ihnen war die Tochter eines methodistischen Laienpredigers: Margaret Thatcher. Acht Jahre später wurde sie Chefin der Konservativen, zwölf Jahre später Ministerpräsidentin und Ikone der »konservativen Revolution«. Diese Politikerin war in vieler Hinsicht bewundernswert, aber die Abtreibungspraxis im Land hat sie nicht bedrückt.

40 Jahre nach Verabschiedung des »Abortion Act« beschwerte sich der alternde David Steel, die Abtreibung sei in Britannien im Grunde genommen zu einer Form der Verhütung geworden. So habe er sich das nicht vorgestellt. 1990 wurde die Grenze der Straffreiheit bei Abtreibung auf 24 Wochen gesenkt.

Unter den im Parlament vertretenen Parteien existiert keine Pro-Life-Richtung. Die Konservativen gehören sicherlich nicht dazu. Man findet dort höchstens einsame Pro-Life-Rufer. So hat etwa die Abgeordnete Nadine Dorries 2008 schon zum zweiten Mal ohne Erfolg eine weitere Absenkung der Straffreiheit von Abtreibungen auf 20 Wochen vorgeschlagen.

Der Führer der Konservativen, David Cameron, spielte mit den Gefühlen sowohl der Pro-Life- als auch der Pro-Choice-Wähler. Er unterstützte Nadine Dorries, betonte aber gleichzeitig, die Abgeordneten seiner Partei seien bei der Abstimmung über diesen Antrag vollkommen frei. Gleichzeitig jedoch betrieb er die Liberalisierung bei Abtreibungen im frühen Stadium der Schwangerschaft: Bis dahin mussten zwei Ärzte der Abtreibung zustimmen – eine reine Formalität übrigens, wenn man sich die Zahl von 200.000 Abtreibungen jährlich vor Augen führt. Und selbst deren Aufhebung forderte Cameron nun. Eine Abtreibung sollte einfach auf Antrag erlaubt werden.

Das Schicksal Britanniens wurde vor Jahrhunderten wesentlich von einem Ehebruch bestimmt. Nach 1.000 Jahren Katholizismus entschloss sich nämlich Heinrich VIII., Britannien von Rom zu trennen, nachdem der Papst sich geweigert hatte, seine Ehe mit der spanischen Prinzessin Katarina für nichtig zu erklären. Im Gefolge dieses Festhaltens der Kirche an der ehelichen Treue floss im Land das Blut der Katholiken. Heute, nach einem halben Jahrtausend, bemüht sich Benedikt XVI. um die Rückkehr der Anglikaner in die katholische Kirche. Und wieder wird ein Kampf um die Ehe geführt. Es geht um die Frage: Ist die Ehe ein Bund zwischen Mann und Frau oder allenfalls zwischen zwei Männern?

Blairs Linke hat Britannien in einem Jahrzehnt in ein merk-
würdiges Land umgewandelt, als er registrierte Partnerschaften
und die so genannte Antidiskriminierungsgesetzgebung eingeführt hat. Bist du nun etwa auf dem Gemeindeamt angestellt und
hast ein Gewissensproblem, wenn du dich als Standesbeamter an
der Eheschließung zweier Homosexueller beteiligen sollst, so verlierst du deinen Job, wie beispielsweise die Londonerin Lilian Ladele. Bist du Psychiater in einer Beratungsstelle für Sexualprob-
leme und weigerst dich aus Gewissensgründen, zwei Männern
Tipps zu geben, wie sie gemeinsam Sex treiben sollen, so verlierst
du deinen Job wie Gary McFarlane aus Bristol. Bist du ein Richter und weigerst dich, Kinder der Erziehung eines homosexuellen
Paares anzuvertrauen, so wirst du ein Problem bekommen wie
Richter Andrew McClintock aus Sheffield (siehe auch Kapitel VI).

Als vor 500 Jahren der Streit zwischen dem König und dem
Papst ausbrach, ging des Königs Lordkanzler, Thomas Morus,
lieber in den Tod, als das Zerwürfnis mit Rom zu unterstützen.
Sein kopfloser Körper wurde im Londoner Tower bestattet, sein
Kopf aber wurde ein Monat lang auf einer Lanze an der Tower
Bridge aufgespießt. Die Katholiken haben einen Heiligen gewonnen und die Politiker einen Patron. Wie reagieren die Konservativen von David Cameron heute aber auf den Streit über die
Ehe? Offensichtlich wollen sie bei diesem Thema die Labouran-
hänger überholen. Nick Herbert, Mitglied der Schattenregierung
der Konservativen, hatte schon Anfang 2010 verkündet, dass
auch homosexuelle Paare sogar heiraten sollten. Auch der Bürgermeister von London, Boris Johnson, äußerte sich zustimmend
zu diesem Vorschlag.

Wenn das konservative Politiker sind, wie sehen dann erst die
Revolutionäre aus?

2009 hat die Miss California, Carrie Prejean, gesagt, die Ehe
solle Mann und Frau vorbehalten sein. Auf der anderen Seite
des Atlantiks hat das führende Mitglied der konservativen Partei, Alan Duncan, in der TV-Show *Have I Got News for You* die-

se Meinungsäußerung folgendermaßen kommentiert: »Dumme Fotze ... Sollten Sie einmal lesen, dass sie ermordet wurde, dann war ich das.« Duncan lebt als Homosexueller in einer registrierten Partnerschaft.

Und David Cameron ließ sich vernehmen mit den Worten: »Wenn der Herr Jesus leben würde, so würde er sicherlich die Gleichheit und die Rechte der Gays unterstützen.« Auf die Frage, ob auch die kirchlichen Schulen verpflichtet sein sollen, den homosexuellen Lebensstil gutzuheißen, antwortete Cameron:

»*Grundsätzlich ja! Das ist die kürzeste Antwort, ohne dass ich mit einer langen religiösen Auslegung beginne. Ich denke, dass die Kirche den Weg gehen sollte, den die konservative Partei gegangen ist – anzuerkennen, dass die völlige Gleichheit das Wesentliche ist.*«

David Cameron begreift nicht, dass er die Kirchen zwingen will, zwischen moralischem und unmoralischem Verhalten nicht mehr zu unterscheiden. Er will entscheiden, was Sünde ist und was nicht. Damit maßt er sich die Rolle eines religiösen Reformators an.

Ihre Einstellung zu den Forderungen der homosexuellen Lobby haben die Konservativen im Verlauf von 20 Jahren um 180 Grad geändert. Im Jahr 1988 während der Regierung von Margaret Thatcher haben sie nämlich ein Gesetz durchgesetzt, das die Propagierung von Homosexualität durch staatliche Organe verbot. Dieses Verbot wurde bekannt unter der Bezeichnung »Absatz 28«. Er verbot den örtlichen Behörden, »absichtlich die Homosexualität zu unterstützen oder Materialien mit der Absicht der Förderung der Homosexualität zu veröffentlichen« und »an den Schulen den Unterricht über eine Akzeptanz von Homosexualität als Form eines Familienverhältnisses zu unterstützen«. Dies war die Reaktion auf das Buch »Jenny wohnt mit Eric und Martin« in der Schulbibliothek eines Schulbezirks in London, der von Labour-Leuten geführt wurde.

Als Baronin Thatcher aber in den 90er-Jahren aus der Partei-spitze ausschied, begannen in der Partei die Keime der »Moder-nisierung« zu sprießen. Die Veränderungen waren vor allem mit der Person Michael Portillo verbunden, dem Verteidigungsmi-nister in der Regierung von John Major. Er gehörte zu den kon-servativen Abgeordneten, die später in der Opposition für die Anträge der neu gewählten Regierung Blair und dessen homo-sexueller Agenda stimmten. Portillo, Michael Howard und auch Francis Maude, alles führende Parteimitglieder, haben für die re-gistrierte Partnerschaft von Personen gleichen Geschlechts und auch für die Adoption von Kindern durch homosexuelle Paa-re gestimmt. Der damalige Chef der Konservativen, der katholi-sche Konvertit Ian Duncan Smith, bemühte sich, in der Partei die Standpunkte der 80er-Jahre zu bewahren. Vergeblich! Ian Dun-can Smith wurde nach kurzer Zeit gestürzt.

Einer der jungen konservativen Abgeordneten hat bei der Ab-stimmung über die homosexuelle Agenda von Blair für einen Kompromiss gestimmt. Die Adoption hat er zwar nicht unter-stützt, wohl aber die registrierten Partnerschaften. Es war Da-vid Cameron. Bald danach wurde er der neue Parteiführer und entschuldigte sich 2009 bei den Homosexuellen für den oben er-wähnten Thatcher-Absatz 28. Auf der Londoner »Gay pride« be-zeichnete er ihn als Fehler. Cameron kämpfte mit aller Kraft um die Gunst der anwesenden Homosexuellen. In Anspielung auf Margaret Thatcher (für deren Gesetz er sich entschuldigt hatte) erinnerte er daran, die Konservativen hätten als Erste eine Frau zur Premierministerin berufen und nun fühlten sie sich ver-pflichtet, auch den ersten schwarzen sowie den ersten homosexu-ellen Premier zu stellen.

2010 vor den Parlamentswahlen zeigte sich, wie wenig die neue Politik von Cameron mit Toleranz zu tun hatte. Der Kan-didat der Konservativen im schottischen Wahlbezirk »North Ay-shire and Arran«, der Lehrer Philip Lardner, erlaubte sich, auf seiner Wahl-Webseite seine Ansichten zum Thema zu äußern:

»Ich werde stets das Recht von Homosexuellen auf Gleichbehandlung und Respekt unterstützen und ihr Recht auf die Wahl der ihnen eigenen Lebensweise im Privatleben, aber ich werde nicht akzeptieren, dass ihr Verhalten normal ist und dass die Jugend zu einem solchem Verhalten verführt wird.« »Warum sollen christliche Kirchen durch die Regierung dazu gezwungen werden, Homosexuelle im Gegensatz zu allem, was die Bibel lehrt, zu beschäftigen? Sollen sie durch die Regierung gezwungen werden, ihre Botschaft zu verraten?«, schrieb Lardner dort.

Camerons Parteiführung stufte die Worte von Lardner als homosexuellenfeindlich und deshalb als inakzeptabel ein. Lardner wurde sofort aus der Kandidatenliste gestrichen. »Wir konnten nicht noch schneller handeln«, lobte David Cameron die prompte Reaktion der Parteiführung. Das also sind die Konservativen.

Seit wann ist an dem Standpunkt von Lardner etwas nicht in Ordnung? Gegenüber Homosexuellen hat er sich respektvoll geäußert. Für sich selbst hat er das Recht in Anspruch genommen, mit ihrem Lebensstil nicht einverstanden zu sein. Und er hat es abgelehnt, diesen Lebensstil für Kinder zu propagieren. Na und?

In vielen Ländern der Welt gibt es gesetzliche Einschränkungen für das Blutspenden von aktiven Homosexuellen. In den USA darf ein aktiver Homosexueller überhaupt kein Blut spenden. In Großbritannien, wo Konservative schon seit mehr als einem Jahr regieren, wurde dieses Verbot zwar bis jetzt nicht aufgehoben, allerdings wird über dessen Lockerung nachgedacht. Die Homosexuellen sollen Blut spenden können, wenn sie zehn Jahre zuvor keinen Sex gehabt hatten. Warum will nun die Regierung nicht alle Einschränkungen für das Blutspenden von Homosexuellen aufheben, da Cameron doch gesagt hat, das Wesentliche sei die völlige Gleichheit? Weil eben homosexuelles Verhalten ein Risikofaktor im Hinblick auf die Übertragung des HIV-Virus und anderer Krankheiten ist. Warum geht man Menschen an den Hals, die sich gegenüber Homosexuellen zwar höflich benehmen, aber moralische Vorbehalte gegenüber der homosexuellen Lebensweise haben? Und warum musste man sich für den Absatz 28 entschuldigen?

Nachdem David Cameron 2010 britischer Premier geworden war, setzte er sich unermüdlich für die Legalisierung der Eheschließung von Personen gleichen Geschlechts in England ein. 2011, auf einer Konferenz der Konservativen, erklärte er, er verfolge dieses Ziel nicht etwa, obwohl, sondern gerade weil er ein Konservativer sei. Während Camerons Regierungszeit wurden auch neue Rechte für Transsexuelle durchgesetzt: Gemäß einer Verordnung des Justizministers Kenneth Clark dürfen Transvestiten im Gefängnis Büstenhalter tragen. Das Recht von Christen hingegen, bei der Arbeit ein kleines Kreuzchen am Hals zu tragen, wollen die Konservativen aufheben. Dieses Recht verteidigen die britischen Christinnen Nadia Eweida und Shirley Chaplin beim Europäischen Gerichtshof für Menschenrechte. Aus der Presse erfahren wir, dass die Regierung Cameron ihnen das Recht, ein Kreuzchen zu tragen, verweigert. Seit den Zeiten des Kreuzfahrerkönigs Richard Löwenherz hat Albion einen beachtlichen Weg zurückgelegt. Unter der Führung der Sozialisten würde uns dies nicht überraschen, aber unter der Führung von Konservativen?

David Cameron verkündet keinen Atheismus. Ganz im Gegenteil! 2011 sagte er: »Wir sind ein christliches Land, und wir sollten uns nicht fürchten, dies auch auszusprechen.« Aber sein Christentum hat das Christentum bis zur Unkenntlichkeit verändert. Camerons Christentum und seine Politik bedeuten, wie wir sehen, die Verfolgung von Christen, die sich an die Bibel halten wollen. »Ich bin ein Christ, gehe in die Kirche und glaube an Gott, aber ich habe mich niemals davon leiten lassen«, sagte Cameron als Echo auf die Kennedyrede. Und er betonte: »Meine Politik ist nicht vom Glauben geleitet.« In der Tat, davon lässt du dich nicht leiten, Dave!

Falls Sie nun der Ansicht sind, die Veränderung der Weltanschauung im weit entfernten Britannien seien für Sie nicht von Interesse, so seien Sie darauf hingewiesen, dass im Wahlprogramm der Torys aus dem Jahr 2010 ausdrücklich steht, die Konservativen setzten »ihre Beziehungen zu anderen Ländern dazu ein, um die Unterstützung der Rechte von Homosexuellen und die internationale Anerkennung britischer, registrierter Partnerschaften durchzusetzen«. Die Konservativen wollen also die Homosexualität exportieren. Wer kann vorhersagen, welche neuen Formen diese britische imperialistische Politik noch annehmen wird?

Schließlich liegt ihnen ja daran, ihre Wahlversprechen zu erfüllen. Außer den Premier stellen die Konservativen in der jetzigen Regierung auch den Außenminister, und zwar in der Person des ehemaligen Führers der Torys, William Hague. Im Juni 2011 beteiligte sich Dominic Schroeder, chargé d'affaires von Großbritannien, in der Slowakei an einer Erklärung von 20 Diplomaten, in der ein Regenbogenmarsch von Homosexuellen in Bratislava gefordert wurde. Der Autor dieses Buches hat als Reaktion darauf eine Erklärung mehrerer Persönlichkeiten des slowakischen öffentlichen Lebens organisiert, in der die Aktivitäten der Diplomaten abgelehnt wurden, weil diese die Kompetenzen ihre Mission überschritten hatten.

Die gleiche Situation wiederholte sich haargenau zwei Monate später in der Tschechischen Republik. Dort beteiligte sich die britische Botschaft an einem ähnlichen Brief, mit dem der Regenbogenmarsch im August desselben Jahres unterstützt werden sollte. Präsident Václav Klaus hat dagegen protestiert.

In den 90er-Jahren habe ich mehrmals als KDH-Politiker britische Konservative auf internationalen Konferenzen in England besucht. Ich war auch in ihrem Sitz in Smith Square in London. 1999 habe ich als Gast der jährlichen Konferenz in Blackpool die Rede des Führers William Hague verfolgt. Damals haben wir uns unter den Konservativen durchaus wohlgefühlt und auch einiges von ihnen gelernt.

Heute jedoch scheint es so, dass wir in einer Reihe von Fragen Gegner geworden sind.

In den Niederlanden hat zwar der Minister gekämpft, der Premier jedoch aufgegeben

»Kann man im Parlament für die Abtreibung stimmen und dennoch die Kommunion empfangen? Fragen Sie die Kinder, die sich auf die erste heilige Kommunion vorbereiten. Dafür brauchen sie wirklich keinen Kardinal aus dem Vatikan.«
Kardinal Francis Arinze

Im März 2006 sagte der Minister für Parlamentsangelegenheiten in der Regierung von Silvio Berlusconi, Carlo Giovanardi, ein christlicher Politiker, in einem Rundfunkinterview Folgendes: »Dank der holländischen Gesetze über Euthanasie und der holländischen Diskussion über die Tötung kranker Kinder leben die nationalsozialistische Gesetzgebung und Hitlers Gedanken in Europa wieder auf« – harte, aber wahre Worte.

Holland hat 2001 ein Gesetz über Euthanasie verabschiedet. 2002 wurde das Gesetz rechtskräftig. Die Zahl der legalen Fälle von Euthanasie steigt seither von Jahr zu Jahr. Fachleute behaupten, dass außer den statistisch aufgezeichneten Fällen auch eine vergleichsweise große Zahl illegaler Euthanasiefälle existiert, bei denen nämlich Patienten ohne ihr Wissen getötet werden.

Die Worte von Giovanardi haben verständlicherweise Aufregung verursacht. In Holland hat der Regierungschef Jan Peter Balkenende protestiert. Er forderte eine Entschuldigung und bezeichnete die Behauptung von Giovanardi als skandalös und inakzeptabel. »Das ist nicht die Art, wie wir gemeinsam in Europa miteinander auskommen.« Balkenende sprach darüber auch mit dem italienischen Premier Berlusconi. Beim Treffen der Regierungschefs der EPP versicherte ihm Berlusconi, dass Giovanardi nur für sich und nicht für die italienische Regierung gesprochen hätte.

Giovanardi hat sich nicht entschuldigt. »Es gibt nichts, weswegen ich mich entschuldigen sollte, nur weil ich gegen das Töten von kranken Menschen bin«, sagte er. »Es sind die Niederländer, die Europa ihre mörderischen Praktiken erklären sollten.« Hinterher hat er in einem Zeitungsinterview gesagt, dass »Holland 2.000 Jahre Christentum abgelehnt habe«.

Jan Peter Balkenende ist Christdemokrat. Er ist bis jetzt der erfolgreichste niederländische Politiker im 21. Jahrhundert. 2001 wurde er Führer des CDA – des »Christdemokratischen Aufrufs«. Von 2002 bis 2010 war er niederländischer Premier. CDA ist eine erfolgreiche christdemokratische Partei. Sie entstand 1980 durch die Fusion von drei kleineren christlichen Parteien. Die stärkste von ihnen war die Antirevolutionäre Partei, die bereits im 19. Jahrhundert als Protest gegen die Ideen der Französischen Revolution gegründet worden war.

Der Reaktion Balkenendes auf Giovanardis Worte hat jedoch jeder antirevolutionäre Geist gefehlt. Dabei haben weder Balkenende noch sein CDA das Gesetz unterstützt und sie unterstützen es auch jetzt nicht. Das Gesetz haben die Sozialisten und die Liberalen 2001 durchgesetzt. Außerdem lesen wir in Wikipedia, der CDA trete für *eine Einschränkung* von Prostitution, Abtreibung und Euthanasie ein.

Dennoch protestierte der Christdemokrat Balkenende gegen die Wahrheit. Er wollte einfach nur die wahren Worte von Giovanardi unterdrücken. Giovanardi hatte ja weder gesagt, dass die Niederländer Nazis seien, noch dass in Holland Nationalsozialismus herrsche. Er hatte nur festgestellt, dass in den Niederlanden die nationalsozialistische Gesetzgebung und Hitlers Gedanken auflebten. Und das ist einfach wahr.

Eine solche Einstellung eines Christdemokraten zum Sieg der linken Kulturrevolution spricht eigentlich Bände.

Als Jan Peter Balkenende 2002 Premier wurde, war im Land das Gesetz über Euthanasie und das über Ehen von Personen gleichen Geschlechts bereits in Kraft. Der Sprecher von Balkenende, Hans van der Vlies, stellte zu dieser Situation allerdings fest: »Obgleich die Mehrheit in der Partei mit Euthanasie und Homosexuellenehen nicht einverstanden sei, betrachte Balkenende sie doch als unumkehrbare Tatsachen.«

Wenn ein Politiker des CDA im Parlament für Homosexuellenehen stimmt, so ist dies kein Hindernis für seine Parteikarriere. Und so wurde auch der Abgeordnete Joop Wijn – er hatte sich so verhalten – unmittelbar darauf Staatssekretär und danach sogar Wirtschaftsminister in der Regierung Balkenende.

Die Niederlande hatten in der Zeit der christdemokratischen Regierung Balkenende, nämlich in der zweiten Hälfte 2004, den Vorsitz in der Europäischen Union. Der EU-Ministerrat für Inneres und Justiz bekam in dieser Zeit das so genannte »Haager Programm« auf den Tisch, in dem vorgeschlagen wurde, die Mitgliedsländer sollten untereinander registrierte Partnerschaften von Personen gleichen Geschlechts anerkennen. Gegen diesen Vorschlag haben wir zusammen mit dem Kollegen Daniel Lipšic, dem slowakischen Justizminister, protestiert. Dieser Vorschlag wurde nicht übernommen. Auf Hilfe aus Holland konnten wir dabei jedoch nicht rechnen. Darüber wird noch im Kapitel VII die Rede sein.

Doch warum ist der CDA nur für die Beschränkung der Abtreibungen und nicht für ein Verbot? Weil sich diese Partei an ihrer Legalisierung beteiligt hat.

In den 60er- und 70er-Jahren des 20. Jahrhunderts kam es in Holland zu einer gigantischen Verschiebung von Werten. Die Abtreibung blieb zwar noch eine kriminelle Handlung, aber allmählich galt dies nur noch theoretisch. Juristen vertraten die Ansicht, eine von einem Arzt durchgeführte Abtreibung sei lediglich ein medizinischer Eingriff. Und so wurden schon in den 70er-Jahren Abtreibungskliniken gegründet und deren Existenz toleriert.

Es wäre falsch zu sagen, die Christdemokraten hätten nicht gegen diese Entwicklung angekämpft. Dieser Kampf ist in Holland mit einem großen Namen verbunden, dem von Justizminister Dries van Agt von der katholischen Partei KVP. Dieser wollte im Frühling 1976 die Abtreibungsklinik Bloemenhove durch die Polizei besetzen und versiegeln lassen. Aber der Zeitgeist blies ihm ins Gesicht. Hunderte von Aktivisten setzten sich zur Wehr und besetzten die Klinik, damit sie für die Öffentlichkeit geöffnet bleibe. Am Parlamentsgebäude standen in Balkenlettern Parolen gegen van Agt.

Auf den Aufnahmen aus dieser Zeit sehen wir eine Vielzahl junger Frauen und Männer, die die Klinik besetzt hielten. Sie treten begeistert und siegessicher für ihr Anliegen ein. Auf dem Bauch einiger Frauen stand geschrieben: »baas in eigen buik«. Ich bin die »Herrin meines Bauches«.

Dries van Agt unternahm zwei Versuche, die Klinik zu schließen – aber ohne Erfolg. Einige hundert Demonstranten waren stärker als das Ministerium. Wahr ist allerdings, dass die Aktivisten von der öffentlichen Meinung große Unterstützung erfuhren. Van Agt schrieb an das Parlament, drohte mit seiner Demission.

In dieser Zeit geschah es, dass in der christlichen Politik der Niederlande etwas zerbrach. Bei den Wahlen 1977 gingen drei christliche Parteien eine Koalition ein, es entstand der CDA, aus dem bald eine Partei wurde. Diese Wahlen haben zwar die Sozialisten gewonnen, aber der zweitstärksten Partei, dem CDA, gelang es, eine Regierungskoalition mit der liberalen VVD zu bilden. Und Dries van Agt wurde niederländischer Premier. Allerdings brachten Gesundheitsminister Leendert Ginjaar von der VVD und Justizminister Job De Ruiter von der CDA ein Gesetz zur Legalisierung der Abtreibung ein. Die Christdemokraten nahmen damals wohl an, der Kampf sei schon verloren und deshalb wäre es wohl besser, wenn sie selbst ein Gesetz vorbereiten – wenn auch ein strengeres als jenes, das wahrscheinlich von den Liberalen gekommen wäre. Dieses Gesetz verlangte eine fünftägige Frist, nach deren Ablauf die Frau ihren Antrag auf

Abtreibung noch einmal bestätigen musste. Das Parlament hat den Regierungsantrag aus dem Jahr 1981 verabschiedet.

Auf diese Weise hat aber der CDA die Abtreibung gewissermaßen schon in seiner Geburtsurkunde festgeschrieben.

Jein oder das Abrutschen der österreichischen Christdemokratie

*»Mädchen werden Jungen und Jungen werden Mädchen.
Es ist eine neurotische, umgestaltete, erschütterte Welt.«*
The Kinks: Lola, 1970

Die 70er-Jahre waren goldene Jahre für die österreichischen Sozialisten von Bruno Kreisky. Ab 1975 regierten sie dank ihrer absoluten Mehrheit im Parlament allein. Deshalb konnten sie auch bequem das Gesetz über die »Fristenlösung« beschließen, also über die Abtreibung. Seit mehr als 35 Jahren werden in Österreich nun jährlich etwa 35.000 Abtreibungen durchgeführt.

1975 war der größte Abtreibungsgegner und gleichzeitig der größte Verbündete der katholischen Kirche im Kampf für den Schutz des Lebens die Österreichische Volkspartei, ÖVP. Kein Wunder, denn die ÖVP war traditionell die Partei der österreichischen Katholiken und sie hat das Land nach dem Krieg erfolgreich aufgebaut. Seit dieser Zeit ist aber viel Wasser die blaue Donau hinuntergeflossen. Die Flamme der Begeisterung für den Schutz des Lebens ist in der Partei erloschen und sie benutzt nun, wenn es um den Schutz des Lebens geht, eine aalglatte Sprache.

Lassen wir den Salzburger Weihbischof Andreas Laun zu Wort kommen. Er hat sich 2007 zum Programm der ÖVP in einem Artikel des Pro-Life-Periodikums »Lebensforum« geäußert. Der Titel des Artikels verheißt nichts Gutes für die Volkspartei: »Kain, wo ist dein Bruder Abel?« Der Bischof erinnert darin an den Besuch von Papst Benedikt XVI., der sich in der Wiener Hofburg klar gegen die Abtreibung ausgesprochen hatte. Die österreichischen Politiker, einschließlich jener der Volkspartei, interpretierten die Worte des Papstes jedoch folgendermaßen: Der

Papst habe in keiner Weise das österreichische Gesetz über die »Fristenlösung« aus dem Jahr 1975 kritisiert.

Die ÖVP bezeichnet sich noch immer als christlich-demokratische Partei, die für den Schutz des Lebens eintrete, laut ihrem Programm: von dessen »Anfang bis zum natürlichen Tod«. Dazu vermerkt Bischof Laun ironisch: »Der katholische Leser ist bei diesem Satz voller Spannung. Immerhin ist das Zitat vom ›Anfang bis zum natürlichen Tod‹ beinahe wie ein Zitat aus kirchlichen Dokumenten.«

Laun fährt fort: »Aber eben nur beinahe. Die kirchlichen Dokumente benutzen den Terminus, ›ab der Empfängnis‹ und nicht ›seit dem Anfang‹.« Und er hat Recht, zeigen doch die weiteren Passagen des ÖVP-Dokuments Umrisse eines ganz gewöhnlichen Betrugs. Es ist nämlich offenkundig, dass die ÖVP einfach nicht weiß, was denn dieser »Anfang« tatsächlich ist. So findet man im Programm folgende Passage: »Der Beginn des menschlichen Lebens ist weltweit sowohl biologisch wie auch juristisch, philosophisch und theologisch unterschiedlich definiert.« Und dann kommt ein Hammer: »Ein Klima der Diskriminierung und Bevormundung von Menschen mit unterschiedlichen Meinungen zu dieser Problematik muss in Österreich klar vermieden werden!«

Also: Wir schützen zwar das Leben von Anfang an, aber wann dieser Anfang ist, das wissen wir eigentlich nicht. Und wenn jemand meint, nicht die Empfängnis sei dieser Anfang, so dürfen wir ihn nicht diskriminieren. Ist es nicht merkwürdig, zu welchen Tänzen die Christdemokraten bereit sind, um zu verbergen, dass ihre Pro-Life-Einstellungen eigentlich Pro-Choice-Standpunkte sind? In der deutschen Sprache gibt es eine Bezeichnung für einen derart verlogenen Sprachgebrauch, nämlich das Wort: »Jein«. Jein ist ein bisschen Ja und ein bisschen Nein. Und wenn es um das Leben geht, ist das Jein eher ein Nein.

Bischof Andreas Laun enthüllt diese Scharade kompromisslos. Im Zusammenhang mit den Äußerungen der ÖVP zur Euthanasie – sie wird von der Partei strikt abgelehnt – entlarvt der Bischof deren Inkonsequenz im Denken: »Warum ist nicht auch diese Ablehnung (der Euthanasie) eine ›Diskriminierung‹ und ›Bevormundung‹ anders Denkender, wie sie es laut ÖVP im Kontext der Abtreibungen wäre? In dieser Frage gibt es auch viele verschiedene Meinungen.«

Das Dokument der ÖVP kritisiert vorsichtig eugenische Abtreibungen, also von behinderten Kindern in den späten Phasen der Schwangerschaft. Sie werden als »problematisch« bezeichnet und eine »Diskussion« darüber vorgeschlagen. Problematisch sollen sie sein? Durchaus nicht, sie sind schlicht und einfach inakzeptabel, erklärt der Bischof.

Die Bilanz des Bischofs ist niederschmetternd: »Gemäß dem Programm der ÖVP zum Schutz des Lebens können nur gesunde Menschen nach dem dritten Monat der Schwangerschaft ihres Lebens sicher sein. Behinderte müssen noch eine Diskussion abwarten ..., aber sie sind erst nach der Geburt in Sicherheit.« Was den Lebensschutz anbelangt, ist das ein Dokument, in dem mehr künstlicher Nebel produziert wird als bei einem Rockkonzert.

Zu einem offenen Konflikt zwischen Kirche und Volkspartei kam es bei der Frage von registrierten Partnerschaften von Homosexuellen. Die Vertreter der ÖVP entschlossen sich nämlich, in der Frage der homosexuellen Revolution nicht hinter den Sozialisten zurückzustehen. Österreich war bis 2009 außer Italien und Irland das einzige westeuropäische Land, in dem es keine registrierten Partnerschaft gab. Noch vor den Wahlen 2008 gab die ÖVP bekannt, dass diese Partnerschaften eingeführt werden sollten.

Im Internet findet man ein Video, in dem sich der ÖVP-Parteivorsitzende Wilhelm Molterer zu diesem Thema äußert. Die Kamera zeigt Gesichter von jungen Menschen im Studio, die mit Interesse einem Fernsehinterview zuhören. Zwischen dem ORF-Moderator Roman Rafreider und dem Vorsitzenden Molterer ergab sich der folgende faszinierende Dialog:

Rafreider: »Sagen Sie, als Christ, ganz kurz ... Die Kirche sagt, dass Homosexualität eine Krankheit sei, die geheilt gehört ...«

Molterer: »Aber Herr Rafreider, da sind Sie im 19. Jahrhundert, ich bin im 21 ...«

Rafreider: »Nicht ich, die Kirche ...«

Molterer: »Entschuldigen Sie bitte, ist das für mich ein Maßstab?«

Rafreider: »Na, ich dachte, dass ja!«

Molterer: »Na, da haben Sie falsch gedacht. Ich habe meinen eigenen Maßstab und respektiere jede individuelle Entscheidung des Menschen, die seinem Gewissen entspricht, und das ist mein Maßstab. Meinen Sie wirklich, ich brauche dazu Bischof Laun? Nein, wirklich nicht!«

Bischof Andreas Laun hatte sich nämlich als Moraltheologe in seinem Buch »Homosexualität aus katholischer Sicht« dem Phänomen Homosexualität gewidmet. Dem katholischen Vorsitzenden der alten christlichen Christdemokratie ließ der Bischof darauf ausrichten: »Nein, mich brauchen Sie dazu wirklich nicht. Es würde nämlich genügen, wenn Sie im Katechismus der Katholischen Kirche nachschauten.«

Nach den Wahlen 2008 wurde die Koalition aus Sozialisten und der Volkspartei – mittlerweile vom neuen Vorsitzenden, Josef Pröll, geführt – fortgesetzt. Und diese Koalitionsregierung hat dann im Herbst 2009 das Gesetz über registrierte Partnerschaften im Parlament in völligem Einverständnis verabschiedet.

Die Ironie damals war, dass sich die »Freiheitliche Partei Österreichs« FPÖ als einzige Partei klar gegen dieses Gesetz stellte, jene Partei, die in der Vergangenheit durch ihren inzwischen verstorbenen Vorsitzenden, Jörg Haider, berühmt geworden war. Ihr gegenwärtiger Vorsitzender, Heinz-Christian Strache, lachte die ÖVP aus: Sie habe »mit dem Zeitgeist gesungen«. Er bezeichnete sie als ehemalige Pro-Familie-Partei und wies darauf hin, dass sich eine christliche Partei nicht so verhalten dürfe, wie die ÖVP es getan hatte. Laut Strache erhalten Paare gleichen Geschlechts nämlich Vorteile, die der Staat eigentlich nur der Ehe von Mann und Frau zuerkennt. Der Staat aber fördere die Ehe von Mann und Frau nur deswegen, weil aus ihr Kinder hervorgehen, was für die Zukunft der Gesellschaft von größter Bedeutung ist.

So deckte eine politische Partei, die sich weit und breit eines unseriösen Rufes erfreut hatte, den Kern des Problems auf. Früher wurde sie für eine Partei von Populisten und Schwätzern gehalten und als »extreme Rechte« dämonisiert.

Und noch etwas sei festgehalten: Im Herbst 2010 fand im Gebäude der niederösterreichischen Landesregierung in Sankt Pölten eine Ausstellung mit Werken von Mark Rossell statt, darunter eines, das den Namen »Kondom Madonna« bekommen hat. Es handelte sich eindeutig um die Schändung der Mutter Gottes. Bemerkenswert daran ist Folgendes: In Niederösterreich ist schon seit vielen Jahren Erwin Pröll von der ÖVP der Landeshauptmann. Er ist übrigens auch der Onkel des ehemaligen ÖVP-Vorsitzenden Josef Pröll. Und er war immer schon eine starke Persönlichkeit – mit großem Einfluss in der gesamten Partei. Ich hatte als Innenminister die Gelegenheit, ihn 2005 in Bratislava begrüßen zu können. Er ist ein volkstümlicher Politiker im guten Sinn des Wortes und bewegt sich unter Menschen wie ein Fisch im Wasser.

Proteste gegen diese Ausstellung gab es nur von Seiten der Kirche durch Bischof Klaus Küng und von Seiten der Politik durch den FPÖ-Landtagsabgeordneten Christian Hafenecker.

Was ist nur mit ÖVP geschehen?

Die CDU auf der Schwulen-Parade

»Die Welt ändert sich. Und konservative Werte auch.«
Wolfgang Schäuble, ehemaliger Vorsitzender der CDU, 2010

»Was beabsichtigen Sie dagegen zu tun, dass jede fünfte Schwangerschaft mit einer Abtreibung endet?«, fragte die Evangelische Presseagentur »Idea« die deutsche Kanzlerin Angela Merkel. Und »Angie« gab zur Antwort: »Ich denke, nach einem langen Kampf in der Frage des § 218 sind wir zu einer Lösung gekommen, die tragbar ist.«

Paragraf 218 ist ein Paragraf des deutschen Strafgesetzbuches. Durch die Änderung dieses Paragrafs waren 1974 Abtreibungen legalisiert worden. Dieses Gesetz hatte die aus Sozialdemokraten und Liberalen gebildete Regierung von Helmut Schmidt durchgesetzt. Nun sind 35 Jahre vergangen und in Deutschland werden auf der Basis von § 218 etwa 115.000 Abtreibungen jährlich durchgeführt. Was sagen die Christdemokraten dazu? Sie haben die Kanzlerin gehört. Es ist tragbar. Und dies in einem Land in dem schon seit Jahren auf eine Frau nur 1,3 Kinder kommen.

Angela Merkel drängt die Partei immer mehr in die politische Mitte auch um den Preis, traditionelle Katholiken, die eigentlich den Kern ihrer Wählerbasis bilden, zu verärgern. 2009 konnte man mitverfolgen, wie die Bundeskanzlerin Papst Benedikt XVI. wegen dessen Aufhebung der Exkommunikation für die Bischöfe der Bruderschaft des heiligen Pius X. kritisierte. Gegenstand der Kritik waren Äußerungen eines der Mitglieder der Bruderschaft, des Bischofs Williamson, der die Zahl der Holocaustopfer angezweifelt hatte. Williamsons Ansichten in dieser Sache sind nicht die Ansichten der Bruderschaft, und natürlich haben die Exkommunikation und ihre Aufhebung überhaupt nichts mit den Äußerungen von Williamson zu tun, von denen außerdem mit größter

Wahrscheinlichkeit weder der Papst noch sonst jemand in Vatikan etwas gewusst hatten.

Angela Merkel attackierte den Papst mit dem bewährten antikatholischen Spiel: Man verlangt von den Katholiken endlos die Verurteilung des Holocaust und einen Schwur auf die Freundschaft zu den Juden – und das immer wieder, obgleich sich der Katholik schon längst klar zu seiner Freundschaft mit den Juden bekannt und den Holocaust verurteilt hat. Nach Merkels Kritik ist der ehemalige Ministerpräsident von Sachsen-Anhalt, Werner Münch, nach 37-jähriger Mitgliedschaft in der CDU aus der Partei ausgetreten. »Das Fass ist übergelaufen ..., nachdem die Vorsitzende Merkel öffentlich das Oberhaupt der katholischen Kirche gedemütigt hat, obgleich es dazu keinen Grund gab.« Münch kritisierte die politische Stillosigkeit Merkels und die Tatsache, dass sich aus der Partei der Geist des Lebensschutzes gestohlen habe.

Die CDU hat kein Problem mit der künstlichen Befruchtung, auch wenn es dabei zum Tod von menschlichen Embryonen kommt. Im Mai 2011 erklärte die Familienministerin Kristina Schröder (CDU) sogar, der Staat werde die künstliche Befruchtung bezahlen. Die Kosten einer künstlichen Befruchtung können bis zu mehreren tausend Euro betragen.

Die Partei ist sich vorerst uneinig, ob sie auch die Präimplantationsdiagnostik finanzieren soll. Dies ist eine Methode der Eugenik, bei der das Vorhandensein von genetischen Defekten, vor allem das Downsyndrom, beim Embryo im Zuge der künstlichen Befruchtung untersucht wird. Die CDU hat auf ihrem Parteitag in Karlsruhe im November 2010 *mit knapper Mehrheit* entschieden, dass sie das Verbot der Methode unterstützt.

An der Homosexuellenfront hat die CDU zunächst Widerstand geleistet. Die Zulassung registrierter Partnerschaften hat 2001 die sozialdemokratisch-grüne Regierung von Gerhard Schröder verabschiedet, die CDU stimmte dagegen. Aber sie hat sich mittlerweile mit der Regelung abgefunden. Zeitgeist ist eben

Zeitgeist ... Und so liest man im neuen Grundsatzprogramm der CDU aus dem Jahr 2007, dass sie diese Partnerschaften tolerieren werde. »Wir respektieren die Entscheidung von Menschen, die ihren Lebensplan in anderen Formen der Partnerschaft verwirklichen wollen. Das gilt auch für die Partnerschaften des gleichen Geschlechts«, so die Stellungnahme der CDU.

Wem ist dies alles zu verdanken? Harter politischer Arbeit. Wessen Arbeit? Eben der Lesben und Schwulen in der Union, wie die offizielle Bezeichnung lautet, die sie sich selber gegeben haben. LSU, also »Lesben und Schwule in der Union«, ist eine Organisation von deutschen homosexuellen Männern und Frauen, die sich für die CDU engagieren – und die CDU engagiert sich für sie. Nach deren Parteitag 2007 sagte der Vorsitzende der LSU, Reinhard Thole: »Zehn Jahre harter politischer Arbeit hat endlich Früchte getragen. Die CDU macht eindrucksvoll klar, dass jeder auf seine eigene Weise glücklich sein kann. Wir sind auf dem richtigen Weg.«

Die Forderungen der LSU reichen natürlich weiter. Die LSU fordert vollkommene Gleichstellung von Paaren gleichen Geschlechts mit der Ehe, einschließlich des Rechts, Kinder zu adoptieren. Damit ist die CDU zwar nicht einverstanden. Aber sie hat schließlich auch vor neun Jahren gegen die registrierten Partnerschaften gestimmt. Und alles ist auf dem richtigen Weg ...

Angela Merkel zeigte sich bis jetzt noch nicht mit Menschen aus der LSU. Sie lässt sie nur grüßen. Im Sommer 2009 sprach der Generalsekretär der CDU, Ronald Pofalla, auf der Versammlung des sächsischen Landesverbandes der LSU und überbrachte den Anwesenden Grüße der Kanzlerin. »Die CDU braucht Sie«, sagte Pofalla und forderte die Anwesenden auf, ihn zu informieren, wenn Mitglieder der LSU Probleme bei ihrer Parteiarbeit bekommen sollten. Er werde dies dann schon in Ordnung bringen.

Juli 2009: In Frankfurt am Main findet der Christopher Street Day (CSD) statt, der »Regenbogenmarsch«, bei dem die homosexuelle Szene in einem großen Umzug durch die Stadt defiliert, zu Fuß oder in allegorischen Wagen (wenn man das so nennen kann). Der Umzug steht unter dem Signum einer unverwechselbaren Schwulen-Subkultur. Männer nur mit einem Slip bekleidet, Transvestiten, ab und zu obszöne Gesten, Techno-Musik. Die LSU ist anwesend, weil sie sich als untrennbarer Bestandteil der Schwulenkommunität versteht. Und auf dem Wagen der LSU steht die CDU-Bundestagsabgeordnete Kristina Schröder, damals noch ledig mit dem Namen Köhler.

Fünf Monate später wurde dieselbe progressive Abgeordnete »Ministerin für Familie und Soziales« in der zweiten Regierung von Merkel. Die Vertreter der Schwulenkommunität haben diese Beförderung sehr gelobt und daran erinnert, dass Kristina schon 2001 für registrierte Partnerschaften eingetreten sei, als noch die gesamte CDU gegen das Projekt gestimmt hatte.

Ein Jahr später nahm beim CSD an der Parade wieder ein allegorischer Wagen teil – diesmal nicht nur von der CDU-Teilorganisation LSU, sondern auch von der Kölner CDU gestellt. Beim Wettbewerb um den besten Wagen im Umzug gewinnen die beiden Organisationen sogar – eine Auszeichnung, die sogar auf deren Website erwähnt wird. Fetischisten, die sich gegenseitig wie Hunde an der Leine führen, und die Christdemokraten in einem gemeinsamen Umzug – da kann wohl man sagen: Das ist wahre Toleranz.

2011 übernahm in Stuttgart Bürgermeister Wolfgang Schuster von der CDU die Schirmherrschaft über den CSD und empfing dessen Veranstalter im Rathaus. Der »Christopher Street Day spielt eine wichtige Rolle in der Gesellschaft«, sagte der christdemokratische Bürgermeister. Beim Umzug protestierten hinter der Polizeiabsperrung einige Dutzend Christen friedlich gegen den moralischen Verfall. Sie trugen ein Transparent: »Gottes Gebote gelten für alle.« Die CDU jedoch hat dem Verfall den Vorzug gegeben.

Im Unterschied zu den britischen Konservativen steht bei der CDU die Internationalisierung der Homosexualität nicht im Programm, aber in der Praxis handelt sie so, als stünde sie dort. Unter den Diplomaten, die mit ihrem Brief für die Unterstützung des Regenbogenmarsches in Bratislava im Juni 2011 geworben haben, war auch der deutsche Botschafter Axel Hartmann, der die Regierung von Kanzlerin Merkel vertrat.

Das allmähliche Abdriften der CDU von biblischen Moralauffassungen hat eine längere Tradition. Es reicht mindestens bis in das Jahr 1995 zurück, als in den deutschsprachigen Ländern die Unterschriftensammlung der Bewegung »Wir sind die Kirche« stattgefunden hat. Die Initiative forderte die Weihe von Frauen, die Abschaffung des Zölibats und die Abkehr von der traditionellen katholischen Sexuallehre – auch was die Homosexualität betrifft. Auf der Homepage der Bewegung »Wir sind die Kirche«, die bis heute tätig ist, kann man lesen, dass bekannte Persönlichkeiten die Initiative unterstützt haben, etwa der Ministerpräsident von Baden-Württemberg, Erwin Teufel (CDU), und die Bundestagspräsidentin Rita Süssmuth (CDU).

Das langjährige Präsidiumsmitglied der CDU, die Professorin Rita Süssmuth – sie war auch Vorsitzende des Bundes der Frauen in der CDU –, hat in der deutschen Politik die höchsten Posten innegehabt. In der Regierung von Helmuth Kohl war sie in den 80er-Jahren »Ministerin für Familie, Frauen und Jugendliche« und 1988 wurde sie zur Bundestagspräsidentin gewählt. Sie blieb auf diesem Posten bis 1998. Nach ihrem Ausscheiden aus der aktiven Politik im Jahr 2002 wurde das Ausmaß ihrer Liberalität für alle erkennbar: Damals war auf der Internetseite der LSU – wie gesagt, die Lesben und Schwulen in der Union – zu lesen, Rita Süssmuth sei in die LSU eigetreten.

Ähnlich progressiv wie die Ex-Bundestagspräsidentin gibt sich der heutige Bundestagspräsident Norbert Lammert (CDU). Er unterzeichnete im Januar 2011 einen Brief an die deutschen katholischen Bischöfe mit dem Appell, den Pflichtzölibat der katholischen Priester aufzuheben. Weitere Mitunterzeichner waren die CDU-Bundesbildungsministerin Annette Schavan und drei ehemalige CDU-Ministerpräsidenten von Bundesländern: Dieter Althaus, Erwin Teufel und Bernhard Vogel. Interessant ist, dass die Mehrheit dieser »Progressiven« keineswegs junge Menschen sind, sondern 60- und 70-Jährige.

Der erfahrenste Politiker in der CDU-Führung ist der 70-jährige Wolfgang Schäuble. Seit 1972 ist er Bundestagsabgeordneter. 1990 war er Innenminister, als ihn die Kugel eines Attentäters so verletzte, dass er seither an den Rollstuhl gefesselt blieb. Trotzdem und dank seiner Willenskraft hat er es geschafft, in die hohe Politik zurückzukehren. Er war Vorsitzender des Abgeordnetenklubs der CDU/CSU, für kurze Zeit sogar Vorsitzender der CDU, er war zweimal Innenminister und heute ist er Finanzminister. Bei der Verteidigung von christlichen Werten in der CDU ist er aber bei Weitem nicht so zäh. Im Oktober 2010 nahm er zu Äußerungen von Unzufriedenen Stellung, die den Verfall christlicher Werte in der CDU beklagten. Schäuble meinte, er habe kein Problem mit diesem Verfall und warnte vor einer ideologischen Rückkehr in die Adenauer-Zeit: »Wir leben nicht mehr in den 50er-Jahren. Wer dies leugnet und die Rückkehr zu konservativen Werten fordert, der weiß nicht, was in der Politik vor sich geht.«

Doch, Herr Schäuble, wir wissen sehr wohl, wie es in der Politik zugeht ...

Der Kölner Kardinal Joachim Meisner hat 2005, ohne etwas zu beschönigen, die Entwicklung der CDU beschrieben. Seiner Meinung nach sollte die CDU das »C« aus ihrem Namen streichen. Und Meisner sagte in diesem Zusammenhang noch etwas anderes: »In unserer säkularisierten Gesellschaft kann eine christliche Partei keine Mehrheit mehr erreichen.«

In den 90er-Jahren hat die CDU über die Konrad-Adenauer-Stiftung auch in der slowakischen Christdemokratie, KDH, Liberalismus verbreitet. Darüber werden wir im Kapitel VII sprechen.

Im Schatten von Plojhar

»Wichtig ist, dabei zu sein.«
Monsignore Jan Šrámek, Vorsitzender der Volkspartei

1918 wurde die erste tschechoslowakische Republik gegründet. In Böhmen und Mähren entstand vor allem durch den katholischen Priester Monsignore Jan Šrámek eine politische Partei, die die Interessen der tschechischen und mährischen Katholiken vertrat. Es war die Tschechoslowakische Volkspartei. In der ersten Vorkriegsrepublik war sie eine einflussreiche Partei mit regelmäßiger Regierungsbeteiligung. Aus dieser Zeit stammt die Äußerung von Šrámek: »Wichtig ist, dabei zu sein.« Es war sein Prinzip, sich um die Teilnahme an jeder Regierung zu bemühen. Während des deutschen Protektorats war die Führung der Partei im Londoner Exil. Jan Šrámek war sogar der Vorsitzende der Exilregierung.

Nach dem kommunistischen Putsch im Februar 1948 ist die Partei in kommunistische Abhängigkeit geraten. Zuerst haben die Kommunisten die aktiven Politiker der Volkspartei mit Terror verfolgt, um die Partei zu knacken. Das gelang ihnen auch. Die Partei verlor praktisch ihre Selbstständigkeit und wurde zur Dienerin der kommunistischen Partei. Diese schrieb ihr vor, wie viele Abgeordnete sie für das Parlament stellen durfte. Sie war die Partei der so genannten »Nationalfront«. Bei Wahlen stand sie auf der gemeinsamen Liste der Nationalfront, bei der die Kommunisten eine erdrückende Mehrheit hatten. Die Führung der Volkspartei musste den Kommunisten gehorchen, und diese Führung hat der eigenen Partei das Rückgrat gebrochen.

Die dunkle Gestalt der Volkspartei war Josef Plojhar. Dieser katholische Priester war als neuer Parteivorsitzender in der kommunistischen Ära bereit, seine Partei in die Abhängigkeit von den Kommunisten zu führen. Damit aber nicht genug! Es war Plojhar,

der in der Regierung den Posten des Gesundheitsministers inne-
hatte, als die Kommunisten sich entschlossen, die Abtreibung zu
legalisieren. Dies geschah 1957 und unter dem Gesetzestext befindet sich für alle Zeiten auch die Unterschrift des katholischen
Priesters Josef Plojhar. Eine teuflischere Erniedrigung von Katholiken kann man sich kaum vorstellen. Während des halben Jahrhunderts bis zum heutigen Tag sind in Böhmen, Mähren und in
der Slowakei mehr als drei Millionen ungeborener Kinder umgekommen. Josef Plojhar starb 1981.

1989 ging der Kommunismus in Osteuropa unter und damit begann die Freiheit der Volkspartei. Unter der neuen Bezeichnung »Christliche und Demokratische Union – Tschechoslowakische Volkspartei« kandidierte die Partei in allen freien
Wahlen für das tschechische Parlament. Die KDU-ČSL war der
Hoffnungsträger einer großen Mehrheit von tschechischen und
mährischen Katholiken. Die Partei unter der Führung von Josef
Lux erreichte ab und zu ein Wahlergebnis um die neun Prozent
der Stimmen.

Aber die 40 Jahre andauernde Erniedrigung spiegelt sich in der
Psyche der Volkspartei auch heute noch wider. Selbstverständlich
war die Einstellung der Mitglieder der KDU konservativ, selbstverständlich waren sie gegen Abtreibung oder registrierte Partnerschaften, aber es ist ihnen nicht gelungen, dies auch gerade-
heraus zu propagieren. Und diejenigen ihrer Mitglieder, die dies
mit Stolz vertraten, wurden von der Partei an den Rand gedrängt,
wie beispielsweise der Abgeordnete Jiří Karas.

Die katholische Publizistin Michaela Freiová kennzeichnet die
Denkweise der Vertreter der Volkspartei:»Wenn Sie ein heutiges
Parteimitglied fragen, was er über Abtreibungen denkt, antwortet
er: ›Meine Frau würde niemals eine Abtreibung vornehmen lassen.‹ Doch die Forderung nach Respekt vor dem menschlichen
Leben ist keine private Angelegenheit. Wenn wir darauf bestehen,
den Schutz des menschlichen Lebens in unseren Kreisen zu pfle-
gen und ihn ›den anderen nicht aufzuzwingen‹, so bedeutet dies,

das Recht auf Leben gilt nur für katholische Kinder, während Kinder aus anderen Familien straffrei getötet werden können.« Die Partei hat sich beinahe krampfhaft darum bemüht, als nicht zu christlich dazustehen. 2007 hat sie die Kandidatur der liberalen Helena Třeštíková zur Kulturministerin unterstützt. Helena Třeštíková ist eine Befürworterin von registrierten Partnerschaften. Diese doppeldeutige Haltung hat dazu geführt, dass die KDU zwar keineswegs liberale Wähler dazugewonnen, wohl aber ihre christlichen Wähler vergrämt und abgeschreckt hat.

Vor den Parlamentswahlen 2002 wurde eine Wahlkoalition gegründet, an der Vertreter der Volkspartei gemeinsam mit der liberalen »Union für Freiheit« und zwei kleineren konservativ-liberalen Parteien beteiligt waren. In die Geschichte ist sie unter der einfachen Bezeichnung »Viererkoalition« eingegangen. In der Zeit, als die Viererkoalition in den Meinungsumfragen vor den großen Parteien ODS und ČSSD voranlag, traf ich mich zu einem freundschaftlichen, informellen Gespräch mit einem langjährigen hochgestellten Funktionsträger der Volkspartei. Seiner Meinung nach sollte die Viererkoalition zu einer Partei mutieren, die dann die stärkste politische Partei in ganz Tschechien werden könnte. Die bisherigen Mitglieder der KDU würden diese neue Partei vollkommen dominieren, weil die Mitgliederbasis der Volkspartei erheblich größer als die der anderen drei Parteien zusammen sei. Allerdings rechnete er damit, dass bei einem derartigen Szenario die Mitglieder der Volkspartei »problematische« Haltungen aufgeben müssten. Schließlich waren die Katholiken im atheistischen Böhmen ständig unter medialem Beschuss. Diese Variante hätte die Auflösung der christlichen Partei in einer liberalen Umgebung bedeutet. Das Gespräch machte mehr als deutlich, dass dieser Funktionär nicht wirklich stolz auf seine Volkspartei war.

Als die KDU noch Regierungspartei war, legte sie die gleiche Unterwürfigkeit ihren Koalitionspartnern gegenüber an den Tag, wie andere christlich-demokratische Parteien, die wir schon beschrieben haben. Während der Jahre 2002 bis 2006 bildete die KDU mit der sozialdemokratischen ČSSD eine Regierung. Die ČSSD hatte schon längst die Einführung registrierter Partnerschaften von Personen gleichen Geschlechts im Programm festgeschrieben und war entschlossen, dieses Projekt auch durchzusetzen. Die KDU war zwar dagegen, aber die ČSSD ließ sich dadurch nicht beeinflussen. Sie hat das Gesetz ganz einfach mit Unterstützung der kommunistischen Partei im Parlament verabschiedet. Auch in Tschechien wiederholte sich also das Szenario: Der Regierungspartner der Christdemokraten verbündet sich in dieser wichtigen Frage mit der Opposition. Und wie auch anderswo in Europa haben die Christdemokraten auch diesmal nur zugesehen. Sie sind weder aus der Regierung ausgetreten noch haben sie der ČSSD gedroht, dass sie sich bei den nächsten Wahlen einen anderen Koalitionspartner suchen muss. »Die Welt geht nicht unter, sie wird nur ein bisschen verrückter«, kommentierte der Vorsitzende der KDU-ČSL, Miroslav Kalousek, die Verabschiedung des Gesetzes über registrierte Partnerschaften.

Nach den Wahlen zum Abgeordnetenhaus im Sommer 2010 ist die KDU zum ersten Mal an der Fünf-Prozent-Hürde gescheitert und wird für mindestens fünf Jahre nicht im Parlament vertreten sein. Die ersten Reaktionen ihrer Mitglieder und Funktionäre weisen nicht darauf hin, dass sie etwas verändern, also zum Beispiel endlich eine entschiedene Haltung einnehmen möchten. Der katholische Publizist Ignác Pospíšil sieht die Ursache des Scheiterns so: »Agnostiker und Atheisten wählen die KDU nicht, weil sie meinen, dass sie eine christliche Partei sei. Die Christen wählen sie nicht, weil sie wissen, dass dies nicht stimmt.«

Nach dem Rückschlag wurde Michaela Šojdrová mit der Führung der Partei beauftragt. Ihr zufolge muss die Partei den Weg des Laizismus antreten. »Dieses Moralisieren und die Belehrung der Menschen, wie sie sich benehmen sollen, würde ich der Kirche überlassen«, sagt Šojdrová. Die Partei sollte ihrer Meinung nach aufhören, sich gegen registrierte Partnerschaften und Abtreibung auszusprechen. »Dies sind Fragen, die Leidenschaften wecken und Menschen entzweien.«

Die Äußerungen von Šojdrová waren vielleicht aufrichtig gemeint, aber sie sind ein Beispiel für eine sprachliche Verschleierungstaktik. Sie bedeuten, dass keine Gegenkraft gegen das leidenschaftliche Interesse von links-liberalen Aktivisten, die sich in der Politik problemlos durchsetzen, geschaffen werden soll. Es führt dazu, dass niemand mit zumindest gleicher Überzeugungskraft und Leidenschaft für die Kultur des Lebens kämpft. Wer sollte denn diese Aufgabe übernehmen, wenn nicht die Christdemokraten?

Eine christliche Partei sollte also nicht zu viel über diese Fragen sprechen, nicht wahr? Aber die andere Seite spricht darüber, ja sie hört nicht auf, darüber zu sprechen. Die Politik der christlichen Partei bringt Spaltung unter die Menschen? Ja, aber das ist doch die Basis des Kampfes. Und wer das Evangelium kennt, ist keineswegs überrascht, dass dessen Verkündung oft spaltet. Kennzeichnend für die Verschwommenheit christdemokratischer Sichtweisen ist der Ausspruch des führenden KDU-Politikers Senator Stanislav Juránek vom Januar 2011: »Religiöse Fragen gehören nicht in die Politik.« Wirklich nicht? Und dabei bedingen Politik und Religion einander doch gegenseitig.

Mit dem neuen, jungen Parteivorsitzenden Pavel Bělobrádek setzt sich in der KDU-ČSL in allen Äußerungen die typische Zweideutigkeit der Partei in kultur-ethischen Fragen fort. Ein Beispiel ist ein Gespräch, das die Tageszeitung »Mladá fronta dnes« mit einem wichtigen Parteimitglied, der Abgeordneten im Europaparlament, Zuzana Roithová, im März 2012 führte. Roithová ist Anwärterin auf die Präsidentschaft in der Tschechischen Republik für die Wahlen 2013. »Hat eine Frau das Recht, selbstständig zu entscheiden, ob sie sich einer Schwangerschaftsunterbrechung unterziehen will?«, fragte die Redakteurin Barbora Tachecí die Europaabgeordnete. Zuzana Roithová wich einfach aus: »Dieses

Recht ist jeder Frau per Gesetz zugestanden. Was in der Gesellschaft fehlt, ist Aufklärung über andere Möglichkeiten zur Lösung ihrer Probleme.« Auf die Frage, ob Abtreibungen nicht freigegeben werden sollten, antwortete Roithová mit der banalen Information, dass Abtreibungen freigestellt sind. Das wissen wir doch alle. Sie sind es seit 1957. Das ist nur eines der Beispiele für die bekannte Tatsache: Die Vertreter der Volkspartei drücken sich nicht eindeutig aus.

2010 wurde in der Tschechischen Republik eine Bürgerinitiative DOST gegründet, die unter anderem gegen die liberale Sexualerziehung in tschechischen Schulen kämpft. Viele Christen arbeiten dort. Der bekannteste unter ihnen ist der Leiter des Instituts des heiligen Josef, Michal Semín. Diese Initiative wirkt vollkommen außerhalb der KDU-ČSL.

Bemerkenswert sind auch die Standpunkte von tschechischen katholischen Politikern aus anderen politischen Parteien. Dort sind praktizierende Katholiken eher die Ausnahme. Der erfolgreichste tschechische Katholik in der Politik ist heute der tschechische Premier Petr Nečas. Er ist auch Vorsitzender der »Bürgerlichen Demokratischen Partei«, ODS, die Václav Klaus nach der Samtenen Revolution gegründet hat. Mit Petr Nečas hatte ich Ende der 90er-Jahre Kontakt, als wir beide Vorsitzende der Parlamentsausschüsse für Verteidigung in unseren nationalen Parlamenten und gleichzeitig Vorsitzende unserer Parlamentsdelegationen in der Westeuropäischen Union waren. Er trat stets sehr seriös und kultiviert auf und gilt als intelligenter, ehrlicher und fleißiger Politiker.

Die große Stunde von Nečas kam 2010. Als die ODS eine Krise wegen Korruption in der Partei durchmachte, brachte Nečas sein Image von Ehrlichkeit in die Parteiführung und in die tschechische Regierung ein. 2012 befragten die slowakischen Journalisten Eugen Korda und Jaroslav Daniška von der Wochenzeitschrift »Týždeň« den Premier Nečas. Sie wollten seine Meinung auch zum Thema Abtreibung wissen:

Týždeň: Soll das menschliche Leben ab der Empfängnis geschützt werden?

P. Nečas: Meiner persönlichen Meinung nach ja. Aber ich fühle mich moralisch und ethisch meinen Mitbürgern nicht so überlegen, dass ich ihnen meine Meinung aufzwingen sollte. Ich denke nicht, dass es richtig ist, die eigene Meinung anderen aufzuzwingen. Ich kann Menschen nur überzeugen, nicht zwingen.

Týždeň: Sie sind Katholik. Papst Benedikt XVI. sagt, der Schutz des Lebens sei eines der Themen, über die nicht verhandelt wird.

P. Nečas: Ja, ich weiß. Ich habe dazu eine andere Meinung als der Papst.

Die Formulierung von Kennedy in Houston ist in der Äußerung von Nečas klar präsent. Im Frühling 2010 äußerte sich der Wahlkampfleiter der ODS, Nečas, in den Medien auch zu der Frage, was für ihn die grundlegende Verankerung von Werten bedeutet: »Neben der Familie ist es mein Glaube ... Ich gehe davon aus, dass Gott in mich hineinsieht, dass ich ihn nicht belügen kann ... Das ist für mich ein sehr starkes Korrektiv, damit ich nichts Böses tue. Ich weiß, dass ich mich vor ihm nicht verstecken und verteidigen kann.« Es scheint, in der Beziehung von Petr Nečas zu Gott sind der Papst und das Magisterium der katholischen Kirche ein wenig überflüssig.

Sprich dich aus, alter Mann ...

»Der Engel schrie mit klangvoller Stimme: Buße! Buße! Buße!«
Das dritte Geheimnis von Fatima

Junge Hirten, zwei Mädchen und ein Junge, haben wie schon so oft zuvor die Schafe ihrer Familien geweidet. Das ältere Mädchen hieß Lucia Santos und war die Cousine der beiden anderen, Jacinta und Francisco Marto. Der Ort hieß Cova da Iria und lag neben der Gemeinde Fatima im mittleren Portugal. Es war der 13. Mai 1917. 2.000 Kilometer östlich weihte Papst Benedikt XV. an diesem Tag in der Sixtinischen Kapelle des Vatikans den päpstlichen Nuntius in Bayern, Eugenio Pacelli, den späteren Papst Pius XII., zum Bischof.

Als es blitzte, rannten die Kinder aus Angst vor Regen los. Plötzlich sahen sie eine Frau, die zu ihnen sprach. »Sie verbreitete ein noch helleres Licht als die hellsten Strahlen, die durch ein mit Wasser gefülltes Kristallglas scheinen«, sagte Lucia Santos später über die Erscheinung.

Die zentrale Botschaft der Offenbarung der Mutter Gottes in Fatima war die Aufforderung zur Buße. Die Erscheinung wurde 1930 durch den örtlichen Bischof als echt anerkannt. Ein Bestandteil der Botschaft von Fatima waren die Geheimnisse, deren prophetischer Inhalt künftige Ereignisse betraf: Weltkriege, den Konflikt der Kirche mit dem russischen Kommunismus und deren Verfolgung.

Papst Pius XII. war der erste Papst, der der Botschaft von Fatima öffentlich eine große Bedeutung zugemessen hat – und zwar in zwei Rundfunkbotschaften an die Portugiesen in den Jahren 1942 und 1946 sowie in der Enzyklika »Ad Caeli Reginam«.

Papst Paul VI. hat 1967, anlässlich des 50. Jahrestages der Erscheinungen, als Pilger Fatima besucht. Johannes Paul II. wurde durch den Attentäter Ali Agca am 13. Mai 1981, dem Jahrestag der ersten Erscheinung, angeschossen. 1984 bat er alle Bischöfe, am 24. oder 25. März die Menschheit dem unbefleckten Herzen von Maria zu weihen. Zuletzt hat auch Papst Benedikt XVI. im Mai 2010 Fatima besucht.

Unsere Wanderung durch Europas christdemokratische und konservative Parteien haben wir mit der Geschichte von José Manuel Barroso und Rocco Buttiglione begonnen. Wir beenden sie jetzt in der Heimat von Barroso, in Portugal.

Im Frühling 2007, fast genau zum 90. Jahrestag der Erscheinung von Fatima, entschied das portugiesische Parlament über ein Abtreibungsgesetz. Ihm zufolge sollte Abtreibung bis zur zehnten Schwangerschaftswoche auf Antrag erlaubt sein. Das linksorientierte Parlament billigte das Gesetz, und es wurde dem konservativen Präsidenten zur Unterschrift im Präsidentschaftspalais Belém vorgelegt.

Der portugiesische Präsident ist der 70-jährige Aníbal Cavaco Silva, ein praktizierender Katholik. Vor seinem Eintritt in die Politik lehrte er als Professor für Wirtschaft an der Katholischen Universität Portugals. Angeblich glaubt er an die Echtheit der Erscheinungen von Fatima.

Aníbal Cavaco Silva war eine erfolgreiche politische Karriere gegönnt. Er war Vorsitzender der konservativen PPD/PSD, die Mitglied in der Europäischen Volkspartei EPP ist. In den Jahren 1985–1995 war er portugiesischer Premier. Seine Partei gewann in den Parlamentswahlen 1987 und 1991 mehr als 50 % der Stimmen. Mit einem solchen doppelten Sieg kann sich in Europa kein anderer Politiker brüsten. Später legte Cavaco Silva das Amt des Premiers zurück und kehrte an die Universität zurück. Vorsitzender der PPD/PSD und Premier wurde ein paar Jahre später José Manuel Barroso.

1992 ließ Premier Cavaco Silva das gotteslästerliche Werk des Kommunisten José Saramago, das »Evangelium nach Jesus Christus«, von der Bewerbung für den Europäischen Literaturpreis zurückziehen, weil es das Empfinden von Gläubigen verletze.

Mit dem Sieg bei den Präsidentschaftswahlen 2005 kehrte Cavaco Silva in die große Politik zurück. Nun musste er sich als Präsident einige Tage vor dem 90. Jahrestag der Marienerscheinung in Fatima entscheiden, ob er das Gesetz über die Tötung ungeborener Kinder unterschreibt. Zum Thema Abtreibung hatte er selbst gesagt, sie sei etwas sozial Böses und man müsse gegen dieses Übel vorgehen. Im April 2007 aber hat er das Gesetz unterzeichnet. Ähnlich wie der italienische Präsident Giovanni Leone 30 Jahre vor ihm hatte auch Cavaco Silva laut Verfassung das Recht, ein Veto einzulegen. Er hat es nicht genutzt.

Gott sei Dank hat Johannes Paul II. dies ebenso nicht mehr erlebt wie Sr. Lucia Santos, die 2005 98-jährig gestorben ist. Diesen Kelch der Bitterkeit sollte dann Papst Benedikt XVI. trinken. Er hat Portugal und Fatima zum Jahrestag der Offenbarung im Mai 2010 besucht. »Wir irrten uns, wenn wir dächten, die weissagende Botschaft von Fatima sei schon beendet«, sagte der Papst in Fatima am 13. Mai während der heiligen Messe vor 500.000 Pilgern.

Die Portugiesen und alle Menschen sahen in den Maitagen neben dem Papst stets auch ihren Präsidenten stehen. Aníbal Cavaco Silva ist ein großer, schlanker, eleganter Mann mit dem Aussehen eines 50-Jährigen. In seiner Jugend war er Landesmeister im 400-Meter-Hürdenlauf. Der Präsident und der Papst wussten, dass auf den Präsidenten im Präsidentschaftspalais ein weiteres kontroverses Gesetz zur Unterschrift wartete.

Ermutigt durch die erfolgreiche Durchsetzung ihrer Agenda in Sachen Abtreibung, hatte die portugiesische Linke ihre soziale Revolution fortgesetzt. Diesmal kam die Reihe an die »Ehe« von Personen gleichen Geschlechts. Und so wurde einige Wochen vor dem Papstbesuch das Gesetz über die »Ehe« von Schwulen verabschiedet.

Während des Besuchs kam es zu einer unauffälligen Konfrontation zwischen dem Oberhaupt aller Katholiken und dem katholischen Oberhaupt aller Portugiesen. Der Papst überließ nichts dem Zufall. Am 13. Mai, dem Jahrestag der Erscheinung, redete er den ganzen Tag gezielt davon. Nach der heiligen Messe auf einem Treffen mit Mitarbeitern von karitativen Organisationen bezeichnete er die Abtreibung und die »Ehe« von Personen gleichen Geschlechts als die »heimtückischsten und gefährlichsten Probleme, die heute einem gemeinsamen Heil im Wege stehen«. Cavaco Silva hat sicherlich die Papstworte gehört.

Er sagte an diesem Tag in Fatima auf dem Treffen mit den portugiesischen Bischöfen:

»Es bedarf authentischer Zeugen Jesu Christi, vor allem in jenen menschlichen Bereichen, in denen das Verschweigen des Glaubens am meisten verbreitet und am größten ist: unter den Politiker, den Intellektuellen und den Medienschaffenden, die eine monokulturelle Sichtweise vertreten und fördern, die die religiöse und kontemplative Dimension des Lebens missachtet. In diesen Bereichen gibt es Gläubige, die sich nicht trauen, ihren Glauben zu bekennen, und so mit dem Säkularismus Hand in Hand gehen, der Barrieren gegen die christliche Inspiration aufrichtet.«

Nach drei Tagen endete der Besuch Benedikts XVI. Kaum war der Motorenlärm des Flugzeugs verklungen, mit dem sich der alte Papst in den Himmel hob, unterzeichnete Aníbal Cavaco Silva das Gesetz über die »Ehen« von Personen gleichen Geschlechts.

Cavaco Silva hätte auch in diesem Fall das verfassungsgemäße Recht gehabt, ein Veto einzulegen und damit das Gesetz an das Parlament zurückzuverweisen. Aber wie im Fall der Abtreibung tat er es auch diesmal nicht. Auf der Pressekonferenz sagte er: »Mir war klar, dass ich nicht zu einer unsinnigen Verlängerung der Debatte beitragen wollte. Sie hätte nur zur einer Spaltung unter den Portugiesen geführt und die Aufmerksamkeit der Politiker von ernsthaften Problemen, die auf uns warten, abgelenkt.« Und er sagte noch, »er habe seine persönliche Überzeugung beiseite gelegt«.

Folgt man dem Argument dieses Mannes mit den zwei Überzeugungen, so irrt der Papst wahrscheinlich, wenn er die »Ehe« von Schwulen als eines der heimtückischsten und gefährlichsten Probleme bezeichnet.

Cavaco Silva bedauerte, dass das Parlament keinen Kompromiss in Form irgendeines Instituts wie die registrierten Partnerschaften gefunden hatte. 25 Jahren davor – er wurde damals portugiesischer Premier – hätte in Portugal jeder bei der Vorstellung gelacht, dass der Staat das Zusammenleben von Personen gleichen Geschlechts gutheißen würde. Heute hält ein katholischer Politiker eine registrierte Partnerschaft jedoch für einen akzeptablen Kompromiss. Es hätte ihm genügt, dass die Beziehung nicht »Ehe« genannt wird. Aber er hat auch »Ehe« sanktioniert.

Ein Monat nach der Unterzeichnung starb der 90-jährige José Saramago, den Cavaco Silva fast 20 Jahre davor wegen seines Werkes – die katholische Kirche hatte es kritisiert – gedemütigt hatte. Nun aber hat Cavaco Silva den Papst durch die Unterzeichnung eines Gesetzes gedemütigt, dessen Annahme Saramago öffentlich unterstützt hatte.

Viele Staatsoberhäupter haben Gesetze über die Liberalisierung der Abtreibung unterzeichnet. Viele haben Gesetze über registrierte Partnerschaften oder Gay-»Ehen« unterzeichnet. Aber nur zwei von ihnen haben bereitwillig beide unterzeichnet. Und keiner von diesen beiden war Sozialdemokrat oder Kommunist gewesen. Beide waren Katholiken. Einer war der spanische König Juan Carlos und der andere der katholische Präsident von Portugal.

Im Januar 2011 ist Aníbal Cavaco Silva in Direktwahl durch die Bürger wieder zum Präsidenten von Portugal gewählt worden.

»Wenn ich eine Entscheidung treffe, irre ich mich nie und selten habe ich Zweifel«, sagte der portugiesische Präsident Cavaco Silva der Zeitschrift »Expres«.

Das sieht nicht nach Buße aus, nach der vom Engel mit dem Flammenschwert in der Hand gerufen worden war.

Gottes Wille versus Wille des Volkes

»Jetzt weiß ich es. Ich habe in der goldenen
Zeit der Christdemokratie gelebt.«
Ján Čarnogurský: Cestami KDH, 2007

Christdemokratie verbindet Christentum und Demokratie. Das Christentum gibt nicht in jeder Situation die direkte Anweisung, wie ein christlicher Politiker handeln soll. Aber nicht selten ergeben sich Situationen, wo dies eindeutig und klar ist. Der christliche Teil im Wort Christdemokratie weist also darauf hin, dass der christdemokratische Politiker in solchen klaren Situationen den Willen Gottes durchzusetzen hat und die Menschen für diesen seinen Standpunkt gewinnen soll. Das Wort Demokratie in der Bezeichnung der Partei bedeutet die einfache Tatsache, dass die Dinge sich so entwickeln sollen, wie es die Menschen durch Mehrheiten bei den Wahlen zum Ausdruck bringen. Nur respektiert die Mehrheit nicht immer Gott. Die Verhältnisse sollten jedoch so durchgesetzt werden, wie Gott sie will. Nun werden sie aber so gestaltet, wie es die Menschen entscheiden.

Und so hat sich die christdemokratische Haltung zu guter Letzt zu folgender Einstellung gewandelt: Alles wird so gelassen oder sogar so durchgesetzt, wie es die Menschen wollen. Um diese Entwicklung zu entschuldigen, haben die Christdemokraten eine spezielle Sprachregelung entwickelt: »Man müsse auch andere Ansichten respektieren ... Man müsse dabei sein, denn wenn wir dabei sind, können wir auch viel Gutes tun ... Wir dürfen nicht mahnend den Finger erheben ..., wir sind doch keine Prediger, das Predigen überlassen wir der Kirche ... reden wir den Menschen nicht ins Gewissen.« Leider Gottes zeigt sich dann letztendlich ein trister Widerspruch zur Anweisung des Apostels Petrus: »Man muss Gott mehr gehorchen als den Menschen.«

Der Weg zu diesem offensichtlichen Widerspruch ist lang, voll von subtilen Veränderungen in den Standpunkten. Er besteht aus mehreren Phasen. Sie müssen nicht immer in der folgenden Sequenz verlaufen, tun es aber häufig:

Die erste Phase ist gekennzeichnet durch Passivität. Sozialisten und Liberale verbünden sich aktiv mit dem Zeitgeist, um ihre Ideen gegen das Christentum durchzusetzen, und die Christdemokraten tun so, als gäbe es diesen Kampf überhaupt nicht. Sie reden über andere Dinge. Es geht ihnen darum, nur ja keine Wähler zu verlieren, wenn sich die öffentliche Meinung ändert.

In der zweiten Phase lassen sich die Christdemokraten in der Regierung durch die eigenen Koalitionspartner demütigen, die sich in den wichtigsten Fragen mit der Opposition gegen sie verbünden, um dann gegen den Willen der Christdemokraten ein antichristliches Gesetz zu verabschieden. Die Christdemokraten jedoch drohen nicht mit Demission und Beendigung der gemeinsamen Regierung.

In der dritten Phase lassen sich die Christdemokraten zur aktiven Zusammenarbeit bei der Durchsetzung der großen Übel zwingen. Sie unterschreiben antichristliche Gesetze, wie dies etwa bei der italienischen »Democristiana« der Fall war. Sie entziehen sich der Macht von Monarchen, wie dies in Belgien und Luxemburg geschah.

Bereits in der vierten Phase nehmen die Christdemokraten antichristliche Gedanken sogar aktiv in ihr Programm auf. Nach Niederlagen in Teilbereichen verpflichten sie sich dazu, sich nicht mehr um die Wiedergewinnung des verlorenen Terrains zu bemühen. Die deutsche CDU findet sich mit registrierten Partnerschaften ab, die niederländische Christdemokratie mit »Ehen« von Personen gleichen Geschlechts. Die spanische »Partido popular« kehrte vor Kurzem mit absoluter Parlamentsmehrheit an die Regierung zurück, aber sie hob das Gesetz über die »Ehe« von Homosexuellen nicht auf. Manchmal setzen die Christdemokraten antichristliche Ideen sogar als Erste durch, zum Beispiel die österreichischen Christdemokraten bei den registrierten Partnerschaften.

In der fünften Phase feiern sie ihren Schritt als Überwindung der eigenen Engstirnigkeit. Sie wollen sich öffnen und gemeinsam Gutes tun im Gegensatz zu dem ursprünglich »christlich-demokratisch« Guten, das ja nur ein partikulares, unvollkommenes Gutes sei und nicht das Gute für alle. Am besten sieht man das bei den Äußerungen des italienischen Expräsidenten Cossiga.

Ich fürchte, dass Gott damit nicht einverstanden ist.

In der Zeit nach dem Zweiten Weltkrieg standen die europäischen Christdemokratien und die konservativen Parteien vor zwei großen Herausforderungen, denen sich diese Parteien erfolgreich gestellt haben. Die erste war die Erneuerung des kriegsgeschädigten Europa. In nicht ganz 20 Jahren haben sie diese Aufgabe erfüllt. Die zweite große Herausforderung war der Kampf mit dem sowjetischen Kommunismus. Auch dieser Kampf der europäischen Rechten wurde gewonnen, auch wenn man darauf 40 Jahre warten musste.

Es gab jedoch noch eine dritte Herausforderung, doch dieser haben sich die christlichen und konservativen Kräfte nie gestellt. Der linke Liberalismus hat einige Jahre nach dem Zweiten Weltkrieg einen großen Kampf um das Menschenbild eingeleitet. Es handelt sich dabei um eine politische Auseinandersetzung, die das linke Parteienspektrum in die Politik eingebracht hat: eine grundlegende »anthropologische« Auseinandersetzung, wie es die Publizistin Michaela Freiová bezeichnet. Da geht es um Fragen wie: Was ist der Mensch? Warum soll sein Leben an dessen Beginn und auch an dessen Ende unantastbar sein? Was ist eine menschliche Familie?

Die christlichen und konservativen Parteien haben diesen Fehdehandschuh, den ihnen die Linke seit den 60er-Jahren ins Gesicht geschleudert hat, niemals aufgehoben. Vielleicht haben sie gespürt, dass der Wind des Zeitgeistes ihnen so stark ins Gesicht bläst, dass sie sich nicht dieser Herausforderung stellen und gleichzeitig in der politischen Sonne wohlfühlen könnten. In innerparteilichen Strukturen werden kurzfristige Interessen verfolgt und man denkt nicht über längerfristige Perspektiven nach. Politische Parteien sind nicht das, was die Geheime Kirche in der Slowakei gewesen war: eine Gemeinschaft, die bereit ist, auch Opfer zu bringen, bereit, jahrzehntelang geduldig zu arbeiten, um eine große Änderung vorzubereiten. Die Menschen in den Parteien haben ihre ganz gewöhnlichen menschlichen und persönlichen Ziele, die durchaus nicht illegitim sind. Wenn aber im Denken der Parteimitglieder diese Ziele überwiegen, so hat die Verteidigung von grundlegenden christlichen Prinzipien ein Ende. Die Partei beginnt, nur mehr in kurzfristigem Kategorien zu denken, und von der Parteiführung wird erwartet, dass sie die Partei an die Macht bringt. Wenn die Führung über kurz oder lang die Partei nicht an die Regierung bringt, drängt sie der Parteiapparat, ihre Positionen in der Partei zu räumen.

Handelt es sich um eine Partei, die schon Regierungserfahrung sammeln konnte – umso größer ist der Druck. Die Mitglieder haben die Süße des Regierens bereits gekostet und wollen sie wieder verkosten. Eine durch ideologisch gefestigte Führung kann diesem Druck, Werte preiszugeben, standhalten. Meistens tauchen jedoch liberale Politiker auf, die in einer kodierten Sprache sprechen und der Partei eine Vision von Erfolg bieten. Sie spielen das Spiel: »Schmeißt den Kollegen unter die Räder.« In den Medien grenzen sie sich gegenüber dem konservativeren Kollegen ab und geben sich *aufgeklärt, fortschrittlich, vernünftig.* Sie bekommen die Unterstützung der liberalen Medien, also von fast allen, und die innerparteiliche Unterstützung von Mitgliedern, die nach Macht gieren. Die konservativen Kollegen sehen neben ihnen wie *Radikale* aus, selbst wenn es Menschen sind, die auch in der Politik einfach nur Christen bleiben wollen. Der Prozess ist damit erfolgreich gestartet.

Damit geht aber die eigentliche Herausforderung, vor der die Christdemokratie steht, verloren – mit der Folge, dass den christlichen und konservativen Kräften nach dem Fall des Kommunismus das wirklich große Thema, die große Vision und der große Kampf fehlen. Der Kampf um die Erhaltung der eigenen Macht ist nämlich nicht dieser große Kampf. Und so entwickelt sich Europa heute in eine Richtung, an deren Spitze nicht die christlichen und die konservativen Kräften stehen. Im Gegenteil, sie laufen eher hinterher. Deshalb verändern nicht sie Europa, sondern Europa verändert sie. Diejenigen, die Europa verändern, sind die Linken. Zu guter Letzt holt jetzt der Gramsci-Marsch auch die Christdemokratien ein.

Erinnern wir uns an das System der Nationalen Front in den Zeiten des Kommunismus. Als die Kommunisten nach dem Zweiten Weltkrieg in den osteuropäischen Ländern an die Macht gekommen waren, haben sie zum Teil die im Parlament vertretenen Parteien nicht formal aufgelöst, sondern sie sich nur untergeordnet. Sie haben für sie ein paar Sitze im Parlament bereitgehalten, die Zahl ihrer Mitglieder festgelegt und sie dazu gezwungen, die führende Rolle der kommunistischen Partei anzuerkennen. Diese Parteien waren Bestandteil der Nationalen Front, geführt von der kommunistischen Partei. Und diese hat den anderen Parteien kleinere Abweichungen erlaubt. Aus meiner Jugend erinnere ich mich an die Wochenzeitung »Freiheit«, die von der »Partei der Freiheit« herausgegeben wurde. In dieser Wochenzeitung wurden Abenteuerromane mit christlichem Inhalt als Fortsetzungsgeschichten veröffentlicht. An andere Unterschiede kann ich mich nicht erinnern.

Im Gegensatz dazu gibt es im heutigen europäischen parlamentarischen System formal keine Nationale Front. Und im Gegensatz zur kommunistischen Ära können heute »christdemokratische« oder »konservative« Gruppierungen die tonangebende Linke bei Wahlen aus dem Sattel werfen. Auf Dauer aber kann die linke Ideologie nicht verlieren, weil sie auch von den rechten Parteien mehr und mehr übernommen wird. Deshalb sind auch Kommentare nach den Wahlen überflüssig. Dann wird zwar darüber reflektiert, ob das Pendel wieder einmal »nach rechts« oder »nach links« ausgeschlagen hat, tatsächlich aber geht es doch jeweils nur um den Austausch von Gruppierungen, nicht jedoch um veränderte Ziele und Ideologien.

Im ersten Moment sah es so aus, als ob der Fall des Kommunismus in Europa ein Sieg der christlichen und konservativen westeuropäischen Rechten gewesen wäre. Und er war es auch. Es war die Rechte, die vor der Gefahr des Kommunismus gewarnt hatte. Die Linke hingegen strebte eine Kollaboration mit ihm an. Dieser Sieg der Rechten kann für sie jedoch zu einem lebensgefährlichen Problem werden: Denn durch die Konzentration auf wirtschaftliche Fragen, auf Fragen der Sicherheit und des Kampfes mit dem Kommunismus ist diese Rechte allmählich zum *Mitläufer* der Linken bei allen kulturellen Fragen geworden. Genau auf diese aber kommt es letztendlich an. Bei diesen zentralen Fragen allerdings lassen sich keine Pendelbewegungen mehr erkennen, da gibt es nur noch eine ununterbrochene Bewegung nach links. Der heutige konservative – oder besser »konservative« – Politiker ist zwar noch etwas rechts vom linksliberalen Gegner verortet, aber seine heutigen »konservativen« Standpunkte hätte vor 20 Jahren nicht mal der fanatischste linke Radikale verkündet.

2012 konnte man das bei den französischen und amerikanischen Präsidentschaftswahlen sehen, und zwar in der Ehefrage. Barack Obama unterstützte in den Vereinigten Staaten offen die Eheschließung von Homosexuellen. Das hätte er sich vor Jahren nicht getraut. Sein republikanischer Herausforderer Mitt Romney ist zwar nicht für die »Ehe« von Homosexuellen, aber er unterstützt das Recht homosexueller Paare auf Adoption – eine vor einem Vierteljahrhundert noch unvorstellbare Forderung. Der gewählte französische Präsident François Hollande unterstützt ebenfalls die Homo-»Ehe«. Sein Rivale Sarkozy war zwar gegen dieses Projekt, allerdings wollte er den registrierten Partnerschaften so massiv Rechte einräumen, dass sie sich von wirklichen Ehen nur noch durch die Bezeichnung unterschieden hätten.

Mit Abstand die größten Sieger des kalten Krieges scheinen der westeuropäische und amerikanische linke Liberalismus, der Kulturmarxismus, die anthropologische Revolution zu sein. Der wirkliche Sieger hat keinen Namen.

Die Befürworter dieser Entwicklung in der konservativen und christdemokratischen Politik haben ein starkes Argument. Unter dem Gesichtspunkt der Machterhaltung funktioniert diese Politik nämlich. Für die italienischen Christdemokraten gilt dies zwar nicht, aber ihr Untergang ist bis jetzt eine eher singuläre Erscheinung. Die christdemokratische Macht kann sich erneuern, dann wird die Aufgabe christlicher Prinzipien als gelungene Modernisierung maskiert. Das Problem, in der Politik zu überleben, haben hauptsächlich diejenigen, die gegen diese Trends rebellieren. Erinnern Sie sich noch? »Die Macht nutzt diejenigen ab, die sie nicht haben ...«

Doch die Perspektive aus kurz- oder mittelfristiger Sicht unterscheidet sich von der langfristigen. Aus dieser geht es um die Antwort auf die Frage, die der amerikanische Philosoph Will Durant schon im vergangenen Jahrhundert formuliert hat: »Die drängendste Frage ist heute, ob die Menschen ohne Gott leben können.« Wenn die Antwort »Nein« ist (und der Christ weiß, dass dies die langfristig richtige Antwort ist), dann wird klar, dass wir vor einer großen Krise stehen. Und wenn diese Krise eintritt, werden die Historiker konstatieren, dass die Christdemokratien in Europa durch ihre Haltung an der Entstehung dieser Krise beteiligt waren. Sie haben also versagt.

Wir können nicht in die Herzen von hunderten christdemokratischen Politikern schauen. Wir wissen nicht, wer von ihnen zu entschuldigen ist und wer nicht. Oft haben sich diese Politiker zwischen der Beibehaltung der Macht und der Beibehaltung von Prinzipien entscheiden müssen – und sie haben sich für die Beibehaltung der Macht entschieden. Es geht darum, ob sie dies allein um der Machterhaltung willen getan haben. Erinnert ihr Tun nicht die Worte von C. S. Lewis?

»Es ist ein Pakt mit dem Zauberer: Wenn wir unsere Seelen aufgeben, so erhalten wir als Belohnung Macht. Aber sobald wir unsere Seelen aufgegeben haben, also uns selbst, wird uns die übergebene Macht nicht mehr gehören. In Wirklichkeit werden wir dessen Sklaven sein, dem wir unsere Seelen gegeben haben.«

Das Leben und der Tod von Thomas Morus, dem Patron der christlichen Politiker, war ein Echo auf die Worte von Petrus: »Man soll Gott mehr gehorchen als den Menschen.« Thomas Morus allein hat dies mit einem genialen Satz zum Ausdruck gebracht, den er aussprach, als er bereits auf dem Schafott stand. Unter das Henkersbeil hatte ihn der König geschickt, aber sein Lordkanzler, Thomas Morus, sagte: »Ich sterbe als treuer Diener meines Königs, aber vor allem Gottes.«

Thomas Morus musste sterben. Die modernen Christdemokraten müssten meist nicht einmal eine Demission einreichen.

Die Erneuerung

»Sende, Herr, uns deinen Geist und
erneuere das Angesicht der Erde.«
Refrain des Psalms

Es geht nicht um die Verurteilung der Christdemokratie. Die Christdemokratie hat große Verdienste. Sie ist das Ergebnis von viel persönlichem, oftmals heroischem Einsatz und von der Opferbereitschaft vieler bekannter und auch unbekannter engagierter Menschen. Für ihre Arbeit in der europäischen Nachkriegspolitik gebührt ihnen Dank und Anerkennung.

Menschliche Institutionen leiden jedoch vielfach unter Erosion, Müdigkeit und Zerfall. Diese Prozesse haben auch die politischen Parteien der Christen nicht verschont. Quer durch den Kontinent, überall sehen wir die gleichen Formen des Niedergangs im Handeln von Christdemokraten. Diesen Prozess sollte man ruhig aufzeigen, obgleich oder gerade weil dieser Prozess noch nicht abgeschlossen ist. In verschiedenen Ländern Europas befindet er sich in verschiedenen Stadien.

Und, sobald das Phänomen klar erkannt ist, muss über eine Erneuerung nachgedacht werden. Auch wenn es keine christlichen Parteien mehr geben sollte, werden Christen niemals aufhören, sich in der Politik zu engagieren. In diesem Sinne bleibt christliche Politik etwas Fortdauerndes. Christen sollen ja in jeder Hinsicht »Salz der Erde« bleiben. Und die Politik ist ein Bereich der menschlichen Tätigkeit – und zwar ein wichtiger.

Noch ist das Engagement für die Wahrheit nicht völlig aus vielen Herzen christlicher Politiker verschwunden. Die Geschichte der christlichen Parteien im Nachkriegseuropa ist nicht nur eine Geschichte von Opportunismus und der Aufgabe von Grundsätzen zugunsten politischer Ämter. Es gibt auch Beispiele von Parteien und Politikern, an denen man sich in Zukunft orientieren kann. Vielleicht werden diese Beispiele Europa nicht verändern. Sie sind jedoch wert, festgehalten zu werden.

Zuerst analysieren wir aber, wohin Europa und Amerika infolge des ständigen Drucks der Linken und des schwachen Widerstandes, vielleicht sogar der Kollaboration der Konservativen, gekommen sind.

Wie sieht das Europa aus, in dem noch immer eine anthropologische Kulturrevolution stattfindet? Dieses Europa, das als ein christlicher Kontinent groß geworden ist?

KAPITEL V

Die euro-amerikanische Kulturrevolution

»In Europa hat sich eine Kultur entwickelt, die nicht nur das Christentum radikal negiert, sondern auch die religiösen und ethischen Traditionen der Menschheit.«
Joseph Ratzinger

Ziele und Erfolge der Revolution – Umwertung aller Werte

»Wir selbst, wir freien Geister, sind bereits eine
›Umwertung aller Werte‹, eine leibhaftige
Kriegs- und Sieges-Erklärung an alle alten
Begriffe von ›wahr‹ und ›unwahr‹.«
Friedrich Nietzsche: Antichrist

Ende 2010 tickerten die Agenturen die Nachricht, der Rockstar Elton John und sein registrierter Partner, der kanadische Filmproduzent David Furnish, seien »stolze Eltern« geworden. Der kleine Zachary Jackson Levon John-Furnish wurde von einer Ersatzmutter zu Weihnachten in Kalifornien geboren. Die beiden registrierten Partner kostete dies 100.000 Pfund. Die Medien nannten den kleinen Zachary in Anlehnung an das kleine Christkind »Christmas Baby«. Fakt ist, dass auch die Geburt dieses Kindes den Beginn eines neuen Zeitalters verkündet. Ein Zeitalter, das leugnet, was durch die Geburt des Kindes vor 2000 Jahren verheißen wurde.

Wie die Tageszeitung »Daily Mail« ausführte, steht in der Geburtsurkunde in der Spalte »Vater« Elton John und in der Spalte »Mutter« David Furnish. Es ist nicht bekannt, wer die Ersatzmutter ist, die Zachary ausgetragen und geboren hat. Es ist nicht bekannt, ob diese Mutter auch die Ei-Spenderin war. Es ist nicht bekannt, wer der Spermienspender war. Ist es einer von den registrierten Partnern oder ein dritter? Es ist nicht bekannt, ob dies der kleine Zachary irgendwann erfährt, wenn er groß ist und über seinen Ursprung nachzudenken beginnt. Wie viele »Eltern« wird Zachary letztlich haben? Drei? Vier? Fünf? Wir wissen es nicht. Aber die »Patentante« soll angeblich Lady Gaga sein.

Diese Nachricht zum Ende des Jahres steht nicht allein. Sie hat mediales Interesse erweckt, weil die Beteiligten prominente Personen sind. Schon lange vorher hatten die Medien über noch bizarrere Ereignisse berichtet. Im November 2010 hat eine 50-jährige Mexikanerin einen Jungen ausgetragen und geboren, der den Namen Dario bekommen hat. Es war nicht ihr Ei, sondern das einer unbekannten Spenderin. Der Spermienspender war der 31-jährige homosexuelle Sohn der Mexikanerin. Als der kleine Dario zu sprechen begonnen hat, wie hat er da wohl die Frau, die ihn geboren hat, gerufen? Mutter? Großmutter?

Ende des Jahres 2010 vermeldeten die Agenturen, dass die Schauspielerin Nicole Kidman und ihr Partner, der Countrysänger Keith Urban, ein Kind bekommen. Das befruchtete Ei von Kidman hat aber eine bezahlte Ersatzmutter ausgetragen. Nicole wollte sich durch die Schwangerschaft nicht die Figur verderben.

Wir erfahren, dass auch einige Enkel von Mitt Romney, des US-Präsidentschaftskandidaten für die Republikaner, durch eine Ersatzmutter auf die Welt gekommen sind. Romney war im Herbst 2012 auch von vielen amerikanischen konservativen Christen gewählt worden. Bei dem Versuch, die Wiederwahl von Barack Obama zu verhindern, war ihnen nichts anderes übrig geblieben. Es ist ja wahr, dass Mitt Romney nicht dafür verantwortlich gemacht werden kann, auf welche Weise seine erwachsenen Kinder ihre Nachkommen auf die Welt bringen. Es scheint so, dass sich keine Familie sicher sein kann, wann die neue revolutionäre Kultur auch bei ihr Einzug hält.

Zwei kalifornische Lesben sind »Eltern« eines elfjährigen Sohnes, der nun beginnt, sich wie ein Mädchen zu fühlen. Die beiden Mütter haben entschieden, der Junge soll sich einer allmählichen Umwandlung zur Frau unterwerfen. Aus Thomas wird Tammy. Es beginnt mit der Blockade von Hormonen, die die Entwicklung des Jungen zum Mann auslösen. Über den chirurgischen Eingriff, der eine unwiderrufliche Änderung des Geschlechts bedeutet, soll der Junge/das Mädchen selbst entscheiden, nachdem er/es 15 Jahre alt sein wird. Also, wenn er/es dann verstümmelt wird. An irgendeinen Vater wird sich niemand mehr erinnern.

Zwei israelische Lesben wiederum haben ein Kind auf die Welt gebracht, bei dem die eine das Ei geliefert und die andere das Kind ausgetragen hat. Das Gericht hat entschieden, dass sie beide die biologischen Mütter des Kindes sind. Und man hört auch schon, dass es möglich sein wird, ein Kind durch künstliche Befruchtung in der Lotterie zu gewinnen. Es genügt, einen Lottoschein zu kaufen. Wenn Sie gewinnen, können Sie befruchtet werden (falls Sie ein Frau sind) oder Sie liefern den Samen eines Spenders oder eine Ersatzmutter ... Wie immer Sie wollen. Und was sagen Sie zu folgendem Drama? Ein Mann und eine Frau lassen ein befruchtetes Ei, genetisch ihr Kind, in den Schoß einer Ersatzmutter implantieren. Danach wird festgestellt, ob der Fötus das Downsyndrom hat. Sie bezahlen die Ersatzmutter für die Abtreibung. Sie nimmt das Geld.

Wir sind eine egoistische Kultur geworden, die Versuche mit Kindern anstellt.

Die Mehrheit der Kinder wird auch weiterhin wie seit Tausenden von Jahren auf die Welt kommen und sie werden den Namen des tatsächlichen Vaters und der tatsächlichen Mutter kennen. In dieser Hinsicht wird sich nicht viel ändern. Aber das, was sich vielleicht verändert, unumkehrbar verändert, ist die Moral.

Vor einem halben Jahrhundert hätte die Vorstellung, dass sich zwei Homosexuelle ein Kind kaufen, um es zu erziehen, wobei das Kind seine wirkliche Mutter (Mütter) nicht kennt, allgemein Abscheu hervorgerufen. Heute ist dies nicht mehr der Fall. Ein großer Teil der Gesellschaft geht darüber mit Schulterzucken hinweg. Zwar schauen nicht alle gedankenlos zu, aber nur wenige haben den Mut, Regeln, die vor 50 Jahren gültig waren, als moralischen Standard zu verkünden, der auch heute noch verbindlich ist.

Das, was einst unmoralisch war, ist inzwischen moralisch. Umgekehrt betrachtet man heutzutage die Verurteilung derartiger, nicht traditioneller Wege, Kinder zu befruchten, zu gebären und zu erziehen, als unmoralisch. Eine solche kritische Verurteilung steht im Widerspruch zu einem der Hauptgebote des neuen liberalen moralischen Kodex, die Patrick J. Buchanan scherzhaft formuliert hat: »Du wirst nicht verurteilen!« Wenn du verurteilst, bist du gehässig und »bigott«. Du sollst nicht den Lebensstil anderer verurteilen. »Alle Lebensstile sind sich gleich«, sagt ein weiteres Gebot dieses Kodex.

Die Änderungen, die die Institution der Ehe durchmacht, verlaufen mit atemberaubender Geschwindigkeit. Einst war es selbstverständlich, dass ein Kind in der Ehe geboren wurde. In den USA wurden 1940 nur 3,8 % der Kinder außerehelich geboren. 2007 waren es schon vier Kinder von zehn. Der OECD-Bericht aus dem Jahr 2008 gibt an, dass es in Europa sieben Länder gibt, in denen die Mehrheit der Kinder unehelich geboren wird. Es sind Bulgarien, Frankreich, Slowenien, Schweden, Norwegen, Estland und Island, das mit 65 % die Liste anführt. Weitere sechs Länder haben die Grenze von 40 % überschritten. Weitere neun haben die Grenze von 30 % bereits erreicht. In jedem europäischen Land stieg die Zahl seit 1970 auf ein Mehrfaches. In Spanien betrug sie 1970 ein Prozent, heute sind es mehr als 30. In Polen wurden 1970 fast keine unehelichen Kinder geboren, heute sind es jährlich 20 %.

Die Slowakei ist keine Ausnahme. Noch in den Achtzigerjahren wurde grob geschätzt nur jedes zwanzigste Kind außerehelich geboren, heute ist es bald jedes dritte Kind. Diese Entwicklung ist auch für europäische Verhältnisse rasant. Und kaum jemand bezeichnet dies als Kollaps der Moral. Es ist vielmehr »eine Veränderung der Moral«. In den Medien erzählen Prominente von ihrem gemeinsamen Leben mit dem oder jenem »Partner« oder »Freund«, und alle nicken verständnisvoll. Vor 20 Jahren war dies noch undenkbar.

Das ist die Revolution.

Die Institution »Scheidung« kennt Europa schon mehr als zwei Jahrhunderte. Aber erst Ende des 20. Jahrhunderts und mit Beginn des 21. Jahrhunderts erinnern die Scheidungen an eine Pandemie, von der die Ehe in einem unglaublichen Maß in Frage gestellt wird. Was sagt der OECD-Bericht? Das Verhältnis von Scheidungen zu Eheschließungen hat sich seit 1970 in den OECD-Ländern im Durchschnitt vervielfacht. 1970 kamen in den USA 35 Scheidungen auf 100 Ehen, heute sind es 50. In Deutschland waren es 1970 weniger als 20 Scheidungen auf 100 Ehen, heute sind es 50. In der Slowakei kamen 1970 nur 10 Scheidungen auf 100 Ehen, jetzt sind es beinahe 50.

Wer sich an die kommunistischen Zeiten erinnert, weiß, dass schon damals die Zahl der Scheidungen beachtlich schnell zunahm. Aber die kommunistischen Medien signalisierten, dass dies ein Problem sei. Und heute? Die Scheidungen der Prominenten füllen regelmäßig die Seiten der Boulevardpresse. Die Kultur ist gegen das Modell einer dauerhaften und intakten Ehe zweier verantwortungsbewusster Menschen. Die Literatur- und Filmhelden sind Vorbilder für alles Mögliche, nur nicht für ein verantwortungsvolles Leben als Ehemann oder Ehefrau. Es passt irgendwie nicht mehr in die Zeit, wenn man sich heute über die Scheidungsepidemie beklagt. Scheidung ist nur ein anderer »Lifestyle«. Und wie wir schon gehört haben, alle »Lifestyles« sind sich gleich. Du willst doch nicht etwa verurteilen ...

Tausende Jahre war die Ehe ein Bund zwischen Mann und Frau. Das christliche Europa hat das Konzept der monogamen Ehe zwischen einem Mann und einer Frau beinahe auf der ganzen Welt verbreitet. Zwar wurde Homosexualität über Tausende von Jahren mal mehr, mal weniger toleriert, aber den Bund zwischen zwei Männern als Ehe zu bezeichnen, war immer etwas Unvorstellbares. Noch vor 30 Jahren war dies undenkbar. Der erste Staat, der registrierte Partnerschaften legalisierte, war im Jahr 1989 Dänemark (das war ein interessantes Jahr, nicht wahr?). Heute ist die registrierte Partnerschaft von Personen gleichen Geschlechts in allen Staaten Westeuropas mit Ausnahme von Malta und Italien gesetzlich zugelassen und sie bahnt sich ihren Weg auch nach Osteuropa. In einigen Ländern wie Spanien, Belgien, den Niederlanden, Norwegen gibt es bereits Ehen von gleichgeschlechtlichen Personen.

Wenn ein Lehrer vor 50 Jahren den Kindern in der Schule erzählt hätte, dass zwei Männer im Bett ganz in Ordnung sind, so hätte er seine Stelle verloren und Scherereien mit dem Gesetz bekommen. Heute kann er in einigen Ländern seine Stelle verlieren, wenn er es ablehnt, darüber zu sprechen. Heute tritt sogar der amerikanische Präsident Barack Obama vor Schüler einer High School, um Abtreibung und offene homosexuelle Beziehungen in der Armee zu propagieren. Dies geschah im Juni 2012 an der High School in Durham im Staat New Hampshire.

Vor 60 Jahren war die Abtreibung beinahe überall illegal und moralisch zu verurteilen. Diese Ansicht war über Tausende von Jahren gültig. In den 50er-Jahren kam es zu einem Wirbelsturm von Gesetzen in den kommunistischen Ländern, die die Abtreibung legalisierten. 20 Jahre später hat sich diese Welle in Westeuropa ausgebreitet. Die Zahl der abgetriebenen Kinder in diesem Gebiet beläuft sich seither auf hunderte Millionen. Allein in den USA wurde seit dem Urteil »Roe vs. Wade« um die 50 Millionen Kinder abgetrieben.

Für die linken Politiker ist das »Recht der Frau auf Abtreibung« eine unantastbare heilige Kuh. Am 22. Januar 2011 hat der größte Pro-Abtreibungspräsident der USA, Barack Obama, erklärt: »Heute erinnern wir an den 38. Jahrestag von »Roe vs. Wade«, der Entscheidung des Obersten Gerichtshofes, welche die Gesundheit der Frauen und die Reproduktionsfreiheit schützt ... Ich bin verpflichtet, das Verfassungsrecht zu schützen«. Der linke Präsident ist unbeugsam. Die Politiker der Rechten kommen bei dieser Frage ins Stottern. Wer gewinnt in einem solchen Fall? Da gibt es wohl kaum Zweifel.

Eine Illustration für die Perversion, wohin die Abtreibungskultur führt, ist der Fall des Doktor Kermit Gosnell und seiner Mitarbeiter in einer Abtreibungsklinik in Philadelphia. Die Staatsanwaltschaft hat am Vorabend des 38. Jahrestages von »Roe vs. Wade« den 69-jährigen Gosnell angeklagt, weil er aus der Klinik ein wahres Schreckenshaus gemacht hat. Er führte Abtreibungen an Frauen im achten Schwangerschaftsmonat durch. Aber er bemühte sich nicht, die Babys im Schoß der Mutter zu töten, womit er im Rahmen der Gesetze geblieben wäre. Stattdessen ließ er die Kinder zur Welt kommen und schnitt ihnen dann – wohlgemerkt Kindern, die gelebt und geatmet haben – mit der Schere das Rückgrat durch.

Sieben Fälle waren dokumentiert, aber wahrscheinlich gab es hunderte. Gosnells Mitarbeiterin Tina Baldwin sagte aus, Gosnell habe Witze gemacht, wenn sich das geborene Kind beim Durchschneiden des Halses gewunden habe: »Es ist so, als wenn Sie dem Huhn den Kopf abhacken.« Gosnell wusste nicht, wie man Kinder im Schoß der Mutter tötet, deshalb hat er diese illegale nachgeburtliche Methode gewählt. Hätte er diese Methode beherrscht, hätte er gesetzesgemäß gehandelt. Er hat mehr als eine Million Dollar jährlich verdient.

Als Barack Obama noch Senator im Staat Illinois war, hat er gegen ein Gesetz mit der Bezeichnung »Born Alive Infant Protection Act« gestimmt. Das war ein Gesetz, das den Arzt verpflichtet, einem Kind, das einen Abtreibungsversuch überlebt hat und geboren wird, eine medizinische Behandlung angedeihen zu lassen. Auslöser für dieses Gesetz waren Fälle, in denen Kinder die Abtreibung überlebt hatten. Sie wurden geboren und der Arzt ließ sie – obgleich lebend und atmend – sterben. Das Abstimmungsverhalten von Obama rückt ihn in die Nähe von Gosnell.

Das alles sind nicht Szenen aus einem Horrorfilm. Es ist eine Realität, die in der euro-amerikanischen Zivilisation in nur zwei Generationen entstanden ist. Aber weil Augen in der Lage sind, die schreckliche Realität der Abtreibung wahrzunehmen, darf diese Realität visuell nicht zugänglich gemacht werden. Deshalb blockiert das soziale Netzwerk Facebook Bilder von abgetriebenen Babys. Aber eine Anleitung, wie man selbst mit chemischen Mitteln abtreiben kann, darf auf Facebook veröffentlicht werden.

Revolutionär entwickelt sich auch die Argumentation pro Abtreibung. In den letzten Jahrzehnten wird als Hauptargumentation der Stehsatz verwendet: »Dass abgetrieben wird, freut mich nicht, persönlich gefällt mir das nicht, *aber* ...« Hinter dem Wort *aber* folgte dann eine lange Erklärung, weshalb Abtreibung dennoch legal sein sollte. Die Abtreibung soll sicher, legal und selten werden, wurde uns gesagt. Allerdings: Wenn die Abtreibung legal ist, so wird sie nicht selten sein, weil das Gesetz ein großer Lehrer ist. Dennoch wurde und wird behauptet, die Zahl der Abtreibungen würde sinken. Aber nicht alle vertreten diese Sichtweise. »Ich liebe die Abtreibung. Ich sehe sie nicht als notwendiges Übel an«, erklärt Jessica Del Balzo auf der Abtreibungsseite »RH Reality Check«. Warum sollte sie seltener werden, fragt sie sich. Das würde doch die Rechte der Frauen in Frage stellen und die Abtreibung in ein schiefes Licht rücken. Ihren Artikel beendet sie mit dem Bekenntnis: »Die Abtreibung ist unsere letzte Zuflucht, das endgültige, definitive Mittel, das uns die körperliche Autonomie sichert. Warum sie also nicht lieben?« Das sind beinahe schon religiöse Formulierungen. Für Christen ist die letzte Zuflucht Gott, für andere die Abtreibung.

Ähnlich irritierend war auch der Auftritt der Kongressabgeordneten Darcy Burner auf der Konferenz »Netroots Nation« in Providence im Juni 2012. Burner hatte während ihrer Rede das Publikum aufgefordert, es sollten alle Frauen aufstehen, die bereits abgetrieben haben. Ihrer Meinung nach sollten sich die Frauen öffentlich und stolz zu ihrer Abtreibung bekennen. »Auf diese Weise ändern wir die Geschichten in den Köpfen der Menschen«, sprach Burner. So wird, wenn es nach ihr geht, »kulturelle Macht« ausgeübt. Auf die Worte von Burner folgte donnernder Applaus. Es war eigentlich eine informelle *Abortion Pride Parade*. Stolz anstatt Schweigen.

Weitere Pioniere der Revolution verkünden, nicht ohne eine konsequente Logik, dass nicht einmal die Geburt die Grenze für zulässige Abtreibung sein soll. Bereits vor ein paar Jahren brachte der australische Philosoph Peter Singer diese Gedanken auf. 2012 haben Alberto Giubilini und Francesca Minerva diese Überlegungen in der Zeitschrift »Journal of Medical Ethics« wieder belebt. Während Singer über die Tötung von behinderten Neugeborenen nachgedacht hatte (sie ist in den Niederlanden bereits Wirklichkeit), denken diese Autoren über das rechtmäßige Töten auch vollkommen gesunder Neugeborener nach – etwa, wenn es den Eltern schwerfällt, das Kind zu erziehen. Die beiden »Ethiker« sind der Überzeugung, das Neugeborene habe nicht dieselben Rechte wie ein Erwachsener. Es sei nur eine Art »zukünftiger Mensch«. Seine Tötung nennen sie »Abtreibung nach der Geburt«.

Und jetzt kommt das Beste: Als die Redaktion der Zeitschrift viele empörte E-Mails erhielt, verfasste deren Verleger, Julian Savulescu, einen Artikel zur Unterstützung der beiden Autoren. Er wies (wahrheitsgemäß) darauf hin, dass der Infantizid bereits in den Niederlanden existiere, und bezeichnete die protestierenden E-Mail-Schreiber als Fanatiker. »Das, was die Reaktion auf den Artikel an den Tag bringt, ist eine tief reichende Störung in der modernen Welt. Da liefern Menschen nicht etwa Argumente gegen den Infantizid, sondern sie bringen eine fundamentale Ablehnung liberaler Werte zum Ausdruck und eine fanatische Opposition gegen jegliches vernünftige Engagement«, schreibt Savulescu. Sind Sie etwa auch empört über den Vorschlag, Säuglinge zu töten? Dann sind Sie ein Fanatiker ...

Schon der berühmte, mittlerweile verstorbene Science-Fiction-Autor Philip K. Dick zeichnete in seiner Erzählung »Die Präpersonen« aus dem Jahr 1974 die Vision einer Gesellschaft, in der Kinder auf Antrag bis zu ihrem zwölften Lebensjahr getötet werden können. Es war offenbar seine Reaktion auf »Roe vs. Wade«. Über die Reaktion auf seine Geschichte hat Philip K. Dick vor mehr als drei Jahrzehnten geschrieben:

»Mit dieser Geschichte ... habe ich mir den absoluten Hass von Joanna Russ zugezogen, die mir den vulgärsten Brief geschrieben hat,

den ich je bekommen habe. An einer Stelle erklärt sie, dass sie die Menschen ..., die sich nicht schämen, solche Ansichten auszusprechen, ohne Erbarmen erschießen lassen würde ... Es tut mir leid, wenn ich irgendwelche Menschen, die mit mir nicht übereinstimmen, in der Frage der Abtreibung auf Antrag zu nahegetreten bin. ... Aber im Interesse der Präpersonen bereue ich nichts. Und hinter dem stehe ich auch: ›Hier stehe Ich. Ich kann nicht anders‹, wie Martin Luther angeblich gesagt hat.«

Sicher auch nach der Veröffentlichung des Artikels von Giubilini und Minerva droht keine sofortige Legalisierung der Tötung von Neugeborenen in allen Ländern der Erde. Zu behaupten, dass die Tötung Neugeborener legalisiert werden soll, ist so grausam wie die Behauptung, es gebe ein Recht, Angehörige von Minderheiten, Rassen oder Ethnien physisch zu liquidieren. Man könnte hier die gleiche Äquilibristik bei der Argumentation nutzen wie bei den Neugeborenen, indem man behauptet, es handle sich bei einigen Ethnien um Präpersonen, die sich erst in den nächsten Generationen *zu Ende entwickeln* können, aber *vorerst* gebe es keinen Grund, sie durch ein Gesetz vor dem Getötetwerden zu schützen. Wenn legal auf Grund der Zugehörigkeit zu einer Altersgruppe getötet werden kann, warum dann nicht auf Grund der Zugehörigkeit zu einer Ethnie? Können Sie sich vorstellen, dass ein Philosoph einen Artikel über die Notwendigkeit der Tötung von Roma oder Deutschen oder Juden veröffentlichen würde? Das würde das sofortige Ende seiner Karriere bedeuten und zu seiner gesellschaftlichen Isolation. Er könnte sogar froh sein, wenn er nicht strafrechtlich verfolgt würde. Und sicher würde keine Zeitschrift einen derartigen Wahnsinn veröffentlichen. Aber die Tötung von Neugeborenen? Das ist *politisch korrekt*. Giubilini, Minerva und Savulescu wissen, dass sie nur ein paar verärgerte E-Mails riskieren. Dieses Missverhältnis ist zwar irrational, aber es ist die direkte Folge der Abtreibungsideologie.

Menschen wie Singer, Giubilini und Minerva vegetieren nicht am Rande der heutigen Gesellschaft dahin. Peter Singer wurde im Sommer 2012 ein hoher australischer Orden verliehen. Aus ihm ist ein »Companion of the Order of Australia« geworden. Giubilini und Minerva müssen auf ähnliche Ehrungen noch warten.

Vor einem halben Jahrhundert und auch noch später wurde die sexuelle Abstinenz bei Jugendlichen für die beste Lösung gehalten, für ein Ideal, das wegen der menschlichen Schwäche nur schwer erreichbar, aber dennoch erstrebenswert ist. Die sündige Realität war zwar die Quelle deftiger Scherze, aber es war dennoch undenkbar, dass die Verkündung eines uneingeschränkten Sexualhedonismus zur führenden Philosophie geworden wäre. Heute propagiert »Planned Parenthood« offen, Eltern sollten ihren Kindern ab dem fünften Lebensjahr vermitteln, dass es »normal ist, aus Lust seine Geschlechtsorgane zu berühren«.

Auch Pädophilie ist für einige liberale Kreise eine ekelhafte Straftat, aber nur, wenn sie katholische Priester begehen. Vor einigen Jahren hat in Deutschland eine wirklich ungewöhnliche Broschüre mit dem Titel »Körper, Liebe, Doktorspiele« Aufmerksamkeit erregt. Herausgegeben wurde sie von der »Bundeszentrale für gesundheitliche Aufklärung«. Sie gab Eltern recht schockierende Ratschläge, wie sie mit der Sexualität ihrer kleinen Kinder umgehen sollten. Wir finden darin auch die Beschwerde, kleine Mädchen bekämen zu wenig Aufmerksamkeit für ihre »Vagina und vor allem die Klitoris durch sanfte Berührungen (vom Vater oder von der Mutter), wodurch dem Mädchen eine Entwicklung von Stolz auf sein Geschlecht erschwert« werde.

Also Väter, jetzt wisst ihr, was euren Kindern laut Bundesaufklärung fehlt ...

Nach Protesten aus der Öffentlichkeit ließ Familienministerin Ursula von der Leyen die Broschüre zurücknehmen, denn einige Passagen waren zu eindeutig, man konnte sie wirklich nicht anders auslegen: nämlich als Anleitungen zum Missbrauch von Kindern.

Die Pädophilie ist nämlich bis jetzt noch eine nicht erstürmte Festung, aber sie wird schon belagert. Die Organisationen, die ihre gesellschaftliche Akzeptanz propagieren, stehen nicht allein. In Deutschland war die »Humanistische Union«, die von sich behauptet, sie schütze die Menschenrechte, da tätig. Ihr Vorstand hat im Jahr 2000 eine Erklärung zum Sexualstrafrecht veröffentlicht, die de facto eine Zustimmung zum sexuellen Missbrauch von Kindern ist. »Die Humanistische Union beobachtet mit großer Besorgnis die zunehmende Tendenz im Sexual- und Jugendstrafrecht, mit den Instrumenten der Kriminalistik den Schutz und die Förderung von Kindern und Jugendlichen zu gewährleisten«, liest man in der Erklärung.

Während urteilsfähige Menschen in den 90er-Jahren durch die Zunahme von Kinderpornografie beunruhigt waren, beunruhigte das Präsidium der »Humanistischen Union« vielmehr die Sorge, jemand könne dafür mit einem längeren Aufenthalt im Gefängnis bestraft werden.

Erwartet man nun, dass Menschen mit solchen Ansichten zu isolierten Außenseitern in der Gesellschaft werden, so irrt man sich. Im Beirat der Humanistischen Union sitzen auch die frühere Justizministerin Sabine Leutheusser-Schnarrenberger von der liberalen FDP, die Abgeordnete des Bundestages und ehemalige Vorsitzende der Partei der Grünen, Claudia Roth, und viele andere Persönlichkeiten aus dem politischen und akademischen Umfeld. Die Vorsitzende der Humanistischen Union ist Rosemarie Will. Mitglied wurde sie 1991. Rosemarie Will war seit 1968 Mitglied der ostdeutschen kommunistischen Partei SED. Noch weiter geht eine Organisation mit dem Namen »Arbeitsgemeinschaft Humane Sexualität« (AHS), die sich offen für Straffreiheit bei freiwilligen sexuellen Handlungen zwischen Erwachsenen und Kindern einsetzt. »Das Strafrecht hat seine Berechtigung, soweit es das Kind vor Machtmissbrauch schützt. Dort allerdings, wo auch vom Kind erwünschte, also einvernehmliche und nicht schädigende sexuelle Handlungen unter Strafe gestellt werden, wird Strafrecht zu Unrecht.«

Die Humanistische Union ist personell mit der AHS verknüpft. Der bedeutende Soziologe Fritz Sack ist Mitglied des Kuratoriums in der AHS und auch im Beirat der Humanistischen Union. Trotzdem disqualifiziert die Mitgliedschaft im Beirat der Humanistischen Union gesellschaftlich niemanden.

In den USA ist die berühmteste Organisation, die für die Legalisierung von Sex mit Minderjährigen kämpft, die North American Man-Boy Love Association (NAMBLA). Einer, der für das Recht von NAMBLA eingetreten ist, solche Ansichten auch öffentlich zu verkünden, war der führende Vertreter der »Beat-Generation«, Allen Ginsberg. In seinem Gedicht »America« erinnert sich Ginsberg, wie er in seiner Kindheit zum Kommunisten wurde und dass er sich dafür nicht geschämt habe, als ihn seine Mutter zu Versammlungen der kommunistischen Zellen mitgenommen hat. Ginsberg ist ein weiteres Beispiel für die Prominenten, die direkt vom Anarcho-Kommunismus zur sexuellen Anarchie übergegangen sind.

Denselben Weg ist auch der Kommunist und Homosexuelle Harry Hay gegangen, der Begründer der amerikanischen Homosexuellen-Bewegung, eine Legende. In den 80er-Jahren hatte die Homosexuellen-Bewegung ein Problem mit der NAMBLA. Sie bemühte sich, sie aus ihren Reihen auszuschließen. Viele dachten damals, Sex mit Kindern ginge wohl ein wenig zu weit. Nicht so Harry Hay. Der widersetzte sich wiederholt dem Ausschluss des NAMBLA. Ein Kommentator, Jeffrey Lord, erinnert sich an Aussagen von Hay auf dem Forum der New Yorker Universität 1983: »... wenn Eltern und Freunde der Schwulen wirkliche Freunde der Schwulen wären, dann wüssten sie von ihrem homosexuellen Kind, dass ein Verhältnis mit einem älteren Mann gerade das ist, was 13-, 14- oder 15-jährige Kinder mehr brauchen als irgendetwas anderes auf der Welt.«

Nicht einmal Hay wurde zu einem Außenseiter im öffentlichen Leben. 2001, auf der üblichen Schwulenparade in San Francisco, defilierte Harry Hay unter der Nummer 31 und knapp hinter ihm marschierte unter der Nummer 34 Nancy Pelosi, die kalifornische Kongressabgeordnete der Demokratischen Partei, die zukünftige Vorsitzende des Repräsentantenhauses, einer der Kammern des amerikanischen Kongresses. Als Bewunderer von Harry Hay hat sich in der Vergangenheit auch der radikale Unterstützer der homosexuellen Agenda, Kevin Jennings, geoutet. Er wurde mit dem Antritt von Präsident Barack Obama Direktor im Amt für ein »Schulwesen ohne Drogen«, einer Unterabteilung im amerikanischen Unterrichtsministerium.

Harry Hay starb 2002 als 90-Jähriger. Im selben Jahr drehte der Regisseur Eric Slade über Hay einen Dokumentarfilm »Hope Along the Wind: The Life of Harry Hay«. Der Film erhielt mehrere Auszeichnungen auf Filmfestivals, und zwar nicht nur von denjenigen, die auf Filme mit homosexueller Thematik spezialisiert sind. Er stellt Hay positiv dar. Sieht man sich den Trailer zum Film an, so wird einem das Bild eines alten edlen Mannes geboten, der über die Brüderlichkeit aller Menschen spricht. 2009 wurde auf dem Broadway in New York das Stück von Jon Marans »The Temperamentals« aufgeführt. Die zentralen Figuren sind Harry Hay und sein Partner Rudi Gernreich, der berühmte Modedesigner. Die Rezension in der »New York Times« waren voll des Lobes.

So ist es. Sex mit einem Kind ist zwar strafbar, aber seine Verteidiger werden uns als Helden vorgeführt.

Im August 2011 fand im amerikanischen Baltimore eine Konferenz statt, die von der Organisation B4U-ACT organisiert wurde. Deren Mitglieder sind Aktivisten und Psychiater aus amerikanischen Universitäten, die sich um die gesellschaftliche Akzeptanz der Pädophilie bemühen. Dort hatte man sich zum Ziel gesetzt, die Klassifikation der Pädophilie als psychische Störung zu revidieren. Beobachtet wurde sie aber auch von Christen aus dem anderen Lager. Einer von ihnen war Matt Barber, der die Atmosphäre auf der Konferenz so schilderte: »Als ehemaliger Ermittler bin ich mit Selbstmorden, Morden und anderen Gewalttaten in Kontakt gekommen. Niemals aber habe ich ein derartiges Niveau geistiger Unterdrückung erlebt und so viel Böses gespürt, wie in diesem Raum.« Die Redner erklärten, die Pädophilen würden durch die Gesellschaft »ungerecht stigmatisiert und dämonisiert« und deshalb seien »Kinder nicht bereit, ihre Einwilligung zum Sex mit Erwachsenen zu geben«.

Im August 2011 machten die konservativeren Medien in Europa auf Bilder eines zehnjährigen Mädchens in der französischen Zeitschrift Vogue aufmerksam. Das Mädchen war geschminkt, hatte die Frisur einer Erwachsenen und auffällige Ohrringe. Es lag auf einer leopardfarbenen Couch in einer sexuell verführerischen Pose wie eine »femme fatale«. Die Medien und die heutige Kultur fördern die Sexualisierung von Kindern und Jugendlichen.

Der britische Premier David Cameron hat die Erarbeitung einer Studie über dieses Phänomen in Auftrag gegeben. Dennoch geht die britische Regierung nicht auf Distanz zum allgemeinen Trend. So brachten Anfang 2012 britische Medien die Nachricht, dass in den vergangenen Jahren Tausenden von Schülerinnen ab 13 ohne Wissen ihrer Eltern schwangerschaftsverhütende Implantate eingesetzt worden seien. Die Regierung sorgt also dafür, dass Pädophile keine Angst haben müssen, Sex mit Mädchen könnten unerwünschte Folgen haben. Die Regierung in Großbritannien setzt also voraus, dass die Altersgrenze von 16 Jahren, bis zu der Sex mit Minderjährigen strafbar ist, nicht eingehalten wird. So werden die Kinder aber sexualisiert. »Ein so ausgerüstetes Kind weiß, dass die Behörden davon ausgehen, dass es sich auch dementsprechend verhalten wird«, schreibt der konservative Publizist Peter Hitchens in seinem Blog. »Wir haben die Telekommunikation, Elektrizitätswerke und die Bahn privatisiert – und die Pädophilie verstaatlicht.«

Um Beispiele zu finden, muss man nicht ins Ausland fahren. Es genügt, sich an Wettbewerbe wie »Superstar« zu erinnern, wo

Tausende von Kindern einem Strom von sexuellen Anspielungen, einschließlich homosexuellen, durch Moderatoren und Jurymitgliedern ausgesetzt waren.

In der Slowakei erschienen 2005 im Blog der Tageszeitung SME einige Beiträge, die Pädophilie bagatellisierten. Es gab Versuche, ihr eine höhere gesellschaftliche Akzeptanz zu verschaffen. Der Autor eines Beitrags gab dort einen Hinweis auf eine Internetseite, auf der eindeutig kinderpornografische Bilder zu sehen waren. Die Reaktion der Öffentlichkeit war heftig. Tausend Bürger haben eine Unterschriftenliste gegen die Bagatellisierung von Pädophilie unterzeichnet.

Allen Ginsberg, der Mentor von NAMBLA, war auch Pionier einer weiteren revolutionären Veränderung, und zwar der Akzeptanz von vulgärer Sprache in der Öffentlichkeit. In seinem Gedichtband »Das Geheul« waren so viele explizit sexuelle Ausdrücke, dass er 1957 wegen Verletzung des Gesetzes über Obszönität angeklagt wurde. Ginsberg und sein Kollege von der Beatgeneration, Lawrence Ferlinghetti, der Miteigentümer des Verlags war, der den Band veröffentlicht hatte, gewannen den Prozess jedoch. Richter Clayton W. Horn entschied, »das Geheul« sei von einer »erlösenden gesellschaftlichen Bedeutung« und falle deshalb unter den ersten Zusatzartikel der amerikanischen Verfassung, der Meinungsfreiheit garantiert.

Dieses Urteil öffnete der Vulgarität die Schleusen und veränderte die Welt – aber nicht zum Besseren. Ein halbes Jahrhundert nach diesem Prozess steht diese Welt nun resigniert vor einer Flut von Vulgarität und überlegt, wie sie den Dschinn, diesen bösen Geist, in die Flasche zurückbekommt. Schönheit wird mit Hässlichkeit verwechselt und Poesie zum Geheul. Eltern mit kleinen Kindern sitzen besorgt vor dem Fernsehapparat, ob ihnen auch rechtzeitig das Umschalten gelingt, um ihre Kinder vor etwas zu schützen, das sie ihrer Meinung nach nicht hören sollen. Wie Selbstbetrug wirkt der Versuch, Vulgarität durch das »Auspiepsen« obszöner Worte zu verbergen. Werden slowakische Prominente im Programm »Die Slowakei sucht den Superstar« durch Auspiepsen unterbrochen, dann wissen alle jungen Menschen in der Slowakei, dass der Prominente etwas Vulgäres sagt. Der slowakische Rapper Rytmus konnte in der slowakischen Version des Wettbewerbs »American Idol« 2011 aber nicht ausgepiepst werden, als er den Satz »Fi... euch« sagte, es war eine Direktübertragung.

Die Dämonen der Kulturrevolution arbeiten zusammen. Sie erobern oft mehrere Menschenseelen nacheinander. Ginsberg kämpfte gleichzeitig für das freie Recht auf Vulgarität und gegen die Tyrannei der Höflichkeit, aber er hat auch das Recht der Pädophilen verteidigt, ihre Anliegen öffentlich zu äußern.

Für die amerikanische »Planned Parenthood« ist das Thema Nummer eins der freie Zugang zur Abtreibung. Aber Mitarbeiter dieser Organisation sind auch bereit, Zuhältern von Prostituierten im Kindesalter mit Abtreibung zu helfen, wenn diese Kinder unerwünscht schwanger werden. Im Januar 2011 gelang zwei Aktivisten von Pro-Life aus der Organisation »Live Action« ein Husarenstreich. Sie besuchten die Abtreibungsklinik von »Planned Parenthood« in New Jersey und gaben sich als Zuhälter und Prostituierte aus. Ihr Gespräch mit der Managerin der Klinik, Amy Woodruff, nahmen sie heimlich auf und veröffentlichten es.

Auf dem Video bittet »der Zuhälter« die Managerin vertraulich um Rat, was zu tun sei für den Fall, dass die minderjährige Prostituierte schwanger würde. Er fragt nach Verhütungsmitteln für das Mädchen und ob eine Abtreibung möglich sei. Die Managerin gibt bereitwillig Ratschläge. Man bedenke: Sie gab diese Tipps im Wissen, dass sie es mit einem Verbrecher zu tun hat, und erteilte Ratschläge, wie Kinder im Sexgeschäft missbraucht werden können – was immer noch ein schweres Verbrechen ist. Die Managerin handelte in vollem Wissen, dass die jugendliche Prostituierte, über die sie sprach, sich durch Menschenhandel illegal in den Vereinigten Staaten aufhielt – ein weiteres schwerwiegendes Verbrechen. So verbündet sich der Dämon der Abtreibung mit den Dämonen des Kindermissbrauchs.

Unter dem gleichen Vorwand gelang es den Aktivisten von »Live Action« Videos in drei weiteren Einrichtungen von »Planned Parenthood« in Virginia aufzunehmen. Die Reaktion der Mitarbeiter dieser Abtreibungskliniken war überall die gleiche wie in New Jersey. Abtreibung – das ist eben so etwas wie ein Sakrament. Abtreibung durch »Planned Parenthood« heiligt sogar die Zusammenarbeit mit Verbrechern.

Ein solches Video werden Sie allerdings nie bei CNN sehen, sie finden es nur im Internet auf den Pro-Life-Seiten.

Und dabei: Ein Drittel des jährlichen Budgets von »Planned Parenthood« – über 300 Millionen Dollar – kommt von der Regierung, also von den Steuerzahlern. Die US-Regierung bezeichnet den Kampf gegen den Menschenhandel als eine ihrer Prioritäten. Sie verurteilt und belehrt weltweit andere Staaten, wie sie sich im Kampf gegen dieses Verbrechen verhalten sollen. So haben mich in meiner Zeit als Innenminister ab und zu Journalisten nach der Meinung der amerikanischen Regierung zur Erfolgsbilanz der Slowakei auf diesem Gebiet gefragt.

Am Beispiel eines erfolgreichen holländischen Politikers werden wir sehen, wie der Dämon der Pädophilie durch einen weiteren Dämon ersetzt wird, den wir bisher noch nicht erwähnt haben. Der Dämon, der sich noch nicht zu seiner vollen Stärke entwickelt hat, heißt: Euthanasie.

1946 wurde der junge erfolgreiche 35-jährige Jurist Edward Brongersma zum ersten Mal für die sozialistische Partei in den niederländischen Senat gewählt. Aber 1950 wurde seine Karriere unterbrochen. Brongersma wurde zu elf Monaten Gefängnis verurteilt, weil er Sex mit einem 17-jährigen Jungen gehabt hatte. Nach dem damaligen Strafgesetz war der homosexuelle Geschlechtsverkehr unter 21 strafbar.

Brongersma kehrte in die Politik zurück und widmete seine Laufbahn dem Kampf für die Lockerung der Sexualmoral bei Erwachsenen und Jugendlichen. Dem Senat gehörte er erneut ab 1963 an. Bis zu seinem Ausscheiden aus der Politik 1977 war er Vorsitzender des Senatsausschusses für Gerechtigkeit.

1971 konnte Brongersma einen triiumphalen Erfolg feiern: Es gelang ihm, den Paragrafen, nach dem er 1950 verurteilt worden war, zu verändern. Die Altersgrenze für Strafbarkeit von homosexuellen Handlungen wurde auf 16 Jahre gesenkt. Brongersma bemühte sich daraufhin um weitere Senkungen.

1998 entschloss sich der 87-jährige Brongersma freiwillig zur Euthanasie. Bei seinem Selbstmord assistierte ihm der Arzt Flip Sutorius, der für seine Hilfe strafrechtlich zwar verfolgt, aber nicht verurteilt wurde. Der Nachlass von Brongersma sorgte außerdem noch einmal für Aufregung: Er beinhaltete kinderpornografisches Material. Nach dem Tod von Brongersma flammte in Holland die Diskussion über Sterbehilfe wieder auf. Die Sterbehilfe ist der letzte Dämon der Revolution, der erst vor Kurzem aus dem Drachenei geschlüpft ist.

Der heilige Thomas Morus hat in seinem satirischen Werk Utopia Sterbehilfe als normales Phänomen in der kommunistischen Gesellschaft auf der Insel Utopia beschrieben, genauso normal wie die Scheidung, das Heiraten von Priestern und das multikulturelle Zusammenleben mehrerer Religionen. Damit hat er vorhergesagt, welchen Bogen die europäische Linke ein halbes Jahrtausend später vom wirtschaftlichen Kommunismus, der geplanten Aufhebung des Privateigentums bis hin zur kulturellen Revolution, über die wir hier berichten, schlagen würde. Im Grunde lag er nur in einem Punkt falsch: Die Gesellschaft in seinem Utopia war gegen sexuelle Promiskuität.

Das Buch Utopia von Morus, mit der er der Gesellschaft die Euthanasie voraussagt, beginnt übrigens mit einem Briefwechsel von Thomas Morus mit wirklichen Personen: einem Beamten aus Antwerpen, Peter Giles, und dem Humanisten Jeroen van Busleyden aus Südholland. Und interessanterweise hat sich die Kultur der Sterbehilfe zu Beginn des 21. Jahrhunderts fast gleichzeitig, ohne ersichtlichen Grund in derselben Region, nämlich in Holland und in Belgien (Antwerpen), verbreitet. Seit dem Mittelalter ist das die reichste Region Europas.

Der 2.500 Jahre alte Eid des Hippokrates besagt: »Auch werde ich niemandem ein tödliches Gift geben, auch nicht, wenn ich darum gebeten werde, und ich werde auch niemanden dabei beraten; auch werde ich keiner Frau ein Abtreibungsmittel geben.« Der Autor des Eides hat damit den Beruf des Arztes eindeutig gegen das Töten abgesichert. Ausschließliche Aufgabe des Arztes ist es zu therapieren, aber keinesfalls zu töten – weder ungeborene Kinder noch Kranke noch Hilflose.

Das galt unter Ärzten seit 2.500 Jahren, aber heute gilt es nicht mehr. Wer hat diesen Grundsatz zu Fall gebracht? Wem gehört in der modernen Zeit dieser Vorrang? Was den zweiten Satz des Eides anbelangt und die Abtreibung betrifft, kennen wir den Pionier, nämlich Lenin. Wer aber hat das Prinzip des ersten Satzes durchbrochen, das Verbot der Euthanasie?

Einer der Kandidaten ist ein Politiker, der in der Geschichte gerade dafür berühmt war, dass er bei Weitem nicht jedes Leben für lebenswert gehalten hat. Es war Adolf Hitler. Der Reichskanzler schrieb 1939 dem Direktor seiner Kanzlei Philipp Bouhler und seinem persönlichen Arzt Karl Brandt mit ein paar Zeilen die folgende Ermächtigung:

»*Der Reichsleiter Bouhler und Dr. med. Brandt sind unter Verantwortung beauftragt, die Befugnisse namentlich zu bestimmender Ärzte so zu erweitern, dass nach menschlichem Ermessen unheilbar Kranken nach einer kritischen Beurteilung ihres Krankheitszustandes der Gnadentod gewährt werden kann.*«

Auf Grund dieser Befugnisse haben die Nationalsozialisten ein Programm mit dem Decknamen T4 eingeleitet, dem in Europa mindestens 200.000 Menschen, darunter auch Kinder, zum Opfer gefallen sind. Sie litten an unterschiedlichen Arten seelischer und physischer Behinderungen und wurden entweder mit tödlichen Injektionen, mit Gas in Gaskammern oder durch Erschießen umgebracht. Die schriftliche Beauftragung durch Hitler wurde nach dem Zweiten Weltkrieg in die Materialien des Nürnberger Prozesses aufgenommen, bei dem die Naziverbrecher verurteilt wurden. Das Gericht in Nürnberg hat auch Karl Brandt zum Tod verurteilt und 1948 hingerichtet. Philipp Bouhler verübte 1945 in amerikanischer Gefangenschaft Selbstmord.

Es war Karl Brandt, der Minister Joseph Goebbels überzeugt hat, dass der Erfolg des Euthanasieprogramms von einer erfolgreichen Propaganda abhängen würde, mit der die Deutschen gefüttert werden müssten, damit sie sich nicht gegen das Programm stellen. Goebbels ließ sich überzeugen und so wurde 1941 der Film »Ich klage an« gedreht. Es ist die Geschichte von Professor Heyt, dessen schöne, lustige, junge Frau Hanna an Multipler Sklerose erkrankt. Weil die junge Frau immer mehr leidet, bittet sie ihren Mann, ihr Leiden zu verkürzen. Er verabreicht ihr eine Überdosis von Medikamenten und tötet sie auf diese Weise. Das Gericht verurteilte ihn, und so ist er gegen Ende des Films ein gebrochener Mann. Er klagt nun seine Richter und die ganze Gesellschaft wegen deren Grausamkeit an.

Die Alliierten haben den Film nach der Besetzung Deutschlands in die Liste der verbotenen Filme aufgenommen. Der Film gilt bis heute als Nazi-Propaganda und steht auf der Liste der so genannten »Vorbehaltsfilme«. Die Rechte an ihnen besitzt die Friedrich-Wilhelm-Murnau-Stiftung. Diese Filme werden nicht öffentlich gezeigt, nur in geschlossenen Veranstaltungen und stets mit einem erklärenden Kommentar.

Jedem, der diesen Film heute, im 21. Jahrhundert, sieht, muss die unangenehme Tatsache ins Auge stechen, dass sich die Botschaft und die Argumentation des Filmes, der durch die Alliierten verboten worden war – sie ließen ja auch seinen Initiator durch das Nürnberger Tribunal zum Tode verurteilen und hinrichten –, sich überhaupt nicht von den heutigen Plädoyers für Sterbehilfe unterscheidet. Der Film beinhaltet und verteidigt kein brutales Töten. Er tut so, als wäre dies eine Geschichte von Liebe und Barmherzigkeit, die eine rückständige Gesellschaft nicht verstehen will.

Heute müsste in Analogie zum Verbot des Nachkriegsfilms »Ich klage an« beispielsweise der Film »Million Dollar Baby« verboten werden. Der Film wurde 2004 von Clint Eastwood für die Gesellschaft »Warner Bros.« gedreht. Eastwood spielte in dem Film auch eine der Hauptrollen – den Boxtrainer Frankie Dunn. Dieser trainiert die Boxerin Maggie Fitzgerald. Maggie tritt in Las Vegas im Ring gegen Billie zum Kampf um eine Million Dollar an. Nach einem hinterhältigen, unfairen Schlag von Billie ist Maggie gelähmt. Von der Familie verlassen, will die gelähmte Maggie sterben. Dunn kommt ihr zu Hilfe und gibt ihr eine tödliche Dosis Adrenalin.

Selbstverständlich ist 2004 niemandem eingefallen, ein Verbot für »Million Dollar Baby« zu fordern. Ganz im Gegenteil: Der Film hat einen Oscar in der Kategorie »Bester Film« erhalten. Das ändert aber nichts an der Tatsache, dass der einzige Unterschied zwischen den beiden Filmen darin besteht, dass den ersten die Nationalsozialisten gedreht haben und der andere in Hollywood entstanden ist. Übrigens, »Ich klage an« wurde in der Nazi-Ära auch ausgezeichnet. Er wurde auf die staatliche Liste der »staatspolitisch und künstlerisch besonders wertvollen Filme« gesetzt.

Die christliche Website »Decent Films« veröffentlicht Rezensionen von Filmen aus christlicher Sicht. Bei jedem Film geben sie an, für welche Altersgruppe er geeignet ist. Im Fall von »Million Dollar Baby« gibt der Rezensent Steven Greydanus eine lakonische Empfehlung. Der Film sei seiner Meinung nach für niemanden geeignet.

Beide Filme verbindet auch ein Konflikt mit der katholischen Kirche. Frankie Dunn berät sich noch vor seiner Sterbehilfe für Maggie mit dem katholischen Priester Horvak, der ihm die ablehnende Haltung der Kirche zur Sterbehilfe mitteilt. Sie sei eine

Todsünde. Dunn lehnt den katholischen Standpunkt jedoch ab und führt die Tötungshandlung durch.

Goebbels vermeidet die direkte ideologische Konfrontation. Wegen des Programms T4 war es aber zu einer Konfrontation des Naziregimes mit der katholischen Kirche gekommen. Deshalb gab es auch bei der Filmvorführung zahlreiche Proteste. 1940 schrieb der evangelische Bischof Theophil Wurm einen Protestbrief an Innenminister Frick. Den Protestbrief der katholischen Kirche an die Regierung hat der Münchner Kardinal Michael von Faulhaber geschrieben. Im Sommer 1941 wurde in den katholischen Kirchen ein Hirtenbrief der Bischöfe verlesen. Die tatsächliche Bombe aber war eine öffentliche Predigt gegen das Programm T4 des katholischen Bischofs von Münster, Clemens August von Galen, die in ganz Deutschland verbreitet wurde und über die wiederholt die BBC aus London berichtet hat, damit auch die deutschen katholischen Soldaten davon erfahren.

Als im Sommer 1941 Hitler die Sowjetunion überfiel, konnten es sich die Nationalsozialisten nicht erlauben, zur äußeren Kriegsfront auch noch eine heimische, ideologische Front zu eröffnen. Deshalb wurde der Film »Ich klage an« schließlich neu geschnitten, sodass seine Werbung für die Euthanasie abgeschwächt wurde. Hitler konnte 1941 keine ablehnende Haltung der christlichen Kirchen zur Euthanasie brauchen. In Hollywood 2004 ist es niemandem eingefallen, sich wegen der Meinung der Christen Kopfzerbrechen zu machen.

Dem Nachkriegsverbot des Nazi-Films würde heute außer einem Verbot von »Million Dollar Baby« auch das Verbot jeglicher Propagierung von Euthanasie im politischen Leben, in den Medien und in der Kunst entsprechen. In der Realität ist es jedoch so, dass die Legitimität von Sterbehilfe in den Diskussionen nicht angezweifelt wird. Und so ist Euthanasie in mehreren Ländern der Welt zur rechtmäßigen Praxis geworden.

Dass der Film »Ich klage an« in der Liste der »Vorbehaltsfilme« steht, mit der Pflicht eines angemessenen Einführungskommentars vor geschlossenen Vorführungen, wirft Fragen auf. Ist dies vielleicht ein Hinweis darauf, dass damals nach dem Krieg die Euthanasie – trotz ihrer suggestiven Propagierung im Film – als unannehmbar und unmenschlich eingestuft wurde? Und heute? An der Schwelle des 21. Jahrhunderts sind die Menschen unter dem Einfluss der sich verbreitenden Kultur des Todes hingegen immer mehr geneigt, die Euthanasie zu billigen. Wird nicht schon bald der Inhalt des Pflichtkommentars zum Goebbelsfilm geändert werden müssen, und zwar dahingehend, dass die Nazi-Inspiratoren des Films in Fragen Euthanasie im Grunde genommen auf dem richtigen Weg waren, obwohl alles andere im Naziregime falsch war?

Die Aktion T4 kann man jedoch nicht von den übrigen Nazigräueltaten trennen. Das Nürnberger Tribunal ließ auch Viktor Brack, Oberdienstleiter und SS-Oberführer, den Hauptorganisator des Programms T4, hängen. Es war Brack, der seinen Mitarbeiter Hermann Schweninger mit dem Verfassen des Drehbuches zum Film »Ich klage an« beauftragt hatte. Nach der Beendigung des T4-Programms nutzte Brack seine Euthanasie-Erfahrungen bei der Ausrottung von Juden in den Konzentrationslagern. Gerade diese Person ist ein Beweis dafür, dass die Grausamkeiten der Konzentrationslager und des Holocaust nicht ohne die vorausgegangene Politik der Euthanasie erklärt werden können. Davon spricht auch das Buch der Historikers Henry Friedlander. Am Ende des Buches lesen wir auf Seite 302:

»In der Nachkriegszeit ist das Symbol des Genozids im 20. Jahrhundert Auschwitz geworden. Aber Auschwitz war nur das letzte, das vollkommenste mörderische Nazi-Zentrum. Das ganze mörderische Unternehmen begann im Januar 1940 mit dem Mord an wehrlosen menschlichen Gestalten, den behinderten Patienten in den Heil- und Pflegeheimen, es weitete sich 1941 aus mit der Einbeziehung von Juden und Roma und kostete bis 1945 mindestens sechs Millionen Leben von Männern, Frauen und Kindern.«

267

Kehren wir noch einmal zum Brief mit der Beauftragung durch Reichskanzler Hitler zurück. Faszinierend ist seine Sprache. Als er zu dem Punkt kommt, bei dem die Tötung von Unschuldigen befohlen wird, benutzt der Führer einen Euphemismus. Er weicht klaren Formulierungen, wer dies durchführen soll, aus. Er benutzt den Passiv. Schließlich will er mit seinem Vorhaben human erscheinen. Er nutzt den Terminus »Gnadentod«. Er argumentiert hier nicht mit Reinheit und Gesundheit der Rasse und des Volkes und spricht auch nicht über die finanziellen Kosten für den Staat bei der Pflege von Behinderten in Anstalten. Seine NSDAP wies gewöhnlich auf ihren Propagandaplakaten darauf hin, dass die Pflege eines Behinderten den Staat jährlich 60.000 Mark koste. Aber Hitler schreibt, dass er den künftigen Opfern der Euthanasie etwas Gutes tun will. Es ist für ihn ein Akt der Barmherzigkeit.

Das erinnert daran, dass auch heute das Haupt-, wenn nicht sogar das einzige Argument bei der Euthanasieverteidigung die Wohltat für die Opfer ist, die Barmherzigkeit, die Befreiung von Leid, die Sicherung ihrer Würde.

Achten Sie darauf, dass Hitler nicht vergessen hat, den Ausdruck »nach einer kritischen Beurteilung« zu benutzen. Hitler fordert damit ganz klar, dass etwas unternommen werden muss, aber er erklärt nicht, was. Man muss *verantwortungsvoll* handeln. Der Befehl muss erfüllt werden, aber man darf ihn nicht *missbrauchen*. Wiederum wird man an alle Formulierungen in den modernen Gesetzen zur Euthanasie erinnert, die als verlässliche *Sicherungen* gegen einen möglichen *Missbrauch* der Euthanasie dienen sollen. Die Formulierungen, die alle überzeugen sollen, dass es *zu nichts Bösem kommen kann,* dass die Euthanasie nur *auf eine richtige Art und Weise* gemacht wird, und nur bei den Fällen, die *wirklich begründet* sind.

Ein großes Symbol ist auch das Datum des Hitlerbriefes. Es ist bekannt, dass ihn Hitler im Oktober 1939 geschrieben hat, aber er hat ihn rückdatiert. Auf dem Brief steht das Datum des 1. Sep-

tembers 1939 – der Tag, an dem der Zweite Weltkrieg begann.
Dies erinnert uns an die Tatsache, dass die Tragödie, die am 1.
September 1939 begonnen hat, nicht im Mai 1945 beendet wurde. Ein Teil dieser Tragödie wird heute, mit Unterbrechung von
ein paar Jahrzehnten, durch die Legalisierung der Euthanasie in
einigen Ländern Europas fortgesetzt.

Und das begann in den Niederlanden. 1991 wurde der so genannte Remmelink-Bericht veröffentlicht, geschrieben von einer
Regierungskommission unter der Leitung des ehemaligen Staatsanwalts Jan Remmelink. Der Bericht befasste sich mit der fakti-
schen Situation der Euthanasie in den Niederlanden. Gesetzlich
war die Euthanasie illegal, ein Mord. Die Informationen im Bericht waren durch Gespräche mit Hunderten von Ärzten ermittelt worden. Laut Bericht sollte es 1990 ungefähr zu 2.300 Fällen
gekommen sein, in denen der Arzt einen Patienten auf dessen
Ansuchen hin getötet hatte, was 1,8 % aller Todesfälle in diesem
Jahr entsprach. In weiteren 400 Fällen hätten Ärzte den Patienten
durch ihre Mitwirkung beim freiwilligen Abgang aus dieser Welt
Hilfe geleistet. Es handelte sich also um assistierten Selbstmord.
In weiteren 1.040 Fällen sollten die Ärzte schließlich den Patienten ohne dessen Einwilligung und Wissen getötet haben.

Eine solche Praxis war nicht überraschend, da bereits 1984
die »Königlich Niederländische Ärztegesellschaft« Grundsätze
für die Straflosigkeit für Ärzte, die Patienten aus dieser in eine
andere Welt helfen, formuliert hatte. Nach der Veröffentlichung
des Remmelink-Berichts wurde schrittweise die faktische Straflosigkeit für solche Ärzte selbstverständlich und allmählich wurde
ihnen auch durch Gesetzesänderungen die Straflosigkeit zugesi-
chert. Die ersten Gesetzesänderungen wurden bereits 1993 verabschiedet.

1994 hat der Fall von Doktor Boudewijn Chabot viel Staub
aufgewirbelt. Dieser hatte auf deren Wunsch eine Frau getötet,
die zwar nicht unheilbar krank war, sondern nur an großer Trauer litt. Beide Söhne der Frau waren gestorben, und sie sehnte sich

danach, zwischen ihnen begraben zu werden. Chabot behauptete sogar, dass sie nicht einmal hysterisch gewesen sei und auch nicht pathetisch. Er beschrieb sie als Person, die »mit beiden Beinen fest auf dem Boden stand«. Chabot hatte ihr eine tödliche Dosis von Medikamenten verabreicht. Das höchste Gericht, vor dem der Fall Chabot landete, entschied salomonisch. Es sprach ihn von der Beihilfe zum Suizid frei, verurteilte ihn aber wegen eines formalen Fehlers bei seinem Vorgehen. Und Chabot konnte weiterhin als Arzt tätig sein.

So gewöhnte sich die holländische Gesellschaft daran, dass nicht nur unheilbaren Kranken, sondern im Grunde genommen jedem geholfen werden kann und vielleicht auch geholfen werden muss, in die andere Welt zu gehen, wenn er dahin will.

Ein eigenständiges Gesetz über Euthanasie, 2001 durch die sozialistisch-liberale Regierung verabschiedet, trat am 1. April 2002 in Kraft. Die offizielle Bezeichnung des Gesetzes lautet »Gesetz über die Beendigung des Lebens auf Wunsch und über den assistierten Suizid«. Der Ausdruck Beendigung des Lebens ist euphemistisch, das Wort Suizid wiederum ist brutal ehrlich. Anscheinend war es nicht leicht, für den assistierten Suizid einen Euphemismus zu finden.

Die legale Euthanasie wird auf wiederholten Wunsch des Patienten ausgeführt. Voraussetzung ist dessen unerträgliches, aussichtsloses Leiden und das vollständige Wissen des Patienten über seinen Zustand, seine Aussichten und Heilungsmöglichkeiten. Die Erfüllung dieser Bedingungen muss noch ein weiterer Arzt bestätigen. Die Tötung wird in der Regel so durchgeführt, dass dem Patienten eine Dosis Sodium Pentothal gespritzt wird. Nachdem der Patient ins Koma gefallen ist, wird Pancuronium angewandt. Es lähmt die Muskulatur und der Patient kann nicht mehr atmen. In vielen US-Staaten werden zum Tod Verurteilte mit Pancuronium hingerichtet.

Eine weitere Bedingung für Euthanasie ist das Alter des Patienten. Er muss mindestens zwölf Jahre alt sein. Bedeutet dies, dass in Holland Euthanasie unter keinen Umständen bei Kleinkindern betrieben wird?

Manchmal wird sie dennoch durchgeführt. 2004 wurde von Ärzten des Universitätsgesundheitszentrums in Groningen unter der Leitung von Eduard Verhagen das so genannte Groninger-Protokoll veröffentlich. Es führt die Bedingungen an, unter denen »aktiv das Leben eines Kindes beendet werden« darf – ohne Gefahr von Strafverfolgung.

Auf der Basis einer Vereinbarung mit der Staatsanwaltschaft in Groningen werden Ärzte, die Kinder mit dem Einverständnis ihrer Eltern töten, strafrechtlich nicht verfolgt. Das Protokoll erwähnt als Bedingungen, die erfüllt sein müssen, »unerträgliches Leiden« und »verminderte Lebensqualität«. Auf der Basis des Groningen-Protokolls wurden Dutzende von Kindern getötet.

Die Formulierung »verminderte Lebensqualität« als Grund für die Euthanasie unterscheidet sich philosophisch nicht von der nationalsozialistischen Formulierung »lebensunwertes Leben«.

Das Groningen-Protokoll würde bestimmt die Autoren des Films »Ich klage an« erfreuen. Sie haben in den Film auch Szenen eingefügt, die die Sterbehilfe bei Kindern betreffen. Ein Freund des Filmhelden Professor Heyt, ein Doktor Lang, lehnt zu Beginn die Euthanasie ab. In Übereinstimmung mit dem propagandistischen Vorhaben der Autoren des Films wandelt er sich jedoch. Zuerst rettet er das Kind einer Frau, die ihm dann herzzerreißend das zukünftige Leben des Kindes, eines Krüppels, beschreibt. Es werde unsäglich leiden, deshalb klagt sie ihn an, das Leben des Kindes gerettet zu haben. Am Ende des Films schlägt sich Doktor Lang im Gerichtssaal auf die Seite von Professor Heyt und sagt zu ihm: »Du bist kein Mörder!«

Die Tötung von Anstaltspatienten zu Hitlers Zeiten war sicher viel brutaler als die Euthanasie in den Niederlanden. Auf der anderen Seite konnte Hitler das Gesetz über Sterbehilfe im Reichstag nicht verabschieden lassen, obwohl die Entwürfe für ein solches Gesetz ausgearbeitet waren. Es hätte zu großes Aufsehen erregt. Die ganze Aktion T4 geschah nur mit seiner persönlichen Bevollmächtigung und unter Geheimhaltung. In den heutigen Niederlanden wurde das Gesetz über Euthanasie ohne größere Probleme angenommen.

In den Nürnberger Prozessen ging man mit den Nazis hart ins Gericht. Heutzutage wäre es für das Gericht erheblich schwieriger. Heute vertreten die Befürworter der Abtreibung gewöhnlich die Meinung, ein Kind solle lieber abgetrieben als ungewollt geboren werden. Als Folge seines »Ungewolltseins« werde es nämlich sein Leben lang unglücklich sein, und davor sollte man es bewahren. Dabei geht es um ein mögliches, nicht um ein sicher eintretendes Unglück. Nach dieser Logik wurden die physisch und psychisch behinderten Opfer der Aktion T4 eigentlich nicht nur vor einem wahrscheinlichen, sondern gewiss vor einem sicheren Unglück nach der Geburt bewahrt.

Das niederländische Gesetz über Euthanasie ist schon zehn Jahre alt. Auch in Belgien und Luxemburg gibt es inzwischen ein Gesetz über Euthanasie. Auf dem amerikanischen Kontinent existiert ein derartiges Gesetz seit den 90er-Jahren im Staat Oregon. Die Erfahrungen mit Euthanasie, vor allem in Holland, zeigen Folgendes:

1. Die Zahl der Fälle von legal erfasster Euthanasie wächst sprunghaft von Jahr zu Jahr. 2006 wiesen holländische Statistiken noch 1923 Fälle aus, 2007 waren es 2120 und 2008 bereits 2331. 2009 gab es einen weiteren Zuwachs von 13 % auf 2636 Fälle.

2. Die Anträge und die Einwilligung zur Euthanasie bringen bei Weitem nicht die Wünsche und den Willen von ausgeglichenen und seelisch gesunden Patienten zum Ausdruck, von Menschen, die sich aus den Fesseln ihrer physischen Krankheit befreien wollen. Oft sind diese Anträge Ausdruck von Depression. Einem Bericht von holländischen Forschern der

Universität in Leiden zufolge hat 2006 mehr als die Hälfte der im Rahmen von legaler Euthanasie in Holland getöteten Menschen unter Depressionen gelitten. Laut diesem Bericht ist die Wahrscheinlichkeit, dass ein Mensch mit Depression Euthanasie beantragt, viermal höher als bei einem Patienten ohne Depression. Die Euthanasie wird so zur Lösung von Depressionsproblemen.

3. Das Gesetz über die Legalisierung von Euthanasie und assistiertem Selbstmord bedeutet aber nicht das Ende der illegalen Euthanasie. Neben den statistisch erfassten existiert eine Dunkelziffer von unkontrollierten Tötungsfällen (als ob das *kontrollierte* Töten nicht schrecklich genug wäre). Anonyme Befragungen von belgischen Ärzten sprechen von einer großen Zahl illegaler Fälle von Euthanasie, die gegen den Willen des Patienten oder ohne dessen Wissen durchgeführt wurde. Nach Alex Schadenberg, dem führenden Aktivisten im Kampf gegen die Euthanasie, zeigen diese Studien, dass auf jeden legalen, also gemeldeten Fall von Euthanasie ein Fall von illegaler Euthanasie kommt, der nicht in der Statistik auftaucht. In zwei Fünftel der Fälle von illegaler Euthanasie ist die Tötung das Werk einer Krankenschwester, nicht einmal das eines Arztes.

4. Die Anlässe für Euthanasie werden zunehmend zahlreicher und erfreuen sich der Befürwortung mindestens eines Teiles der Öffentlichkeit. Ein Gegner der Euthanasie, der Arzt Herbert Hendin, hat über Holland Folgendes gesagt: »In zwei Jahrzehnten ist Holland vom assistierten Mord zur Euthanasie, von der Euthanasie für Todkranke zur Euthanasie für chronisch Kranke, von der Euthanasie auf Grund einer physischen Krankheit zur Euthanasie bei psychischen Schwierigkeiten und von der freiwilligen zur unfreiwilligen Euthanasie übergegangen.« Der Prozess, den Hendin beschreibt, ist

aber durchaus nicht beendet. 2010 entstand in Holland nämlich die Initiative »Out of free will«, die ein neues »Menschenrecht« für jeden Menschen über 70 durchsetzen will: die Beendigung des Lebens durch die Hand eines Professionellen. Als Grund für einen Antrag auf Sterben soll einfach nur Lebensmüdigkeit gelten. Die Aktivisten der Initiative haben in einer Petition zur Unterstützung dieses »Rechts« in einem Monat 112.500 Unterschriften gesammelt.

Man kann zynisch anmerken, dass der Vorschlag in dieser Form im heutigen Europa sicher nicht angenommen wird. Aber sicher nicht, weil es um die Heiligkeit des menschlichen Lebens geht, sondern wegen des heiligen Prinzips der Antidiskriminierung. Menschen, die jünger als 70 sind, dürfen doch nicht diskriminiert werden.

Wir leben in einer Zeit, in der Kinder darüber sprechen, dass sie ihren Eltern durch Aushungern und Dehydratation zum Übergang in die andere Welt verholfen haben. Wie die ehemalige Journalistin der »New York Times«, Jane Gross, in ihrem neuen Buch schreibt.

Wir leben in einer Zeit, in der in Krankenhäusern Menschen sterben, weil ihnen niemand ein Glas Wasser gibt. Britische Ärzte, die sich nicht damit abfinden können, sind gezwungen, Trinkwasser als Medikament zu verschreiben. So machen sie das medizinische Personal auf die Flüssigkeitsnotwendigkeit von Patienten aufmerksam.

Wir leben in einer Zeit, in der Ihnen der Arzt mitteilt, dass eine Therapie zu teuer und die Zeit reif für eine andere Lösung ist. Wie es der Arzt zu dem gelähmten Iren Simon Fitzmaurice gesagt hat.

Wir leben in einer Zeit, in der gesundheitlich behinderte Menschen die gesetzliche Einführung von Euthanasie fürchten, weil sie den Wunsch anderer nach ihrem verfrühten Ableben spüren. In Großbritannien haben 70 % der Behinderten dieses Gefühl.

Wir leben in einer Zeit, in der staatliche Stellen das Werben für den assistierten Selbstmord für zulässig erklärt, wie dies in Australien geschehen ist.

Auch in der Slowakei sind wir mit dem Problem der Euthanasie konfrontiert. Als ein Pfleger in Bratislava im Frühling 2011 »aus Gnade« eine alte Patientin mit einer Spritze getötet hat, äußerten sich die meisten Diskussionsbeiträge zu diesem Bericht zu Gunsten des Täters.

Könnten unter den heutigen Bedingungen alle Nürnberger Prozesse (es waren mehrere) so verlaufen, wie dies nach dem Zweiten Weltkrieg geschehen ist? Einer dieser Prozesse war der »Prozess gegen die Ärzte«. Dort wurden die Leiter des Programms T4 verurteilt. Heute hätte es der Staatsanwalt mit seiner Anklage nicht so leicht. Die Tötung von psychisch Schwerkranken soll mit dem Tod bestraft werden? Ist eine solche Tötung nach heutiger Moral nicht eher Ausdruck von Barmherzigkeit? Ist es nicht lediglich die Beendigung eines Lebens, das nicht mehr die notwendige Qualität hat? Leben wir in der Epoche der Euthanasie vielleicht deshalb, weil wir eine Philosophie angenommen haben, die besagt, Leben von minderer Qualität sei nicht lebenswert?

Ist nicht Margaret Sanger, die erklärt hat, die Tötung eines Kindes sei manchmal ein Akt der Barmherzigkeit, eine Heldin in unserer Zeit? Sagt man heute nicht üblicherweise, ein ungeborenes Kind sollte man präventiv töten, damit es nicht ungewollt geboren werde? Ist nicht sogar der *Verdacht*, ein Kind *könne* nicht völlig gesund auf die Welt kommen, ein Grund für seine Abtreibung? So wie es 1977 in Seveso (siehe Kapitel IV) geschah? Haben nicht viele Staaten in ihren Gesetzen festgelegt, dass ein schwer erkrankter Fötus auch in späteren Stadien der Schwangerschaft abgetrieben werden darf, und zwar zu einem Zeitpunkt, wenn die Abtreibung eines gesunden Kindes bereits illegal wäre? Wird nicht die Präimplantationsdiagnostik genutzt, um Embryos mit genetischen Fehlern, die durch künstliche Befruchtung entstanden sind, auszusondern und zu vernichten? 2011 hat ein Gericht in Palm Beach in Florida einem Ehepaar vier Millionen Dollar Entschädigung zuerkannt, weil die Ärzte während der Schwangerschaft der Ehefrau nicht festgestellt hatten, dass ihr Kind eine physische Behinderung hatte. Eine Entschädigung dafür, dass sie *nicht abgetrieben haben*! Ein weiterer Fall fand 2012 in Portland im Staat Oregon statt, wo dem Ehepaar Ariel und Deborah Levy durch ein Gerichtsurteil drei Millionen Dollar, zahlbar vom Krankenhaus, zugesprochen wurden, weil man sie nicht darauf hingewiesen hatte, dass ihre Tochter Kalanit mit Downsyndrom geboren werden würde. Hätten sie das nämlich gewusst, so hätten sie das Kind abtreiben lassen. Das sind nur einige Beispiele solcher Gerichtsurteile, nicht die komplette Statistik.

Heute würde der Nürnberger Prozess anders ausgehen. Die Verteidiger der verurteilten Ärzte könnten sich nämlich auf den modernen Liberalismus stützen, der Hitlers Ärzte im Grunde genommen beträchtlich rehabilitiert hat.

Im Nürnberger Prozess trat auch der amerikanische Psychiater Doktor Leo Alexander auf. Über die Verbrechen der Nazis sagte er: »Das Ausmaß, das diese Verbrechen letztendlich angenommen haben, ist beträchtlich. Aber für alle Ermittler ist offensichtlich geworden, dass diese Verbrechen klein angefangen haben. Zu Beginn waren es ganz kleine Schritte, es entstand als Grundeinstellung der Euthanasie-Bewegung der Gedanke, dass es so etwas wie lebensunwertes Leben gibt.«

Aber gerade dieser Gedanke ist doch die Basis der modernen Kultur des Todes, die sich einige Jahrzehnte nach dem Nürnberger Prozess über die westliche Welt verbreitet hat. Einmal ist es das Leben von Greisen im Bett, einmal jenes im Schoß der Mutter, dann wiederum das Leben eines kranken Kindes und schließlich das von eingefrorenen Embryos.

So sieht die Revolution aus. Ihre Ziele sind grandios, das eroberte Gelände ist riesig. Wir wissen, dass wir darin leben. Wir wissen aber noch nicht, in welchem Stadium wir uns befinden. Stehen wir am Anfang, in der Mitte, am Ende?

Revolutionäre in Talaren

»Das Gesetz ist nicht Gerechtigkeit und die Verhandlung
keine wissenschaftliche Untersuchung der Wahrheit.«
Edison Haines

Die Wirkung der Medien und ihr Spiel im Gewand der anthropologischen Revolution ist dem Normalverbraucher bekannt. Eine Beschreibung der entscheidenden Rolle der Medien beim Erfolg der Revolution wäre wohl Aufgabe eines eigenen Buches; deshalb werden wir uns hier nicht mit diesem Thema beschäftigen.

Leider ist das Bewusstsein darüber, welche Rolle die »Kulturfront« – beispielsweise Hollywood und seine Produktionen – spielen, nicht so verbreitet. Aber auch dieses Thema überschreitet den Rahmen unseres Buches. Sowohl in den Medien wie auch in Hollywood (siehe Kapitel II) ist jedenfalls Gramscis Marsch durch die Institutionen erfolgreich gewesen. Aber nicht nur dort.

Im November 2009 wurde der ganzen Welt mitgeteilt, der Europäische Gerichtshof für Menschenrechte in Straßburg habe entschieden, dass in den italienischen staatlichen Schulen keine Kreuze mehr an der Wand hängen dürfen. Dabei ist das Kreuz seit beinahe 2.000 Jahren ein Symbol für die italienische Geschichte und Kultur. Es hat niemanden gestört. Und nun nach 2.000 Jahren haben sieben Richter entschieden, dies müsse geändert werden. Plötzlich soll das Kreuz an der Wand eine Verletzung der Menschenrechte darstellen.

Im selben Monat entschied ein anderes Gericht, diesmal in Buenos Aires, auf der anderen Seite des Atlantiks, dass die Paragrafen im Bürgerlichen Gesetzbuch, die sich gegen eine Ehe von gleichgeschlechtlichen Personen richten, unrechtmäßig seien. Das Gericht ordnete an, der Magistrat von Buenos Aires müsse die »Ehe« von zwei Männern – die Homosexuellen, die sich an das Gericht gewandt hatten – legalisieren. Der argentinische Staat existiert seit 200 Jahren. Zuvor regierten dort die Spanier, vor ihnen die Inkas und später haben dort gewöhnliche Indianer gelebt. In dieser ganzen Zeit wurden dort Ehen zwischen Männern und Frauen geschlossen. Jetzt hat die Richterin Gabriela Seijas entschieden, dies müsse geändert werden.

Die Tatsache, dass Gerichte in zwei verschiedenen Ländern innerhalb von einem Monat über so bedeutende kulturelle Fragen schwerwiegende Entscheidungen getroffen haben, zeigt uns, welche bedeutende Rolle Richtertalare für unsere Revolution spielen.

Falls man eine Revolution durchführen und die Gesellschaft von Grund auf ändern will, so gibt es drei Möglichkeiten. Man kann sich selbst und seine Verbündeten aufrüsten und einen gewalttätigen Umsturz herbeiführen. Die Bolschewiken haben dies 1917 in Russland gemacht. Selbstverständlich kann man dabei ums Leben kommen. Und es kann passieren, dass man dabei zwar die Macht gewinnt, aber die konservativen Einsichten der Menschen nicht ändert – und darum geht es doch schließlich. Dies war der Eindruck von Antonio Gramsci, als er in den 20er-Jahren die Sowjetunion besuchte.

Eine zweite Möglichkeit ist: agitieren, agitieren, agitieren. Stimmen hinzugewinnen, in Wahlen die Mehrheit gewinnen und dann die Gesetze durch das Parlament ändern. Wer aber in der Politik war, weiß, wie schwer es ist, die Mehrheit zu gewinnen. Die letzten 50 Jahre zeigen, dass der dritte Weg der einfachste zur Durchführung einer Revolution ist: Und dieser Weg geht über die Gerichte. Da genügt eine kleine Gruppe. Da kann sogar nur ein Einzelner entscheidend sein. Wer im Höchstgericht eines Landes »seine Leute« hat, Menschen, die mit seinem Denken übereinstimmen, der hat gewonnen. Das Gericht entscheidet, und die Mehrheit der Bürger, die mit der Entscheidung nicht übereinstimmt, muss sich beugen. Das bezeichnet man als

Gerichtsaktivismus. Wer sich kein Blatt vor den Mund nimmt, kann auch von gerichtlichem Imperialismus sprechen.

Aber diese Menschen müssen natürlich zuerst einmal an die richtigen Posten kommen.

Und das ist gelungen.

Aus der Geschichte des amerikanischen Gerichtsaktivismus: Gegen Gott, Ehe, Leben und Volk

Die Wiege des Gerichtsaktivismus steht in den USA. Es begann in den 60er-Jahren des 20. Jahrhunderts. Die Kinder in den Schulen lasen aus der Bibel und der Unterricht begann mit einem Gebet zu Gott, dem Allmächtigen. Der Text war kurz und annehmbar für Katholiken, Protestanten, Juden und auch Muslime. Es sieht nicht so aus, als ob dies der Jugend geschadet hätte. Es gehörte einfach zur allgemeinen Kultur. Einzelne aber haben geklagt und Veränderungen erzwungen. 1962 hat der Oberste Gerichtshof, der Supreme Court, im Fall »Engel vs. Vitale« entschieden, dass dieses Gebet an einer staatlichen Schule verfassungswidrig sei. Ein Jahr später wurde in einem anderen Fall die Chefin der amerikanischen Atheisten, Madalyn Murray O'Hair, dadurch bekannt, dass ihr Sohn, Jon Garth, Klage gegen die Bibellektüre in den Schulen eingereicht hat. Der Oberste Gerichtshof gab ihm Recht.

Fragen wir danach, um wen es sich bei Madalyn handelt. Bei näherer Betrachtung können wir uns in das Denken der Menschen einfühlen, die geklagt haben. Madalyn Murray bezeichnete sich selbst als sexuelle Libertinistin und Anarchistin. Als – welch eine Ironie des Schicksals – ihr zweiter Sohn William Murray zum Christentum konvertierte, sagte sie über ihn: »... ich verdamme ihn ganz und vollkommen jetzt und auf ewige Zeiten. Er hat die Grenze der menschlichen Vergebung überschritten.« 1995 entführte und ermordete David Waters, der Manager der Amerikanischen Atheisten, Madalyn Murray und ihren Sohn Jon Garth wegen Geldangelegenheiten.

Madalyn Murray und ihr leidenschaftlicher Atheismus waren Vorläufer der heutigen Neuen Atheisten wie Christopher Hitchens oder Richard Dawkins. Wir können sie für eine obskure Extremistin halten, aber Fakt ist, dass sie mit Hilfe des Obersten Gerichtshofes Amerika verändert hat. Gott wurde durch eine gerichtliche Entscheidung aus den Schulen verbannt. Heute ist der Name Madalyn Murray weitgehend unbekannt, aber in den 60er-Jahren kannte sie ganz Amerika.

Bei beiden Entscheidungen ging das Gericht vom ersten Zusatzartikel der US-Verfassung aus, wonach der »Kongress keine Gesetze erlassen kann, die irgendeine Religion bevorzugen ...« Die mehrheitliche Urteilsbegründung im Fall »Engel v. Vitale« formulierte Richter Hugo Black. Als Einziger stimmte Richter Potter Stewart nicht zu. Er vertrat die Meinung, ein Gebet bevorzuge keine spezifische Religion. Und außerdem werde schließlich an Gott auch auf den amerikanischen Münzen und in der amerikanischen Verfassung erinnert. Stewart behauptete, in Wirklichkeit werde mit diesem Urteil ein Gebetsverbot für diejenigen erlassen, die damit den Schultag beginnen wollten.

Der gravierendste revolutionäre Akt des Obersten Gerichtshofs war 1973 die Entscheidung im Fall »Roe v. Wade«, mit dem die Abtreibung zum Recht der Frau erklärt wurde. Nach dieser Entscheidung besteht ein Recht auf Abtreibung bis zu dem Zeitpunkt, in dem der Fötus im Stande ist, außerhalb des Körpers der Mutter zu überleben. Ein solches Recht gilt beinahe uneingeschränkt und ermöglicht die barbarischsten Formen der Abtreibung fast bis zur Geburt des Kindes. Die Entscheidung des Gerichts stützt sich auf die Auslegung des »Rechts auf Privatsphäre«. Obwohl dieses Recht in der Verfassung nicht aufgeführt ist, hat es der Oberste Gerichtshof, der Supreme Court, vom 14. Verfassungszusatz abgeleitet. Die mehrheitliche Urteilsbegründung hat Richter Harry Blackmun verfasst. Das Urteil wurde mit einem Stimmenverhältnis von 7 zu 2 verabschiedet.

Richter Byron White stimmte nicht zu. Er schrieb: »Im Wortlaut und in der Geschichte der Verfassung finde ich nichts, was diese Entscheidung rechtfertigen könnte.« Richter William Rehnquist, der ebenfalls nicht zustimmte, vermerkte:

»Damit das Gericht dieses Urteil fällen konnte, musste es im Rahmen des 14. Zusatzes ein Recht entdecken, das den Verfassern des Zusatzes vollkommen unbekannt gewesen war.«

Rehnquist hat damit genau auf das Wesen des revolutionären Gerichtsaktivismus hingewiesen, wonach die Gerichte das Gesetz auf eine Art und Weise auslegen, die selbst der Gesetzgeber – also der Urheber dieser Gesetze – zum Staunen bringen würde.

Jane Roe war das Pseudonym für die junge Texanerin Norma McCorvey, die wegen der damals gültigen Gesetze in Texas nicht abtreiben konnte. In ihrem Namen wurde Klage im Gerichtsfall »Roe v. Wade« eingereicht. Norma McCorvey bekehrte sich später und tritt schon seit Jahren als Pro-Life-Aktivistin auf.

Die Nachricht vom Beschluss des Obersten Gerichtshofs erschien als Schlagzeile auf der ersten Seite der »New York Times« gleich unter der Schlagzeile vom Tod des ehemaligen Präsidenten Lyndon B. Johnson. Johnsons Tod wurde allerdings mit größeren Buchstaben verkündet. Der Beschluss des Höchsten Gerichts ermöglichte seitdem in den USA die legale Abtreibung von 50 Millionen ungeborenen Kindern, und er spaltet bis heute mit unverminderter Intensität die amerikanische Gesellschaft.

Noch ein Beispiel: Bestandteil des nationalen Bewusstseins ist der Stolz auf nationale Symbole, zu denen auch die Fahne gehört. Viele Jahrzehnte lang hätte in den USA niemand zu behaupten gewagt, zum Recht auf Meinungsfreiheit gehöre auch das Recht, die amerikanische Fahne in aller Öffentlichkeit zu verbrennen. 1990 hat der Oberste Gerichtshof jedoch im Fall »Texas vs. Johnson« die Gesetze gegen Schändung der Fahne aufgehoben und erklärt, das Verbrennen der Fahne sei ein Verfassungsrecht der

Bürger. In diesem Fall hatte Gregory Lee Johnson die Klage eingereicht, ein Mitglied der revolutionären kommunistischen Brigade, wie die Jugendorganisation der Kommunistischen Partei in den Vereinigten Staaten hieß.

Nur zum Vergleich: Während des Bürgerkriegs 1862 ließ der Unionsgeneral Benjamin Butler aus New Orleans den Konföderierten William Bruce Mumford durch Erhängen hinrichten, weil er die Unionsfahne, die bis heute die Fahne der USA ist, heruntergerissen hatte.

Die revolutionäre kommunistische Brigade existiert längst nicht mehr, aber Johnsons Auslegung der Meinungsfreiheit dominiert in den USA und auch in anderen Ecken der Welt. Als 2005 der amerikanische Präsident George W. Bush Bratislava besuchte, verbrannten zwei tschechische Bürger während des Treffens auf dem Hviezdoslav Platz die amerikanische Fahne. Die Polizei nahm sie fest und wies sie aus der Slowakei aus. Als Innenminister habe ich das Eingreifen der Polizei verteidigt. Seither hörte ich oft, nicht nur von linksorientierten Menschen in der Slowakei, sondern auch von solchen, die sich für rechtsorientiert halten, die Ansicht, das öffentliche Verbrennen einer Fahne sei selbstverständlich ein Menschenrecht. Das Verbot der Fahnenverbrennung würde sie an »den Kommunismus erinnern«. Sie wissen nicht, dass sie die Ansichten eines jungen kommunistischen Radikalen wiederholen, der als Erster etwas eingefordert hat, was vor ihm jeder für strafwürdig gehalten hätte. Ganz zu schweigen davon, dass das Urteil des Höchsten US-Gerichts mit dem denkbar knappsten Stimmenverhältnis von 5 zu 4 gefällt worden war.

Seit einem Jahrzehnt tobt in den USA ein Kampf um die Institution Ehe. Bis jetzt gab es in 31 US-Staaten Volksentscheide, ob die Ehe weiterhin ein Bund zwischen Mann und Frau bleiben soll. 31 : 0 gingen diese Volksbefragungen zu Gunsten der traditionellen Definition von Ehe aus. Zuletzt fand ein solcher Volksentscheid im November 2009 in Maine, einem sehr liberalen Staat der Union, statt.

Anders fallen die Ergebnisse aus, wenn Gerichte darüber entscheiden. Im April 2009 kam wie ein Blitz aus heiterem Himmel die Nachricht, der Oberste Gerichtshof des Staates Iowa habe entschieden, die Behörden müssten auch Personen gleichen Geschlechts trauen. Iowa ist nach der Gesinnung seiner Bürger alles andere als ein liberaler Staat. Man kann ihn zu den so genannten »swing states« rechnen, in denen einmal der republikanische, dann wieder der demokratische Kandidat gewählt werden. In ähnlicher Weise entschied 2003 das Höchstgericht in Massachusetts.

Ein langer Kampf um die Ehe wird auch vor den Gerichten Kaliforniens geführt. Im Mai 2008 hat dessen Oberster Gerichtshof ebenso entschieden wie später das Gericht in Iowa, nachdem die »Ehen« von gleichgeschlechtlichen Personen bereits einige Monate zuvor in Kalifornien legalisiert worden waren. Noch im gleichen Jahr haben die Hüter der traditionellen Vorstellungen von der Ehe einen Volksentscheid über den Verfassungszusatz organisiert, das so genannte »Proposition 8«. Die Bürger durften entscheiden, ob eine Ehe nur zwischen Mann und Frau geschlossen werden sollte. Der Volksentscheid war Teil der kalifornischen November-Wahlen. Jede der rivalisierenden Parteien, die Verteidiger der traditionellen Ehe und die der »Ehe« von Schwulen, gab viele Millionen Dollar für Werbung aus. Nach einer sehr emotionalen Kampagne billigten die Wähler mit sieben Millionen Stimmen den Zusatz, 600.000 Wähler weniger stimmten dagegen.

Damit war das Hin und Her jedoch noch nicht zu Ende. Die Verfechter der Schwulen-»Ehe« fochten den Zusatz sofort vor Gericht an, und im August 2010 erließ der Bundesrichter aus San Francisco, Vaughn R. Walker, ein Urteil, wonach die Proposition 8 im Widerspruch zur Bundesverfassung stehe. Weil dagegen wiederum Berufung eingelegt wurde, ist der Kampf nicht zu Ende.

Sie können machen, was Sie wollen. Sie können eine Mehrheit im Parlament haben, Sie können einen Volksentscheid demokratisch gewinnen – und dann saugt sich ein Richter etwas aus den Fingern und sagt etwas anderes. »Das ist kein Gerichtsaktivismus, das ist Tyrannei«, so der konservative Politiker und TV-Kommentator Patrick Buchanan.

Weiters legalisierten Amerikas Gerichte in den vergangenen Jahrzehnten mehr oder weniger die Pornografie. Der Oberste Gerichtshof vertritt die Meinung, ihre Verbreitung sei durch die Meinungsfreiheit garantiert. Vor Kurzem hat der Oberste Gerichtshof sogar die Pornografie-Gesetze aufgehoben, die der Kongress in den 90er-Jahren verabschiedet hatte. 2002 entschied der Oberste Gerichtshof, auch Kinderpornografie sei legal, wenn es sich um virtuelle im Computer generierte Bilder handelt, gegen das Gesetz verstoße nur die Abbildung realer Kinder.

In der letzten Dekade mehrten sich die gerichtlichen Klagen gegen die Abbildung religiöser Symbole in der Öffentlichkeit, in öffentlichen Räumen oder Gebäuden, gleichgültig, ob es sich dabei um Kreuze oder Bilder der Zehn Gebote handelt. In der Mojave-Wüste in Kalifornien steht auf einem Felsenhügel ein zweieinhalb Meter hohes Kreuz. Es wurde 1934 von Veteranen aus dem Ersten Weltkrieg zum Gedenken an ihre gefallenen Kameraden errichtet. Beinahe 100 Jahre hat das niemanden gestört. Vor ein paar Jahren jedoch hat die ACLU, die »Amerikanische Bürgerrechtsunion«, Klage gegen dieses Kreuz erhoben. 2009 hat der Oberste Gerichtshof entschieden, das Kreuz dürfe bleiben. Von den neun abstimmenden Richtern waren fünf dafür und vier dagegen.

Abtreibungen, Pornografie, homosexuelle Kultur, die Beseitigung religiöser Symbole hat in Amerika aber nicht das von den Bürgern gewählte Parlament gefordert. Nicht einmal die Bürger selbst haben diese Anliegen unterstützt. Es ging alles von den Gerichten aus. Erst durch die Gerichtsbeschlüsse wurde die öffentliche Meinung dahingehend beeinflusst, dass sich viele Menschen heute mit diesen Anliegen identifizieren. Durch die Gerichte gelang es somit, das ursprünglich christlich geprägte Amerika in ein postchristliches zu verwandeln. Und mit Amerika haben sie verständlicherweise auch die übrige Welt verändert.

Der Europäische Gerichtshof für Menschenrechte – ein Champion der Revolution

2009 hat der Europäische Gerichtshof für Menschenrechte (EGMR) in Straßburg Kreuze an den Wänden italienischer Schulen verboten. Der EGMR ist ein Gerichtshof des Europarates. Dieses Gericht hat mehrere Entscheidungen gefällt, die sich an den Auswüchsen des Obersten Gerichtshofes der USA orientiert haben.

Ein Meilenstein im Kampf gegen das Leben war im März 2007 die Entscheidung des EGMR im Fall »Alicja Tysiac vs. Polen«. Alicja Tysiac durfte im Jahr 2000 in Polen nicht abtreiben. Die polnischen Abtreibungsgesetze waren nämlich Ende der 90er-Jahre verschärft worden. Frau Tysiac wollte aber abtreiben, weil sie um ihr Sehvermögen als Folge von Schwangerschaft und Geburt fürchtete. Jedenfalls hat sie dann eine gesunde Julia zur Welt gebracht, dennoch aber 2003 gegen Polen vor dem EGMR geklagt. Der EGMR hat ihr Recht gegeben und einen Schadensersatz von 25.000 EUR zuerkannt. Das Gericht war der Meinung, ihre Persönlichkeitsrechte seien verletzt worden. Es stützte sich dabei auf Artikel 8 der Europäischen Menschenrechtskonvention. Damit erinnert dieser Fall an den amerikanischen Fall »Roe v. Wade«. Wer weiß, was Julia denken wird, wenn sie einst groß ist und die Zusammenhänge versteht?

Die Entscheidung wurde mit einem Stimmenverhältnis 6 zu 1 gefällt. Der überstimmte spanische Richter Francisco Borrego bemerkte ironisch:

»Das Gericht hat entschieden, dass ein menschliches Wesen infolge einer Verletzung der Menschenrechtskonvention geboren wurde. Folgt man dieser Argumentation, wurde hier ein polnisches Kind geboren, dessen Recht auf Leben der Konvention widerspricht. Nie werde ich glauben, dass die Konvention so weit geht. Ich halte das für grauenvoll.«

Weitere skandalöse Gerichtssprüche folgten in Polen: Der Chefredakteur der katholischen Wochenzeitung »Gosc Niedzielny«, der Priester Marek Gancarczyk, erläuterte in einem Kommentar, das Urteil des EGMR bedeute, eine Frau müsse dafür entschädigt werden, dass sie ihr Kind nicht töten konnte. In einem Satz des Artikels war auch von den Nazis, die Menschen während des Kriegs getötet haben, die Rede, ohne jedoch einen direkten Vergleich von Alicja Tysiac mit den Nazis anzustellen.

Gancarczyk hat einfach die Wahrheit geschrieben und die Sicht der katholischen Kirche dargestellt. Dennoch entschied ein Gericht in Katowitz, die Wochenzeitung müsse Alicja Tysiac eine Entschädigung von 11.000 Dollar zahlen. Abtreibung dürfe nicht als Tötung bezeichnet werden und man dürfe nicht in einem Atemzug von Naziverbrechen und Abtreibungen reden. Seit wann schreiben Gerichte vor, wie wir über Abtreibung reden dürfen? Der Fall liegt zurzeit beim Obersten Gericht.

Vor einigen Jahren sind holländische Aktivistinnen von der Organisation »Women on Waves« (Frauen auf den Wellen) mit ihrem Schiff, einer schwimmenden Abtreibungsklinik, über Europas Meere geschippert. Sie boten schwangeren Frauen aus Ländern mit strenger Antiabtreibungsgesetzgebung die Möglichkeit, an Bord des Schiffes abtreiben zu lassen. 2003 wurden sie in Polen mit Tomaten und den Sprüchen »Mörder« und »Gestapo« empfangen. 2004 haben ihnen in portugiesischen Gewässern zwei portugiesische Marineschiffe den Weg abgeschnitten. Daraufhin haben Abtreibungsbefürworter am EGMR Beschwerde eingelegt und dieser hat ihnen 2009 Recht gegeben.

Mit Spannung war das Urteil des EGMR über die Beschwerde von drei anonymen irischen Frauen erwartet worden, die es als Verletzung ihrer Rechte angesehen hatten, dass sie aus ihrer Heimat Irland nach Großbritannien reisen mussten, als sie abtreiben wollten. In Irland genießen ungeborene Kinder in der Verfassung einen maximalen Schutz. Das Gericht entschied im Dezember 2009. Es gab dem Antrag von zwei Frauen nicht statt, gab aber der dritten Recht. Diese Frau hatte nämlich behauptet, durch die Schwangerschaft sei ihr Leben bedroht gewesen, weil sie eine Krebsbehandlung durchgemacht hatte. Der EGMR entschied, ihre Rechte seien verletzt worden und Irland müsse dieser Frau 15.000 EUR bezahlen. Damit hat der EGMR das öffentliche Bewusstsein in Europa wieder einen Schritt weiter in Richtung Abtreibungsmentalität gebracht, wenn auch nicht so weit, wie es die liberalen revolutionären Kreise erhofft hatten.

Selbstverständlich ist nicht jedes Urteil des EGMR ein Sieg der Revolution. Die oben erwähnte Entscheidung über die Kreuze in Italien hatte Aufregung verursacht. Daraufhin ist die italienische Regierung gegen den Beschluss des EGMR aus dem Jahr 2009 in die Berufung gegangen. Im März 2011 hat der Große Senat des EGMR dann diese Entscheidung aufgehoben.

Auch die Slowakei hat inzwischen einen ersten großen Fall vor dem Verfassungsgericht hinter sich. Dieses hat 2007 eine Entscheidung über die Übereinstimmung des Abtreibungsgesetzes mit der slowakischen Verfassung gefällt. Erinnern wir uns, dass die Verfassung die Formulierung enthält: »Das menschliche Leben ist schon vor der Geburt schützenswert.« Und das Verfassungsgericht erklärte, dass sich aus diesem Satz im ersten Trimester der Schwangerschaft absolut kein Schutz für das ungeborene Kind herleiten lasse. Die Richter haben sich das einfach aus den Fingern gesaugt.

Warum kann die Revolution auf dem Weg über die Gerichte gemacht werden?

Wie kann es sein, dass auf dem Weg über die Gerichte die Kultur eines Landes und sogar die ganze Zivilisation geändert wird? Wie kann es sein, dass Gerichte die Verfassung in einer Weise auslegen, von der die Autoren der Verfassung nicht einmal geträumt haben? Wie kann ein Richter Abtreibungen gutheißen und sich dabei auf den Text einer Verfassung stützen, deren Autoren gegen die Abtreibung waren?

Ein Grund liegt im Wesen des Rechts selber. Das Recht ist keine Mathematik. Deshalb kann es sein, dass ein Gericht ein Urteil spricht und das Volk sagt respektvoll: Das Gericht hat so entschieden, also muss es wahr sein. Dabei kann es sogar so gewesen sein, dass von sieben an dem Urteil beteiligten Richtern vier dafür waren und drei eine gegensätzliche Meinung vertreten haben. Recht behalten hat die Mehrheit. Die Mehrheit muss aber nicht immer im Besitz der Wahrheit sein. Bei der Suche nach Mehrheiten geht es um die Art und Weise, wie ein Streit entschieden wird, mit der Suche nach Wahrheit hat dies jedoch nur manchmal zu tun.

Recht ist keine exakte Wissenschaft. Entscheidungen von Richtern geben oft nur deren subjektive Meinung wieder. Wir können es auch ganz offen sagen: ihre philosophische und politische Überzeugung. Das ist der Unterschied zwischen einer Sitzung des Gerichtssenats aus sieben Mitgliedern und der Tagung eines Kollegiums von Mathematikern, das auch aus sieben Mitgliedern besteht, die darüber entscheiden sollen, ob irgendeine Behauptung zutrifft oder nicht. Im Unterschied zu den Richtern entscheiden die Mathematiker einstimmig, entweder die These gilt oder sie gilt nicht, oder sie können nicht entscheiden, ob sie gilt. Wesentlich ist dabei, dass immer alle übereinstimmen. Die Mathematiker zählen die Stimmen nicht. Die Richter schon. Und manchmal geht es um eine Stimme. Und wenn der Richter in seinem Herzen auf Seiten der Revolution steht, wird er leicht auch die Wahrheit auf Seiten der Revolution sehen. Im Juni 2012 entschied das Gericht der kanadischen Provinz Britisch Kolumbien, dass das Verbot der Beihilfe zum Selbstmord verfassungswidrig sei. Das Urteil sprach die Richterin Lynn Smith, die zwei Jahrzehnte zuvor eine feministische Abtreibungsaktivistin gewesen war.

Der Gerichtsaktivismus setzt jedoch eine gewisse revolutionäre Übereinstimmung der Eliten voraus. Es müssen Revolutionäre vom Typ der Madalyn Murray, der Amerikanischen Atheisten, der holländischen Abtreibungsanhängerinnen oder der amerikanischen ACLU auftreten. Es muss Revolutionäre geben, deren Herz brennt. Der »Gramsci-Marsch durch die Institutionen« muss voranschreiten. Zuerst wurden die Universitäten erobert und diese haben weitere Früchte der Veränderung hervorgebracht. Sie haben ganze Generationen der Elite großgezogen und diese haben dann allmählich auch die Gerichte besetzt.

Voraussetzung für die beschriebene Entwicklung ist eine gewisse Gottgleichheit der Richter, die man auch als gewöhnliche Unehrlichkeit bezeichnen könnte. Denn Richter müssen schon ziemlich vermessen sein, wenn sie aus einem Text etwas herauslesen, was dort gar nicht steht. Man muss schon ziemlich auf einen Wechsel aus sein, wenn man als Richter keine Urteile fällt, die mit den Gesetzen übereinstimmen (was eigentlich die Aufgabe wäre), sondern einfach selbst neue Gesetze schafft (was keineswegs Aufgabe des Richters ist). Vielleicht sehnen sich die Richter nach mehr Macht, als ihnen zusteht.

Die Väter der amerikanischen Verfassung waren fast alle Christen, die allerdings nicht wollten, dass die christliche Religion dominiert und andere unterdrückt. Unseriöse Richter benutzen nun aber deren Texte für Entscheidungen, die alle Denominationen gleichermaßen unterdrücken. Meinungsfreiheit bedeutete viele Jahrzehnte lang, dass man für seine politische Meinung nicht ins Gefängnis kommt. Die Revolutionäre im Talar verkünden nun plötzlich, Meinungsfreiheit bedeute, die Gesellschaft dürfe mit Pornografie verseucht werden. Thomas Jefferson vertrat noch die Ansicht, Kastration sei die angemessene Strafe für einen aktiven Homosexuellen. Nach 200 Jahren stellen Richter mit kreativem Geist fest, aus den Texten von Jefferson ergebe sich die Pflicht, die homosexuelle Lebensweise zu schützen.

Letztlich ist die Voraussetzung für den gerichtlichen Imperialismus, dass Verfassungstexte nicht immer eindeutig sind und dass klare Hinweise auf die christliche Kulturtradition fehlen. Es gibt Begriffe, wie »Würde des Menschen«, aus denen man völlig unterschiedliche Schlüsse ziehen kann. Der Christ sieht in Gott den Garanten der menschlichen Würde und den Herrn über das Leben. Ein anderer wiederum meint, wenn er von Würde spricht, das Recht auf einen würdigen Tod, also auf Euthanasie.

Es gibt rechtliche Formulierungen, die man einfach nicht vergewaltigen kann. Die Iren haben in ihrer Verfassung festgeschrieben, dass die Macht vom Volk ausgeht, das »unter Gott« steht. Aus der Präambel ist klar ersichtlich, dass es sich um den Gott Abrahams, Isaaks und Jakobs handelt. Der irische Staat verpflichtet sich in seiner Verfassung, dass er das Leben von Ungeborenen »im höchst möglichen Maß« schützen wird. Sie können hundertmal ein liberaler Revolutionär im Talar eines Richters sein, aber mit so einem Verfassungstext können sie nichts anstellen. Wie wir gesehen haben, kann aus unklaren Formulierungen wie »das menschliche Leben ist schon vor der Geburt schützenswert« jedoch alles Mögliche herausinterpretiert werden.

Die slowakische Verfassung ist eine der liberalsten in Europa. In ihrer Präambel, die noch keine Gesetzeskraft hat, wird an das geistliche Erbe von Kyrill und Method erinnert. Was aber rechtlich allein zählt, ist der Satz im Verfassungstext: Die Slowakische Republik bindet sich an keine Ideologie und Religion.

Keinerlei Hinweis auf die christliche Tradition enthalten auch die Verträge mit der Europäischen Union. Die ersten Folgen werden in einem Urteil des Europäischen Gerichtshofs in Luxemburg, dem höchsten Gericht der EU, deutlich. Im Mai 2011 hat dieses Gericht entschieden, dass dem Rentner Jürgen Römer aus Hamburg, der in einer registrierten Partnerschaft gelebt hat, ebenso eine Witwenrente zustehe, als hätte er in einer Ehe gelebt.

Wie dem Gerichtsaktivismus standhalten?

Was können christliche und konservativ denkende Menschen gegen diese Entwicklung tun? Und kann man überhaupt etwas dagegen machen?

In erster Linie ist Aufklärung nötig: Es gilt, das Problem klar darzustellen. In der Slowakei gibt es nur wenige Menschen, die

die Natur des Gerichtsaktivismus verstehen. Viele Christen verstehen, dass man Politiker mit christlichen Werten wählen soll. Sie kennen aber nicht das Problem, das Richter darstellen, die christlichen Werte nicht respektieren. Den Premier kennt jeder, niemand aber den Richter, der das Land vor dem Europäischen Gerichtshof für Menschenrechte vertritt.

Die Demokraten haben unter der Führung von Ted Kennedy den Richter Bork verhindert, weil sie wussten, was ein Richter am Obersten Gerichtshof für den Erfolg der Revolution bedeutet (siehe Kapitel III). Und die amerikanischen Konservativen haben ihre Lektion auch gelernt. Früher kam es schon mal vor, dass ein konservativer Präsident einen liberalen Richter für den Obersten Gerichtshof vorgeschlagen hat. Ronald Reagan etwa schlug Sandra Day O'Connor vor und Gerald Ford John Paul Stevens. Seit damals geht es jedoch bei Präsidentschaftswahlen auch um die Frage, welche Richter der Präsidentschaftskandidat vorschlagen würde, wenn ein Platz im neunköpfigen Obersten Gerichtshof frei werden sollte. Die Richter des Supreme Court sind auf Lebenszeit ernannt. Präsident George W. Bush hat die konservativen Richter Roberts und Alito ernannt. Wäre John McCain gewählt worden, hätte er eine Zusammensetzung des Obersten Gerichtshofes durchsetzen können, die eine Rücknahme der Entscheidung im Fall »Roe v. Wade« ermöglicht hätte. Die Wahl von Obama bedeutete jedoch das Ende dieser Hoffnungen.

Das zentrale politische Thema in der Slowakei ist, wer sich in den Parlamentswahlen durchsetzt. Doch nur wenige interessieren sich für die Zusammensetzung des Verfassungsgerichts, und schon gar niemand nimmt wahr, wer uns als Richter am EGMR vertritt.

Unsere Strategie sollte es sein, Richterentscheidungen durch Verfassungsgesetze rückgängig zu machen. Genauso wie es die Bürger in Kalifornien gemacht haben, als sie durch einen Volksentscheid die Verfassung ergänzt und die Ehe zum Bund von Mann und Frau erklärt haben. Die »Konservativen Demokraten der Slowakei« haben präventiv ein Verfassungsgesetz zum Schutz der Ehe vorgeschlagen. Nach dem »Kreuz-Urteil« des EGMR haben die »Konservativen Demokraten der Slowakei« folgende Ergänzung des Verfassungstextes vorgeschlagen: »Die Slowakische Republik erkennt das Kulturerbe des Christentums an.«

Ein weiterer Bestandteil der Strategie konservativer Kräfte sollte nicht zuletzt ein gewisser Widerstand gegen die Globalisierung sein. Es ist nicht gut, wenn Kompetenzen in kulturellen und ethischen Fragen in die Hände von supranationalen Organisationen übertragen werden. Dort haben die liberalen Revolutionäre eine Mehrheit gegenüber den Konservativen. Das Verhalten des EGMR ist dafür ein typisches Beispiel.

Und damit sind wir bei einem weiteren Unterschied zwischen Lenins Revolution von 1917 und der heutigen: Die Bolschewiken haben zwar in einem großen, aber für lange Zeit auch recht einsamen Staat gesiegt. Zwar haben sie die Kommunistische Internationale gegründet, aber doch mit recht schwachen Ergebnissen. Die Revolution, über die wir hier sprechen, ist hingegen eine globale. Sie geht in den globalen Institutionen vor sich.

Die globale Revolution in globalen Institutionen

»In den Bildungseinrichtungen soll über oralen Sex,
Masturbation und Orgasmus gesprochen werden.«
Aus dem Auftritt von Diane Keaton, der Vertreterin der
Nationalen Assoziation für Bildung auf einer UNO-Konferenz

Im Jahr 2000 fand in New York eine internationale, von einer Organisation der Vereinigten Nationen durchgeführte Konferenz statt, die unter dem Namen »Peking plus 5« bekannt geworden ist, weil sie fünf Jahre nach der Internationalen UN-Frauen-Konferenz in Peking stattgefunden hat. An dieser Konferenz beteiligte sich auch eine Delegation der Europäischen Union, gleichzeitig aber auch Delegationen der EU-Mitgliedstaaten sowie von Kandidatenstaaten für eine Mitgliedschaft in der EU. Es kam zu einem interessanten Zwischenfall.

Die Delegation der EU, die von Frau Kate Theorin geführt wurde, vertrat die Philosophie der »Reproduktiven Rechte«. Die polnische Delegation unter Minister Jerzy Kropiwnicki trat hingegen für eine andere Position ein. Als die Divergenz offensichtlich wurde, stellte die Leiterin der EU-Delegation die Polen zur Rede und forderte sie in Anwesenheit der Vertreter der anderen EU-Mitgliedsstaaten auf, den gemeinsamen Standpunkt der EU zu unterstützen – ein für die Polen inakzeptables Vorgehen. Minister Kropiwnicki, ein alter Kämpfer aus Zeiten der Untergrund-Solidarnosc und einstmals Häftling unter dem kommunistischen Regime von Jaruzelski, wich nicht zurück, sondern schickte einen Protestbrief an die Vorsitzende des Europäischen Parlaments, Nicole Fontaine. Die irische Abgeordnete im Europäischen Parlament, Dana Rosemary Scallon – Kenner der Popmusik erinnern sich an sie als Siegerin des Eurovision Song Contest 1970 –, unterstützte den Brief der Polen.

So kam es also zu einer Konfrontation zwischen dem irisch-polnischen Bündnis, das die Reste der christlichen Kultur repräsentiert, die bis jetzt noch in einigen Ländern überlebt hat, und der Revolution, die alle Ebenen der Europäischen Union beherrscht. Und es sollte nicht die letzte bleiben.

Vom Geist der Revolution sind alle wichtigen Institutionen der EU durchdrungen, also die Kommission, der Rat und das Parlament. Das Europäische Parlament ist mit diesem Geist getränkt. Im letzten Jahrzehnt hat das Europäische Parlament eine Menge Resolutionen angenommen, die de facto ein Sieg der anthropologischen Revolution gewesen sind.

Erinnern wir uns nur an den »Bericht über sexuelle und reproduktive Gesundheit und Rechte«, den die belgische sozialistische Abgeordnete Anne van Lancker vorgelegt hat. Der Bericht wurde 2002 verabschiedet und ist eine Aufforderung an alle Mitgliedsstaaten, Abtreibung »legal, sicher und für alle Frauen zugänglich« zu machen.

Der gesamte Bericht atmet den Geist der »Gender-Ideologie«, die bestreitet, dass einige Eigenschaften typisch männlich, andere typisch weiblich sind. Sie behauptet stattdessen, solche Unterschiede würden während des Lebens durch gesellschaftlich geprägte Fehlentwicklungen erworben. Ironisch sei angemerkt, dass diese Ideologie auch von dem überwundenen Vorurteil befreit, Männer verfügten über einen Penis und Frauen über eine Vagina.

Die Abgeordnete van Lancker verkörpert den Typus eines Revolutionärs, der im Europäischen Parlament ziemlich häufig anzutreffen ist. Ohne deren Begeisterung für die Revolution könnten manche Resolutionen nicht verabschiedet werden. Diesem Enthusiasmus steht die Trägheit der christlichen Politiker im Parlament gegenüber. Im Lebenslauf von Anne van Lancker lesen wir übrigens mit Verwunderung, dass sie einst Assistentin im Fach Soziologie an der Katholischen Universität Löwen gewesen war.

Im selben Jahr wurde die Resolution über »Frauen und Fundamentalismus« verabschiedet. Sie ist eine der bizarrsten Resolutionen überhaupt, fordert sie doch die Gläubigen auf, die Rechte von Frauen beim Umgang mit ihrem Körper (gemeint sind Abtreibungen) zu verteidigen, und verurteilt jene Religionen, die dies verhindern. Außerdem kritisiert sie die Religionen, insoweit sie Frauen in der Kirchenhierarchie nicht den gleichen Platz wie Männern einräumen. Im Klartext heißt das: Bis in Europa nicht ein Katholizismus pro Abtreibung mit Weihe von Frauen existiert, werden die Befürworter dieser Resolution nicht zufrieden sein.

Diese Leute denken, sie könnten eine neue christliche, eine synkretistische, eine »New-Age-Religion« schaffen.

Auch liebt das Europäische Parlament (EP) die Institutionen von Ehe und Familie nicht besonders, sondern arbeitet eher auf deren Zerstörung hin. Auch unterstützt das EP die Homosexualität. Dementsprechend finden wir schon in den Resolutionen des EP über Menschenrechte aus den Jahren 2000 und 2001 die Aufforderung an die Mitgliedsstaaten, sowohl rechtlich als auch ökonomisch nicht verheiratete Paare genauso zu behandeln wie Ehepaare. Sehen die europäischen Abgeordneten denn nicht, dass die Ehe eine familiäre Umgebung schafft, die gesünder für Kinder ist? Sehen die Europaabgeordneten jetzt, wo die Geburtenrate auf einen historisch noch nie dagewesenen Tiefstand gesunken ist, denn nicht, dass in der Ehe mehr Kinder geboren werden, als beim unverbindlichen Zusammenleben?

In den Resolutionen werden den homosexuellen Paaren in registrierten Partnerschaften die gleichen Rechte zuerkannt wie Eheleuten. Diese Appelle werden seitdem immer wiederholt. 2009 war der italienische kommunistische Abgeordnete Giusto Catania Autor einer Resolution dieses Typs. Er vertritt eine besondere Partei: Sie wurde 1991 gegründet, nachdem die bisherige italienische kommunistische Partei das Wort kommunistisch aus ihrem Namen gestrichen hatte, und zwar von jenen, die nicht auf das Wort »Kommunismus« verzichten wollten. Sie segelt unter der Flagge: »Partei der kommunistischen Neugründung« und trägt bis heute den Stern sowie Hammer und Sichel auf ihrer Fahne. Die leninistischen Symbole leuchten in Regenbogenfarben.

Die Resolutionen des EP sind nicht verbindlich für die Mitgliedstaaten, sie erzeugen aber politischen Druck. Sie legen nämlich fest, was in der EU richtig und was falsch ist. Man muss bedenken, dass für diese Resolutionen auch die Abgeordneten von Parteien stimmen, die im Mitgliedsland so tun, als würden sie die homosexuelle Agenda nicht unterstützen. Für die Resolution von Catani haben etwa slowakische Abgeordnete gestimmt, die einer Bewegung angehören, die gern auf das christliche Fundament ihrer Politik hinweist. Wenn diese Abgeordneten schon in diesem »Europa« sind, dann stimmen sie eben »europäisch« ab. Solche Resolutionen gegen die Familien gibt es im Europäischen Parlament Jahr für Jahr.

Diesen Druck seitens des EP spürt seit einigen Jahren auch Litauen, dessen Parlament vor einiger Zeit ein Gesetz verabschiedet hat, das die öffentliche Propagierung von homosexuellen Beziehungen verbietet. So etwas ist für das EU-Parlament wie ein rotes Tuch für den Stier. Deshalb hat es im Januar 2010 das litauische Gesetz verurteilt und seine Aufhebung gefordert.

Auf welche Seite hat sich da die litauische Präsidentin, ehemalige EU-Kommissarin und ehemaliges Mitglied der kommunistischen Partei der Sowjetunion, Dalia Grybauskaite, geschlagen? Natürlich auf die des Europäischen Parlaments!

Auch der EU-Ministerrat will beim Engagement für die Revolution nicht hinter dem Parlament zurückstehen. 2004 erschien im EU-Ministerrat für Inneres und Justiz ein Entwurf, der die EU-Länder aufforderte, gegenseitig registrierte Partnerschaften gleichgeschlechtlicher Personen anzuerkennen. Der Entwurf wurde nur deshalb nicht angenommen, weil sich die slowakischen Minister für Inneres und für Justiz dagegengestellt haben.

Die Institutionen der Europäischen Union verändern sich mit nie dagewesener Geschwindigkeit zu Lobbyisten für Homosexuellen-Anliegen. Alles begann mit der Einbindung des Artikels 13 in den Wortlaut des Vertrags von Amsterdam über die Gründung der Europäischen Gemeinschaft, der durch die Regierungschefs der Mitgliedsländer auf dem Gipfel 1997 verabschiedet worden ist. Ein unauffälliger Artikel sprach von der Berechtigung des Rates, Maßnahmen gegen Diskriminierung wegen sexueller Orientierung zu ergreifen. Dadurch kam in die eigentlichen Verträge der Begriff »Nichtdiskriminierung auf Grund von sexueller Orientierung«. Jeder kann ihn auslegen, wie er will, aber in der Praxis entscheidet über die Auslegung die Mehrheit.

Man muss hinzufügen, dass vielleicht niemals seit dem Ende des Kalten Krieges so viele christdemokratische und konservative Politiker in den Regierungen der Mitgliedsländer vertreten waren wie bei den zweijährigen Verhandlungen über den Wortlaut der Amsterdamer Verträge. In Deutschland regierte damals der christdemokratische Kanzler Helmut Kohl, in Spanien der Vertreter der Volkspartei, Premier José Maria Aznar, in Frankreich der Gaullist Jacques Chirac, in Großbritannien der Konservative John Major. Aus dieser Tatsache kann man eindeutig erkennen: So endet das Duell zwischen Revolutionären, die wissen, wie man den Fuß in die Tür bekommt, und der politischen Rechten, die nicht weiß, wie sie das verhindern soll.

Wie gesagt, die Europäische Union wurde überwiegend von Christdemokraten, damals noch als »Gemeinschaft für Kohle und Stahl«, gegründet: von Adenauer, de Gasperi, Schuman, Monet. Mit der Zeit aber ist alles anders gekommen. Und heute lehnt die Europäische Union in ihrer Verfassung Hinweise auf Gott und das Christentum ab. Somit kann man also über die Ursprünge der europäischen Geschichte nur schwer reden.

Wie es mit der EU tatsächlich bestellt ist, demonstrieren am besten einige Episoden: 2006 hatte Österreich den EU-Vorsitz. Am Ende 2005 begann im Land eine von der österreichischen Regierung mitfinanzierte Plakatkampagne, die den österreichischen EU-Vorsitz bewerben sollte. Auf einem der Plakate waren George W. Bush, Jacques Chirac und Elisabeth II. in sexuellen Positionen dargestellt.

2007 hat die Europäische Kommission einen Werbespot zur Unterstützung der europäischen Filmwirtschaft finanziert: einen Spot von einer dreiviertel Minute Länge mit dem Titel »Film lovers will love this« – man konnte ihn auch auf den Seiten der Europäischen Kommission von Barroso anklicken. Er stellt in Sekundenintervallen 18 kopulierende Paare dar. Natürlich haben auch gleichgeschlechtliche Paare nicht gefehlt. Für die Kommission ist so etwas aber kein Skandal. Ein Skandal wäre es gewesen, wenn gleichgeschlechtliche Paare gefehlt hätten. Das Portal »Youtube« bringt bei diesem Spot den Hinweis, dass er nur für Personen, die älter als 18 sind, gedacht sei. Es ist nicht bekannt, ob ein solcher Hinweis auch auf den Seiten der Europäischen Kommission stand. Die Europäische Kommission als Produzent von Softporno, das gab es bisher auch noch nicht.

Ende 2010 ließ die Kommission drei Millionen Kalender für das Jahr 2011 drucken, in denen die christlichen Feiertage nicht verzeichnet worden waren. Wer sich noch daran erinnert, weiß, dass die Kommunisten zwar mit aller Macht aus Weihnachten und Ostern Winter- und Frühlingsfeiertage machen wollten, aber sie haben es nicht gewagt, sie auch aus dem Kalender zu streichen.

In diesen Episoden erscheint die Europäische Union wie ein pubertierender Junge, der in der Schule nicht aufpasst, weil er ständig an Sex denkt. Eine Tragödie ist es aber, wenn der Pubertierende bereits über 50 ist.

Ein ähnliches Bild wie im Fall der EU ergibt sich auch aus der Analyse der Standpunkte des Europarates.

Die Revolution beherrscht jedoch nicht nur Europa. Ihre Ambitionen sind größer, sie umspannen bereits den ganzen Globus. Unauffällig ist sie nämlich vor etwa zwei Jahrzehnten auf das Terrain der Vereinten Nationen getreten.

In den Dokumenten der UNO hat die Revolution zwar ihre brutale Sprache nicht durchgesetzt, wie es ihr in der EU gelungen ist. Sie hat aber die Sprache der »Gender-Ideologie« und den Begriff der »reproduktiven Gesundheit« durchgesetzt.

Was reproduktive Gesundheit ist? Der slowakische Demograf Karol Pastor hat 2006 dazu festgestellt, dass es sich um einen neuen politischen Begriff handelt, der bewusst gewählt wurde, um zu manipulieren und etwas zu verschleiern, nicht jedoch, um aufzuklären. Laut Definition der internationalen UN-Konferenz 1994 in Kairo ist reproduktive Gesundheit »ein Zustand des gesamten körperlichen, seelischen und sozialen Wohlbefindens und nicht nur die Abwesenheit von Erkrankung und deren Folgen«. Pastor führt aus: »Jemand braucht zu seinem körperlichen, seelischen und sozialen Wohlbefinden täglich eine neue und hygienisch einwandfreie Prostituierte. Jemand braucht zur reproduktiven Gesundheit eine Abtreibung ... Bitte, ärgern Sie sich nicht, aber es muss deutlich gesagt werden, dass es ganz sicher Menschen gibt, die behaupten, dass *gerade dies* die reproduktive Gesundheit ist. Deshalb, so meinen sie, hätten sie ein Recht darauf und der Staat solle sich darum kümmern.«

Die folgenden Jahre sollten bestätigen, dass er Recht hatte und dass solche Menschen sogar in der Mehrzahl sind.

Der Begriff der »Gender-Ideologie«, als Ideologie über die Austauschbarkeit im Rollenverhalten von Männern und Frauen, wurde in die Grunddokumente bei den wichtigen internationalen UN-Konferenzen 1994 in Kairo und 1995 in Peking aufgenommen. Ende der 90er-Jahre machte der katholische Philosoph und Priester Michel Schooyans darauf aufmerksam, dass die Ideen von Marx und Engels aus der ersten Hälfte des 19. Jahrhunderts, die über den Kampf der Geschlechter und über die Befreiung der Frau aus ihrer Unterdrückung durch den Mann sprechen, an der Schwelle zwischen dem zweiten und dritten Jahrtausend durch die »Gender-Ideologie« auf dem Boden von supranationalen Institutionen, vor allem der UN, wieder aufleben. Er spricht darüber in seinem Buch »Evangelium. Die Welt im Zerfall«, das 1998 veröffentlicht wurde und auch in slowakischer Sprache erschienen ist.

2002 formulierte Schooyans seine Einsichten im Gespräch noch deutlicher:

> *In diesem neuen Jahrtausend werden zwei Grundziele des Kommunismus ständig durchgesetzt: die Zerstörung der Nationalstaaten und die wahre Idee von der Familie. Sprechen wir zuerst über die Idee einer Weltregierung ... Ich bin von der Tatsache überzeugt, dass sich die UNO in diese Richtung entwickelt und dass ihre Agenturen inzwischen die Merkmale von Ministerien eines Weltstaats haben ... Die kommunistische Ideologie hat den Kollaps der kommunistischen Regime überlebt und ich glaube, dass der Plan, die Welt durch die UNO regieren zu lassen, viele Merkmale der Kommunistischen Internationale aufgenommen hat ... Ein Anzeichen dafür ist die so genannte ›Genderfrage‹, die im Moment in der UNO sehr en vogue ist. Die Genderfrage hat mehrere Wurzeln, aber eine von ihnen ist sicherlich marxistisch. Friedrich Engels, der Mitarbeiter von Marx, hat in einer Theorie das Verhältnis von Mann und Frau als Prototyp der Konfliktverhältnisse im Klassenkampf herausgearbeitet. Marx hat den Kampf zwischen Herrn und Knecht, dem Kapitalisten und dem Arbeiter betont. Auf der anderen Seite sah er eine monogame Ehe als ein Beispiel für die Unterdrückung der Frauen durch die Männer. Die Revolution sollte ihm zufolge mit der Auflösung der Familie beginnen.«*

Sind die Ansichten von Schooyans zu radikal? Eher nicht, denn Michel Schooyans ist kein Radikaler, sondern Mitglied der »Päpstlichen Akademie für Sozialwissenschaften« und die Einführung zu dem erwähnten Buch hat Kardinal Joseph Ratzinger geschrieben.

Und diese Entwicklung ist seit 2000 weiter vorangeschritten:

In Kanada ist eine Gruppe von christlichen Enthusiasten tätig, die schon länger als ein Jahrzehnt den Kampf zwischen der Kultur des Lebens und der Kultur des Todes in der ganzen Welt auf ihrer Internetseite »Life Site News« aufzeichnen. Auf dieser Seite erscheinen jährlich Tausende von Berichten. Schauen wir uns also die Seite von »Life Site News« an. Was gibt es Neues bei den Vereinten Nationen in den letzten Jahren?

10. März 2011 – Die Europäische Union bemüht sich, im UN-Rat für Menschenrechte das Prinzip der Nichtdiskriminierung auf Grund der sexuellen Orientierung durchzusetzen.

25. Februar 2011 – Die vatikanische UN-Delegation hat die Politik des Social Engineering verurteilt, mit der die UNO in Afrika die »reproduktive Gesundheit« durchsetzen will. Der Vatikan protestierte vor allem gegen das so genannte Maputo-Protokoll, das ein Recht auf Abtreibung befürwortet.

21. Januar 2011 – Die Regierung Kameruns ist über die EU verärgert, weil diese homosexuelle Gruppen in Kamerun finanziert.

14. Dezember 2010 – Der Generalsekretär der Vereinten Nationen, Ban Ki Mun, propagiert die Nichtdiskriminierung auf Grund der sexuellen Orientierung. Außer über Homosexuelle spricht er auch über Transsexuelle.

10. Dezember 2010 – Es beginnt die gemeinsame Kampagne von UNAIDS und »International Planned Parenthood Federation« zur Entkriminalisierung der Übertragung von HIV an den Sexpartner. Wenn Sie aidskrank sind und Sie infizieren Ihren nichts ahnenden Partner, soll dies strafrechtlich nicht verfolgt werden. UNAIDS ist eine Gruppierung, deren Ziel es unter anderem auch ist, *die Verbreitung von AIDS zu verhindern.*

25. November 2010 – Auf der UN-Konferenz in Ghana fordern die Teilnehmer die Legalisierung der Abtreibung.

Dies sollte als kleine Illustration dafür reichen, in welche Richtung sich die UNO bewegt.

Die folgenden Zeilen schreiben sich nicht leicht für einen Christen, der in der Zeit des sowjetischen Kommunismus den Vereinigten Staaten von Amerika dafür dankbar war, vor allem einigen der republikanischen Präsidenten wie Ronald Reagan, dass sie den Kommunismus in seine Schranken verwiesen haben. Aber bei einer Analyse des Ausmaßes der globalen anthropologischen Revolution kann man die Rolle nicht außer Acht lassen, die gerade die USA als Superweltmacht spielen.

Im Mai 2010 fand in Bratislava die erste Schwulen-Parade in der Geschichte des Landes statt, also eine Prozession der Anhänger der Homosexuellen-Bewegung. Die Botschaften vieler europäischen Staaten und der USA sahen es als ihre Pflicht an, diese Parade öffentlich zu unterstützen. Die Unterstützung war so offensichtlich, dass der Redakteur der Wochenzeitung Týždeň (Die Woche), Jaroslav Daniška, seinem Artikel über dieses Phänomen den Titel »Der Marsch der Botschafter« gegeben hat. Am wichtigsten war natürlich die Unterstützung durch den US-Botschafter. Paradoxerweise gibt es in den USA auf Bundesebene kein Gesetz, das Forderungen der homosexuellen Bewegung unterstützen würde. Außerdem haben, wie erwähnt, in der letzten Dekade die Bürger einzelner Staaten der USA in Volksentscheiden die »Ehe« von gleichgeschlechtlichen Personen reihenweise abgelehnt.

Als Daniška diese Tatsachen erwähnte, reagierte der amerikanische Chargé d'affaires Keith Eddins wie folgt: »Es ist eine Menschenrechtsagenda, der sich die US-Regierung verpflichtet fühlt. Sie haben absolut Recht, wir haben in den USA die Ehe von Schwulen nicht gesetzlich geregelt, aber wenn Sie den Standpunkt von Präsident Obama und der US-Regierung betrachten, so erkennen Sie, wir unterstützen das.«

Die Situation hat sich im August 2011 in unserem Nachbarland, der Tschechischen Republik, wiederholt. Wieder haben beinahe dieselben Länder den Prager Regenbogenmarsch unterstützt. Wie wir weiter oben erwähnt haben, steht die Internationalisierung und Globalisierung der Homosexualität direkt im Wahlprogramm der britischen Konservativen.

Unter den Depeschen der amerikanischen Diplomaten, die auf der Seite Wikileaks veröffentlicht wurden, erschien auch ein Bericht aus Polen, der die polnische katholische Kirche als Hauptschuldige für die Homophobie im Land bezeichnet. Der Diplomat, der den Bericht verfasst hatte, verhielt sich als globaler Revolutionär. Und natürlich nicht nur er, sondern auch der Empfänger des Berichts in Washington.

Man könnte dies auch als Kulturimperialismus bezeichnen.

Während der Regierungszeit von Präsidenten der Demokratischen Partei wurden die Vereinigten Staaten in den letzten 30 Jahren zu »global Players« der anthropologischen Revolution.

1984 verkündete Präsident Reagan die so genannte »Mexico City Policy«, ein politisches Prinzip, dem zufolge die USA Organisationen, die international für Abtreibungen eintreten, finanziell nicht unterstützt werden. Bill Clinton hob diese Politik auf. Als im Jahr 2000 George W. Bush Präsident wurde, war einer seiner ersten Amtshandlungen die Reaktivierung der »Mexico City Policy«. Barack Obama hat sie 2009 neuerlich aufgehoben und die amerikanische Finanzierung der Kultur des Todes konnte global weitergehen. Auch bei ihm war es eine der ersten Entscheidungen nach seinem Amtsantritt.

Während diese Zeilen geschrieben werden, führen die Republikaner im amerikanischen Kongress unter der Leitung von John Boehner einen Kampf zur Beendigung der staatlichen Finanzierung des heimischen Ablegers von Planned Parenthood. Dank Obama und der Demokraten fließen nämlich weiterhin amerikanische Dollars in die ganze Welt: Da zur finanziellen Unterstützung von »International Planned Parenthood Federation«, dort zur Verbreitung von Kondomen in Peru, anderswo zur Sterilisation von Männern im afrikanischen Ruanda.

Der kürzlich verstorbene amerikanische katholische Kommentator Joe Sobran benutzte gegen Ende der Clinton Regierung als Bezeichnung für alle Fortschrittlichen, Kommunisten, Sozialisten und linke Liberalen die Metapher eines Bienenstocks. Für alle Bienchen in diesem Bienenstock war über Jahrzehnte hinweg Moskau die Bienenkönigin. Nur die Kommunisten haben die Anweisungen der Zentrale befolgt, aber dennoch hat der Stock jahrzehntelang mit gemeinsamer Stimme gesummt.

Die Bienenkönigin ist 1989 verreckt. Zehn Jahre später hat Joe Sobran geschrieben:

»Einst habe ich daran gezweifelt, dass der Bienenstock ohne die Sowjetunion überleben kann. Ich habe mich geirrt. Bill und Hillary Clinton haben es geschafft, dem Bienenstock Leben und Energie zurückzugeben ... Durch die Unterstützung der Abtreibung und der Homosexuellen-Rechte haben sie aus der sexuellen Revolution eine Agenda der Bundesregierung gemacht. Der Bienenstock passte sich dem Fall des Sozialismus überraschend gut an. Versöhnt mit dem Sieg der Marktwirtschaft, konzentriert er seine Energie jetzt auf das endgültige Ziel: das Christentum. Und er hat in Clinton das ideale Aushängeschild: Er bekennt sich nämlich mit der Bibel in der Hand zum Christentum, untergräbt es aber durch sein Handeln. Während des Kalten Krieges war der Bienenstock anti-amerikanisch. Aber mit Clinton ist er pro-amerikanisch geworden. Die amerikanische Regierung hat die Sowjetunion als Bienenkönigin ersetzt, ein Instrument des ›Fortschritts‹ in der ganzen Welt.«

Und wir fügen noch hinzu, dass er mit den Aushängeschildern Barack Obama und Hilary Clinton noch besser agiert.

Weitere Elemente der globalen anthropologischen Revolution sind auch die internationalen NGOs, die Non-Government-Organisationen. Zu ihnen gehört unter anderen »Amnesty International«. Einst war sie eine große Hilfe im Kampf gegen den sowjetischen Kommunismus. Als das kommunistische Regime im

Sommer 1988 Ivan Polanski verurteilt hat, gehörte auch ich zu einer kleinen Gruppe seiner Unterstützer, die im Foyer des Kreisgerichtsgebäudes in der heutigen Spitalstraße in Bratislava standen. Wir forderten Zutritt zu der Gerichtsverhandlung. Zusammen mit uns stand dort auch der Vertreter von »Amnesty International«, den Ján Čarnogurský nach Bratislava eingeladen hatte.

Heute würden wir uns wahrscheinlich nicht mehr verstehen. »Amnesty International« kämpft nämlich ebenfalls für die Legalisierung der Abtreibung, weil sie Abtreibung für ein Menschenrecht hält. Es ist ein Paradoxon. Aus der Sicht ihrer heutigen Agenda waren die kommunistischen Regime wesentlich früher auf der »richtigen Seite« als die USA oder die Länder Westeuropas.

Und schließlich können wir von unseren Überlegungen auch einige Prominente, die durch ihren Finanz- und Medieneinfluss eine globale Macht darstellen, nicht ausnehmen. Nennen wir die Namen George Soros, Bill Gates, Ted Turner. Gewöhnlich werden sie als »Philanthropen« bezeichnet. Der Finanzmann George Soros finanzierte jedoch jahrelang Pro-Abtreibungsorganisationen. Kürzlich hat ihn der peruanische Kardinal Juan Luis Cipriani beschuldigt, er würde seine Pro-Abtreibung und seine Pro-Homosexuellen-Politik auch in Peru propagieren.

Ted Turner ist Gründer der Fernsehstation CNN. Er unterstützt die Abtreibung und nennt deren Gegner Narren. Die chinesische kommunistische Ein-Kind-Politik bezeichnet er als vorbildlich für die ganze Welt. Dabei erschreckt ihn nicht einmal die Tatsache, dass China diese Politik auch mit ungezählten Abtreibungen durchsetzt, die gegen den Willen der Eltern des ungeborenen Kindes vorgenommen werden. »Wir haben zu viele Menschen auf der Erde und deswegen kommt es zur globalen Erwärmung«, sagt Turner. Und als Folge der globalen Erwärmung entstehe seiner Meinung nach der Kannibalismus.

Ted Turner und seine Ex-Gattin Jane Fonda sind fast so etwas wie ein Bindeglied zwischen vielen Bienchen in dem mutierten Bienenstock. Letztere wurde berühmt unter dem Spitznamen »Hanoi Jane« für ihre Unterstützung des vietnamesischen kommunistischen Führers Ho Chi Minh, aber auch als das Sexsymbol Barbarella in dem gleichnamigen Film aus dem Jahr 1968. Er, Medienmagnat, sympathisierte mit Fidel Castro und dem sowjetischen Kommunismus. Er organisierte 1986 die Spiele des guten Willens unter Teilnahme von amerikanischen und sowjetischen Sportlern, nachdem die Sowjets die Olympischen Spiele in Los Angeles 1984 boykottiert hatten. Das Fernsehen in der kommunistischen Tschechoslowakei hatte natürlich die Olympischen Wettbewerbe nicht übertragen, aber die Turner-Spiele hat es zwei Jahre später gern gezeigt. Heute lobt Turner das chinesische Regime und kämpft für die Entvölkerung des Planeten.

Bill Gates, der Gründer von Microsoft, rangiert permanent auf den obersten Plätzen der Forbes-Liste der reichsten Menschen der Welt. Sein Fall ist nicht so eindeutig. Im Vergleich zu den vorher genannten Personen hat er ein konservativeres Image, aber auch über ihn erscheinen Berichte, er unterstütze Abtreibungsorganisationen. Angeblich sei Gates Frau Melinda gegen diese Unterstützung. Sie sei eine Pro-Life-Katholikin, heißt es. Möglicherweise aber ist es mit ihrem Pro-Life-Engagement doch nicht so weit her, denn vor nicht allzu langer Zeit engagierte sich Melinda Gates für die Verbreitung von Verhütungsmitteln in Afrika und kritisierte die Haltung der katholischen Kirche in dieser Frage.

Auf jeden Fall ist Bill Gates das deutlichste Beispiel für einen zeitgenössischen neo-malthusianischen »Philantrokapitalismus«, als dessen wichtigste Agenda die Entvölkerung des Planeten bezeichnet werden kann. Er setzt sich für die Errichtung von weltweiten Einwohnerregistern ein. Aufgrund seiner Vorstellungen über die Bevölkerungspolitik unterstützt er wohl auch die Impfung ganzer Völker. Neulich hat sein Spruch in allen Ländern die Runde gemacht. Bill Gates erklärt seine Aussage so: Senkt man die Sterberate infolge erfolgreicher Impfungen, so wird es in der Folge zu fallenden Geburtenraten kommen.

Kehren wir zuletzt noch auf Schooyans Befürchtungen bezüglich einer Weltregierung zurück. Für dieses Projekt haben wir keinerlei Vorliebe. Und weil wir keine Fatalisten sind, halten wir die Entstehung einer Weltregierung auch nicht für unausweichlich. Aus dem bisher Gesagten wird jedoch deutlich, dass eine solche Ideologie jedoch bereits eine gewisse Verbreitung gefunden hat.

Falls nun doch eine Weltregierung entstehen sollte, wissen wir schon jetzt, wie sie sein wird. Schooyans beschreibt sie. Diese Regierung wird nicht hierarchisch-vertikal geordnet sein, sondern eher eine Netzwerkstruktur haben. Ihre Elemente werden aus Menschen bestehen, die sich verbinden und ähnliche Tätigkeiten aufgrund eines stillen gegenseitigen Einverständnisses ausüben werden. So hat es jedenfalls die Freundin von Ted Turner, Marilyn Ferguson, in ihrem Bestseller »Die sanfte Verschwörung« 1980 beschrieben.

Diese Regierung wird sich zur totalen Befreiung des Menschen von Gott bekennen, angelehnt an die Philosophie des »New Age«. Sie wird »holistisch« sein, sich also mit der Menschheit, der Gesellschaft und dem Globus als Ganzes beschäftigen, in denen sich der Einzelne verlieren wird.

Sie wird auch ein bisschen »gnostisch« sein. Ihre bedeutenden Mitglieder werden sich also selbst für *diejenigen halten, die wissend sind*, im Unterschied zur Mehrheit derjenigen, *die unwissend sind*.

Deshalb werden sie beispiellos stolz sein.

Sie wird innerlich zwiespältig sein, aber von einem festen Zusammenhalt, nämlich dem Widerstand gegen die *alten Ordnungen* geprägt sein. Und wer repräsentiert diese alten Ordnungen?

Die alten Ordnungen repräsentiert das Christentum, und es ist gerade das Christentum, das die Revolution für ihren Feind hält.

Selbstverständlich wird sie gegen das Christentum nicht blutig vorgehen.

Haben Sie keine Angst, es wird nur mit einer sanften Verfolgung beginnen. Aber es wird eine Verfolgung sein. Die Löwen kommen.

KAPITEL VI

Die Löwen kommen

»*Organisierte Kirchen sollten verboten werden.*«
Sir Elton John, November 2006

Das C-Wort

*»Wenn die Dinge nicht richtig benannt werden, so ist
die Sprache nicht im Einklang mit der Wahrheit.«*
Konfuzius

Im Oktober 2010 sind moslemische Terroristen in eine christliche Kirche in Bagdad eingedrungen und haben ein Massaker angerichtet. Es gab 58 Tote, darunter zwei Priester. Seit 2006 sind im Irak Tausende von Christen getötet worden und Hunderttausende sind vor der Gewalt aus ihren Häusern in andere Gebiete des Iraks oder Syriens, in den Libanon, nach Jordanien oder nach Europa geflohen. Die eine Million große christliche Gemeinde ist auf die Hälfte geschrumpft.

Weihnachten 2010 töteten Moslems Dutzende von Christen in Nigeria. Neujahr 2011 wurden im ägyptischen Alexandria 100 koptische Christen verletzt und 23 getötet. Sie kamen während eines Gottesdienstes durch einen Bombenanschlag ums Leben. Unmittelbar darauf hat die iranische Regierung Dutzende von Christen verhaftet, weil sie missioniert haben sollen. In Pakistan wurde Asia Bibi, eine Mutter von vier Kindern, aus einem Dorf unweit von Lahore zum Tode verurteilt. Zuerst wollten ihre moslemischen Nachbarinnen das Wasser nicht trinken, dass Asia gebracht hatte, weil es durch die Hände der Christin unrein geworden sei. Dann kam es zu einem Streit, weil Asia die Nachbarin gefragt hatte: »Für mich hat Jesus das Leben gegeben. Was hat Mohammed für dich getan?« Im heutigen Pakistan genügt das für die Todesstrafe wegen Gotteslästerung. Den einzigen christlichen Minister in der pakistanischen Regierung, den römisch-katholischen Šahbaz Bhattí, der auf Seiten von Asia Bibi stand, haben Mörder im Februar erschossen. In Ägypten wird das Töten von Christen fortgesetzt. Im März 2011 erreichten uns Nachrichten aus dem westlichen Äthiopien vom Mord an Christen und dem Niederbrennen von christlichen Kirchen.

Nein, wir führen diese Fakten nicht an, weil wir die Lage der Christen in der Dritten Welt darstellen möchten. Es geht uns um ihre Situation im neuen Europa.

In Europa gab es erste Solidaritätsbekundungen für diese verfolgten Christen. Öffentliche Versammlungen zu ihrer Unterstützung fanden in Wien, Bratislava und Prag statt. Es war nur eine Frage der Zeit, wann die Europäische Union sich dazu äußern musste, die Europäische Union, die den Christen Buttiglione 2004 wegen seines Glaubens liquidiert hatte – selbstverständlich nur politisch.

Am 31. Januar 2011 trat der Rat der Außenminister der EU-Länder zusammen. Man muss nicht betonen, dass diese Minister Kinder der anthropologischen Kulturrevolution sind. Dieser Ministerrat befasste sich auch mit dem Entwurf einer Solidaritätserklärung für die verfolgten Christen. Italien hatte schon im Vorfeld gefordert, der Ministerrat solle für die Christen Partei ergreifen. Die Außenministerin der EU, Catherine Ashton, wurde beauftragt, für diese Ratssitzung den Entwurf für eine entsprechende Erklärung vorzulegen.

Baronin Ashton habe ich auf Sitzungen des »Rates der Innenminister und der Justizminister« in den Jahren 2004 und 2005 getroffen. Damals war sie die Vertreterin des britischen Innenministers. Einmal haben wir beim Abendessen eine nette Konversation geführt – und zwar nach der Causa Buttiglione. Ich habe damals angedeutet, meiner Meinung nach wachse in der EU die Feindschaft gegenüber Christen. »Oh, no ...« hat sie mit einem leichten Lächeln protestiert.

Catherine Ashton ist seit vielen Jahren Politikerin der britischen Labourpartei. Anfang der Achtzigerjahre war sie Funktionärin von »Campaign for Nuclear Disarmament« (CND), einer britischen Non-Government Organisation, die sich jahrzehntelang um die einseitige nukleare Abrüstung von Großbritannien bemüht hat, ohne Rücksicht darauf, ob auch das sowjetische Lager abrüsten würde. Bekannt wurde das grafische Symbol CND, ein Kreis mit einem nach unten gedrehten Dreizack, eine germanische Rune, aus der das universale Friedenssymbol wurde.

Baronin Ashton hat die Forderungen des Ministerrates erfüllt und auf der Ratssitzung einen entsprechenden Entwurf vorgelegt. In dem Entwurf standen aber nur allgemeine Formulierungen, das Wort »Christen« tauchte dort überhaupt nicht auf.

Laut Catherine Ashton wäre es nicht korrekt, nur eine Religion zu nennen. Der italienische Außenminister Franco Frattini hat später verraten, dass von den 27 EU-Ländern 15 in dieser Erklärung eine klare Bezeichnung haben wollten, damit sie auch wirklich der Unterstützung von Christen diene. Christen sollten deshalb direkt als Opfer der Verfolgung genannt werden. Die Vertreter von Irland, Portugal, Spanien und Luxemburg waren jedoch dagegen. Franco Frattini sparte nicht mit Kritik und bezeichnete dies als schwarzen Tag für die EU. »Eine Deklaration, die nicht ausdrücklich die Christen erwähnt, ist unglaubwürdig. Dies ist Ausdruck eines extremen Laizismus, der Europa schadet«, sagte er.

Die Minister gingen auseinander, ohne eine Erklärung anzunehmen. Nahezu zur gleichen Zeit hörte man die Nachricht vom Mord an elf Christen, unter ihnen auch Kinder, im ägyptischen Ort Sarona in der Provinz Minya. Wer weiß, ob sich Franco Frattini an den Herbst 2004 erinnerte, als die europäische Rechte den Christen Buttiglione über Bord warf. Der italienische Premier Silvio Berlusconi hatte die Kandidatur von Buttiglione zurückgezogen und stattdessen einen neuen Kandidaten vorgeschlagen: Franco Frattini. Dieser wurde für fünf Jahre »Eurokommissar für Inneres und Justiz« – eigentlich dank des »extremen Laizismus«.

Die Organe der Europäischen Union beziehen jährlich zu vielen Fragen Stellung, ob es nun um die Unterschiede im Gesundheitswesen der EU oder den Stand der Menschenrechte im Iran geht. Sie wissen, wie man ein Problem definiert, wie man es benennt und diese oder jene Lösung vorschlägt. Der Ministerrat der EU hat es aber nicht fertiggebracht, die massive Christenverfolgung, die jeder sieht, der keine Scheuklappen trägt, beim Namen zu nennen, obwohl er die Menschenrechte jeden Tag von früh bis spät beschwört. Warum?

Die Kinder der Revolution sehen die Welt mit den Augen der Revolution. Die Revolution soll den Menschen die *Befreiung von Unterdrückung bringen und ihre Rechte anerkennen.* Und wer sind die Unterdrücker? Eben die *alten Ordnungen.* Und die *alten Ordnungen,* das ist eben das Christentum. Das sagt man zwar nicht laut, aber in den Reihen der Revolution wird so gedacht und auch danach gehandelt. Wie sollte jedoch in diese Weltsicht die Tatsache passen, dass auf der ganzen Welt gerade Christen die *Opfer der Unterdrückung* sind und nicht die Täter? Schließlich ist doch das *Christentum* der *Unterdrücker,* der von der Revolution abgeschafft werden soll. Kann die Revolution zugeben, dass die *Unterdrücker nicht die Unterdrücker, sondern dass sie die eigentlichen Unterdrückten sind?* Sicher schwer.

Deshalb darf das Wort *Christen* in Verbindung mit dem Wort *Verfolgte* nicht ausgesprochen werden. Es ist ein C-Wort.

Wenn im amerikanischen Journalismus Wörter vorkommen, die auszusprechen oder zu schreiben unanständig ist und die in einer anständigen Gesellschaft als vulgär, sexuell, rassistisch oder sonst wie gelten, dann schreibt man, es handle sich um ein »Wort auf F« oder ein »Wort auf N«, also F-Wort oder ein N-Wort.

Die Christen sind, wenn sie verfolgt werden, ein »C-Wort«.

Welche wichtigen Medien, Fernsehen, Tageszeitungen informieren darüber? Keine. Sie schreiben nicht einmal über die getöteten Christen, nicht über die Gleichgültigkeit der Minister. Nur auf christlichen Internetseiten können Sie sich darüber informieren.

Die Minister trafen sich ein paar Wochen nach der gescheiterten Solidaritätserklärung für die Christen wieder und nahmen schließlich eine Erklärung an. Verurteilt wird darin zwar namentlich die Verfolgung von Christen, aber erwähnt werden auch muslimische Pilger und andere nicht genannte religiöse Minderheiten. Die muslimischen Pilger sind wahrscheinlich eine Anspielung auf ein spezifisches Phänomen, nämlich das terroristische Selbstmordattentat im irakischen Karbala. Es war gegen schiitische muslimische Pilger gerichtet und wurde von anderen Moslems ausgeübt.

Die Verfolgung der Christen von Nordafrika bis Indonesien darf nicht als etwas Besonderes benannt werden. Jede Verfolgung darf einen eigenen Namen erhalten, aber nicht diese.

Im März 2011 fand in Bratislava vor dem Denkmal der Kerzenmanifestation eine Protestkundgebung für die Befreiung der politischen Gefangenen des Regimes von Alexander Lukašenko in Weißrussland statt. Jeder hat es verstanden und niemand behauptet, dass *nicht nur an die Weißrussen gedacht werden darf*, sondern dass man sich *für alle politischen Gefangenen auf der ganzen Welt* einsetzen müsse. Im Fall der Christen ist das jedoch anders.

Am Freitag, dem 7. Januar 2011, fand vor dem gleichen Denkmal eine Kundgebung zur Unterstützung der verfolgten Christen statt, die von den »Jungen Konservativen Demokraten der Slowakei« organisiert worden war. Die Kundgebung wurde vor allem über Blogs von den Veranstaltern angekündigt. Unter den Beiträgen der in den Blogs anonym Mitdiskutierenden wurde die Meinung vertreten, *Christen* müssten nicht besonders unterstützt werden, sondern man müsse jeden unterstützen, der verfolgt wird. Also irgendwie alle zusammen, damit sie nicht bloß besonders gekennzeichnet sind. Die sich so geäußert haben, könnten ohne Probleme Außenminister in europäischen Staaten werden. Die Bienchen im progressiven Bienenstock summen eben instinktiv alle gleich.

1973 führte er mit dem Hit »Crocodile Rock« die Hitparaden an. Wir haben ihn von den Sendungen des österreichischen

Rundfunks auf Tonbändern mitgeschnitten und abgespielt. In der Zeitschrift »Bravo« haben wir die Fotos des Kerls, der diesen Hit gesungen hat, bewundert. Er trug eine Clownbrille, bunte Kleider und einen komischen Zylinder. Es war ein gewisser Elton John.

Damals war er ein Sinnbild für Freiheit. Im Jahr 2006, ein drittel Jahrhundert später, erklärte er, dass alle organisierten Religionen verboten werden sollten. Er erinnerte uns an die Zeiten, die wir erlebt hatten. Damals war unsere Religion zwar nicht verboten, aber wer sich zu ihr bekannte, der durfte sich nicht wundern, wenn er Probleme bekam.

Die Revolution braucht ihre künstlerische Avantgarde. Auch die kommunistische Revolution hatte sie. Zu ihr gehörten die freiwilligen Anhänger aus einer Zeit, als sie noch nicht negativ gesehen wurde, bis zu jenen, die allenfalls auf einem vom Regime organisierten »Festival des politischen Liedes« in der Stadt Martin aufgetreten sind.

Elton John gehört zur freiwilligen künstlerischen Avantgarde der anthropologischen Revolution. Sir Elton hat im Gespräch zum Besten gegeben, er habe ein Problem mit dem Christentum im Hinblick darauf, was es im Bereich der Sexualmoral verkünde. In sich widersprüchlich sagt er, er habe zwar kein Problem mit der Lehre von Jesus Christus, aber er wäre für ein Verbot der »organisierten Religion«. Das organisierte Christentum in Europa, das sind christliche Kirchen, das ist die katholische Kirche.

Was ist das für ein Europa, in dem wir heute leben? Dieses Europa, das diese Aussage völlig gelassen zur Kenntnis genommen hat?

Wenn ein unschuldig verurteilter Mensch nach Jahren aus dem Gefängnis in die Freiheit entlassen wird, so ist es für anständige Menschen peinlich, ihn erneut ungerecht zu verurteilen. Seit dem Holocaust war es äußerst problematisch, sich negativ über Juden zu äußern. Dem Schauspieler Mel Gibson wird wohl seine missmutige Bemerkung unter Alkoholeinfluss bis zu seinem Tode nicht verziehen. Gibson machte nämlich im Juli 2006 eine antijüdische Bemerkung, als ihn die Polizei verhaftete. Nach einer Welle der Kritik hat sich Gibson öffentlich entschuldigt.

Seit der bolschewistischen Revolution im Jahr 1917 wurden viele Millionen Christen durch das kommunistische Regime getötet, vor allem in Russland. Es waren in erster Linie christliche Bauern, die durch Mord, Hunger und Aussiedlung nach Sibirien während der Kollektivierung vernichtet wurden. Sie repräsentierten das alte christliche Russland. Es gibt kein Volk zwischen Ural und Elbe, das keine christlichen Märtyrer hätte. Die Slowaken haben den zu Tode gefolterten Bischof Gojdič, die inhaftierten Bischöfe Vojtaššák, Buzalka, Hopko, Korec sowie Hunderte von inhaftierten und internierten Priestern, Mönchen und Ordensschwestern. Die inhaftierten Laien Krčméry, Jukl, Neuwirth und viele mehr. Hingerichtete junge Idealisten wie Tunega, Púčik und Tesár und viele andere. Tausende von Christen, denen eine berufliche Karriere versagt blieb, weil sie nicht mit ihrer »organisierten Religion« brechen wollten. Und solche Märtyrer hatten auch die Tschechen, Polen, Russen, Kroaten, Ungarn, eigentlich jedes Volk in Ost- und Mitteleuropa. Es war ein Jahrhundert des christlichen Märtyrertums.

Irgendeine besondere Pietät von Seiten Europas? Nein. Erhob sich gegen die Aussage von Elton John ein Tsunami von kritischem Widerstand? Wurde er gezwungen, seine Worte zurückzunehmen und sich zu entschuldigen? Zu sagen: entschuldigt, es tut mir leid, ich habe übertrieben ...

Nein.

Seine Aussage wurde in aller Ruhe zur Kenntnis genommen. Elton John *ist O.k.* In Europa wird die »organisierte Religion« zwar nicht verboten. Aber *der Gedanke ist nicht undenkbar, nicht inakzeptabel.* Wer ihn denkt, wird auch nicht aus der anständigen Gesellschaft ausgeschlossen. *Irgendwie ist dieser Gedanke politisch korrekt.*

Und heute sind wir schon weiter: Es ist der 6. März 2012. Auf BBC läuft eine Debatte über »same-sex marriage«. Die Journalistin Janice Atkinson von »Daily Mail« spricht aus, was sie im Zusammenhang mit »same-sex marriage« verunsichert: »Wenn das erlaubt wird, was geschieht dann mit den Imamen, den Priestern und Vikaren, die sagen: Das ist nicht richtig! Dies ist abscheulich ... Sie können polizeilich vorgeführt werden. Dann gibt es in diesem Land so etwas wie ein ›Verbrechen aus Hass‹.« Daraufhin fällt ihr der bekannte, schwule Sänger Will Young ins Wort: »Ja und zurecht! Jaaa!« Und zu diesen Worten von Young applaudieren die Zuschauer im Studio.

Jaaa! Ins Gefängnis mit ihnen! Applauuus!

Menschen wie Will Young und diejenigen, die ihm applaudiert haben, denken, ohne es zu wissen, genauso wie Kommunisten. Ihre Mentalität ist die Mentalität der jungen kommunistischen Schwärmer der 50er-Jahre. Sie sind sich nicht bewusst, dass sie eine Gewalt willkommen heißen, die in der Luft liegt. Erst wenn diese Gewalt ausbricht, wird ihnen deren abscheuliches Antlitz bewusst werden. So wie es vor einem halben Jahrhundert den jungen Kommunisten erst dann bewusst wurde, als sie in einem sowjetischen Lager schmachteten. Will Young hat heute von den damaligen kommunistischen Praktiken in Osteuropa nicht die geringste Ahnung. Er weiß nicht, dass die kommunistischen Medien in den 50er-Jahren Appelle der arbeitenden Kollektive für eine harte Bestrafung »der Feinde des Sozialismus« veröffentlicht haben. Er weiß nicht, dass auch bei uns Priester inhaftiert und inzwischen auch rehabilitiert wurden. Das Einzige, was er versteht, ist *sha-la-la-la-li-yeeh! Ding-dong!* Dieses Indiz verrät viel über die Primitivität, die von der westlichen Gesellschaft Besitz ergriffen hat. Die Menschen haben vergessen, warum das Christentum, der Katholizismus im Kommunismus verfolgt worden sind. Eben weil das Christentum in der Gesellschaft eine Art Damm dargestellt hatte.

Als wir aus dem Kommunismus »nach Europa« gekommen sind, war uns klar, dass dieses nicht besonders christlich ist. Wir haben vermutet, dass wir wahrscheinlich, was das Christentum betrifft, auf Gleichgültigkeit stoßen würden. Aber darin haben wir uns geirrt. Man trifft dort nicht nur auf Gleichgültigkeit, sondern auch auf wachsende Feindschaft.

1973 hat der Regisseur Robin Hardy einen Horrorfilm »The Wicker Man« gedreht. Der Film blieb zunächst ohne Erfolg, hat heute aber bereits den Status eines Kultfilms. Seine Story: Der Polizeisergeant Neil Howie (Edward Woodward) soll in einem Städtchen auf einer kleinen Insel nahe der britischen Küste wegen des Verschwindens eines Mädchens ermitteln. Der informelle Anführer der Inselkommune ist ein Lord Summerisle (Christopher Lee). Howie bemerkt die freie Sexualmoral der Insulaner. Howie ist Christ und sexuell unerfahren und will seine männliche Jungfräulichkeit vor der Hochzeit nicht verlieren. Die Tochter des Hotelinhabers, wo er wohnt, Willow (Britt Ekland), will ihn verführen, aber Howie wiedersteht. Immer öfter stößt er auf seltsame Rituale der Insulaner. Schließlich endet der Film in einem schrecklichen Finale: Es stellt sich heraus, dass Lord Summerisle die ganze Inselgemeinschaft zur Abkehr vom Christentum gebracht hat und zur Rückkehr zur heidnischen Religion der Vorfahren. Das Verschwinden des Mädchens war nur vorgetäuscht und sollte dazu dienen, Howie in eine Falle zu locken. Die Insulaner nehmen Howie gefangen und wollen ihn als Menschenopfer den Göttern darbringen. Sie transportieren ihn an die Küste und sperren ihn in einen monströsen, geflochtenen Käfig in Form einer Männergestalt. Der Käfig wird angezündet, Howie verbrennt unter Schmerzen, die Insulaner unter der Führung von Summerisle tanzen und singen glücklich.

Christopher Lee, der Saruman aus dem »Herrn der Ringe«, hielt diesen Film für einen seiner besten und verzichtete auf ein Honorar. Das Lied, das Willow bei der Verführung von Howie singt, gehört zu den schönsten Filmliebesliedern. In einigen Punkten ist dieser Film prophetisch. Seine Autoren haben richtig begriffen, dass eine künftige Abkehr vom Christentum, die vor allem von der Ablehnung der biblischen Sexualmoral begleitet wird, zur Christenverfolgung führt. Sie haben im Grundsatz auch richtig begriffen, dass die Abkehr der Menschen vom Gott des Alten und des Neuen Testaments nicht gleichbedeutend mit Unglauben ist. Ganz im Gegenteil, der Aberglaube macht sich breit. Das hat schon der weise Chesterton gesagt.

Auf wessen Seite stehen eigentlich die Autoren des Films? Dies wird nicht so richtig klar – auf jeden Fall sind sie aber eher gegen Howie. Dieser Polizist, der niemandem etwas zu leide tut und der nur seine Pflicht erfüllt, ist irgendwie *unnatürlich*. Willow, dargestellt von Britt Ekland, einem ehemaligen »Bond girl«, ist eine Sünde wert. In ihrem Lied und Tanz steckt die ganze sanfte erotische Magie, mit der die Frau einen Mann verführen kann, und Howie wirkt in seiner vergrämten Ablehnung ein bisschen *komisch*. Vor seinem Tod bekennt er sich mutig zu Christus und rezitiert Psalmen, aber die Autoren gönnen ihm den vollen moralischen Sieg nicht. In den letzten Momenten seines Lebens beschwört der erstickende Howie schreckliche Verdammungen auf seine Peiniger herab – und verhält sich damit eben nicht wie ein Christ.

In einer Hinsicht trifft der Film die heutige Situation nicht wirklich. Wenn sich nämlich Summerisle und seine Inselbewohner irgendwie zu einer Tradition, und zwar einer vorchristlichen, bekennen, so ist der Kern der heutigen anthropologischen Revolution die Ablehnung von Tradition überhaupt. Für die Inselbewohner hat die männliche Jungfräulichkeit von Howie einen Sinn, sie macht seine Opferung wichtig. Die anthropologische Revolution lacht über diese Jungfräulichkeit. Und natürlich droht den Christen kein Mord, die Formen der Verfolgung sind sanfter.

Aber dafür beschränkt sich diese Verfolgung auch nicht auf irgendeine kleine Insel. Wir finden sie überall in Europa und Amerika.

Alt-neues Pro-Choice: Verleugne Christus oder wir schmeißen dich raus!

»Wollen die Unterstützer des Schwulenmarsches in Bratislava etwa eine Liste von Berufen aufstellen, in denen Christen nicht arbeiten sollten?«
Blog von Vladimír Palko, Wochenzeitung ».týždeň«, Mai 2010

»Ja, genau das wollen wir.«
Peter Weisenbacher in der Diskussion unter dem Blog

Die Londonerin Lilian Ladele arbeitete als Standesbeamtin auf dem Gemeindeamt im Stadtteil Islington. 16 Jahre hat sie Männer und Frauen getraut. Tausende von Jahren fand die Vermählung immer zwischen Mann und Frau statt. 2005 hat die Labour-Regierung von Tony Blair ein Gesetz über die registrierte Partnerschaft von gleichgeschlechtlichen Personen durchgesetzt. Und so sollte Lilian Ladele plötzlich zwei Männer »vermählen«.

Dies wollte sie nicht tun, weil es gegen ihr Gewissen war.

Die Situation, in der sie sich befand, enthüllt die Verlogenheit der Sprüche, dass *Homosexualität und Homosexuelle toleriert werden sollen*. Die Verlogenheit besteht darin, dass diese Toleranz im europäisch-amerikanischem Raum längst realisiert ist. Das Ziel der Revolution ist jedoch, die homosexuelle Beziehung auf dieselbe Ebene wie die Beziehung zwischen Mann und Frau zu stellen. Und weil die Ehe noch immer in der Gesellschaft Achtung genießt, will die Revolution die gleiche Achtung auch für homosexuelle Beziehungen erreichen. Wenn also die Revolution sagt: »*Du musst tolerieren*«, so meint sie in Wirklichkeit: »*Du musst verehren*«. Und der wahre Namen dieser Botschaft heißt Tyrannei. Die Menschen sollen gezwungen werden, aktiv ihr Einverständnis mit dem gesamten homosexuellen Lebensstil zu zeigen, auch unter Androhung des Beschäftigungsverlustes – und dies ist Tyrannei.

Der Standesbeamte ist zuerst davon betroffen. Die Mehrheit der Menschen in Europa will zwar bei zwei Menschen nicht in deren Privatsphäre eingreifen, hat aber ein Problem mit einer aktiven Unterstützung der homosexuellen Lebensart. Dafür muss man nicht einmal die Studien von Fachleuten kennen, in denen beschrieben wird, wie schädlich diese Lebensart physisch und psychisch ist.

Die Christin Lilian Ladele bemühte sich ursprünglich, der »Vermählung« der gleichgeschlechtlichen Personen aus dem Weg zu gehen, indem sie ihren Dienst mit Kollegen tauschte. Dadurch hat sie aber den Konflikt nur verschoben. Schließlich kam der Moment, indem sie einen offenen Kampf mit ihrem Arbeitgeber führen musste. Sie hat es abgelehnt, eine Partnerschaft von gleichgeschlechtlichen Personen amtlich zu registrieren und berief sich dabei auf ihr Gewissen und die religiöse Freiheit.

2007 begann dann eine Serie von Gerichtsprozessen. 2008, in erster Instanz, gewann Lilian ihren Streit. Das Gericht gestand ihr das Recht zu, sich auf ihr Gewissen zu berufen. Die Labour-Abgeordnete Diana Abbott erklärte daraufhin sofort, die Regierung solle ein Gesetz verabschieden, das es Staatsbeamten verbiete, aus Gewissengründen oder religiösen Motiven in die Berufung zu gehen. Dies war zu guter Letzt dann auch nicht mehr nötig, denn Ende 2009 verlor Lilian Ladele in der nächst höheren Instanz ihren Prozess. Das letzte Wort hatte 2010 das britische Oberste Gericht, das die Niederlage von Lillian Ladele bestätigte. Auf ähnliche Weise verlor im selben Stadtviertel auch Theresa Davies ihre Stelle.

Langsam hat jede Minderheit das Recht, geschützt zu werden, nur nicht die Christen, die einst aus Großbritannien ein großes Land gemacht haben.

Und solches geschieht nicht nur in Großbritannien. Jenseits des Ozeans im amerikanischen Massachusetts entschieden 2003

Gerichte über die Einführung der Ehe von gleichgeschlechtlichen Partnern. 2004 verpflichtete der Chef der Legislative, der Gouverneur von Massachusetts Mitt Romney, alle Beamten der Schiedsgerichte müssten auch gleichgeschlechtliche Paare trauen. Eine Berufung auf das Gewissen sei nicht zulässig. Die Schiedsrichterin Linda Gray Kelley kündigte daraufhin. »Ich kann mich nicht nach diesem Gesetz richten. Ich bin an die Gesetze Gottes und der katholischen Kirche gebunden. Dadurch bin ich gezwungen, die Stelle aufzugeben, die ich geliebt habe ... Ich vergebe dem Justizwesen und den Gesetzgebern, die dafür verantwortlich sind. Ich bitte Gott um Vergebung für die Bitterkeit in meinem Herzen gegen Menschen, wegen denen ich mein Amt verlassen muss. Ich spüre keine Abneigung gegen Homosexuelle. Wir alle sich Gottes Kinder ...«, schrieb sie in einem Brief an den Gouverneur.

Gouverneur Romney stammt aus einer bekennenden, republikanischen Familie. Sein Vater George war Gouverneur im Staat Michigan. Mitt Romney war zwar gegen die Ehe gleichgeschlechtlicher Personen, hat sich aber vorbildlich der Gerichtstyrannei unterworfen.

Nach der Erlaubnis von Ehen gleichgeschlechtlicher Personen im amerikanischen Staat New York kam es 2011 auch hier zum Exodus der Standesbeamten. Die Standesbeamtin Laura Fotusky ging mit den Worten: »Ich kann meine Unterschrift nicht unter etwas setzen, was gegen Gott ist.« Ähnlich ausgestiegen ist Ruth Sheldon aus Granby im Bezirk Oswego. Eine weitere Beamtin Barbara MacEwen, lehnt es ebenfalls ab, derartige Heiratsurkunden zu unterschreiben, aber sie will sich auf dem Rechtsweg wehren. Rose Marie Belforti aus Ledyard hat sich entschlossen, dass sie selbst derartige Heiratsurkunden nicht unterschreiben wird, und ihre Vertreterin damit beauftragt. Belforti ist eine gewählte Beamtin, die sich im November zur Wiederwahl stellte. Die Bürger haben sie gewählt und sie besiegte ihren Gegenkandidaten, weil dieser sie für ihre Gewissensvorbehalte kritisiert hatte.

Die Bezirksstaatsanwaltschaft teilte mit, wer es ablehne zu unterschreiben, könne strafrechtlich verfolgt werden. Sicher, alle die ihren Namen nicht für alle Ewigkeit auf ein schriftliches Dokument setzen wollen, das ein sodomistisches Verhältnis billigt, muss man einsperren. Ist dies etwa jemandem nicht klar? Ein paar Tage später gab die Katholikin Rosemary Centi auf. Gouverneur Andrew Cuomo lehnte die Berufung auf das Gewissen ab. »Gesetz ist Gesetz, wer es nicht einhalten will, muss gehen«, sagt der liberale Katholik. Was für eine Vorstellung hat dieser Katholik vom Kommunismus? Denkt er, dass die Kommunisten keine Gesetze hatten, die ordentlich im Parlament verabschiedet worden waren? Gesetze, mit denen sie Katholiken, Nichtkatholiken und alle, die mit ihnen nicht einverstanden waren, verfolgt haben?

»Die Einhaltung des Gesetzes hat Vorrang vor dem religiösen Glauben«, sagt Cuomo. Das Problem ist nur, dass der Apostel Petrus genau das Gegenteil sagt: »Man muss Gott mehr gehorchen als den Menschen.« Der katholische Gouverneur Mario Cuomo richtete sich nicht nach der Lehre seiner Kirche und sein Sohn, der katholische Gouverneur Andrew Cuomo, beteiligt sich schon an der Verfolgung seiner Brüder und Schwestern im Glauben.

Über Laura Fotusky schrieben sie im linksorientierten Portal »Daily Kos«, sie sei eine »gefi...te Bigotte, die die Schwulen hasst«. Ohne dieses Ritual geht es nicht. Es darf nicht der Eindruck entstehen, anständige Menschen würden verfolgt. Es muss der Eindruck entstehen, hier würden *böse* Menschen gerecht bestraft. Deswegen müssen Menschen wie Laura Fotusky dehumanisiert und lächerlich gemacht werden.

Vielleicht sind diese Fälle nur eine kleine Ouvertüre zu einem ganz anderen Konzert. Dem niederländischen Groningen reicht der Ruhm nicht, den es mit dem Protokoll über die Tötung von Krüppeln erlangt hat. Von dort kommen Berichte, dass das Rathaus das Arbeitsverhältnis mit drei Standesbeamten auflösen wird, die gleichgeschlechtliche Personen nicht trauen wollen. Die

Homosexuellenorganisation COC appellierte an die Regierung, diese Beamten besonders zu bestrafen, und sie behauptet, es gebe gemäß ihren Untersuchungen in 58 holländischen Städten 202 derartige Beamten, die Homosexuelle nicht trauen wollten. Zweihundertzwei? Das wäre ein ordentliches Massaker ... Vielleicht erleben wir es noch. 2012 kam ins niederländische Parlament ein Gesetzesentwurf, mit dem verhindert werden soll, dass sich Standesbeamte auf ihr Gewissen berufen, wenn sie gleichgeschlechtliche Paare zu trauen haben. Liebe Christen, es heißt abtreten ...

Kehren wir zurück nach Großbritannien. Gary McFarlane aus Bristol arbeitete seit 2003 für eine Beratungsgesellschaft als Sexologe. Der Christ McFarlane hat bisher ohne Probleme Männer und Frauen beraten. Er hatte auch kein Problem damit, homosexuelle Paare zu beraten, aber er wollte ihnen nicht in sexuellen Fragen Ratschläge erteilen. Ähnlich wie Lilian Ladele versuchte er anfangs, diesen Paaren aus dem Weg zu gehen. Doch schließlich kam es doch zum Rechtsstreit mit seinem Arbeitgeber. Er wurde entlassen und hat den Prozess 2010 verloren.

In beiden Fällen haben die Befürworter der Homosexuellen-Ideologie behauptet, von den Arbeitnehmern werde nur verlangt, dass sie ihre Arbeit machen. Das ist die halbe Wahrheit. Ein solcher Arbeitsinhalt wäre vor einigen Jahren noch unmöglich gewesen. Dieser Arbeitsbereich wurde aus Sicht der beiden Christen revolutionär verändert. Lilian Ladele und auch Gary McFarlane haben außer dem Verlust ihres Arbeitsplatzes auch viel Hohn als bigott, homophob und Ähnliches einstecken müssen.

Aber wo ist der Unterschied zwischen den Problemen von Lilian Ladele und Gary McFarlane auf der einen Seite und den Problemen, die zum Beispiel die Lehrer während des Kommunismus in der Tschechoslowakei und in anderen Ländern des Ostblocks hatten?

Die Kommunisten haben uns in aller Ruhe erzählt, in der Tschechoslowakei herrsche totale religiöse Freiheit. Aber der Christ, der sein Christentum nicht verheimlichte, konnte nicht

Lehrer werden. Es war eben seine eigene Schuld, dass er keine »wissenschaftliche Weltanschauung« vertrat, so nannte man es: »wissenschaftliche Weltanschauung«. Nun, so werden Sie sagen, ein Lehrer muss doch eine »wissenschaftliche Weltanschauung« vertreten, nicht wahr? Der Hund liegt allerdings dort begraben, dass die »wissenschaftliche Weltanschauung« überhaupt nicht wissenschaftlich war. Das hat ein Teil der Menschen immer gewusst und auch stets gesagt. Dann wurde es plötzlich laut ausgesprochen. Das war das Ende der »Wissenschaftlichkeit«, und der Kommunist kam ins Stottern.

Heute erklären sie uns auch ruhig und selbstbewusst, ein bestimmtes Verhalten sei zu akzeptieren und Pflichten dürften nicht verweigert werden, obwohl viele Menschen wissen, dass dieses Verhalten den Betroffenen nur Probleme bereitet. Irgendwann wird es laut gesagt werden. Dann kommt man vielleicht wieder ins Stottern.

Die Revolution droht auch den Richtern mit Rausschmiss. Ein Richter kann ein ernsthaftes Problem mit seinem Gewissen bekommen, wenn er im Sinne von Gesetzen entscheiden muss, die von der Revolution durchgesetzt worden sind, zum Beispiel über die Adoption von Kindern durch ein homosexuelles Paar. In diese Situation geriet auch Andrew McClintock aus South Yorkshire. Nach der Verabschiedung eines Gesetzes über registrierte Partnerschaft äußerte er die Befürchtung, er müsse vielleicht über derartige Fälle entscheiden. Doch die Vorgesetzten teilten ihm mit, dies ließe sich wohl nicht vermeiden. Daraufhin gab McClintock seine Stelle auf. Sein Amt hatte er 18 Jahre lang ausgeübt. »Ich habe mich in die Ecke gedrängt gefühlt«, sagte McClintock. »Ich wollte sicher sein, dass ich kein Kind in den Haushalt von gleichgeschlechtlichen Personen schicken muss. Weil es für mich eine solche Sicherheit nicht gab, habe ich gespürt, ich solle lieber zurücktreten, als gegen mein Gewissen handeln.«

Wenn ein Kind durch ein gleichgeschlechtliches Paar großgezogen wird, steigt einigen Studien zufolge die Wahrscheinlichkeit, dass auch das Kind homosexuell wird – andere Studien verneinen dies. Die Autoren der ersteren Studien bekommen meistens Ärger mit Ideologen, die behaupten, eine solche Wahrscheinlichkeit existiere nicht. Der Autor einer solchen Studie, Walter Schumm, spricht von einer vollkommenen Politisierung der Forschung:

»Professoren, die in diesem Bereich forschen, müssen sehr vorsichtig sein, wenn sie nicht den falschen Menschen auf die Füße treten wollen. Bereits eine falsche Anschuldigung, dass jemand ›homophob‹ sei, kann seine Karriere beeinträchtigen ohne Rücksicht auf andere professionelle Kriterien. Wenn eine Zeitschrift bereit ist, Ergebnisse zu veröffentlichen, die ein schlechtes Licht auf die Fähigkeit von Schwulen, Lesben und Bisexuellen bei der Kindererziehung werfen, riskiert sie, für ›unwissenschaftlich‹ gehalten zu werden. Also müssen die Herausgeber von Zeitschriften enormen Mut zeigen, um der heutigen politischen Korrektheit die Stirn zu bieten und eine faire Veröffentlichung derartiger Forschung zu ermöglichen.«

Zur Illustrierung hier die neuesten Forschungsergebnisse des Soziologieprofessors Mark Regnerus von der Texasuniversität in Austin, die er 2012 veröffentlicht hat. Er hatte die bisher größte Personenzahl befragt und damit die größte Stichprobe gezogen. Gemäß seiner Studie treten bei Kindern mit einem Elternteil, der eine homosexuelle Beziehung pflegt, mit signifikant höherer Wahrscheinlichkeit Drogenprobleme auf, Konflikte mit dem Gesetz, psychische Probleme, Arbeitslosigkeit und sexueller Missbrauch. Die Wahrscheinlichkeit ist zweimal bis dreimal so hoch wie bei Kindern mit heterosexuellen Eltern. Die Studie von Regnerus zeigt bei diesen Kindern auch eine erhöhte Desorientierung bezüglich der eigenen Sexualität.

Wer nun angenommen hat, dass Regnerus durch seine Arbeit Schwierigkeiten bekommen hat, der hat gewonnen. Homosexuelle Gruppen beschuldigten ihn sogleich der Unprofessionalität. Seine Arbeit wurde von der Universität überprüft. Es gibt eben wissenschaftliche Ergebnisse, die *verursachen* ganz einfach *Unannehmlichkeiten*.

So sind die Zeichen der Zeit und so scheiterten eben Adrew McClintock, Gary McFarlane und Lillian Ladele. McClintock hat sich bemüht, seine Rechte auf dem Gerichtsweg zu verteidigen. 2008 hat er definitiv verloren.

Laut McClintock werden die christlichen Prinzipien, die die Grundlage des britischen Rechts und der Kultur bilden, systematisch durch neue Gesetze, die eben keine Tradition haben, zerstört. Dabei gibt es keine öffentliche Diskussion über diese Veränderungen. McClintock spricht von tausenden unterstützenden E-Mails und anderen unterstützenden Äußerungen. Die Revolution der Gesetze kam unerwartet. Wie McClintock erwähnt:

»Über diese Änderungen gab es keine Debatte. Sie sind einfach am Freitagabend zu Bett gegangen, und das Gesetz war nur ein Entwurf, und als Sie am Montag erwachten, war alles anders.«

Ja, manchmal geht es schnell mit der Revolution.

Sheila Matthews aus Kettering in Northamptonshire verlor ihre Stelle als Beraterin in einer Kommission, die über die Adoption von Kindern entschied, weil sie genauso wie McClintock nicht daran beteiligt sein wollte, dass Kinder homosexuellen Paaren zur Adoption übergeben werden. Sie glaubt nämlich, die beste Umgebung für ein Kind sei eine Familie mit Vater und Mutter.

Ihre Stelle können Sie auch verlieren, wenn Sie eine schreckliche Tat begehen, und zwar, wenn Sie jemandem ein Gebetsangebot machen. Die Krankenschwester Caroline Petrie aus North Somerset wurde entlassen, weil sie in Anwesenheit einer Patientin für sie gebetet hatte. Auf ähnliche Art hat die Mathematiklehrerin Olive Jones ihre Stelle verloren. Sie suchte Familien auf, um kranke Kinder zu unterrichten, die nicht in die Schule gehen konnten, und hat dann für eines dieser Kinder in seiner Anwesenheit gebetet. Dasselbe erlebte auch ein Beamter in Wandworth,

Duke Amachree. Er wurde entlassen, weil er mit einer Frau, die über ihre Krankheit klagte, über den Glauben an Gott gesprochen hat. »Ich war sprachlos«, sagt der verblüffte Duke Amachree.

Wir auch, lieber Duke. Weil wir all das schon vorher bei uns erlebt haben.

Im neuesten Fall wurde der Arzt Richard Scott dafür gerügt, dass er mit einem Patienten *mit dessen Einverständnis* über den Glauben gesprochen hat.

Großbritannien hat zwar Gesetze, die Diskriminierung wegen des Bekenntnisses zu einer Religion verbieten, und es hat auch internationale Vereinbarungen zu diesem Diskriminierungsverbot unterzeichnet. Den erwähnten Christen hilft dies aber nicht. Das kommunistische Regime hatte in seinen Gesetzen auch die religiöse Freiheit verankert und verschiedene internationale Verträge unterzeichnet ...

Im heutigen Großbritannien kann ein Christ noch auf andere Weise seine Arbeit verlieren. Er kann Probleme bekommen, wenn er ein kleines silbernes Kreuz an einem Kettchen um den Hals trägt. Darüber kann die Angestellte von British Airlines, Nadia Eweida, ein Lied singen. 2006 verbat ihr der Arbeitgeber das Tragen eines solchen Kreuzchens. Sie wiedersetzte sich und wurde in unbezahlten Urlaub geschickt. Die Airline erklärte, Kreuzchen seien zwar nicht verboten, müssten jedoch unter der Uniform verborgen werden.

Alexander Solschenizyn erinnert in seinem Werk »Archipel Gulag« an Verse, für die die Dichterin Tanja Chodkevitschowa im sowjetischem Russland zu zehn Jahren Gefängnis verurteilt worden war:

»Beten kannst du frei, aber ... so, dass nur Gott dich hört.«

Die Christin Nadia Eweida stritt vor Gericht mit der Airline um ihr Recht, dieses kleine Symbol ihres Glaubens an Jesus Christus zu tragen. Sie war nicht erfolgreich. Das Gericht entschied, sie werde durch das Verbot nicht diskriminiert. Die salomonisch Urteilenden in den Talaren nannten einen kuriosen Grund, warum die Symbole anderer Religionen als Bestandteil der Arbeitsuniform nicht verboten werden können. Jeder, der London besucht, sieht, dass einige Polizisten – Moslems – anstatt eines Helms ein Turban auf dem Kopf tragen. Einige Musliminnen tragen zu ihrer Uniform Kopftücher. Laut Gericht können diese Symbole des Glaubens nicht verboten werden, weil sie zu groß sind, um sie zu verbergen.

Wegen eines Kreuzchens hat auch die Krankenschwester Shirley Chaplin aus dem Krankenhaus in Exeter in der Grafschaft Devon ihre Stelle verloren. Sie trug es 30 Jahre seit ihrer Konfirmation und wollte es trotz Anordnung ihrer Vorgesetzten, sie müsse sich zwischen dem Kreuz und der Arbeitsstelle entscheiden, nicht ablegen. Als Kompromiss wurde ihr vorgeschlagen, sie könne das Kreuzchen in ihrem Portmonee mit sich führen. Shirley hat das Kreuzchen und Jesus Christus gewählt. Das Krankenhaus hat sie vor Gericht verklagt, aber im Frühling 2010 den Prozess verloren.

Ein kultureller und architektonischer Blickfang von Exeter ist die prachtvolle gotische Kathedrale. Ihr Baubeginn war im 12. Jahrhundert und beendet wurde sie im Jahr 1400. Begreifen die Richter, die sich gegen Shirley gestellt haben, denn nicht, dass es ohne dieses Symbol, das Shirley nicht aufgeben wollte, keine Kathedrale geben würde und auch keine 1000 Jahre alte britische Kultur?

Den Menschen, die den sowjetischen Kommunismus erlebt haben, ist das Verbot von Kreuzen hinlänglich vertraut. Manchmal wurde zusammen mit dem Kreuz das ganze Kirchengebäude, wie beispielsweise die Christ-Erlöser-Kathedrale in Moskau, beseitigt. Oder es wurde mit dem Kreuz der Kirchenturm, wie zum Beispiel auf Kalvaria in Bratislava, abgerissen. Manchmal war es nur das Kreuz, wie das Weiße Kreuz in der Neustadt von Bratislava, oder das Rote Kreuz in der Altstadt von Bratislava. Kardinal

Ján Chryzostom Korec erinnert in seinem Buch an die Sanktionen im Beruf, die auch slowakische Christen erdulden mussten, wenn sie ein Kreuzchen trugen.

Ein Unterschied fällt aber ins Auge. In den 80er-Jahren hätte in der damals noch kommunistischen Tschechoslowakei kaum ein normal Beschäftigter seine Stelle verloren, nur weil er ein silbernes Kreuzchen trug. Die *damalige* Revolution war nämlich schon geschwächt. *Diese* Revolution hat jedoch noch viel Kraft.

In britischen Schulen verbieten Pädagogen auch den Schülern das Tragen von Kreuzchen, wie es der sechszehnjährigen Sam Morris aus Derby passierte. Oder sie verbieten ihnen das Tragen eines einfachen Reinheit-Rings, das Symbol für sexuelle Enthaltsamkeit bis zur Eheschließung, wie es Lydia Playfoot aus Horsham in West Sussex passiert ist.

Bei diesen schulischen Ring- und Kreuzchen-Fällen entscheiden säkulare Schulleitungen und folglich auch Gerichte darüber, welches Accessoire Ausdruck für ein Leben gemäß dem Glauben ist und welches nicht. Sie haben den Sikhs in der Schule religiöse Armbänder und den Musliminnen Kopftücher mit der Begründung erlaubt, ihr Tragen sei für diese religiösen Gemeinschaften verbindlich, während das Tragen eines Kreuzchens für Christen nicht verbindlich sei.

In diesen Tagen erlebt ein 64-jähriger Christ, Colin Atkinson aus West Yorkshire, seine Leidensgeschichte mit dem Kreuz. Er arbeitet in einer Non-Profit-Organisation als Elektriker und auf dem Armaturenbrett seines dienstlichen Lieferwagens hatte er ein Kreuz aus Stroh. Sein Chef, Denis Doody, zwang ihn, das Kreuz zu beseitigen, weil er damit angeblich die Gefühle der anderen Beschäftigten verletze, obwohl sich einige Kollegen, Hinduisten, Moslems und Sikhs hinter Atkinson stellten. Als Atkinson ablehnte, drohte ihm dennoch die Entlassung. Als sich die Medien mit dem Fall befassten, gab Denis Doody – er hat in seinem Büro an der Wand ein Plakat mit dem Kommunisten Che Guevara hängen – nach. Atkinson haben sie später seinen Dienstwagen genommen und ihn an eine andere Stelle versetzt. Und zuletzt boten sie ihm die Frührente an.

Als im Frühjahr 2011 Prinz William heiratete, sah die ganze Welt im Fernsehen ein großes zwei Meter hohes Kreuz an der Spitze der Prozession der anglikanischen Geistlichen, die das junge Paar trauten. Aber das war in der Kirche, dort sind Kreuze zugelassen.

In den USA und in Westeuropa wird schon seit mehreren Jahren versucht, die christliche Bedeutung von Weihnachten herunterzuspielen. An Jesus und die Krippe in Betlehem zu erinnern, ist politisch unkorrekt geworden. Keine »Christmas«-Weihnachten mehr, man spricht nur noch indifferent über »Holidays«-Feiertage.

In den USA beschweren sich amerikanische Kriegsveteranen, dass Beamte aus dem Veteranenamt sie bei militärischen Gedenkfeiern und Begräbnissen auf dem Nationalfriedhof in Houston daran hindern, in ihren Reden Worte wie »Gott« oder »Jesus« zu benutzen. Im Juli 2011 haben dies die Vertreter von drei Organisationen bestätigt: »Veterans of Foreign Wars«, »The American Legion«, »National Memorial Ladies«. Einen Monat davor stand Pastor Scott Rainey in einem ähnlichen Streit vor Gericht. Der Bezirksrichter Lynn Hughes entschied zu seinen Gunsten und sagte, die Behörden hätten kein Recht, einem Pastor Worte wie »Gott« oder »Jesus« zu verbieten. Da haben wir uns den Schweiß von der Stirn gewischt ... Im September 2011, zum zehnten Jahrestag der terroristischen Angriffe auf New York und Washington, entschied der Bürgermeister von New York, Michael Bloomberg, dass bei der Gedenkfeier Gebete von Geistlichen nicht öffentlich vorgetragen werden dürften.

Das alles haben wir auch erlebt.

An den heimgesuchten Christen ist sympathisch, dass sie nicht passiv bleiben, sondern untereinander kommunizieren und sich verteidigen. Die britischen Christen machen es mit einer Internetkampagne »Not ashamed – Wir schämen uns nicht«. Auf dem

Portal »Youtube« kann man einige persönliche Zeugnisse von ihnen finden: von Colin Atkinson, Lydia Playfoot, Gary McFarlane, Shirley Chaplin, Sheila Matthews und andere. Lieb, stolz und nicht beschämt. Sie sind sanft, aber die anthropologische Revolution hält sie für Feinde.

In Großbritannien nach Tony Blair kommt nun eine allgemein gültige Formel zum Tragen: Die Christen werden durch die Durchsetzung der homosexuellen Agenda, ganz konkret wegen der Adoption von Kindern durch homosexuelle Paare, drangsalisiert.

Das bestätigt sich auch in anderen Ländern Europas.

2007 hat der spanische Richter Fernando Ferrin Calamita aus der Provinz Murcia über die Übergabe von zwei Töchtern eines geschiedenen Ehepaares in das Sorgerecht des Vaters oder der Mutter zu entscheiden gehabt. Zur Scheidung war es gekommen, nachdem der Ehemann erfahren hatte, dass seine Ehefrau ein Doppelleben führte und eine lesbische Beziehung pflegte. Der Richter Calamita sollte entscheiden, ob die Töchter beim Vater oder bei der Mutter und deren lesbischer Partnerin leben sollten. Calamita vertraute die Kinder dem Sorgerecht des Vaters an. Weil er seine Entscheidung damit begründete, dass eine »homosexuelle Umgebung für Kinder schädlich ist«, bekam er große Schwierigkeiten. Er wurde von Homosexuellen-Organisationen angegriffen, die gegen ihn Klage erhoben.

In einem anderen Fall sollte Richter Calamita über den Antrag der Lesbe Vanesa de la Heras entscheiden, die die Tochter ihrer lesbischen Partnerin Susan Meseguer adoptieren wollte, mit der sie seit 2005 »verheiratet« war. Susan Meseguer hatte die Tochter nach einer künstlichen Befruchtung geboren. Der Spender der Spermien ist nicht bekannt. Calamita wurde beschuldigt, die Entscheidung über die Adoption absichtlich zu verzögern. Er wehrte sich. Die Verzögerung sei nicht beabsichtigt, aber er müsse auf ein psychologisches Gutachten über den Einfluss des homosexuellen Umfelds auf das Kind warten.

Die Passion von Fernando Ferrin Calamita erreichte ihren Höhepunkt im Jahr 2009. Der Staatsanwalt verlangte für Calamita eine dreijährige Gefängnisstrafe. Das Gericht verhängte jedoch nur ein Berufsverbot als Richter und die Rückzahlung seines Gehalts, das er während der Zeit seiner Verfolgung bezogen hatte. Jemanden zu entlassen, ist offenbar zu wenig. Man muss ihn auch noch finanziell ruinieren.

Calamita erhielt viel Unterstützung von verschiedenen Organisationen, nicht aber von der »konservativen« Volkspartei »Partido Popular«, die Mitglied von EPP ist. Die Organisation »HazteOir – Lasst Euch hören«, die Calamita unterstützte, sagte: »Es wird ihm nicht vergeben, dass er sich mit aller Konsequenz gegen die politische Korrektheit stemmte und der Tyrannei der homosexuellen Lobby standhielt ... Er blieb dem Naturgesetz treu.«

In den 30er-Jahren des 20. Jahrhunderts haben die Anhänger von Lenin und Stalin in Spanien keinen Erfolg gehabt, Lenins Cousins hingegen geht es drei Generationen später diesbezüglich gut.

Im Fall von Richter Calamita ging es schon nicht mehr nur um seinen Beruf, sondern auch um seine persönliche Freiheit.

Es war nicht der erste Fall.

Du gehst in den Knast, du Homophober!

»Unter den homosexuellen Männern ist die Zahl der Aids-kranken im Verhältnis zu ihrer Zahl fünfzigmal größer als beim Rest der Population.«
Bericht aus den Medien

Das Jahr 2004 war für die Revolution ein Jahr des Umbruchs. Im Herbst kam es zum Fall Buttiglione, aber das Vorspiel dazu war der Prozess von Pastor Ake Green von der Pfingstkirche in Schweden.

Als ich an einem Morgen Anfang Juli 2004 die Schlagzeilen der Nachrichten im Internet durchsah, sprang mir sofort die Verurteilung des schwedischen Pastors für seine kritischen Aussagen über Homosexualität ins Auge. Hier hat die Revolution zugeschlagen, war das Erste, was mir dazu eingefallen ist.

Der Fall von Ake Green ist ein Musterbeispiel dafür, wie die Tyrannei, die zur Akzeptanz des Homosexualismus führen soll, abläuft. Ein Bestandteil des Homosexualismus ist die Durchsetzung von Gesetzen gegen »hate speech«, also »Hassrede«, und die Dehumanisierung des Gegners. Die Voraussetzung für ihren Erfolg ist die Entwurzelung der Politiker und das Brainwashing der Öffentlichkeit.

Für den Homosexualismus ist jegliche Ablehnung seiner Forderungen automatisch Ausdruck einer psychischen Krankheit, nämlich der Homophobie. Es handelt sich dabei um ein Schimpfwort, das sich als Wissenschaft ausgibt. Die Kritik am homosexuellen Verhalten wird als Hass gegen Homosexuelle definiert, und zwar als eine Form von Hass, der direkt zu Gewalt gegen Homosexuelle führt. Wenn du sagst, dass Sex zwischen zwei Männern nicht in Ordnung ist, so bedeutet dies, dass du diese zwei Männer hasst. Du hasst sie, und deshalb willst du ihnen ganz sicher etwas antun, vielleicht willst du sie sogar töten. Dass man den homosexuellen Sex aus rationalen Gründen ablehnt, weil man weiß, dass der homosexuelle Lebensstil die Homosexuellen ruiniert und sie gar tötet, wird nicht zugelassen.

Laut dieser Pseudologik müssen Paragrafen in die Gesetze eingefügt werden, wonach eine solche Kritik als »Hassrede« strafbar ist. Das erste Opfer dieser Paragrafen sind Christen, die der Bibel, in der homosexuelles Verhalten als sündhaft bezeichnet wird, treu bleiben. »Quote the Bible, go to Jail«, sagen die Engländer, also »Zitiere die Bibel und gehe in den Knast!«

Die Grundlage dieser Mythologie, nach der Christen die Homosexuellen hassen, ist eine Lüge. Das Christentum unterscheidet zwischen dem Menschen und seinen Sünden. Deshalb lehnt es der Christ ab, homosexuelles Verhalten zu billigen, weil er Gott und dem gesunden Menschverstand treu bleiben will, aber gegen Homosexuelle hegt er keinen Hass. Umgekehrt, er hat Mitleid mit ihnen, weil ein Leben mit sexueller Hingezogenheit zu gleichgeschlechtlichen Personen wirklich nicht leicht ist. Der Christ wünscht den Homosexuellen, sie mögen erfolgreich ihre Neigungen überwinden. Schließlich kann es auch einem Christen passieren, dass er homosexuelle Neigungen verspürt, für die er nichts kann. Er darf sich diesen Neigungen allerdings nicht unterwerfen. Und es gibt sicher viele derartige Fälle. Sie sind Christen, haben homosexuelle Neigungen, geben ihnen aber nicht nach und tragen mutig ihr Kreuz.

Ein Aspekt der erwähnten Mythologie ist die Unterstellung, Christen würden das homosexuelle Verhalten ununterbrochen kritisieren. In Wahrheit ist es umgekehrt. An die Öffentlichkeit dringt eine Flut von homosexueller Propaganda und manchmal reagieren die Christen nur darauf, wenn sie von den Medien danach gefragt werden.

Es ist interessant, wie es gelungen ist, das Gerücht am Leben zu halten, Homosexuelle seien wegen ihrer Orientierung Opfer einer besonderen, auch physischen Gewalt durch die »Homophoben« geworden. Die Kriminalstatistiken liefern dafür nicht den geringsten Beweis. In der Slowakei zum Beispiel berichteten die Medien seit 1989 nicht ein einziges Mal über physische Gewalt gegen Homosexuelle.

Dennoch wurden in der Vergangenheit Paragrafen gegen »Hassrede« in die Strafkodizes von europäischen Ländern aufgenommen. Eines dieser Länder war 2002 auch Schweden. Die Vorstellung, es würde einmal Gesetze geben, denen zufolge ein Priester verurteilt wird, weil er in seiner Predigt die Sünde brandmarkt, wäre noch vor zehn Jahren verrückt erschienen. Sicher, viele Abgeordnete, die für den Paragrafen gegen »Hassrede« gestimmt haben, konnten sich nicht vorstellen, dass sie damit die Möglichkeit schufen, einen Priester für seine Bibeltreue zu verurteilen.

Aber einige andere hatten genau das im Auge gehabt. Als man dem schwedischen sozialdemokratischen Ministerpräsidenten Göran Persson die Frage stellte, ob es nach dem Inkrafttreten des Gesetzes gegen »Hassrede« einem Priester noch erlaubt sei, von der Kanzel die Meinung zu vertreten, Homosexualität sei unnatürlich, antwortete dieser mit: »Nein«.

Stellt sich der Sozialdemokrat Persson vor, im Land werde sich kein Pastor finden, der treu zur Bibel steht? Von der Mehrheit der ziemlich liberalen schwedischen lutherischen Kirche hatte er sicherlich die richtige Meinung. Zu Wort hat sich aber ein Mitglied der Pfingstkirche, Pastor Ake Green, gemeldet.

Pastor Green lebt in dem historischen Städtchen Borgholm auf der Insel Öland. 2003, verunsichert durch eine Welle homosexueller Propaganda in der Öffentlichkeit und in den Medien, hatte er sich entschlossen, diesem Thema eine Predigt zu widmen. Aufrichtig hat er auch die Medien dazu eingeladen, weil sie diesem Thema ja so viel Raum gewährten. Die Medien kamen nicht, deshalb hat er seine Predigt an die örtliche Zeitung geschickt. Der Vertreter der schwedischen Organisation für die »Rechte von Lesben und Schwulen, Bisexuellen und Transsexuellen« zeigte ihn daraufhin bei der Polizei an.

Danach kam die mediale Dehumanisierung des 63-jährigen weißhaarigen alten Herrn. Den alten Pastor in den Knast zu stecken, weil er sich Sorgen wegen der Verdorbenheit der Welt machte, *das klingt nicht gut, nicht wahr?* Deshalb haben es die Medien – und das nicht nur in Schweden – anders inszeniert. Der Pastor wurde nicht als beunruhigter alter Mann dargestellt, sondern als *Mensch* vorgeführt, *der von Hass erfüllt sei.* Ein Mensch, der *gefährlich* sei, vor dem die *Gesellschaft geschützt werden müsse.* Er musste zu einem Monster werden.

Ende Juni 2004 hat das Bezirksgericht in der Nachbarstadt Kalmar Ake Green für seine »Hassrede« in der Predigt zu einem Monat Freiheitsstrafe verurteilt. Wer in der Slowakei in den ersten Tagen im Juli 2004 die Nachrichten des Fernsehsenders Markíza eingeschaltet hat, wurde darüber informiert, dass Ake Green Homosexuelle als »Krebsgeschwür« bezeichnet und geäußert habe: »Homosexuelle sind auch Pädophile.«

Was sagen Sie nun? Wer würde nicht verdutzt reagieren, wenn *Menschen* als Krebsgeschwür bezeichnet werden? Das darf man doch nicht. Als ich das hörte, habe auch ich mir die Frage gestellt, ob meine Sympathien dem richtigen Menschen gelten. Ich hatte aber die Auszüge der schwedischen Presse und darin stand etwas anderes. Danach hatte Ake Green gesagt, dass die »Homosexualität eine Krebsgeschwulst« sei – also nicht die Homosexuellen.

In Wirklichkeit hat Ake Green nicht einmal das gesagt. Erst wenn wir seine Predigt, die im Internet zugänglich ist, im Original lesen, sehen wir, was für ein verbogenes Bild von Ake Green in den Medien stand.

Greens Predigt beginnt als Klage eines Menschen, der sich ganz einfach Sorgen über die Zunahme der Propaganda für Homosexualität in den Medien macht. Er setzt sich mit der biblischen Sicht von homosexuellem Verhalten auseinander; dort wird ein solches Verhalten als sündig erklärt.

Vor der inkriminierten Passage über die Krebsgeschwulst zitiert er einen Absatz aus dem Buch Levitikus aus dem Alten Testament, der von homosexuellem Verhalten und auch von der Sünde der Bestialität, also der Zoophilie, handelt. Dann folgen die Sätze:

»Die Aussage der Bibel über diese Abnormitäten ist klar. Sexuelle Abnormitäten sind ein tiefes Krebsgeschwür am Körper der ganzen Gesellschaft. Der Herr (Gott) weiß, dass einige sexuell verirrte Menschen sogar Tiere vergewaltigen.«

In den folgenden Sätzen widmet sich Ake Green weiter dem Problem der Zoophilie. Er spricht hier also über sexuelle Abnormitäten als *Ganzes*. In keiner Weise zielt er speziell auf die Homosexualität. Kann man etwa sexuelle Abnormitäten als Ganzes (im Sinne einer freiwilligen Tathandlung, nicht im Sinne einer Versuchung, für die der Mensch nichts kann) nicht mit harten Worten verurteilen?

Verdienen zoophile Handlungen keine harte Verurteilung? Verdient das inzestuöse Verhalten des Österreichers Joseph Fritzl, der seine Kinder vergewaltigt und gefangen gehalten hat, keine harte Verurteilung? Verurteilen nicht auch die Kritiker der katholischen Kirche pädophile Taten von Geistlichen mit harten Worten?

Aber selbst wenn Ake Green nur über den freiwilligen sexuellen Verkehr von zwei erwachsenen gleichgeschlechtlichen Personen gesprochen hätte, wäre eine strenge Verurteilung eines solchen Verhaltens moralisch inakzeptabel? Warum soll das inakzeptabel sein? Bringt homosexuelles Verhalten nicht den Akteuren selbst viel Leid? Ist nicht bekannt, dass Aids in Kreisen aktiver Homosexueller um ein vielfaches häufiger auftritt als im Rest der Bevölkerung? Bringt der homosexuelle Lebensstil nicht auch andere Erkrankungen mit sich? Die Antworten auf diese Fragen sind positiv. Was also hat Ake Green verbrochen?

Aus dem Kontext der Predigt wird offensichtlich, dass, wenn Green die Homosexualität verurteilt, er an homosexuelle Handlungen denkt und nicht an die Zuneigung zum gleichen Geschlecht. Verurteilen nicht etwa Priester die unterschiedlichen Sünden von uns allen?

In den Medien tauchten auch Behauptungen auf, Green habe alle Homosexuelle als Pädophile bezeichnet. Auch das ist unwahr. Tatsächlich hat er genau das Gegenteil gesagt: »Nicht alle Homosexuelle sind Pädophile ...« – aber er fügte hinzu: »Sie öffnen jedoch die Tür in verbotene Bereiche ... «

Und ist es nicht etwa so? Vor mehr als einem Jahrzehnt hat man begonnen, uns davon zu überzeugen, dass Homosexualität nur eine sexuelle Orientierung, aber kein Defekt sei. Heute behaupten so genannte Fachleute im kanadischen Parlament, auch Pädophilie sei nur eine sexuelle Orientierung, vergleichbar mit der sexuellen Orientierung der Homosexualität oder der Heterosexualität. Im Februar 2011 haben nämlich die Psychologen Vernon Quinsey und Hubert Van Gijseghem, die als Experten zu Verhandlungen im Ausschuss des kanadischen Parlaments beigezogen worden waren, diese drei Ausprägungen von sexuellem Verhalten auf eine Ebene gestellt. »Es ist höchste Zeit, derartige ›Experten‹ zu ignorieren«, schrieb daraufhin Brian Lilley in der »Toronto Sun«.

Ake Green hat einfach die Wahrheit gesagt. Zum Schluss seiner Predigt sprach er von der Gnade Gottes, die für Homosexuelle die einzige Hoffnung und Lösung ist und der sich die Homosexuellen öffnen sollten.

»Hasssprache?«

Wissen Sie, wer tatsächlich *Menschen* als Krebs bezeichnet hat? Das war die berühmte Feministin Susan Sontag. Sie hat gesagt, dass die »weiße Rasse der Krebs in der Menschheitsgeschichte ist«. Rein in den Knast? Nein, denn die liberale Welt war ja begeistert von ihr. Im Unterschied zu Green, der über Verhaltensweisen gesprochen hat, sprach sie von *Menschen. Die Verfolgung von Christen erkennt man am besten vor dem Hintergrund dessen, was nicht bestraft oder verunglimpft wird.*

Es war beschämend, wie sich die Medien gegenüber Ake Green verhalten haben. Zum Glück gab es eine Welle der Solidarität zu seiner Unterstützung in Schweden und auch im Ausland, einschließlich der Slowakei. Das Berufungsgericht in Jönkopping sprach unter großer Aufmerksamkeit der Medien Ake Green am 19. Januar 2005 frei. Dieses Urteil wurde vom obersten schwedischen Gerichtshof am 9. November 2005 bestätigt.

Sie sagen sich, letztendlich musste Ake Green also doch nicht ins Gefängnis ... Aber haben Sie jemals den Beschluss von Ermittlern in die Hände bekommen, dass gegen Sie Erhebungen wegen einer Straftat stattfinden? Und dann die Mitteilung des Staatsanwalts, er werde gegen Sie bei Gericht Anklage erheben? Und mussten Sie je die Entscheidung des Gerichts hören, derzufolge Sie zu Gefängnis verurteilt werden? Und all dies dauerte ganze drei Jahre? Und in den Medien mussten Sie während dieser ganzen Zeit ständig Unwahrheiten über sich lesen? Und die Öffentlichkeit wurde gegen Sie aufgehetzt?

Der Prozess von Ake Green endete zwar mit einem Freispruch, aber durch diesen Prozess wurde aus etwas ehemals Unvorstellbarem eine akzeptable Sache für den Großteil der Öffentlichkeit, eine Sache, die in Zukunft häufig auftreten wird. Und nicht immer geht es dann für den Verfolgten gut aus.

2012 endete auf europäischer Ebene endgültig das Strafverfahren »Vejdeland vs. Schweden«. Es war 2004 eröffnet worden, als vier schwedische Jugendliche im Alter von 17 bis 26 Jahren, Tor Fredrik Vejdeland, Mattias Harlin, Björn Täng und Niklas Lundström, Hunderte von Flugblättern in die Schränke von Studenten gelegt hatten. Unter anderem einen Text, der auf den Zusammenhang zwischen HIV/AIDS und der promiskuitiven homosexuellen Lebensweise hinwies. Das Bezirksgericht in Bollnäs verurteilte sie im Juli 2005 zu Geld- und Gefängnisstrafen. Im Dezember wurden sie vom Berufungsgericht für Süd Norrland mit der Begründung freigesprochen, ihr Handeln gehöre in den Bereich der Meinungsfreiheit. Das Oberste Gericht verurteilte jedoch im Juli

2006 dann doch noch drei von ihnen, und zwar zu Geldstrafen von 200 bis 2000 EUR. Sie legten Berufung ein beim »Europäischen Gericht für Menschenrechte« in Straßburg, das im Februar 2012 das Urteil des Obersten schwedischen Gerichts bestätigte.

Das Urteil des EGMR bedeutet, der EGMR lässt in den Mitgliedsländern des Europarates Gesetze zu, die Kritik an der homosexuellen Lebensweise verbieten, und verbietet gleichzeitig auch Informationen über die gesundheitlichen Folgen einer solchen Lebensweise. Es ist bekannt, dass AIDS Homosexuelle in größerem Umfang heimsucht als andere. Darüber zu informieren, heißt zu warnen und somit vor allem die Homosexuellen zu schützen. Wenn man Homosexuelle aber warnt, also ihnen genaugenommen hilft und sie rettet, so sagt das Gericht in Schweden, dann verachtet und hasst man sie. Und der Europäische Gerichtshof sagt, dies sei in Ordnung. Diese Revolution arbeitet global.

Die Öffentlichkeit gewöhnt sich leichter an derartige Sichtweisen, wenn die Strafen nicht zu hoch sind.

Der amerikanische Baptistenprediger Shawn Holes predigt gewöhnlich unter freiem Himmel auf den Straßen amerikanischer und europäischer Städte. Solche protestantischen Predigten haben eine 100-jährige Tradition. Am 18. März 2010 predigte Holes auf den Straßen des schottischen Glasgow. In seiner Predigt antwortete er auch auf die Fragen, die ihm Menschen stellten. Holes predigte nicht direkt über Homosexualität, aber einige der anwesenden Homosexuellen befragten ihn direkt zu diesem Thema. Dabei küssten sie sich provozierend und schmusten miteinander. Holes antwortete, Homosexuelle würden mit ihrem sündhaften Verhalten, so wie alle anderen Sünder, Gottes Zorn hervorrufen. Die Homosexuellen zeigten Holes darauf sogleich bei der Polizei an. Holes wurde verhaftet und verbrachte die Nacht in einer Polizeizelle. Später wurde ihm eine Strafe von 1.000 Pfund auferlegt, für »homophobe Anmerkungen und religiöse Vorurteile«.

Nur ein paar Straßen weiter hielt sich ein Prediger der Brüderkirche (Cirkev bratská) aus Levice, Csaba Tolnai, auf, der zu Studienzwecken in Glasgow war. »Dieses Ereignis sprach sich herum und mir wurde dadurch klar, dass Europa nicht mehr das Europa ist, auf das wir gehofft haben«, sagte er mir später persönlich.

Nein, das ist es wirklich nicht.

Ähnlich wie Holes erging es drei Wochen später in einer anderen britischen Stadt, in Workington in Cumbria, dem Prediger Dale Mcalpine. Das Video von seiner Verhaftung kann man auf »Youtube« sehen. Der Wirt Jamie Murray aus Blackpool wurde von der Polizei zwar nicht verhaftet, aber er ist 2011 eine Stunde von der Polizei vernommen worden. Es war eine Beschwerde gegen ihn eingereicht worden, wegen »homophober« Materialien. Er hatte in seinem Kaffeehaus auf einem Bildschirm den Bibeltext von einer DVD 26 Stunden lang ohne Ton abgespielt. Anscheinend betraf die Beschwerde den Paulusbrief an die Römer, der die Sündhaftigkeit von homosexuellem Verkehr betrifft. »Das meinen Sie doch nicht ernst, dass Sie mich für so etwas verhaften wollen?«, fragte Murray die Polizisten. »Es war unglaublich, wie sie sich mir gegenüber verhalten haben. Sie waren aggressiv.« Die Polizei entschuldigte sich später bei Murray.

Gegen den irischen Bischof Philip Boyce wird wegen »Hassrede« ermittelt. Er soll sie angeblich in seiner Predigt benutzt haben, als er sagte, »die Kirche wird von außen durch Pfeile einer säkularen und gottlosen Kultur attackiert«. Angezeigt hat ihn der bekennende Atheist John Colgan. Ihm zufolge erregt der Bischof Hass gegen alles Säkulare. Dabei setzte sich der Bischof in seiner Predigt gleichzeitig auch mit Angriffen auf die Kirche von innen auseinander, mit den Sünden und Übeltaten von Priestern und geistlichen Personen, damit meinte er den Missbrauch von Jugendlichen. Man kann vorhersehen, dass der Bischof nicht verurteilt wird. Der Fall ist dennoch typisch für die zunehmende Feindseligkeit gegenüber dem Christentum.

Eine viel schlimmere Erfahrung machte 2005 David Parker aus Lexington im amerikanischen Massachusetts. Er hatte etwas dagegen, dass seinem Sohn und anderen sechsjährigen Erstklässlern in der Schule die Geschichte »King and king« vorgelesen wurde, die mit einer Hochzeit von zwei Männern endet. Er protestierte in der Schule, die Schulleitung rief die Polizei und Parker verbrachte einen Tag im Gefängnis. Entlassen wurde er auf Kaution von 1.000 Dollar. Der Gouverneur Mitt Romney stand zwar auf seiner Seite, aber das war auch schon alles. Haben Sie schon irgendwann zumindest eine Weile hinter Gitter gesessen? Ein Elternteil protestierte und endete im Gefängnis. Und wie viele werden eingeschüchtert?

Der Abgeordnete der französischen Nationalversammlung und Mitglied der UMP von Sarkozy, Christian Vanneste, wurde zwar von der Polizei für seine Behauptung, homosexuelles Verhalten sei moralisch niedriger zu bewerten als das heterosexuelle, nicht inhaftiert, aber das Gericht in Lille hat ihn im Januar 2006 zu einer Geldstrafe von 3.000 EUR verurteilt. 2008 hat das Oberste Gericht – Cour de cassation – dieses Urteil wieder aufgehoben. Nicolas Sarkozy stand aber nicht auf der Seite von Vanneste, ganz im Gegenteil, er stellte sich hinter Vannestes Kritiker. Dennoch wurde Vanneste 2007 wieder als Abgeordneter für seinen 10. Wahlkreis ins Parlament gewählt.

Nach der ersten Dekade einer schleichenden Verfolgung von Christen in Europa hat man inzwischen erkannt, dass es effektiver ist, jemanden um seine Arbeit zu bringen, als das Strafrecht einzusetzen, denn die Sanktionen beschränkten sich bisher lediglich auf kurzfristige Aufenthalte in Polizeizellen und gelegentliche Geldstrafen.

Aber Europa gewöhnt sich an beides.

Wie viele solche Fälle gibt es eigentlich, bei denen sich der Staat bemüht hat, Christen mit Polizeieinsätzen und Strafrecht heimzusuchen? Genaues weiß man nicht. Die erwähnten Beispiele sind jedenfalls keine Einzelfälle. Und natürlich beschränken sie sich nicht auf Europa. Jenseits des Ozeans liegt ein Land, das mit seinen säkularen Exzessen alle in die Tasche steckt. Es ist Kanada.

Ende der 90er-Jahre begann der Doktor der Psychologie und Lehrer an einer Highschool in Quesnel in Britisch Kolumbien, Christopher Kempling, in der örtlichen Zeitung Artikel zu veröffentlichen, in denen er der liberalen Sichtweise von Homosexualität, die in den Schulunterricht Eingang gefunden hatte, widersprach. So entstand ein Streit mit der »Lehrergewerkschaft Britisch Kolumbien«, die eine homosexuelle Agenda vertritt. Um nur ein Beispiel zu nennen: Sie veröffentlichte Materialien, in denen behauptet wird, der biblische König David und Jonatan hätten ein homosexuelles Verhältnis gehabt, und wer aus moralischen Motiven dem homosexuellen Verhalten widerspreche, der müsse umerzogen werden. Darauf folgte ein Konflikt mit dem Verband der »Lehrer von Britisch Kolumbien«, BCCT.

2002 suspendierte BCCT Kempling für einen Monat. Kempling ließ sich auf einen langjährigen anstrengenden Kampf ein – und scheiterte. Nach wiederholten Suspendierungen gab Kempling 2009 auf und schied aus dem Schulwesen aus. Wie er berichtete, waren die Jahre des Kampfes bis aufs Messer für ihn und seine Familie äußerst erschöpfend gewesen.

Kempling war als Psychologe ein Verfechter der Konversionstherapie, mit der Homosexuellen geholfen werden soll, ihre sexuelle Zuneigung zum gleichen Geschlecht zu überwinden und sich sexuell normal zu orientieren. Eine solche Haltung führte in Kanada zur Ausgrenzung und Verfolgung des Psychologen. Daran änderte auch die Tatsache nichts, dass es viele bekannte Personen gibt, die erfolgreich eine solche Umorientierung durchgemacht haben. Einer von ihnen war Stephen Bennett, Redner auf einer Party mit dem Anliegen, finanzielle Unterstützung für Kempling zu organisieren. Kemplings Gerichtskosten erreichten nämlich die Höhe von einer halben Million Dollar.

Der ehemalige Homosexuelle Stephen Bennett ist heute glücklich verheiratet. Die homosexuellen Ideologen betrachten allerdings die Welt durch einen Filter, der es ihnen ermöglicht, Bennett nicht zu sehen.

Kempling kämpfte nicht nur für sich selbst. Im März 2005 hielt er in New York einen Vortrag vor dem UNO-Ausschuss für Menschenrechte. Dieser Vortrag ist eine harte Lektüre.

Kempling erzählte die Geschichte von Donald Spratt, der ins Gefängnis musste, weil er in der Nähe einer Abtreibungsklinik ein Abzeichen mit der Aufschrift »Du sollst nicht töten« getragen hatte.

Er erzählte die Geschichte des Mediziners Bill Whatcott, dem sein Berufsverband eine Geldstrafe von 15.000 Dollar auferlegte, weil er gegen Abtreibung protestierte. Bill Whatcott erhielt auch eine Geldstrafe von 20.000 Dollar vom Tribunal für Menschenrechte, weil er sich gegen homosexuelles Verhalten gewandt hatte. In Kanada gibt es für derartige Vorfälle *besondere Tribunale*.

Bemerkenswert auch die Geschichte von Kolumbus-Rittern, einer katholischen Organisation aus Freiwilligen in der Vorstadt von Vancouver: Zwei Lesben bestellten in deren Einrichtung eine »Hochzeitsfeier«. Als die Kolumbus-Ritter erfuhren, worum es geht, machten sie die Bestellung rückgängig. Die Lesben zogen daraufhin vor Gericht, obwohl sie doch hätten wissen müssen, dass Kolumbus-Ritter eine katholische Organisation sind.

Und noch eine Geschichte, die von Scott Brockie: Er hatte es abgelehnt, in seiner Druckerei Materialien für homosexuelle Propaganda zu drucken. Daraufhin wurde er angeklagt und musste Gerichtskosten von 10.000 Dollar tragen.

Es gibt Geschichten von Bürgermeistern von Städten, die es abgelehnt haben, »Gay Pride Days – Tage des homosexuellen Stolzes« zu unterstützen, und die dafür Geldstrafen vom Tribunal für Menschenrechte aufgebrummt bekamen.

Oder die Geschichte von Eltern aus der Vancouver Insel, die ihre drei Kinder in Form von »homeschooling« selbst zu Hause unterrichtet haben. Sie lehnten es ab, ihren Nachwuchs der obligatorischen Sexualerziehung auszusetzen, weil sie den Inhalt des Faches aus christlicher Sicht für unmoralisch hielten. Deshalb durften die Kinder kein Abitur ablegen, obgleich sie in allen anderen Fächern nur Einser hatten. Die Mutter Cheryl Howard wandte sich an das »Tribunal für Menschenrechte« – und verlor.

Von diesen Geschichten gibt es Dutzende. Manchmal haben die Christen nach Jahren erschöpfenden Kämpfens gesiegt, manchmal blieb ihnen der Sieg versagt, und sie haben ihre Beschäftigung oder ihr kleines Unternehmen verloren.

Wir haben die Verfolgung des Christentums unter dem Kommunismus erlebt. Viele unserer Landsleute emigrierten vor dem Kommunismus über den Ozean nach Kanada. Sie wollten in Freiheit leben. Ist es zu glauben, dass im selben Land heute Menschen wie Chris Kempling wegen ihres Christentums leiden müssen, denen Gerichtsprozesse, finanzieller Ruin und Entlassung drohen?

Heute geraten kanadische Bürgermeister bereits ins Visier der Kritik, wenn sie es sich erlauben, an einer Schwulen-Parade *nicht teilzunehmen*. Im Juni 2011 verkündete der Bürgermeister von Toronto, Rob Ford, zwar eine Woche der homosexuellen »Pride«, aber am Wochenende nahm er am Regenbogenmarsch nicht teil. Stattdessen fuhr er mit seiner Familie ins Wochenendhaus. Er wurde von den Medien und den linken Abgeordneten angegriffen. Wie hatte er sich so etwas nur erlauben können? Der ehemalige Bürgermeister Mel Lastman beteiligte sich zwar an den Schwulen-Paraden, gab aber zu, dass ihn die Nacktheit und die sexuellen Akte verstört hätten: »Ich stand auf dem Wagen, winkte den Menschen zu und sie winkten mir zu. Es störten mich nur die beiden Kerle, die direkt vor mir gingen und mir ihre nackten Hintern entgegenstreckten.«

Die tragikomische Kritik am heutigen Bürgermeister kann nur der nachempfinden, der unseren Kommunismus erlebt hat. Erinnern Sie sich noch an die Parole »Wer am Rande steht, liebt die Republik nicht«? Genosse, du hast nicht am 1. Mai-Umzug teilgenommen ... Genosse, schämst du dich nicht? Genosse, was für ein Verhältnis hast du zum sozialistischen System? Rechtlich gesehen, bestand keine Pflicht, am 1.-Mai-Umzug teilzunehmen.

Aber die Menschen wussten, dass es es nicht gut ankam, nicht zu kommen ...

Einige Jahre später, nachdem der charmante katholische Premier in Kanada die Abtreibung legalisiert hatte, nutzte eine junge Kanadierin dieses Recht auf Abtreibung. Diese Frau wandelte sich zehn Jahre später zur Christin. Und nicht nur das. Sie ist inzwischen eine entschiedene Kämpferin für das Leben geworden. Auf dem Bürgersteig vor den Abtreibungskliniken sprach sie Frauen an, die zum Töten ihres Kindes gekommen waren. Sie riet ihnen ab. Manchmal stand sie nur still da und betete. Diese Frau hat ihre Schuld beglichen.

Das erträgt das *System* aber nicht. So etwas ist eine *tödliche Bedrohung* für das System, *das es unerbittlich bestraft.* Für solche Vergehen werden Menschen in den Knast gesteckt. Deshalb ist diese Frau wiederholt durch die kanadische Justiz zu Gefängnis verurteilt worden. Sie wurde selbst dann festgenommen, wenn sie nur vor der Klinik stand und still betete. Sie hat insgesamt schon *sieben Jahre* im Gefängnis *verbracht.* Ihr Name ist Linda Gibbons. Als ich begonnen habe, dieses Buch zu schreiben, war sie im Gefängnis. Als ich die Hälfte geschrieben hatte, war sie frei. Als ich damit fertig war, saß sie in Milton im Staat Ontario wieder im Gefängnis, *weil sie still gestanden und gebetet hatte.* In Kanada gibt es viele Frauen, für die der größte Segen in ihrem Leben wäre, auf dem Bürgersteig vor dem Eingang in die Klinik Linda Gibbons zu begegnen. Sie wären Linda bis zum letzten ihrer Tage dankbar. Aber sie haben sie nicht getroffen, weil sie im Gefängnis war.

Linda ist nicht allein. Ein paar Tage, bevor ich dieses Buches zu Ende geschrieben hatte, wurde Mary Wagner von Polizisten in Toronto verhaftet und von Richter William Bassel zu 40 Tagen Gefängnis verurteilt. Sie hatte schwangeren Frauen in einer Abtreibungsklinik gesagt: »Es ist nicht zu spät. Sie können Ihr Denken noch ändern. Gott liebt Sie.« Mary, dieses junge Mädchen, trat dabei still und ruhig auf.

Sofort in den Knast! *Sofort!*

Das System erkennt aber auch verlässlich, wodurch es *nicht bedroht* ist und was es *nicht* streng *bestrafen muss.* 2005 gebar die 19-jährige Katrina Effert aus der kanadischen Provinz Alberta im Hause ihrer Eltern einen gesunden Sohn. Sie erdrosselte ihn und warf den Leichnam weg. Im September 2011 wurde sie vom Gericht zu drei Jahren Gefängnis *auf Bewährung* verurteilt. Katrina konnte nach der Gerichtsverhandlung frei nach Hause gehen. Die Richterin Joanne Veit sagte, die Kanadier verstünden und sympathisierten mit Müttern in der schwierigen Zeit der Schwangerschaft und der Geburt. »Sie haben Mitleid mit dem Kind, und sie haben Mitleid mit der Mutter«, sagte die Richterin. Erheblich weniger Verständnis hatte Richter Ford Clements in Toronto im März 2012, als er Mary Wagner weitere drei Monate Gefängnis aufbrummte und ihr dabei verärgert sagte: »Sie irren sich und Ihr Gott irrt sich!« Du kannst, lieber Leser, Mary Wagner einen Gruß ins Gefängnis schicken.

Es ist nur logisch, dass in einem System, in dem Abtreiben legal ist, auch der rechtliche Schutz für Kinder, die bereits geboren sind, sinkt. Das System geht erbarmungslos mit den Beschützern des Lebens um. Es ist einfach *eine Kultur des Todes.* Deshalb ist Katrina Effert frei und Linda Gibbons sitzt seit Jahren hinter Gittern.

Die Christenverfolgung wird am deutlichsten, wenn man betrachtet, was nicht bestraft wird.

2009 ging der Baptistenpastor Walter Hoye aus dem kalifornischen Oakland für einen Monat ins Gefängnis. Hoye, ein Schwarzer, fühlte sich berufen, etwas gegen die Abtreibungen in seinem Bezirk, der in erster Linie von Schwarzen bewohnt wird, zu tun. Der 80-jährige Richard Retta bekam im Juli 2011 nur eine Geldstrafe. Aber dafür eine ordentlich hohe: 25.000 Dollar. Die Untaten der Übeltäter bestanden darin, dass sie etwa fünf Sekunden lang neben Frauen auf dem Weg in eine Abtreibungsklinik herliefen und sie mit wenigen Sätzen zu überzeugen versuchten, ihre

Entscheidung zu ändern: »Mutti, kann ich Ihnen eine andere Lösung anbieten?« Oder: »Liebe Frau, lassen Sie Ihr Kind nicht töten.« Sie schimpften nicht und waren nicht gewalttätig. Die einzige Gewalthandlung von Retta war, dass er aus Versehen einer Frau auf den Schuh trat, dabei riss ihr Riemen. Aber er war doch ein 80-Jähriger. Also musste er finanziell ruiniert werden. Wie viele Verurteilte des Gewissens gibt es wie Linda Gibbons oder Mary Wagner? In Kanada, in den USA und in Europa? Wir wissen es nicht.

Gesetze, auf deren Grundlage Linda Gibbons, Mary Wagner oder Richard Retta verurteilt worden sind, stammen von Gesetzgebern, die erklären, sie wollten Frauen vor einem Trauma schützen. Also wenn es sich um ein Trauma handelte, so dauert dieses nur einige Sekunden. Gibbons, Wagner oder Retta beschützen jedoch Frauen vor einem Trauma, das ein ganzes Leben lang dauern kann. Neben der Rettung eines Kinderlebens ist das wohl das wichtigste Anliegen solcher Handlungen. Bei ihren Aktivitäten handelt es sich nämlich nicht um persönliche Eitelkeiten, sondern um eine sehr effektive Art der Rettung von ungeborenen Kindern. Dieser eine Satz von fünf Sekunden Länge kann entscheidend sein. Mütter, die später die Klinik verlassen, ohne abgetrieben zu haben, danken dies oft den Aktivisten. In einem Jahr retteten die Aktivisten auf diese Weise Hunderte von ungeborenen Kindern. Richard Retta hat während seines Lebens allein hunderte gerettet.

Was haben wir nur alles von den Pro-Abtreibungspolitikern gehört! Dass auch sie sich wünschten, es möge weniger Abtreibungen geben. Man könne sie nur eben leider nicht verbieten. Aber Menschen, die sich wirklich erfolgreich für weniger Abtreibungen einsetzen, sperren sie ins Gefängnis.

Von der Slowakei aus müssen wir nicht weit gehen, um ebenfalls auf solche merkwürdigen Urteile zu stoßen. Wir werden bereits im österreichischen Graz fündig, wo der Richter Erik Nauta im Juli 2011 vier Pro-Life-Aktivisten wegen »Stalking« verurteilt

hat. Sie sollen »Jagd« auf einen Doktor namens Johannes Hanfstingl gemacht haben, einen Arzt, der Abtreibungen durchführt.
Diese Jagd bestand darin, dass sie Flugblätter auf dem Bürgersteig
vor der Klinik verteilten. Der Richter kombinierte ganz absurd.
Indem sie Flugblätter an Frauen verteilten, wollten sie eigentlich
dem Hanfstingl ans Leder. Selbst Hanfstingl hat vor Gericht verneint, dass an ihm »stalking« verübt worden war, und er hat be-
kundet, die Flugblätter seien für Frauen bestimmt gewesen. Der
verurteilte Dietmar Fischer hatte sich zu allem Überfluss an der
Verteilung der Flugblätter überhaupt nicht beteiligt, er war nicht
einmal in Graz anwesend, er hatte nur die Flugblattverteilung organisiert. Dennoch verurteilte Nauta die Pro-Life-Aktivisten zu
Geldstrafen von mehr als 8000 Euro. Alle Zeugen hatten zudem
bestätigt, dass sich die Pro-Life-Anhänger auf dem Bürgersteig
ruhig und höflich verhalten hatten.

Es scheint, dass die Pro-Life-Flugblätter explosives Material
sind, so wie die Bibel für die Kommunisten. Und wir erinnern
uns an eine ähnliche Richterwillkür.

Die Todesmühlen gestern und heute

»Was ihr für einen meiner geringsten Brüder
(an)getan habt, das habt ihr mir (an)getan!«
Mt 25,40

Wer würde diese Fotos nicht kennen, diese Filmaufnahmen? Wir haben sie alle gesehen.

Als in der ersten Hälfte 1945 die Alliierten die nationalsozialistischen Konzentrationslager befreit haben, bot sich ihnen ein fürchterlicher Anblick. Massen von hungrigen und bis auf die Knochen abgemagerten Häftlinge winkten ihnen fröhlich zu. Das waren die glücklicheren, diejenigen die überlebt hatten. Millionen von ihnen haben nicht überlebt. Tausende von toten Körpern lagen aufgeschichtet in Lagerräumen.

Der Kommandant der Alliierten, General Eisenhower, schickte Filmteams der Armee in die Lager und diese haben Bilder für die Ewigkeit geschossen. Sie haben damit auch für immer ein historisches Ungleichgewicht zwischen der Wahrnehmung des Kommunismus und des Nationalsozialismus geschaffen, weil in den sowjetischen Gulags niemals ein Filmteam gedreht hat. Eisenhower selbst hat ein Konzentrationslager in Ohrdruf besucht. Der Besuch hat bei ihm einen tiefen Eindruck hinterlassen, und er bat, man möge dem Präsidenten Truman, den Vertretern des Kongresses und der Medien umgehend den Besuch der befreiten Lager ermöglichen. Und so kam es auch.

Die Bilder aus diesen Lagern benutzte die Anklage im Nürnberger Prozess. Ihre Vorführung war emotional einer der Höhepunkte des Prozesses.

Aber die Verbündeten arbeiteten systematisch weiter, fest entschlossen, allen Deutschen, von denen so viele dem Charisma Hitlers erlegen waren, die Wahrheit über das Naziregime vor Au-

351

gen zu führen. Die Hollywoodlegende, der Regisseur Billy Wilder, der spätere Autor von Komödien wie »Manche mögen's heiß« und »Das Appartement« wurde noch 1945 gebeten, aus dem gedrehten Material einen eindrucksvollen Dokumentarfilm zu machen. Das Ergebnis von Wilders Arbeit war der zweiundzwanzigminütige Film »Death Mills – Die Todesmühlen«.

In der amerikanischen Besatzungszone wurde im Rahmen der Entnazifizierung der Film »Todesmühlen« vorgeführt, und für die deutsche Bevölkerung war die Teilnahme obligatorisch. Die Nichtteilnahme konnte mit der Verweigerung der Nahrungsmittelration sanktioniert werden. Zeitgenössische Bilder zeigen die Bewohner des Städtchens Steinfurt, wie sie zu der obligatorischen Vorführung ins Kino gehen.

Einige Deutsche, ohne Rücksicht darauf, ob sie in das Naziregime involviert gewesen waren oder nicht, wurden mit den toten Opfern des Nationalsozialismus nicht nur auf der Leinwand konfrontiert. Im Frühling 1945 mussten sie sich direkt an der Besichtigung der Konzentrationslager oder der Exhumierung von Massengräbern beteiligen. Auf einem Bild sehen wir eine deutsche Frau auf einer Wiese, die sich die exhumierten toten Körper, die in Reihen vor ihr liegen, ansieht. Die bestürzte Frau hält sich die Hand vor den Mund.

Die Alliierten waren unerbittlich. Sie ließen eine Menge von Plakaten mit Bildern der Toten aus den Konzentrationslagern drucken und in vielen deutschen Städten ausstellen. Darauf stand: »Diese Schandtaten: Eure Schuld!« An diesen Gräueln seid Ihr schuld! Das war keine Anklage von Hitler und seinen Machthabern. Das war die Anklage aller Deutschen, die Hitler geglaubt hatten.

Die Konfrontation mit den nationalsozialistischen Gräueltaten war aber unmittelbar nach dem Krieg nicht nur eine Sache der Deutschen. Wir alle haben diese Bilder viele Jahrzehnte nach Kriegsende gesehen, ich etwa noch als Kind im Fernsehen. Damals sah ich sie aus freien Stücken; im ersten Jahr auf dem Gymnasium,

1973, haben sie uns jedoch im Rahmen des Unterrichts den sowjetischen Dokumentarfilm des Regisseurs Michail Romm »Der gewöhnliche Faschismus« gezeigt. Abgesehen von der Tatsache, dass Romm hätte wissen müssen, dass ähnliche Gräuel wie die von den Nazis auch von seiner eigenen kommunistischen Regierung begangen wurden, war es ein guter Film mit schockierenden Bildern.

Der Film zeigte die bekannten Aufnahmen aufgeschichteter Körper in den Konzentrationslagern, nackte Frauen, gedemütigt durch die Nazis, aufgehängte Menschen – einer neben dem anderen. Auch abgeschnittene Köpfe der Opfer, die von den Nazis zum Andenken fotografiert worden waren. Wir waren 16. Was mir damals in den Sinn gekommen ist? Ja doch, dass dieses Regime grauenhaft gewesen war, wie gut, dass es vorbei war und dass sich solche Dinge niemals wiederholen dürfen. Und was mir damals überhaupt nicht eingefallen ist? Dass man uns solche Aufnahmen nicht hätte zeigen sollen. Etwa aus dem Grund, weil alles schon sehr lang vorbei war, es geschah schließlich vor Jahrzehnten. Das ist uns aber wirklich nicht eingefallen.

Im Herbst 2010 organisierte der 40-jährige Geschichtslehrer an einem Gymnasium, Philippe Isnard, im französischen Städtchen Manosque eine Diskussion mit Schülern über das Abtreibungsproblem und über das Gesetz, das vor 35 Jahren von Simone Veil durchgepaukt worden war. Es waren Schüler im Alter von 15 und 16 Jahren. Isnard forderte sie auf, jeder solle einen eigenen Standpunkt beziehen und Argumente vorbereiten.

Isnard zeigte zur Unterstützung seines Pro-Life-Standpunkts den Schülern den Text der Rede von Veil im Parlament und auch ein Video mit Bildern von abgetriebenen Kindern. Das Video hat den passenden Titel »No need to argue«. Vorher hatte er sie aber gewarnt, dass es sich um schockierendes Material handle und keiner verpflichtet sei, es anzusehen. Wer wollte, konnte die Klasse verlassen.

Von dieser Diskussion bekamen die Medien Wind, die sich zusammen mit den Pro-Abtreibungsorganisationen auf Isnard stürzten. Isnard wurde von seinen Vorgesetzten suspendiert. In der Schule wurde eine Gruppe zur psychologischen Betreuung der Schüler eingerichtet, die an der Diskussion teilgenommen hatten. Keiner von den Schülern hat die Betreuung gewollt.

Wir hatten doch auch kein psychisches Trauma, als wir als 16-Jährige die Aufnahmen aus den KZs sahen. Damals wurde für uns auch keine psychologische Unterstützung organisiert. Wir haben uns nur ein klares Bild über ein Regime und seine Ideologie gemacht.

Im Januar 2011 trat Philippe Isnard in einer Versammlung vor 40.000 »Pro-Life«-Anhängern in Paris auf dem Platz vor der Oper auf. Isnard ist kein Soldat, der allein im Feld steht. Im darauffolgenden März 2011 sprach der Unterrichtsminister Luc Chatel über ihn das härteste Urteil: Isnard wurde entlassen und als Lehrer aus dem gesamten französischen staatlichen Schulwesen ausgeschlossen. Der Vater von zwei Kindern blieb ohne Gehalt und ohne Arbeitslosenunterstützung.

Luc Chatel ist Politiker der gaullistischen Partei UMP. Das Gesetz über Abtreibungen wurde in der Zeit verabschiedet, als der Gaullist Jacques Chirac Premier gewesen war. Luc Chatel erklärte, das Handeln von Isnard sei inakzeptabel, weil ein Lehrer Neutralität bewahren und die Menschen respektieren müsse. Neutral? Entweder ist man für die Rechtmäßigkeit von Abtreibungen oder nicht. Wie könnte ein neutraler Standpunkt aussehen? Bedeutet dies, ein Lehrer sei verpflichtet, seine Meinung für sich zu behalten? Früher einmal wurde die Jugend zur Suche nach der Wahrheit ermutigt, die Schule hielt man für einen dafür durchaus geeigneten Ort und die Lehrer waren dabei behilflich. Es scheint so, als habe sich dies geändert.

Es ist nicht ganz klar, welche Menschen Luc Chatel gemeint hat, als er von Respekt sprach. Gegenüber den sechs Millionen kleiner Menschen, die seit der Aufnahme des Veil-Gesetzes in Frankreich abgetrieben worden sind? Gegenüber den Schülern?

Das Zeigen von gemarterten menschlichen Körpern ist eine sensible Angelegenheit. Man kann dies nicht jederzeit machen und unabhängig von der jeweiligen Intention. Es ist aber auch kein Tabu. So wie eine sinnvolle Diskussion über das Naziregime mit einem vollkommenen Ausblenden von Bildern aus den Konzentrationslagern nicht möglich ist, so können Diskussionen über die Abtreibung niemals ohne Bilder von abgetriebenen Kindern geführt werden. So wie die Bilder aus den KZs das stärkste Argument gegen den Nationalsozialismus sind, so sind auch die Bilder abgetriebener Kinder das stärkste Argument gegen die Rechtmäßigkeit der Abtreibung. Die Journalistin Alissa Golub machte Nägel mit Köpfen: »Die Gräueltaten der nationalsozialistischen Konzentrationslager erklären sie den Menschen nicht, wenn sie ihnen Bilder glücklich lächelnder jüdischer Familien und Kinder zeigen.« Und ebenso verhält es sich, was das Zeigen der Realität der Abtreibung betrifft.

Dies gilt umso mehr, wenn man bedenkt, dass die Bilder aus den KZs von einer Gewalt handeln, *die längst vergangen ist. Aber die Gewalt gegen die ungeborenen Kinder existiert heute, sie ist allgegenwärtig und tagtäglich.*

Derartige Bilder darf man sicherlich nicht jedem Menschen aufzwingen, aber jeder Einzelne von Isnards Studenten hatte sich aus freien Stücken entschieden. Wir konnten uns damals als 16-Jährige nicht selbst entscheiden, und es hat uns nicht geschadet. Isnard betonte auch, der Staat behandle 16-jährige Schüler in Bezug auf ihr Sexualleben wie reife Personen, die sich ohne Wissen der Eltern in medizinischen Einrichtungen selbst um Verhütung kümmern können und dort über die Möglichkeit einer Abtreibung belehrt werden. Wenn dies aber so ist, so sind sie laut Isnard auch zu einer offenen Diskussion *über das Wesen einer Abtreibung,* in der Lage.

Isnard hatte nicht erwartet, ohne Disziplinarstrafe davonzukommen, aber über die Härte der Strafe war er überrascht. Man sollte aber nicht überrascht sein. Isnard hatte das *System* an seiner sensibelsten Stelle angegriffen. Gegen das tatsächliche Geschehen bei Abtreibungen kann man wirklich nicht argumentieren, deshalb unterdrückt das *System* diese Fakten und unterdrückt auch diejenigen, die darüber sprechen.

2009 gab es in Frankreich einen anderen Skandal. Der Kulturminister von Sarkozy, Frederic Mitterrand, ein Neffe von Präsident François Mitterrand, war der Pädophilie beschuldigt worden. Er hatte ein Buch »Das schlechte Leben« veröffentlicht, bei dem es sich ganz offensichtlich um seine künstlerische Autobiografie handelte. In dem Buch beschreibt er seine Ausflüge nach Thailand zu »jungen Knaben, die ihn erregten und die leicht zu haben waren«. Das Buch war bereits 2005 publiziert worden, aber der Skandal brach erst los, als die Politikerin Marine Le Pen auf die erwähnten Passagen aufmerksam machte, weil Mitterrand den wegen Pädophilie verurteilten Roman Polansky unterstützt hatte. Mitterrand gab zu, tatsächlich nach Thailand zu reisen und »Jungen« für Sex zu bezahlen, aber er leugnete, dass es sich dabei um Sex mit Minderjährigen handle.

Präsident Nicolas Sarkozy unterstützte seinen Minister und auch die UMP unterstützte ihn.

Nun, offenbar waren die »Jungens« schon 15 Jahre alt, und der Sex war natürlich freiwillig – gegen Geld. In Frankreich können Sie Ausflüge nach Thailand für bezahlten Sex mit »Jungens« zugeben, und sie können trotzdem Kulturminister bleiben. Wenn Sie aber Schülern eine freiwillige und aufrichtige Diskussion über Abtreibung anbieten, dann können sie nirgendwo in Frankreich mehr den Lehrerberuf ausüben.

Ja, die Verfolgung der Christen kann man am besten vor dem Hintergrund erkennen, wofür man nicht verurteilt wird.

Wie hast du dich mit der homosexuellen Frage auseinandergesetzt, Genosse?

»Der Seemann der königlichen Marine, Chris Cranmer,
der den Teufel anbetete, war der erste registrierte
Satanist in den britischen Streitkräften. Deshalb konnte
er satanistische Rituale an Bord praktizieren und
ein Begräbnis gemäß der ›Satanskirche‹ für den Fall
seines Todes während eines Einsatzes erhalten.«
Nachricht von CNN, Oktober 2004

Die Revolution darf nicht stillstehen – sonst geht sie unter.

Deswegen wird auch diese Revolution nicht aufgehalten. Es genügt nicht, dass homosexuelle Paare Kinder adoptieren können und sie zu der Überzeugung erziehen, dass zwei Männer in einem gemeinsamen Bett völlig in Ordnung sind. In Großbritannien musste freiwilligen karitativen Organisationen, die sich mit der Suche nach Adoptiveltern für Waisen beschäftigen, per Gesetz verboten werden, ihre Suche nur auf Ehepaare, also Mann und Frau, zu beschränken. Bisher sind verständlicherweise britische christliche karitative Organisationen, die aus Kirchenspenden finanziert werden, so verfahren.

Seit 2007 ist dies jedoch Diskriminierung. Nach einem Gesetz aus dem Jahr 2007 wurden diese christlichen Organisationen verpflichtet, bei der Adoption nicht zwischen Ehepaaren, und homosexuellen Paaren zu unterscheiden. Einige haben sich entschlossen, auf ihre christlichen Grundlagen zu verzichten und passten sich dem Gesetz an. Die katholische Kirche war nun gezwungen, die Zusammenarbeit mit ihnen zu beenden und auch die Finanzierung aus Spenden von Gläubigen einzustellen. Andere haben lieber auf die Vermittlung von Adoptionen verzichtet. Die Organisation »Catholic Care« aus Leeds führte einen Prozess, um weiter im Einklang mit dem katholischen Glauben ihre Aktivitäten fortführen zu können. Sie hat den Prozess 2010 verloren.

Jenseits des Großen Teiches haben katholische karitative Agenturen im amerikanischen Staat Illinois das gleiche Problem. Zuerst hat ihnen der Gesetzgeber gesagt, dass das neue Gesetz über registrierte Partnerschaften, gültig seit 2011, sie nicht zwingen werde, Kinder an gleichgeschlechtliche oder nicht verheiratete Mann-Frau-Paare zur Adoption zu geben. Das Gesetz hatte sogar einen Titel: »Gesetz über den Schutz der religiösen Freiheit in Illinois und über registrierte Partnerschaften«. Aber dann kam doch alles anders. Im Sommer 2011 hat der Staat Illinois die Verträge mit der katholischen Caritas gekündigt, weil diese weiterhin Kinder nur in traditionellen Familien unterbringen wollte. Das Gericht hat dieses Vorgehen des Staates bestätigt. »Ein Teil der politischen Vertreter des Staates Illinois befindet sich im Kriegszustand mit der katholischen Gemeinschaft«, sagte Bischof Daniel Jenky.

Kehren wir zurück nach Großbritannien. Welcher logische Schritt der Revolution könnte jetzt noch folgen? Nicht die Beschränkung von Adoptionen allein auf homosexuelle Paare – das nicht. Aber die Beschränkung auf Paare, die homosexuelles Verhalten billigen – das schon. Sie glauben das nicht?

Ein älteres christliches Ehepaar aus Somerset, Vincent und Pauline Matherick, haben es mit viel Glück noch irgendwie geschafft. Lange Jahre waren sie professionelle Pflegeeltern gewesen und haben schon zuvor beinahe 30 Kinder großgezogen. 2007 wurde ihnen ein elfjähriger Junge als Pflegekind abgenommen. Warum? Das Ehepaar Matherick war nicht bereit, ihm beizubringen, dass homosexuelles und heterosexuelles Verhalten gleichwertig sind. In der Sozialabteilung des Gemeindeamtes wurde ihnen ein Vertrag vorgelegt, mit dem sie sich verpflichten sollten, als Pflegeeltern das Kind im Geist des neuen Antidiskriminierungsgesetzes zu erziehen.

Frau Matherick sagte: »Sie haben von uns sogar gefordert, wir müssten bereit sein, das Kind zu Gay-Treffen zu bringen.«

Mathericks lehnten die Unterschrift ab. Sie sind gewöhnliche, normale Menschen, die auch eigene Kinder großgezogen haben und sich bereits über sechs Enkelkinder und einen Urenkel freuen. Vincent Matherick, der ehemalige Direktor der Grundschule, sagte: »Ich kann einfach nicht mit etwas einverstanden sein, wovon ich glaube, dass es gegen Gottes Wort ist.«

Darauf wurden ihnen der elfjährige Junge, der schon zwei Jahre bei ihnen in Pflege gewesen war, abgenommen. Es ist schwer verständlich, dass in einem Land, in dem bereits im 13. Jahrhundert die Große Freiheitsurkunde entstanden ist, *die Behörden im 21. Jahrhundert Pflegeeltern zu derartigen Dingen verpflichten und sogar* noch *ein schriftliches Einverständnis verlangen.*

Während der Zeit des Kommunismus war es für verfolgte Menschen gut, wenn sie öffentliche Unterstützung durch irgendeinen westlichen Politiker fanden. Heute wäre es an der Zeit, dass Politiker aus dem Osten verfolgte Menschen im Westen unterstützen. Im Herbst 2007 haben wir gemeinsam mit Pavol Minárik, einem Abgeordneten des slowakischen Parlaments, dem britischen Botschafter in der Slowakei, Michael Roberts, einen Brief geschickt, in dem wir das Ehepaar Matherick und den Richter Andrew McClintock unterstützt haben. Vielleicht waren wir die Ersten.

Die Mathericks waren bereit zu kämpfen, und ihr Fall hat eine beachtliche Publizität bekommen. Das Gemeindeamt musste zurückstecken und es hat das Pflegeverhältnis zwischen Mathericks und dem Jungen wiederhergestellt. Die Beamten gaben an, die Unterzeichnung des Vertrags hätte nicht die Pflicht beinhaltet, Homosexualität auf irgendeine Weise zu fördern. Das Ganze sei einfach ein »Missverständnis« gewesen.

Ein Missverständnis? Sehr bald kam es zu einem weiteren »Missverständnis«, diesmal aber ohne Happyend.

Owen und Eunice Johns aus Derby waren seit 1992 professionelle Pflegeeltern und hatten bis dahin 15 Kinder in Pflege gehabt. Die Mitarbeiter des Sozialamts bezeichneten das Ehepaar als »nette und gastfreundliche Menschen«. Nach einer Unterbrechung hatten sie sich entschlossen, die Pflege wieder aufzunehmen. Aber ähnlich wie den Mathericks wurde ihnen auf dem Sozialamt gesagt, dass ihre Ansichten über Homosexualität im Widerspruch zu Forderungen stehen, die das Antidiskriminierungsgesetz an Pflegeleute stellt. Pflegeleute müssten den Kindern beibringen, dass homosexuelles Verhalten in Ordnung ist.

Die Johns haben dies abgelehnt. Auf einem Video auf »Youtube« sehen und hören wir Frau Johns. Sie erzählt: »Wir wurden ausgeschlossen, weil wir moralische Ansichten vertreten, die auf unserem Glauben basieren. Wir sind Christen mit normalen christlichen Ansichten über Sexualethik. Die Richter sagen, unsere Ansichten könnten das Kind schädigen. Wir glauben das nicht. Wir wollen einzig und allein dem Kind nicht beibringen müssen, dass homosexuelles Verhalten in Ordnung ist.« Frau Johns spricht ruhig, präzis und entschlossen. Diese Menschen geben nicht nach.

Aber auch der Staat, der im Fall des Ehepaars Mathericks einen Rückzieher machte, hat diesmal nicht nachgegeben. Owen und Eunice Johns haben sich an das Gericht gewendet, und dieses entschied Anfang 2011. Laut dem Urteil des Londoner High Court ist der Ausschluss der Johns von der Pflege wegen ihrer Einstellung zur Homosexualität berechtigt und keine Diskriminierung ihres Glaubens .

»Wir sind keine Homophoben. Wir haben doch einen Neffen, der Gay ist. Wir haben ihn und seinen Partner in San Francisco besucht«, erzählt Frau Johns.

Die Sprüche der Richter James Lawrence Munby und Jack Beeston sind schockierend: »Die Ansichten der Johns können den Kindern schaden.« »Die Rechte der Homosexuellen haben Vorrang vor den Rechten von Christen, nicht diskriminiert zu werden«, sagten sie auch.

Seit wann gehört zu den Rechten von Homosexuellen, dass alle ihre Lebensweise billigen müssen?

Schockierend ist auch, mit welcher Vermessenheit die Richter festgelegt haben, welche Standpunkte dem christlichen Glauben entsprechen und welche nicht. Laut Gericht ist die Haltung der Johns kein Ausdruck ihres Glaubens, sondern lediglich »Homophobie«.

Andrea Minichiello Williams von der Organisation »Christian Legal Centre«, die den Kampf der Johns und auch den des Richters McClintock unterstützt hat, fragt: »Wenn die christliche Moral für Kinder und den Staat schädlich ist, wie lange wird es noch dauern, bis sie den Christen ihre eigenen Kinder wegnehmen?«

Wie hast du dich mit der religiösen Frage auseinandergesetzt, Genosse? Wie ist deine Einstellung zur internationalen Hilfe der Truppen des Warschauer Paktes im Jahr 1968? Sprich Genosse ...

Diese Fragen wurden der Generation unserer Eltern im kommunistischen Regime gestellt und nicht selten mit schwerwiegenden negativen Folgen, wenn die Antwort »nicht richtig« war.

Wie haben Sie sich mit der Frage der Homosexualität auseinandergesetzt? Sind Sie nicht homophob?

Was für ein Unterschied besteht zwischen den Fragen damals in der Zeit des Kommunismus und diesen Fragen aus dem heutigen Westeuropa? Im Kern sind sie gleich. Im Kommunismus wurden diese Fragen einer wesentlich größeren Anzahl von Personen gestellt. Aber die Zahl derjenigen, denen heute analoge Fragen gestellt werden, wächst.

2004 hat sich die britische königliche Marine mit dem Fall des Technikers Chris Cranmer befasst, der sich zur »Kirche des Satans« bekannte, die in den 60er-Jahren von Anton LaVey gegründet worden war. Cranmer hatte seine Zugehörigkeit zum Satanismus seinem Schiffskapitän gemeldet und die Anerkennung seines »Glaubens« seitens der britischen Streitkräfte gefordert. Er wollte auch an Bord seines Schiffes HMS Cumberland satanische Rituale vollziehen dürfen. Wegen der Ideologie über die Gleichheit von Religionen waren die Streitkräfte einverstanden, und Cranmer wurde der erste registrierte Satanist in der Marine ihrer königlichen Hoheit. Falls Chris Cranmer zufällig bei einer Kampfaktion fällt, werden für ihn die britischen Streitkräfte eine Bestattung nach den Regeln der »Kirche des Satans« veranstalten.

Was ist das für ein System, das dem Satanisten seine »Rechte« zuerkennt, aber den Christen ihre Rechte auf den Glauben an Jesus Christus, der schließlich die Teufel ausgetrieben hat, aberkennt? Ist dies nicht zufällig auch satanisch? *Ja, die Verfolgung der Christen sieht man am besten vor dem Hintergrund dessen, wofür nicht abgeurteilt wird.*

Homosexuelles Verhalten müssen Sie in Großbritannien auch unter Ihrem eigenen Dach dulden. Stellen Sie sich vor, Sie haben aus Ihrem Wohnhaus ein kleines Hotel gemacht. Sie sind Christ und respektieren die Zehn Gebote, Sie ehren die Institution der Ehe, so wie ganze Generationen Ihres Volkes sie geehrt haben. Sie vermieten ein Doppelzimmer grundsätzlich nur an verheiratete Paare von Mann und Frau, weil Sie nicht etwas unterstützen wollen, was Ihrem Glauben zuwider läuft – vor allem nicht im eigenen Haus. Deshalb vermieten Sie zum Beispiel ein Doppelzimmer nicht Jungen und Mädchen im Teenageralter. Deshalb vermieten Sie auch nicht an homosexuelle Paare. Da haben Sie aber Pech.

Beinahe am Ende der Halbinsel Cornwall, die wie die Spitze einer Lanze in den Atlantiks ragt, steigt an seiner südlichen Küste eine Insel steil empor. Es ist die Insel des heiligen Michael. Nach der Legende erschien dort im fünften Jahrhundert einem örtlichen Fischer der heilige Erzengel Michael. Auf der Insel thront eine wunderschöne mittelalterliche Burg. Auf dem Festland gegenüber der Insel liegt das Dorf Marazion. An der Küste steht eine kleine Pension, »Chymorvah House«, mit einem schönen Ausblick auf die Insel des Erzengels. Hier wohnt das Ehepaar Peter und Hazelmary Bull. Peter ist 70 und Hazelmary ist ein wenig jünger. Sie sind schon Urgroßeltern. Sie leben davon, dass sie sieben Zimmer in ihrem Haus an Touristen vermieten.

Seit 1986 verfolgen sie die gleiche Politik. Ein Doppelzimmer wird nur an verheiratete Paare vermietet. Diese Regel haben die Bulls auch auf der Website der Pension veröffentlicht. »Unsere Politik gründet sich auf den aufrichtigen Glauben an die Ehe, nicht auf eine Feindschaft gegen wen auch immer«, erzählt Frau Hazelmary.

Aber dieser Grundsatz ist für die Kulturrevolutionäre unakzeptabel. Dunkelheit begann sich über das alte Ehepaar zu senken, als ihnen die homosexuelle Organisation »Stonewall« mitteilte, dass sie durch ihre Regel den »Equality Act Regulations«, also das Antidiskriminierungsgesetz, verletzten.

Danach haben die registrierten Partner Martin Hall und Steven Preddy die Bulls besucht und wollten gemeinsam ein Zimmer mieten. Die Bulls lehnten das ab. »Ich hatte hier schon viele Menschen, die hier lediglich eine Liebesaffäre erleben wollten, auch Teenager, die ein Zimmer nur für den Sex brauchten. Ich habe alle abgelehnt, genauso wie diese zwei Herren, weil ich unter meinem Dach nicht gegen meinen Glauben handeln will«, sagt Frau Bull. »Auch als uns mein Bruder mit seiner Partnerin besuchte, mussten sie in getrennten Zimmern wohnen.«

Die Homosexuellen überschütteten Frau Bull mit Beschimpfungen. Die Bulls bekamen Droh-Mails und entsprechende Telefonate. Wie man erwarten konnte, haben die registrierten Partner Klage eingereicht und verlangten als Entschädigung 5.000 Pfund.

Der Fall wurde publik. Waren Preddy und Hall so diskriminiert, wie die Schwarzen in den USA in den 60er-Jahren des 19. Jahrhunderts durch die Segregation? Nein! Am besten hat es die, wahrscheinlich letzte, konservative Politikerin der britischen »Konservativen« Partei, Ann Widdecomb, zusammengefasst:

»Es gibt einen Unterschied, ob jemand diskriminiert wird auf Grund dessen, was er ist oder was er tut. Falls die Bulls ein Geschäft mit Nahrungsmitteln besäßen und sie würden Homosexuelle nicht bedienen, so wäre dies Diskriminierung. Aber einem homosexuel-

*len oder einem nicht verheirateten Paar kein Zimmer zu vermieten,
das ist keine Diskriminierung. Es ist die Geltendmachung des eigenen Gewissens gegenüber einer konkreten Tätigkeit.«*

Gegen diese Verfolgung von Christen haben sich einige britische Homosexuelle zu Wort gemeldet. David Starkey, ein Historiker und eine TV-Persönlichkeit, behauptet von sich selbst, er sei Gay und Atheist. Gleichzeitig behauptet er, in Großbritannien sei eine neue Art von tyrannischer liberaler Moral entstanden, von der die Christen unterdrückt würden. Schon im Fall von Ake Green war es ganz natürlich, dass Green auch von einigen Homosexuellen verteidigt wurde. Interessanterweise spricht der ehemalige Politiker der Konservativen Partei, Michael Portillo, im Zusammenhang mit dem Fall der Bulls über die Gefahr einer »liberalen Theokratie«. Es war gerade Portillo, von dem gemunkelt wurde, er werde nach den Parlamentswahlen 1997 John Major als Führer der Konservativen ablösen und die Partei liberaler und »toleranter« machen.

Am Tag der Gerichtsverhandlung in Bristol versammelten sich Unterstützer des Ehepaars Bull vor dem Gerichtsgebäude. Dutzende von ihnen trugen Transparente mit der Aufschrift: It's their house! Es ist ihr Haus! Irgendwann galt schließlich in Großbritannien der bekannte Satz: »Mein Haus ist meine Burg!«

Das Gericht hat im Dezember 2010 gegen die Bulls entschieden. Sie mussten jedem der Homosexuellen 1.800 Pfund bezahlen. 3.600 Pfund ist in Großbritannien immer noch eine schöne Summe, nicht wenig für kleine Unternehmer. Auf dem Video können wir das Ehepaar Bull sehen, wie es aus dem Gerichtssaal kommt. Der alte Mann hat einen frisch operierten Bypass. Sie stehen in Würde beieinander und Frau Bull sagt ruhig: »Es war für uns ein schwerer Tag ... Wir danken unserer Familie, unseren Freunden und den Christen in Großbritannien und auch in der Welt für ihre Gebete. Wir wünschen allen glückliche Weihnachten.«

Sie sind Feinde der Revolution. Zu Feinden hat sie die Revolution ernannt.

Richter Andrew Rutherford hat gesagt: »In den letzten 50 Jahren haben sich die gesellschaftlichen Verhältnisse in Großbritannien verändert.« Aber auch wir in der Slowakei erinnern uns noch, dass wir einst in »veränderten gesellschaftlichen Verhältnissen« gelebt haben. Und wir erinnern uns auch an solche Richter. Großbritannien ist voll von Hotels, in denen Sie Unterkunft finden können, ganz gleich, mit wem Sie zusammen sind, und Sie können sich auch gleich einen Porno im hauseigenen Sender ansehen. Aber das genügt der Revolution nicht. Wenn nicht ein altes Rentnerpaar vernichtet wird, ist das utopische Glück nicht erreicht. Anfangs 2012 verloren Peter und Hazelmary Bull auch vor dem Obersten Gericht in London, wo sie Berufung eingelegt hatten.

Solche Geschichten gibt es viele. Eine ähnliche Geschichte, noch aktueller, könnte man über Susanne Williams, Inhaberin einer Pension in Cookham in der Grafschaft Berkshire, erzählen oder über Jim und Beth Walder aus Paxton im Staat Illinois in den USA, weil sie die Ausrichtung eines »Hochzeitfestes« abgelehnt hatten, und dieselbe Geschichte über Jim und Mary O'Reilly aus Vermont, und über die Fotografin Elaine Huguenin aus New Mexiko in den USA, die keine »feierlichen Fotos« von der Schließung einer registrierten Partnerschaft machen wollte. Diese Menschen haben nicht abgelehnt, Homosexuelle zu bedienen. Sie haben es abgelehnt, das Feiern von homosexuellem Verhalten zu unterstützen.

Warum sollte man eigentlich nicht auch christliche Kirchen dazu zwingen, ihre Einrichtungen für »Hochzeitsfeiern« von homosexuellen Paaren zur Verfügung zu stellen? Dies ist doch so pikant. Eine Organisation in New Jersey, Mitglied der »Vereinten Methodistenkirche«, lehnte es 2007 ab, ihre Einrichtung zu diesem Zweck an zwei Lesben, Harriet Bernstein und Luise Paster, zur Verfügung zu stellen. Wie gewöhnlich folgte ein Gerichtsprozess. 2012 entschied Richter Solomon A. Metzger, die Organisation habe zwar das Antidiskriminierungsgesetz verletzt, erkannte dem lesbischen Paar aber keine Entschädigung zu.

Der älteste derartige Fall hat sich in Kanada zugetragen, und zwar im Jahr 2001. Dagmar und Arnost Cepica lehnten es ab, ein gleichgeschlechtliches Paar in einem Doppelzimmer in ihrer kleinen Pension unterzubringen. Nachdem sie verklagt worden waren, haben sie lieber ihre Pension geschlossen. Dem Namen nach handelt es sich um Leute mit tschechischem Ursprung. Wer weiß, ob sie nicht nach Kanada aus der kommunistischen Tschechoslowakei emigriert waren. Und nun haben sie diesen Kommunismus auch dort vorgefunden. Der neueste Fall betrifft Les und Susan Molnar aus Grand Forks in British Kolumbia, die nach einem Urteil aus dem Juli 2012 um 4.500 Dollar leichter sind. Ihre Pension haben sie inzwischen lieber geschlossen.

Wie viele solche Beispiele gibt es eigentlich? Weiß dies jemand genau? Und wie viele wird es noch geben?

Der konservative Kommentator Michael Coren schätzte 2012, dass seit 2005, nachdem in Kanada gleichgeschlechtliche Ehen legalisiert worden waren, 200 bis 300 derartige Verfahren gegen Gegner dieser Ehen anhängig waren.

Und dies nur in Kanada nach 2005.

Du sollst nicht töten?
Aber du wirst, du wirst ...

*»Ich sage es direkt, dass ich nicht verstehe, weshalb
sich Ärzte für Gynäkologie entscheiden, wenn sie ein Problem
damit haben, Interruptionen durchzuführen.«*
Iveta Radičová, künftige Vorsitzende der Regierung der SR,
September 2007

Catherina Cenzon-DeCarlo arbeitete als Krankenschwester in einem Krankenhaus in New York. Der Name des Krankenhauses war in der Tat biblisch: Mount Sinai. Am Berg Sinai übergab der Herr Mose die Zehn Gebote. Das fünfte dieser Gebote lautet: »Du sollst nicht töten.«

In diesem Krankenhaus werden aber – ganz unbiblisch – Abtreibungen durchgeführt. Im Mai 2009 haben ihre Vorgesetzten Cenzon-DeCarlo, Katholikin und Nichte eines philippinischen Bischofs, angewiesen, sie solle bei einer Abtreibung im Spätstadium der Schwangerschaft assistieren. Diese Vorgesetzten wussten, dass Catherina früher schon auf einem Fragebogen mitgeteilt hatte, sie lehne es ab, bei Abtreibungen zu assistieren. Dies stand in Übereinstimmung mit dem Gesetz, das Gewissensvorbehalte anerkennt.

Die Vorgesetzten behaupteten nun aber, es handle sich um einen Notfall. Catherina beurteilte jedoch die Situation der Patientin, die an Hochdruck litt, als keineswegs kritisch. Es wurde auch keine Magnesium-Therapie, wie üblich in derartigen Fällen, eingeleitet. Später hat Catherina sogar erfahren, dass in den Akten der Patientin deren Situation als nicht unmittelbar lebensbedrohlicher Fall vermerkt worden war.

Catherina lehnte zuerst die Teilnahme ab und bestand auf einem Ersatz für sie. Es folgten Drohungen, sie werde mit Disziplinarmaßnahmen wegen Arbeitsverweigerung zu rechnen haben. Die weinende Catherina gab nach und assistierte bei der Abtreibung. Anschließend musste sie die Stücke des zerfetzten Kinderkörperchens beseitigen und mit einer Lösung übergießen.

Wenn es sich um die Abtreibung eines 22 Wochen alten Fötus handelt, *kann jeder sehen, dass hier ein Kind in Stücke zerfetzt wird.* »Es war wie in einem Horrorfilm«, erzählte Catherina. »Ich habe mich verletzt und verraten gefühlt. Als ich von den Philippinen in die USA kam, habe ich geglaubt, in Amerika würde die religiöse Freiheit respektiert.« Seit dieser Zeit schläft sie nicht mehr gut.

Catherina Cenzon-DeCarlo verklagte das Krankenhaus Mount Sinai. Es wird interessant werden, den Prozessverlauf zu verfolgen.

Seinen Streit bereits gewonnen hat Kevin Stormans, Inhaber eines Supermarktes in Olympia im amerikanischen Staat Washington. Stormans hatte sich 2006 entschlossen, in seiner Pharmaabteilung die abortive »Antikonzeption« mit der Bezeichnung Plan B nicht mehr zu verkaufen. Es handelt sich dabei um ein Mittel, das beim Geschlechtsverkehr angewandt wird und das verhindert, dass sich das befruchtete Ei einnistet. Stormans sagte, dies könne er mit seinem Gewissen und dem seiner Mitarbeiter nicht vereinbaren. Stormans wurde von den örtlichen Feministinnen boykottiert. Vor allem die Gouverneurin des Staates Washington, Christine Gregoire, drohte, sie werde jedes Mitglied im staatlichen Rat für Pharmazie abberufen, das Stormans Standpunkt unterstützt. Der Rat für die Pharmazie gab eine Richtlinie heraus, nach der die Haltung von Stormans unzulässig sei. Stormans ließ sich auf einen Rechtsstreit ein. Im Jahr 2008 entschied der Bundesrichter Ronald Leighton, die Richtlinie des Rates sei verfassungswidrig, weil sie der religiösen Freiheit widerspreche.

Wie viele Apotheker in den USA einen ähnlichen Kampf gefochten haben, ob erfolgreich oder nicht, weiß offenbar keiner.

Nicht immer ist die Regierung gegen Apotheker. Manchmal werden ihnen nur die Schaufensterscheiben eingeschlagen wie dem katholischen Apotheker in Berlin. Und manchmal entscheiden bei der Empfängnisverhütung die Gerichte gegen die Katholiken. So hat 2004 der Oberste Gerichtshof in Kalifornien entschieden, dass katholische karitative Organisationen verpflichtet seien, ihren Mitarbeitern die Empfängnisverhütung zu bezahlen, obwohl Verhütung im Widerspruch zur katholischen Moral steht.

Im britischen Oberhaus sind nicht viele Katholiken vertreten. Einer von ihnen ist aber außergewöhnlich. Lord David Alton aus Liverpool. Er wurde als Abgeordneter 1979 in das Unterhaus gewählt und war mit 28 Jahren das »Baby of the House«, also der jüngste Abgeordnete. Er war zwar Mitglied der »Liberalen Demokraten«, aber er war ein sonderbarer Liberaler. Er vertrat nämlich Pro-Life-Positionen. Dadurch kam er immer mehr in Konflikt mit seiner Partei. 1997 verließ er die Partei und auch das Unterhaus. Dank John Major, des scheidenden Premiers der Konservativen, wurde er zum Mitglied des Oberhauses auf Lebzeiten ernannt.

David Alton hat im März 2005 in seiner Rede vor dem Oberhaus bemerkenswerte Geschichten von britischen Christen erzählt, die bei ihrem Kampf zum Schutz von Menschenleben nicht gezögert hatten, als Opfer auch den Verlust ihres Arbeitsplatzes in Kauf zu nehmen.

Da war etwa die Geschichte der Sekretärin Barbara Janaway. Sie lehnt es ab, einen Brief zu schreiben, in dem der Arzt einer Frau eine Abtreibung empfiehlt. »Ich konnte das nicht tun. Ich würde etwas in Gang setzen und das wäre unverantwortlich.« Der vorgesetzte Arzt, der den Brief diktiert hatte, sagte ihr: »Treten Sie endlich in die *reale Welt* ein!« Die Antwort von Barbary Janaway war verblüffend einfach. Sie hätte es verdient, in Stein gemeißelt zu werden.

»Dies ist die reale Welt«, antwortete ihm Barbara Janaway und verlor ihre Stelle.

Er erzählte weiterhin die Geschichte von Patrick McCrystal, einem Apotheker, der es ablehnte, abortive Empfängnisverhütung zu verkaufen. Auch er hat die Stelle verloren. Dann gibt es die Geschichte des jungen Chemikers Stephen Clark aus Manchester, dessen Firma den Auftrag bekommen hatte, die Emissionen der Verbrennungsanlage, in der auch biologischer Abfall aus sechzehn Krankenhäusern verbrannt wurde – darunter auch die leiblichen Überreste abgetriebener Kinder –, zu messen. Stephen Clark lehnte es ab, sich an den Messungen zu beteiligen. »Ich mache nicht mit, ebenso wenig wie ich mich am Monitoring im Krematorium in Ausschwitz beteiligen würde«, gab Clark an. Daraufhin verlor er seine Stelle und später auch seinen Gerichtsprozess.

Zu erwähnen ist die Geschichte des Journalisten Simon Caldwell von der Zeitung »Lancashire Evening Post«, der häufig über Abtreibungen in der Region geschrieben hatte, wobei er im Zusammenhang mit den Abtreibungen Worte wie »töten« und »umkommen« benutzte. Die Vorgesetzten ließen ihn wissen, dies sei zu emotional. Er solle besser Ausdrücke wie »Beendigung der Schwangerschaft« benutzen. Caldwell lehnte ab und wurde gefeuert.

Glauben die Revolutionäre etwa, sie könnten für alle Ewigkeit jeglichen Widerstand des menschlichen Gewissens unterdrücken? Diese Menschen werden trotz allem protestieren, solange die Erde sich dreht ... Die modernen Revolutionäre werden zwar, so gut es eben geht, alles unterdrücken. Der Gewissenskonflikt ist nämlich eine *Bedrohung des Systems*. Wenn sie den Vorbehalt des Gewissens anerkennen, so geben sie zu, dass *mit dem System etwas nicht in Ordnung ist.*

In den 50er-Jahren war Abtreibung auch im politischen Bereich inakzeptabel – mit Ausnahme des Sowjet-Blocks, wo sie überall legalisiert worden war.

Dann, in der ersten Phase, in den 60er- und 70er-Jahren, nahm die Legalisierung der Abtreibung den Parlaments- oder Gerichtsweg. Damals wurde aber im Grunde das Recht von Ärzten und Medizinern, nicht an Abtreibungen teilzunehmen, akzeptiert. Eines der ersten Gesetze dieser Art in Westeuropa, der britische »Abortion Act«, formuliert noch ausdrücklich dieses Recht auf Gewissensfreiheit.

Die zweite Phase ist dann gekennzeichnet durch das Beschließen von drakonischen Gesetzen gegen Menschen, die – gleichgültig wie still und höflich – gegen Abtreibungen in der Nähe von Abtreibungskliniken protestieren. Auf Grund dieser Gesetze kam Linda Gibbons ins Gefängnis.

In der dritten Phase wird das Recht auf Gewissensvorbehalte angezweifelt. Das erleben wir zurzeit. Der spanische sozialistische Justizminister Francisco Caamano gab 2009 kund, was Abtreibungen betrifft, »gibt es keinen Raum für Gewissensvorbehalte«. Wenn aber der Arzt keine rechtliche Grundlage mehr hat, auf deren Basis er die Durchführung von Abtreibungen ablehnen kann, dann droht ihm strafrechtliche Verfolgung. »Lieber gehen wir ins Gefängnis, als dass wir uns einem kriminellen Abtreibungsgesetz unterwerfen«, erwiderte der Arzt Esteban Rodriguez dem Minister. Er ist Sprecher der Organisation »Derecho a Vivir« (Recht auf Leben). Im April 2011 verlor ein spanischer Arzt, der es abgelehnt hatte, Frauen Ratschläge bezüglich einer Abtreibung zu geben, seinen Gerichtsprozess. Richter Oscar Perez aus Malaga sagte, »die Pflicht, eine angemessene medizinische Pflege zu gewähren, steht über dem Gewissen«.

Die Gesetzgeber des australischen Staates Victoria lehnten es 2008 ab, dem Gesetz über die Legalisierung von Abtreibung eine Klausel über das Recht auf Gewissensvorbehalt hinzufügen. Unter den christlichen Ärzten wächst die Angst, kriminalisiert zu werden, wenn sie die Durchführung von Abtreibungen ablehnen. Kardinal George Pell aus Sydney nannte die Verweigerung des Gewissensvorbehalts Tyrannei.

Einen erbitterten Kampf um den Gewissensvorbehalt gab es in der vergangenen Dekade in den USA. Es ging um ein im Kongress jahrelang vorbereitetes, aber nicht verabschiedetes Gesetz, den »Freedom of Choice Act«, also ein »Gesetz über die Freiheit der Wahl«, bekannt unter dem Kürzel FOCA. Es erklärt die Abtreibung zu einem menschlichen Grundrecht. Seine Verabschiedung wäre die legislative Bestätigung des Urteils im Fall »Roe vs. Wade« und verständlicherweise auch eine Infragestellung des Rechts auf Gewissensvorbehalt. Als der Senator Barack Obama 2007 bei seinem Besuch von »Planned Parenthood« gefragt wurde, was er als Präsident zuerst tun würde, antwortete er ohne Zögern: »Zuerst würde ich FOCA unterzeichnen.«

Aber die Entwicklung ging in die entgegengesetzte Richtung. Die letzte Tat von Präsidenten George W. Bush war die Durchsetzung der »Provider Refusal Rule«, eines Gesetzes über den starken Gewissensvorbehalt für Ärzte und Mediziner, was Abtreibungen betrifft. Dieses Gesetz wurde am 20. Januar 2009 wirksam, genau an dem Tag, als der neue Präsident Barack Obama seinen Eid abgelegte.

Schon Ende Februar 2009 erklärte die Obama-Administration, es sei geplant, das Gesetz aus der Bush-Ära über Gewissensvorbehalte zu ändern. Dagegen erhob sich eine Welle des Widerstands von Seiten der Kirchen und Pro-Life-Organisationen. Barack Obama hat bis jetzt bezüglich des Gewissensvorbehalts keinen Erfolg.

Im selben Monat sagte Marylee Meehan, Präsidentin der Internationalen katholischen Vereinigung von Krankenschwestern, dass Krankenschwestern, die sich zu Pro-Life bekennen, ein weltweit wachsendes Anstellungsproblem haben. 2011 unterschrieben mehr als 61.000 Mitarbeiter im Gesundheitswesen und Patienten eine Petition an Präsident Obama, in der sie einen besseren Schutz des Gewissens von medizinischen Mitarbeitern forderten. Ja, wir sollten auch die Patienten nicht vergessen. Viele Patienten fürchten, dass es bald keine Ärzte mehr gibt, mit denen sie die gleichen Werte teilen. Nach einer Umfrage der katholischen medizinischen Assoziation CMA meinen 87 % der Amerikaner, Mediziner sollen bei moralischen Vorbehalten nicht zu Eingriffen gezwungen werden. Mit der Aussage »lieber schließe ich meine medizinische Praxis, als gegen mein Gewissen zu verstoßen« stimmten 95 % der amerikanischen Ärzte überein. 88 % der Amerikaner wollen die gleichen Werte mit ihrem Arzt oder Pfleger teilen.

In Schweden hingegen zeigte das Parlament bezüglich des Gewissensvorbehalts mit dem Daumen nach unten. In einer Abstimmung 271 zu 20 (!) nahm es kritisch Stellung zum Beschluss des Europarates, der dem Arzt das Recht auf Gewissensvorbehalt zugestanden hat ebenso wie das Recht, die Durchführung von Abtreibungen abzulehnen. Aus der niederländischen königlichen Gesellschaft hingegen wurde uns kürzlich gemeldet, jeder Arzt sei verpflichtet, sich an der Euthanasie zu beteiligen. Er muss zwar nicht direkt töten, aber er ist zumindest verpflichtet, den Antragsteller zu einem Kollegen zu überweisen, der ihn dann tötet. Auch im schweizerischen Kanton Vaud werden Ärzte in Krankenhäusern und Seniorenheimen Menschen, die diese Welt verlassen wollen, behilflich sein müssen. Dies haben im Juni 2012 die Bewohner des Kantons in einem Referendum entschieden. Beschwerden darüber, dass Ärzte und Mediziner das Recht haben, eine Abtreibung abzulehnen, kommen aus Frankreich.

Nein, niemand kann laut Revolution außen vor bleiben. Jeder muss sich am Tod beteiligen. Das Gericht hat dies zwei katholischen Krankenschwestern aus dem schottischen Glasgow im Februar 2012 klar gesagt. Die Geburtshelferinnen Mary Doogan und Connie Wood lehnten es ab, Schwestern zu beaufsichtigen, die bei Abtreibungen assistierten. Jahrelang waren sie dazu nicht gezwungen worden, doch das hat sich geändert. Daraufhin haben sie das Gericht angerufen – aber verloren. In Großbritannien wird Gewissensvorbehalt zwar vom Gesetz anerkannt, aber wie es scheint, auf recht restriktive Art. Die Richterin erklärte, die Schwestern seien nicht direkt und persönlich gezwungen gewesen, die Prozedur auszuüben. Sie sollten sie nur überwachen. Dies ist in etwa so, als wenn der Chef einer kriminellen Gang die Beseitigung der Konkurrenzgangster nicht persönlich vornimmt.

»Wir beide sind enttäuscht und sehr traurig über dieses Urteil. Während unserer 20-jährigen Arbeit im ›Südlichen allgemeinen Krankenhaus‹ waren wir als Geburtshelferinnen stolz auf diese Entbindungsabteilung, in der das Recht der Schwestern auf Gewissensfreiheit voll respektiert wurde«, sagte Mary Doogan. »Wir haben Frauen, die ihre Schwangerschaft beenden wollten, nicht verurteilt. Aber wir sind überzeugt, dass das Leben von der Empfängnis bis zum natürlichen Tod geschützt werden soll. Deshalb wollen wir auch nicht verurteilt werden, wenn wir uns an der Beendigung einer Schwangerschaft nicht beteiligen.«

Im Herbst 2011 klagten zwölf Krankenschwestern gegen die Leitung des Krankenhauses in New Jersey in den USA. Auch sie hatte man gezwungen, unter der Drohung der Entlassung sich an Abtreibungen zu beteiligen. Sie hatten abgelehnt. Auch in diesem Fall hat die Krankenhausleitung die per Gesetz garantierte Gewissensfreiheit nach ihren eigenen Vorstellungen ausgelegt. Zu einer von den Schwestern, Esperanza R. Vinoya, sagte ihr Vorgesetzter: »Sie müssen doch nur das Kind am Kopf fassen. Keine Angst, es wird schon tot sein.« Das ist aber ein Sensibelchen, diese Schwester ...

Beryl Otieno-Negoje erklärte: »Ich bin Krankenschwester geworden, um den Menschen zu helfen, nicht, um dabei zu helfen, sie zu töten. Das kann nicht richtig sein.« Sie ist eine Krankenschwester und glaubt nicht, dass es richtig ist, Beihilfe beim Töten von Menschen zu leisten. Sie lebt wohl noch im Mittelalter ...

In der zweiten Hälfte 2011 und im Jahr 2012 entflammte in den USA erneut ein Kampf. Diesmal ging es um neue Maßnahmen des »Ministeriums für Gesundheit und soziale Dienstleistungen« (Department of Health and Human Services). Es ging um die Erstattung der Kosten von Verhütungsmitteln durch die Krankenversicherungen. Geplant ist dies von Obamas Ministerin Kathleen Sebelius und hat das einfache Kürzel »HHS mandate«. Wenn es gebilligt wird, müssen die Arbeitgeber für die Antikonzeption ihrer Arbeitnehmer zahlen. Darunter fällt auch die

Sterilisation und die abortive Antikonzeption, derer Nutzung eigentlich keine Verhütung, sondern eher eine »Miniabtreibung« ist. Arbeitgeber sind auch christliche Kirchen und zugeordnete christliche Organisationen. Stellen wir uns katholische Schulen, Krankenhäuser, karitative Organisationen vor. Sie sollen durch Gesetz gezwungen werden für etwas zu zahlen, das im Widerspruch zur katholischen Glaubenslehre steht. Die amerikanische katholische Kirche betrachtet dies als direkten Angriff auf die religiöse Freiheit. Kardinal Francis George aus Chicago schrieb im Februar 2012 in seiner Kolumne in der Zeitschrift der Erzdiözese:

»In der amerikanischen Geschichte haben unsere Regierungen stets die individuelle Gewissensfreiheit und die institutionelle Integrität der vielen religiösen Gruppen, die unsere Gesellschaft bilden, respektiert. Die Regierungen haben sie nicht gezwungen, etwas zu tun oder für etwas zu zahlen, was gemäß ihrem Glauben unmoralisch ist. Das haben wir für religiöse Freiheit gehalten. Das haben wir durch die amerikanische Verfassung für geschützt gehalten. Vielleicht war es lächerlich, dass wir so etwas geglaubt haben. Was passiert aber, wenn ›HHS mandate‹ nicht annulliert wird? Die katholischen Organisationen werden eine von den vier folgenden Möglichkeiten haben: 1. Sie säkularisieren sich, unterbrechen ihre Verbindung mit der Kirche, mit ihrer moralischen und sozialen Lehre, und beenden die Aufsicht durch den örtlichen Bischof. Das ist eine Form des Diebstahls. Es bedeutet nämlich, dass der Kirche ihre institutionelle Stimme im öffentlichen Leben genommen wird. 2. Sie entrichten die üblichen Geldstrafen, weil sie sich weigern, für abtreibende Mittel, künstliche Verhütung und Sterilisierung zu zahlen. Das ist wirtschaftlich nicht zu halten. 3. Sie verkaufen die Organisation an eine nicht katholische Gruppe oder an die örtliche Regierung. 4. Sie schließen die Organisation ...

Religiöse Freiheit ist mehr als die Freiheit, eine Andacht zu verrichten. Sie war auch in der Verfassung der ehemaligen Sowjetunion

375

garantiert. Die Menschen konnten in die Kirche gehen, falls sie eine gefunden haben. Die Kirche hatte aber außer bei religiösen Zeremonien keinen Handlungsspielraum. Keine Schulen, keine religiöse Publikationen, keine medizinischen Einrichtungen, keine karitativen Organisationen, keine Gerechtigkeitsdienste und keine Taten der Barmherzigkeit, die natürlich aus dem gelebten Glauben heraus erfolgten, standen ihnen zur Verfügung. Alles hat die Regierung mit Gewalt usurpiert. Wir haben einen langen Kalten Krieg geführt, um diese Vision von der Gesellschaft zu besiegen.«

Ja, der Kardinal hat erkannt, dass diese Vision wieder da ist. Im Westen. Zum Schluss seiner Kolumne empfiehlt er den Lesern, die veröffentlichte Liste der katholischen Krankenhäuser und medizinischen Einrichtungen in der Erzdiözese anzusehen. Es könnte nämlich sein, dass diese Liste in zwei Jahren keine Eintragungen mehr hat.

Über »HHS mandate« sprach auch Kardinal Timothy Dolan, Vorsitzender der Amerikanischen Bischofskonferenz, mehrmals mit Präsident Obama. Die Details veröffentlichte er im März 2012 in einem Gespräch mit dem Wall Street Journal. Barack Obama hatte Dolan im November ins Oval Office eingeladen. Alles sah am Ende sehr gut aus. Dolan prüfte nach, ob er die Botschaft des Präsidenten richtig verstanden hatte. »Sie sagten, Herr Präsident, dass Sie große Anerkennung für die Arbeit der katholischen Kirche in den Vereinigten Staaten im Bereich Bildung, Gesundheitswesen und Fürsorge haben ... und die Regierung werde nichts unternehmen, was diese Arbeit behindern würde, dass Sie den Schutz der Gewissensfreiheit mit höchst möglichem Ernst betrachten. Kann man das so zusammenfassen?« »Sie können darauf wetten«, antwortete Barack Obama. Als Dolan fragte, ob er die Erlaubnis habe, dies so allen Bischöfen zu übermitteln, antwortete der Präsident: »Sie haben nicht nur die Erlaubnis, ich bitte Sie darum.« Zwei Monate später war alles anders. Der enttäuschte Dolan sagte dem Wall Street Journal, im Januar 2012 habe ihn

der Präsident angerufen und mitgeteilt, dass das »HHS mandate«
nicht bedeutend geändert werde und die Kirche bis August Zeit
habe, sich anzupassen. »Wir brauchen keine Zeit, weil wir uns
nicht anpassen werden«, sagte der Erzbischof dem Präsidenten.
Die Katholiken, die es am meisten betrifft, haben die Unterstützung anderer christlichen Kirchen. »Jetzt sind wir alle Katholiken«, sagte der ehemaliger Gouverneur von Arkansas, der Baptist
Mike Huckabee, der sich sehr gut in den Vorwahlen für die Präsidentschaft 2008 geschlagen hatte.

Der legendäre Slogan der Pro-Abtreibungsaktivisten »Keep
your rosaries off my ovaries!«, also »Weg mit Ihrem Rosenkranz
von meinen Eierstöcken!« hat heute eine umgekehrte Bedeutung
bekommen. Die Katholiken können ruhig sagen: »Keep your
ovaries off my rosaries!«

Hier ist ein massiver Kampf im Gange. In ihm entscheidet
sich, was wir Menschen sind. Sind wir uneingeschränkte Herren unseres Schicksals? Entscheiden wir, was Gut und Böse ist?
Oder sind wir Geschöpfe, in die der Schöpfer seine stille, aber
eindringliche Stimme gelegt hat, eine Stimme, die man nicht zum
Schweigen bringen kann?

An der Kultur kann man erkennen, wes Geistes Kind sie sind

»Kill the Christians!«
Text aus einem Lied der Gruppe Deicide

Vor Ostern 2011 macht Fräulein Stefanie Angelina Germanotte, bekannt als Lady Gaga, in zweierlei Art auf sich aufmerksam. Zuerst so, dass sie während einer Vorstellung in Houston vom Klavier auf den Hintern gefallen ist. Und dann mit ihren neuen Lied »Judas«.

»*Ohohohoh, I'm in love with Judas*«, singt diese Lady, die in der Rolle der gotteslästernden Provokateurin mittlerweile Louise Ciccone, also Madonna, abgelöst hat. Warum Judas? Weil eben Ostern vor der Tür stand, und da glauben einige Menschen, dies sei die beste Zeit für Blasphemie. Zum Beispiel den zu loben, der Ihn verraten, Christus, der sich für uns geopfert hat. Es wird erzählt, dass die russischen Bolschewiken, nachdem sie an die Macht gekommen waren, in einigen Städten eine Statue des Judas Iskariot errichtet haben. Ob es wahr ist oder ein Mythos – in jedem Fall knüpft Lady Gaga an eine Tradition an.

Wenn Sie sich nicht sicher sind, wie die Gesellschaft Ihre Werte ehrt, so schauen Sie eine Weile auf Kultur und Kunst. Die sagen Ihnen die Wahrheit.

Die Revolution hat ein Pantheon von Heiligen, sie hat auch ihre Märtyrer und Kämpfer für ihre »Wahrheit«. Hollywood verehrte in der vergangenen Dekade künstlerisch den Pionier der sexuellen Revolution, Alfred Kinsey, mit dem Film »Kinsey«. Weitere Film-Ehren empfing »Vera Drake«, eine hingebungsvolle Frau, die anderen Frauen abzutreiben »hilft«. Dieser Film ist das künstlerische Bild der »Mutter Teresa« der Revolution. Die wirkliche Mutter Teresa haben die Revolutionäre nicht so gerne.

Darüber, wer Opfer und wer Aggressor bei homosexuellen Themen ist, hat uns schon der Film »Philadelphia« belehrt, und für alle, die sich immer noch widersetzen, die nicht verstehen wollen, hat es vor Kurzem ganz hart der Film »Brokeback Mountain« gezeigt. Die homosexuellen Paare, denen die rückständigen Mitbürger nicht das geben wollen, was ihnen zusteht, haben sich bereits einen Weg auch in die Serien des slowakischen Fernsehens Markíza gebahnt. Geschichten von Christen, die im Westen von dem Homosexualismus verfolgt werden, wollen die Künstler der Revolution aber nicht hören und deshalb werden sie auch nicht gehört. So wie sie niemals die wirkliche Geschichte von Whittaker Chambers kennen wollten. Genauso wenig hat sie die Geschichte der jahrelangen Verfolgung von Christen im Kommunismus interessiert. Wir wissen doch, dass sie im Grunde genommen auf der Seite der Kommunisten gestanden haben.

Im Film »The Hours« aus dem Jahr 2002 haben uns seine Autoren drei feministische Heldinnen vorgestellt. Nicole Kidman spielt die Schriftstellerin Virginia Woolf, Mitglied der Bloomsbury Gruppe, des englischen progressiven »Bienenstocks« aus den 30er-Jahren. Juliana Moore spielt ihre Leserin, die Mann und Kind verlässt, um ihre Freiheit zu suchen. Meryl Streep spielt eine Lesbe, die sich »in vitro« befruchten lässt und gemeinsam mit ihrer Partnerin die Tochter erzieht. »Million Dollar Baby« löst das Problem der Euthanasie – zu Gunsten der Euthanasie.

Auch die revolutionäre Kunst hat verständlicherweise ihre Bösewichte. Da gibt es fremde Altäre, die abgerissen werden, fremde Symbole, die befleckt werden müssen.

Martin Scorsese drehte bereits im Jahr 1988 einen blasphemischen Film »Die letzte Versuchung Christi«. Die Komödie »Dogma« aus dem Jahr 1999 übertraf ihn noch. 1992 konnten auch die slowakischen Christen durch die Erzählung von Martin Kasarda, »Wohl das letzte Abendmahl«, veröffentlicht in Kultúrny život (Das Kulturleben), erleben, in welche Welt sie geraten sind.

Ein Hit der vergangenen Dekade war der Roman von Dan Brown »Sakrileg« und der nach dem Buch gedrehte Film. Die sexuelle Beziehung zwischen Jesus Christus und Maria Magdalena ist ein beliebtes Thema der Gotteslästerer. Brown hat noch »Opus Dei« als mordende kriminelle Organisation hinzugefügt. In der Fantasy-Trilogie »Der Goldene Kompass« wird die dunkle Macht »Kirche« oder »Magisterium« genannt.

2011 wurde in französischen Theatern das Stück »Golgota Picnic« gespielt. Dort fielen im Zusammenhang mit Jesus Christus Ausdrücke wie »terroristischer Teufel«, »Hu..sohn«. In einem weiteren dramatischen »Prachtstück« bewerfen Kinder das Bild des Herrn Jesus mit Granaten , in einem spanischen TV-Spot für Kondome wird gesagt: »Heiliges Kondom, das AIDS aus der Welt verbannt«. In den Kinos konnte man den Film »Rosa Mauer« mit einem homosexuellen Christus sehen ... Das alles und nicht nur das allein im Jahr 2011. Wir könnten fortsetzen.

Ähnlich verhält es sich mit der bildenden Kunst. Jegliche nur vorstellbare Schändung von Jesus Christus oder der Mutter Gottes ist erlaubt. »Piss Christ« von Andres Serrano, ein Foto des Kruzifixes in einen Behälter mit Urin getaucht, wandert schon seit 20 Jahren siegreich durch die Galerien des Globus. Im Frühling 2011 ist es in der französischen Stadt Avignon eingetroffen.

»Epifania I« von Gottfried Helnwein aus dem Jahr 1996 ist eine Parodie auf die Anbetung des kleinen Jesus durch die Heiligen Drei Könige. Auf dem Bild von Helnwein beten ihn Mitglieder der SS an. Die letzte Schande ist eine Statue der Jungfrau Maria von Mark Rossell. Sie wurde im österreichischen Sankt Pölten im Herbst 2010 installiert. Maria ist umhüllt von einer durchsichtigen Plastikhülle, die an ein Kondom erinnert. Die Statue wurde in den Räumen des Landhauses der niederösterreichischen Regierung ausgestellt. Gegen die Statue haben der örtliche Bischof Klaus Küng und Politiker von Straches FPÖ protestiert. Mark Rossell behauptet auf einer Internetseite, dass er mit seinem Werk gegen die Kommerzialisierung und den Kitsch, die er beim Besuch in Lourdes gesehen hat, protestiere. An anderer Stelle sagt er auch, dass er ein »pubertäres Bedürfnis hatte, die Madonna zu beschmutzen«.

Dies sind nur einzelne Beispiele, keine erschöpfende Aufzählung. Während das »Werk« von Serrano vor zwei Dekaden noch einen Skandal hervorgerufen hatte, weil es eines der ersten war, hat die Madonna in Sankt Pölten es kaum noch auf die Seiten der örtlichen Presse geschafft. Wir leben in einer Kultur, in der Gotteslästerung alltäglich geworden ist.

»Ich wollte niemanden beleidigen«, spricht Andres Serrano und stellt damit der Zeit ein Zeugnis der Irrationalität aus. Er wollte niemanden beleidigen, aber er tut es. Nicht nur die beiden Sängerinnen tun so, als ob sie eigentlich gute Christinnen wären. Auch Rossell erklärt, dass er gegen die kommerzielle Misshandlung der Jungfrau Maria protestiert. Eigentlich *sagt er, dass er auf der Seite der Christen stehe.*

Man erlaubt sich viel gegenüber Ihnen, liebe Christen ... Und im Übrigen, was erlaubt man sich denn Ihnen gegenüber? Nein, nicht auf der Leinwand oder in Galerien, sondern direkt in oder vor Ihren Kirchen?

Als ich in den Jahren 2002–2006 slowakischer Innenminister war, wurde kein einziger physischer Übergriff an Homosexuellen registriert. Dafür wurde aber Miloš Čambal, der Mesner der Kirche »Jungfrau Maria der Sieben Leiden« in Bratislava im Stadtteil Pertžalka 2005 direkt vor der Kirche bei einem Überfall einer Gruppe Satanisten ernsthaft verletzt.

Im westlichen Europa gibt es immer wieder systematische Attacken von aggressiven homosexuellen Gruppen im gleichen Stil.

Einige Wochen nach der Wahl von Papst Benedikt XVI., am 5. Juni 2005, kam es mitten in der bekanntesten Kirche Frankreichs, in der Pariser »Notre Dame«, zu folgendem Vorfall: Eine Gruppe Homosexueller der Organisation »Act Up« brach in die Kirche ein und spielte dort die Parodie auf eine Eheschließung. »Vermählt« wurden zwei Lesben. Ein Homosexueller imitierte einen

Priester. Sie riefen: »Papst Benedikt, Homophob, AIDS-Mittäter!« Es kam zu einer Rangelei zwischen ihnen und den Kirchenbediensteten, bei der der Priester Patrick Jaquin leicht verletzt wurde. Im November 2008 störte die homosexuelle Organisation »Bash Back« protestantische Gottesdienste in Lansing im Staat Michigan, in der Kirche und vor der Kirche. Sie küssten sich, riefen Parolen und verteilten Flugblätter, in denen behauptet wurde, Jesus sei ein Homosexueller gewesen. Zur gleichen Zeit überfiel eine Gruppe im Homosexuellen-Viertel von San Francisco eine friedliche christliche Prozession. Ein homosexueller Aktivist störte im März 2012 die katholische Messe im englischen Devon während der Verlesung eines Hirtenbriefes der Bischöfe zum Regierungsentwurf für gleichgeschlechtliche Ehen.

Ein »kiss in«, also ein Küssen in der Kirche oder vor ihr, ist in den letzten Jahren eine der üblichen Provokationen von homosexuellen Aktivisten an Christen geworden. Außer in Michigan passierte dies in Salt Lake City und in San Diego in den USA vor einer Mormonenkirche, weiterhin im Herbst 2009 während des Papstbesuches in Barcelona, 2010 in Frankreich vor der Kathedrale in Lyon und vor der Kathedrale »Notre Dame« in Paris. 2011 wiederholt es sich vor der Kathedrale im peruanischen Lima. Oder die Aktivisten tauchen nur auf, um die Katholiken als »bigott« zu beschimpfen, geschehen im Februar 2011, am Tag des heiligen Valentin vor der Kathedrale in Chicago während des Gottesdienstes.

Aber die Kirchen werden nicht nur durch homosexuelle Aktivisten entheiligt. Im März 2011 brachen etwa 50 junge Menschen in die Kapelle auf dem Universitätscampus bei Madrid ein. Sie riefen durch Megafon antikirchliche Parolen und Frauen zogen sich dabei aus. Die Bewegung »Occupy Vatican« unterbrach im Oktober 2011 den Gottesdienst in der Kathedrale im kanadischen Vancouver. Zwei Wochen zuvor hatten Randalierer aus der gleichen Bewegung in Rom die Statue der Jungfrau Maria aus einer Kirche gestohlen und auf der Straße unter Jubel zerschlagen.

Im März 2012 provozierten 15 Randalierer mit faschistischen Beschimpfungen die Besucher der tridentinischen heiligen Messe vor der Kathedrale in Bordeaux. In Europa sind einige Dutzend derartiger Fälle in den letzten Jahren bekannt geworden. Und wie viele wurden nicht bekannt?

In einer Atmosphäre echten Terrors lebt zurzeit der neue Erzbischof von Brüssel, André Joseph Leonard. Leonard beschreibt in seinem Buch, dass die Verbreitung von Homosexualität zur Verbreitung von AIDS beiträgt. Dafür wurde er zur Zielscheibe einer aggressiven Kampagne durch die Medien und danach wiederholt Opfer von körperlicher Gewalt. Schon 2008, als er noch Bischof in Namur gewesen war, hat man ihn für seine Thesen verklagt, aber das Gericht sprach ihn frei. Doch dies war nur der Anfang. Im Dezember 2010 sprang ihn während des Gottesdienstes in der »Kathedrale des heiligen Erzengels Michael und der heiligen Gudula« ein unbekannter Angreifer an und schmiss ihm eine Sahnetorte ins Gesicht. Zu einer Serie von Tortenattacken auf den Erzbischof kam es im April 2011, als er die Universität in Löwen besuchte. Schon vor dem Eingang wurde er angegriffen und dies setzte sich bis in den Vortragsraum fort. Das Video auf »Youtube«, das diesen Angriff zeigt, endet mit einem Appell diese Gewalt fortzusetzen.

Diese Menschen sprechen immer von Toleranz.

Durch ihre Kultur wissen Christen, wo sie stehen. Es ist an der Zeit, die Wahrheit zu sagen..

Cäsars Daumen dreht sich nach unten. Die Löwen kommen in die Arena. Sie knurren über Toleranz.

Die Löwen kommen

»Wenn sie mich verfolgt haben,
werden sie auch euch verfolgen.«
Joh 15,20

Die Wahrheit ist die, dass im euro-amerikanischen Raum eine neue Christenverfolgung begonnen hat. Es ist eine unblutige Verfolgung. Wir sollten uns über sie nicht täuschen, nur weil sie wesentlich weniger massiv ist als die Verfolgung des Christentums im Kommunismus. Erinnern wir uns an die Christenverfolgung in den 70er- und 80er-Jahren. Auch die Christenverfolgung in der Tschechoslowakei in den 70er- und 80er-Jahren ist schwächer gewesen als in den 50er-Jahren. Und die Christenverfolgung in der Tschechoslowakei oder in Polen war weniger schlimm als in der Sowjetunion.

Ein Magengeschwür ist keine so ernste Krankheit wie der Krebs, aber dies bedeutet nicht, dass ein Magengeschwür keine Krankheit ist. Die Grippe ist eine weniger ernste Erkrankung als ein Magengeschwür, aber das bedeutet nicht, dass die Grippe keine Krankheit ist. Deswegen sollte man das, was mit dem Christentum westlich der Slowakei passiert, mit dem richtigen Namen benennen. Es ist eine Verfolgung. Es sollte uns auch nicht irritieren, dass viele über eine solche Behauptung herablassend und ironisch lächeln. Wurden wir nicht auch im Kommunismus mit Ironisierung oder Bagatellisierung betroffen gemacht? Doch man hat uns getroffen. Hat man nicht veröffentlichte nackte Fakten über die Christenverfolgung durch das Regime als »antisozialistische Propaganda« bezeichnet, als Hetzjagd von »ideologisch diversanten Zentralen«? Sie waren es.

Im Kommunismus galt, je weiter im Osten, desto größer die Verfolgung. Es scheint, heute gilt, je weiter im Westen, desto größer die Verfolgung. Die meisten Nachrichten kommen aus der angelsächsischen Welt, aus den USA, Kanada und Großbritannien.

Wann begann diese Verfolgung? Ab wann mündeten die einzelnen Fälle in einen großen Strom von Ereignissen, wann wurde eine allgemeine sich wiederholende Gesetzmäßigkeit erkennbar? In welchem Jahr, mit welchem Ereignis wurde die rote Linie überschritten? Es gibt dafür mehrere Kandidaten. Als Wendejahr und entscheidendes Ereignis können wir vor allem das Jahr 2004 betrachten und die Nichtwahl von Rocco Buttiglione zum EU-Kommissar. Die Linke sagte damals, ein Mensch mit traditionellen katholischen Ansichten sei dieser Ansichten wegen für die Funktion eines Eurokommissars nicht qualifiziert. *Die transformierte Rechte* hatte diese Haltung der Linken zur Kenntnis genommen, *hatte sich damit abgefunden, die ununterbrochene Zusammenarbeit mit den Linken fortgesetzt und weiterhin mit ihnen die Macht im Europäischen Parlament geteilt.*

Heute befinden wir uns zeitlich irgendwo am Ende der ersten Dekade dieser Verfolgung.

Lassen Sie sich nicht dadurch irreführen, dass Ihnen viele Christen sagen, sie wüssten nichts von Verfolgung. Die gab es ja auch im Kommunismus. Es sollte uns auch nicht beirren, dass Westeuropa und Nordamerika im Vergleich zu Osteuropa noch immer viele Vorteile bieten, vor allem in Bezug auf den Lebensstandard. Dort ist das Leben angenehmer als bei uns in der Slowakei.

Es soll uns auch nicht irreführen, dass diese neue Verfolgung weniger brutal ist und bisher nur kleinere Gruppen von Menschen betroffen sind als damals im Kommunismus in Osteuropa. Möge sich das nicht verschlimmern ...

Im Sommer 2010 besuchte Erzbischof Charles Chaput aus Denver die Slowakei. In seinem Vortrag in Spišské Podhradie sagte er: »Die religiöse Freiheit der Kirche ist heute auf eine Art und Weise bedroht, wie sie es weder in der nationalsozialistischen noch in der kommunistischen Ära gewesen war.« Klarer kann man es nicht mehr sagen. Charles Chaput erzählt, warum das so ist:

»Es existiert eine Art von innerer Logik, die vom Relativismus zur Repression führt. Dies erklärt auch das Paradoxon, warum die westlichen Gesellschaften zwar Toleranz und Respekt für Andersartige predigen, aber ein Leben nach der katholischen Lehre aggressiv untergraben. Diese Toleranzprediger können nicht akzeptieren, dass die Kirche manche Gedanken und Verhaltensweisen nicht tolerieren darf, weil sie uns entmenschlichen und unsere menschliche Würde nehmen. Die Lehre, alle Wahrheiten seien relativ, kann es nicht zulassen, dass einige Wahrheiten nicht unter diesen Relativismus fallen.«

Und was folgt daraus für die Zukunft? Charles Chaput sagt: »Wir leben in einer Zeit, in der die Kirche herausgefordert wird, sich zu einer *gläubigen Gemeinschaft im Widerstand* zu wandeln.« Erzbischof Chaput ist ein Nachkomme des Indianerstammes Potawatomi vom oberen Flusslauf des Mississippi. Liebe Christen, ein Indianer-Bischof sagt Euch, dass gegen Euch schon lange das Kriegsbeil ausgegraben wurde und dass Euch nichts anderes bleibt, als dass auch Ihr Euch auf den Kriegspfad begebt. Ihr müsst kämpfen und die geistigen Werte werden Eure Waffen sein.

Im Februar 2011 gebrauchte Erzbischof Chaput weitere ernste Worte. »Werdet Märtyrer beim Aufbau der Kultur des Lebens! Seid bereit, den Preis zu zahlen!«

Über die schon vorhandene Verfolgung von Christen sprach der anglikanische Bischof pakistanischer Herkunft, Michael Nazir-Ali, der an der Kampagne NOT ASHAMED zur Unterstützung von verfolgten Christen teilnimmt. Der Vertreter des Vatikans, Erzbischof Silvano Tomasi, sagte im März 2011 während einer Tagung des »Rates für Menschenrechte bei der UNO« in Genf, Menschen, die das Sexualverhalten von gleichgeschlechtlichen Personen nicht unterstützen, würden stigmatisiert, angeschwärzt und verfolgt.

Darüber spricht auch die Präsidentin der Päpstlichen Akademie für Gesellschaftswissenschaften, Mary Ann Glendon: »Sogar in den Ländern, wo die religiöse Freiheit auf einer alten und sicheren Verfassunggrundlage beruht, verdächtigt man die Gläubigen, da sie behaupten, die Wahrheit über den Menschen zu kennen. Das führt zu deren Marginalisierung und direkter Diskriminierung.«

Und hat dasselbe nicht auch der homosexuelle Atheist David Starkey gesagt? Wer Ohren hat, der höre ...

Diese Verfolgung wird inzwischen bereits dokumentiert, zum Beispiel von einer Nicht-Regierungsorganisation, der »Observatory on Intolerance and Discrimination against Christians in Europe« (OIDCE), die neben der Agentur für Menschenrechte bei der EU tätig ist. Darin liegt insofern ein Paradox, weil es doch eigentlich die EU ist, die zu dieser Diskriminierung zumindest indirekt beiträgt. OIDCE veröffentlichte 2010 den ersten umfangreichen Bericht über die Verfolgung von Christen in Europa für die Jahre 2005–2010. Die Direktorin des OIDCE, Gudrun Kugler, erwähnte bei der Veröffentlichung des Berichts, dass die Diskriminierung von Christen vor allem auf der Leugnung ihres Rechts auf Meinungsfreiheit und ihres Rechtes auf Gewissensvorbehalt basiert. Wenn Sie die Website dieser Organisation besuchen, können Sie die Struktur der Christenverfolgung erkennen.

Wir haben schon gesagt, dass die Verfolgung nicht darin besteht, dass ein Raubtier Ihnen in der Arena den Körper zerreißt. Auch nicht darin, dass sie uns für viele Jahre ins Gefängnis stecken. Obwohl der Fall von Linda Gibbons etwas anderes zeigt.

Es kann Ihnen jedoch passieren, dass Sie die Nacht in einer Polizeizelle verbringen, weil Sie Worte aus der Bibel verkündet haben. Sie können dafür vor Gericht gezerrt werden. Man kann Ihnen dafür eine hohe Geldstrafe auferlegen, die Sie ruiniert. Man kann Ihnen die Aufgaben an Ihrem Arbeitsplatz auf unvorstellbare Weise ändern, sodass sie gegen den christlichen Glauben verstoßen, und wenn Sie ablehnen, etwas Unmoralisches zu tun, verlieren Sie Ihre Stelle.

Wenn Sie die sexuelle Korruption der Jugend ablehnen, dann verweigert man Ihnen die Adoption von Kindern. Wenn Sie die Unmoral unter Ihrem eigenen Dach nicht dulden, werden Sie verurteilt und ihr Geschäft oder Ihre Existenz beeinträchtigt oder völlig vernichtet. Sie können dafür verfolgt werden, dass Sie ein Symbol Ihres Glaubens tragen, was Tausende von Jahren hindurch nichts Ungewöhnliches gewesen war. Und umgekehrt können Sie im Staatsdienst eine Disziplinarstrafe bekommen, wenn Sie es ablehnen, ein Symbol der neuen säkularen Orthodoxie zu tragen. So war es im Fall des Polizisten Graham Cogman aus dem englischen Norfolk, der es abgelehnt hatte, einen rosa Streifen zu tragen. Dies sollte, so meinte sein Vorgesetzter, die Sympathie der Polizei mit der veranstalteten Gay-Parade ausdrücken. Cogman wurde schließlich aus dem Polizeidienst entlassen.

Sie können Ihren Arbeitsplatz verlieren, weil Sie in Anwesenheit von jemandem gebetet haben. Man kann Ihnen verbieten, an irgendeiner Schule im Staat zu unterrichten, weil Sie aufrichtig mit der Jugend diskutieren wollten, was Abtreibung ist.

Es genügt, wenn Sie sagen, die Ehe soll Mann und Frau vorbehalten sein. Peter Vidmar, den Olympiasieger im Turnen aus dem Jahr 1984, haben sie deshalb gezwungen, von seinem Posten als Chef der amerikanischen Mission bei den Olympischen Spielen 2012 zurückzutreten. Der kanadische Sportkommentator Damian Goddard wurde für eine derartige Anmerkung auf Twitter gekündigt. Den Geschichtslehrer Jerry Buell aus Florida haben sie suspendiert, weil er so etwas auf Facebook geschrieben hatte. Für eine gewöhnliche Darlegung der katholischen Meinung zur Homosexualität hat Professor Kenneth Howell von der Universität im Staat Illinois seine Stelle verloren. Er gehörte aber zu den Glücklichen, die zurückkehren konnten.

Der Lehrer Kwabena Peat aus dem Londoner Tottenham musste eine Schulung verlassen. Die Ausbildnerin hatte erklärt, wer Homosexualität nicht für normal halte, hätte ein »Problem«. Und Kwabena Peat wurde gefragt, warum er Heterosexualität für normal halte. »*Wissen Sie, Frau Ausbildnerin, vielleicht deswegen, weil dank ihr die Menschheit überleben konnte* ...« Kwabena Peat wurde suspendiert und durfte erst nach einigen Monaten zurückkehren.

Es ist interessant, dass sich in Großbritannien so viele Schwarze zum Glauben bekennen. Kwabena Peat, Gary McFarlane, Lilian Ladele, Theresa Davies, Duke Amachree und das Ehepaar Johns sind Schwarze.

Sie können ein Staatsanwalt sein und gegen Planned Parenthood ermitteln, weil die Organisation Fälle von vergewaltigten minderjährigen Mädchen nicht gemeldet hat, bei denen sie eine Abtreibung durchgeführt hatten. Und plötzlich werden Sie eines unethischen Verfahrens beschuldigt und verlieren Ihre Stelle als Staatsanwalt. So wie es vor Kurzem dem Generalstaatsanwalt des Staates Kansas Phill Kline passierte.

Oder Sie werden entlassen, weil Sie einem Kollegen ein Flugblatt über die negativen Konsequenzen einer Abtreibung auf die Psyche der Mutter gezeigt haben. Das passierte der Psychologin Margaret Forrester aus London.

Oder Sie schicken per E-Mail einem Kollegen das Gebet des heiligen Ignatius von Loyola und werden entlassen. So wie es dem Arzt David Drew aus dem englischen Walsall im März 2012 passiert ist. Als 1985 das kommunistische Regime in Bratislava Braňo Borovský, Tomáš Konc und Alojz Gabaj für das Schmuggeln von religiöser Literatur verurteilte, kam zur Gerichtsversammlung auch der Vertreter der britischen Botschaft. Es sieht so aus, als hätten nach beinahe 30 Jahren Großbritannien und die Slowakei ihre Positionen gewechselt.

Oder Sie erhalten ein Disziplinarverfahren wie der Busfahrer Arthur McGeorge aus dem englischen Durham, weil Sie eine Petition unterstützt haben, in der die Ehe als Bund von Mann und Frau beschrieben wird. Oder man zieht Ihnen 14.000 Pfund jährlich von Ihrem Gehalt ab und versetzt Sie auf einen untergeordneten Posten wie Adrian Smith, der im Unternehmen »Trafford

Housing Trust« nicht weit von Manchester arbeitete. Weshalb? Auf Facebook erlaubte er sich die harmlose Bemerkung, dass Kirchen nicht gezwungen werden sollten, Homosexuelle zu trauen. Und wie schon der legendäre tschechische Komiker und Dramatiker Jan Werich die kommunistischen Verhältnisse charakterisiert hat: »Denk nicht! Wenn du denkst, sprich nicht! Wenn du sprichst, schreibe nicht! Wenn du schreibst, dann unterschreibe nicht! Wenn du unterschreibst, dann wundere dich nicht!«

Vielleicht haben Sie ein kleines Unternehmen, in dem Sie T-Shirts herstellen. Und Sie lehnen es ab, T-Shirts mit einer Aufschrift für die homosexuelle »Pride-Parade« anzufertigen. Die homosexuellen Organisationen verklagen Sie, wie es im Jahr 2012 Blaine Adamson aus Lexington in Kentucky erlebte. Oder es droht Ihnen eine Überprüfung, weil Sie es als Miteigentümer der Druckerei abgelehnt haben, Materialien mit homosexueller Propaganda zu drucken. Und so geben Sie nach und drucken. Das ist der Fall eines Druckereiinhabers in der Slowakei in Prešov. Auch in der Slowakei sind diese Innovationen bereits angekommen.

Wenn Sie in einem Kaufhaus arbeiten und höflich ablehnen, einen Mann in Frauenkleidern auf die Damentoilette zu lassen, der von sich behauptet, er sei »Transgender«, dann kündigen sie Ihnen. Das passierte Natalie Johnson, der Angestellten des Kaufhauses Macy's im texanischen San Antonio.

Wenn Sie als Priester sagen, Katholiken sollen keine Politiker wählen, die Ehen von Gays unterstützen, so können Sie bestraft werden. Die mexikanische Wahlkommission hat das Innenministerium aufgefordert, wegen einer solchen Aufforderung aus dem Mund des Sprechers der mexikanischen Erzdiözese, Hugo Valdemar, die Erzdiözese zu bestrafen.

So ein Problem haben Sie auch dann, wenn Sie sich entscheiden, mit dem eigenen homosexuellen Verhalten Schluss zu machen. In Vermont war Lisa Miller eine registrierte Partnerschaft mit Janet Jenkins eingegangen. Nach einer künstlichen Befruchtung gebar Lisa die Tochter Isabell. Nach einigen Jahren hatte Lisa mit der lesbischen Lebensweise Schluss gemacht und war zum christlichen Glauben zurückgekehrt. Die Elternrechte an Isabell beanspruchte aber auch Janet Jenkins. Das Gericht räumte ihr ein Recht auf regelmäßige Treffen mit Isabell ohne Aufsicht anderer Personen ein. Als Isabella Anzeichen eines Traumas zeigte, wollte Lisa das Kind nicht mehr an Janet übergeben. Das Gericht entschied, Lisa das Kind abzunehmen und es Janet anzuvertrauen. Lisa floh mit Isabell ins Ausland, wo sie sich bis jetzt aufhält. Die Polizei sucht sie. Den Pastor, der ihr geholfen hat, nahm das FBI fest.

Auf der Internetseite des TV-Senders CBS wird Lisa Miller als »ehemalige Lesbe« in Anführungszeichen tituliert. Vergebens erklärst du, liebe Lisa, dass du keine Lesbe mehr bist. Wir wissen doch, *du bist es. Du bleibst es für immer. Du musst eine sein.* Wenn es nach der Revolution geht, existieren so etwas wie *ehemalige* Homosexuelle nicht. Nicht einmal dann, wenn es sie doch gibt.

Deswegen werden Sie nicht auf Rosen gebettet sein, wenn Sie als Psychiater bereit sind, Menschen auf ihren Antrag hin die Beendigung ihres homosexuellen Verhaltens zu bescheinigen. Der homosexuelle Journalist Patrick Strudwick besuchte Leslie Pilkington, täuschte vor, er wolle auf seine homosexuellen Neigungen verzichten, und bat sie um Hilfe. Als sie einverstanden war, zeigte er sie bei der »Britischen Vereinigung für Beratung und Psychotherapie« an. Für *so etwas* wird man in Großbritannien heutzutage *angezeigt. Die Vereinigung entschied*, Pilkington müsse *umerzogen* werden, sonst werde sie suspendiert.

So, so! Sie werden *aktiv aufgesucht* und *entlarvt.*

Sie werden Sie finden, auch wenn Sie ins Ausland gehen. Der christliche Aktivist Julio Severo zog mit seiner Familie nach Brasilien, um einer Verfolgung wegen Homophobie zu entgehen. Das genügte den Homosexualisten nicht. Sie fordern die Firma Paypal auf, das Konto von Severo aufzulösen. Und Paypal hat ihnen *den Willen getan.*

Gegen Ihre Kirche werden Drohungen ausgestoßen. So hat der Abgeordnete der britischen Konservativen Partei (!), Mike

Weatherley, erklärt, Kirchen, die keine homosexuellen Paare segnen wollen, sollten überhaupt kein Recht haben, Vermählungen durchzuführen. Was ist das für ein Tory – Vasil Biľak?

Man wird Sie auf verlogene Art in den Medien als dämonisches Monster beschreiben und Ihren Charakter in Frage stellen. Oder man kann Sie aus einer Zeitungsredaktion werfen, weil Sie sich für den Schutz des Lebens eingesetzt haben. Oder sie werden Sie zwingen, sich an Abtreibungen direkt als Arzt, Mediziner oder Pharmazeut zu beteiligen. Lehnen Sie jedoch ab, verlieren Sie Ihre Stelle.

Man kann Sie einzeln oder kollektiv verfolgen. Kollektiv zum Beispiel als christliche karitative Organisation, die dann »de facto« verboten wird. Sie können das christliche Einstehen für christliche Standpunkte mit einer wirtschaftlich ruinösen Geldstrafe von 100.000 EUR bestrafen, wie es dem spanischen Fernsehen Intereconomia passiert ist.

Sie können Sie zwingen, in Ihrer christlichen Institution Einstellungen und Verhalten hinzunehmen und zu ertragen, die zum Christentum im krassen Widerspruch stehen. Zum Beispiel, wenn ein Gericht in Mailand der katholischen Universität verbietet, einen Professor zu entlassen, der erzählt, Jesus Christus sei ein böser Mensch gewesen und die Evangelien seien schreckliche Botschaften.

Es kann Ihnen passieren, dass der Staat Ihren Kindern im Teenageralter mit der Post Kondome schickt wie in Kalifornien. Es kann Ihnen passieren, dass Ihren Kindern ab dem sechsten Lebensjahr in der Schule gegen Ihren Willen Bilder beischlafender Paare gezeigt werden. Aus Ihren Steuern wird die Sexualerziehung in den Schulen finanziert, angeblich, um die um sich greifenden Schwangerschaften von minderjährigen Mädchen zu verhindern. Das Ergebnis wird die Erkenntnis sein: Je mehr Sexualerziehung, desto mehr Schwangerschaften von Minderjährigen. Es kann passieren, dass Sie von der staatlichen Sexualerziehung genug haben und Ihre Kinder zu Hause erziehen. Dann können Sie für ein paar Wochen ins Gefängnis kommen, wie Irena und Heinrich Wiens in Deutschland.

Ihren Kindern wird in den Schulen homosexuelle Propaganda eingeimpft. Das diesbezügliche Gesetz, das die Gesetzgeber in Kalifornien im Jahre 2011 verabschiedet haben, bezeichnete der kalifornische Primas José Gomez als Angriff auf die Elternrechte. In einer kanadischen Provinz zwingt der Premier Dalton McGuinty katholische Schulen, homosexuelle Klubs einzurichten. Selbstverständlich nicht, um dort die katholische Lehre von der Homosexualität zu vermitteln.

Sie erinnern sich, wie in kommunistischen Zeiten auch Theologiestudenten Marxismus-Leninismus lernen mussten. Im März 2012 beteiligten sich 2.000 Eltern an einer Protestkundgebung gegen die Politik der Regierung in der Provinz Ontario, die sich bemüht, in den Schulen eine homosexuelle Ideologie durchzusetzen.

Man wird Ihnen ganz selbstverständlich erklären, dass einige Passagen im Katechismus der Katholischen Kirche nicht mehr ausgesprochen werden dürfen. Zum Beispiel, dass homosexuelle Handlungen in ihrem inneren Wesen liederlich sind. Ein Mitglied der McGuinty Regierung, Glen Murray, rief im Parlament: »Ich muss den Bischöfen sagen, dies dürfen Sie nie mehr aussprechen. So wie ich nicht sagen darf, dass Katholiken oder andere Christen oder Moslems oder Juden innerlich gestört sind, weil sie sich zu ihrem Glauben bekennen.« Und was war in den Jahrzehnten des sowjetischen Kommunismus, Herr Murray? War dies nicht auch ein gewaltiger Versuch, die Lehre der Kirche zu unterdrücken?

Die können auf schrecklichste Art die Symbole des Christentums verhöhnen, die Person des Erlösers und Seine Mutter. Von Ihnen wird man Toleranz verlangen und sagen, Sie seien verpflichtet dies zu dulden. Die werden es sogar aus Ihren Steuern zahlen. Man darf Ihre Kirchen schänden und Sie dort sogar tätlich angreifen.

Sie können zu potenziellen Terroristen erklärt werden, nur weil Sie Pro-Life sind. Laut dem Bericht des Ministeriums für innere Sicherheit in den USA, der nach den terroristischen Angriffen vom 11. September 2011 entstanden ist, kann sich der rechte Extremismus auch auf Gruppen beziehen, die gegen Abtreibung sind.

Das Parlament kann sogar eine Erklärung gegen Sie verabschieden. In April 2009 verurteilte das belgische Parlament die päpstliche Aussage, es sei unzulässig, Kondome zu benutzen. Im Europäischen Parlament wurde diese Erklärung knapp abgelehnt.

Der vor Kurzem verstorbene Pater Anton Hlinka war lange Jahre Redakteur bei der »Stimme Amerikas«. In den 80er-Jahren, am Samstagabend, haben wir den Sender regelmäßig eingeschaltet, um die Meldung zu hören: »Anton Hlinka, Stimme Amerikas, München«. Und um Nachrichten zu hören, die der Realität entsprachen. Dort im Westen war die freie Welt.

Nach dem Fall des Kommunismus wurde es Mode, sich auf den Westen zu berufen. »In den entwickelten Demokratien ist es so, in den entwickelten Demokratien ist es anders«, pflegte man zu sagen. In den nächsten Jahren werden wir Zeugen, wie diese Phrase verschwindet.

Das Paradigma hat sich nämlich geändert. Anstatt der »entwickelten Welt« sehen wir eine Welt, die große Probleme mit der Wahrheit hat, so wie es auch im kommunistischen Regime gewesen war. Wir sehen, dass wir bis jetzt einige dieser Probleme noch nicht haben, aber dass wir sie aus dem Westen importieren. Und wir sehen, dass auf uns ein Kampf wartet. Es soll uns nicht beirren, dass viele ihre Augen davor verschließen. In den USA arbeitet eine »Kommission für internationale Religionsfreiheit« (US Commission on International Religious Freedom – USCIRF). Sie wird von der Regierung bezahlt, ihre Mitglieder werden vom Präsidenten ernannt und von der Führung von beiden politischen Hauptparteien im Kongress. Im Jahresbericht für 2011 habe ich dort vergeblich eine Erwähnung der Fälle gesucht, denen wir uns hier widmen. Dort steht nichts. Das passiert, wenn eine Regierung darüber entscheidet, was religiöse Freiheit ist und was nicht. Wir erinnern uns, dass die kommunistische Regierung jegliche religiöse Verfolgung geleugnet hat. Auch das erinnert uns an den Kommunismus, in dem sich die Regierung bemühte, große Segmente der Wirklichkeit als nicht existent zu erklären. Das funktionierte aber nicht. Jetzt wird es genauso nicht funktionieren.

Wer wird die Christen in diesem neuen Kampf anführen? Nicht im politischen Sinne, sondern im geistigen. Wir haben gesehen, die Revolution, der wir begegnen, ist schon global organisiert. Aber welche Organisation haben die Christen zur Verfügung?

Unter den verfolgten Christen, von denen in diesem Buch die Rede ist, sind Katholiken, Anglikaner und auch Protestanten. Auch unter den Nichtkatholiken gibt es viele Menschen, die sich in den neuen Zeiten heldenhaft zu Jesus Christus bekennen. Sie können für viele Katholiken ein Beispiel sein.

Allerdings kann nur eine christliche Kirche eine global organisierte geistige Opposition gegen die globale anthropologische Revolution sein. Nur eine Kirche hat Gläubige, Priester und Bischöfe, ihre Kirchen auf jedem Kontinent und praktisch in jedem Staat. Sie hat ihr Oberhaupt und die Zusicherung, dass die Pforten der Hölle sie nicht überwältigen werden.

Das ist die katholische Kirche. Und in ihr tut sich etwas.

Auf diesem Felsen will ich meine Kirche bauen

»*Der Hauch Satans ist durch einen Spalt*
in die Kirche eingedrungen.«
Papst Paul VI. zum Fest der Apostel Petrus und Paulus, 1972

Jedes zehnte Zitat in diesem Buch verweist auf die kanadische Internetseite »Life Site News«. Ohne diese Seite hätte dieses Buch wahrscheinlich nicht geschrieben werden können. Die Menschen, die sie verfasst haben und die sie aktualisieren, verrichten eine bemerkenswerte Arbeit. Es sind Steve Jalsevac, John Jalsevac, John-Henry Westen und viele andere. Jeden Tag erscheinen bis zu zehn Neuigkeiten aus aller Welt auf dieser Seite, die von Konflikten zwischen der Kultur des Lebens und der Kultur des Todes berichten, zwischen der anthropologischen Revolution und der christlichen Zivilisation. In einem Jahr sind es Tausende von Nachrichten.

Die Seite lebt von Spenden der Besucher der Seite. Mit einem Budget von ein paar hunderttausend Dollar steht die Seite solchen Giganten wie »Planned Parenthood« gegenüber, deren Budget Milliarden von Dollars erreicht.

Wenn man die Seite Mitte Februar 2011 besuchte, stach einem eine warnende Inschrift mit roten Buchstaben über den ganzen Bildschirm ins Auge. Sie informierte darüber, dass gegen die Seite Klage eingereicht worden war. Der Kläger fordert eine Entschädigung von einer halben Million Dollar. »Das wird uns vernichten«, schrieben Steve Jalsevac und John-Henry Westen in einem Kommentar. Wer war der Marxist, Atheist oder versteckte Kommunist, der die »Life Site News« verklagt hat?

Es war kein Marxist oder Atheist. Die Klage kam von Raymond Gravel, einem katholischen Priester.

Raymond Gravel sagte 2004 im Rundfunk: »Ich bin Pro-Choice und kein Bischof auf der Welt, nicht einmal der Papst selbst, kann mich daran hindern, die heilige Eucharistie zu empfangen.« Raymond Gravel unterstützt den Gedanken der Ehe gleichgeschlechtlicher Personen und zelebriert so genannte »Pride«-Messen, also Messen homosexuellen »Stolzes«.

Gravel ist ein ehemaliger Parlamentsabgeordneter der Provinz Quebec und langjähriger Gegner des ehemaligen kanadischen Primas, Kardinal Marc Ouellet, der unerschrocken die Unantastbarkeit des ungeborenen Lebens verkündet. Im Frühjahr 2009 erklärte Ouellet, dass Abtreibung auch dann inakzeptabel sei, wenn das Kind durch Vergewaltigung entstanden sei. Ouellet hat das logisch begründet: Nach der Vergewaltigung der Mutter wäre im Fall einer Abtreibung das zweite unschuldige Opfer das ungeborene Kind. Gravel hat ihn dafür öffentlich kritisiert. Das Parlament von Quebec reagierte auf den Kardinal mit einer Erklärung, in der das Recht der Frau auf Abtreibung bestätigt wurde. Die Erklärung wurde mit einem Stimmenverhältnis von 109 zu 0 verabschiedet.

Gehören dieser Priester und der Kardinal der gleichen Kirche an?

Kardinal Ouellet wurde im Sommer 2010 Präfekt der Bischofskongregation am Heiligen Stuhl. Nach der Kontroverse um das Thema Abtreibung äußerte sich Bischof Martin Veillette über den scheidenden Kardinal und bezeichnete dessen Äußerungen als »emotional«. »Der Kardinal hat den Kontakt mit dem religiösen und gesellschaftlichen Boden von Quebec verloren«, sagte Veillette. »Manchmal ist es besser, Schweigen zu wahren als zu reden.«

Bischof Veillette muss ja keine schlechten Absichten gehabt haben. Wahrscheinlich hat er sich bemüht, den Kardinal zu entschuldigen. Aber ist es notwendig, dass ein katholischer Bischof seinen Kardinal dafür entschuldigt, dass dieser die Doktrin der Kirche verkündet? Sollte er sich nicht besser an die Seite des Kardinals stellen? Und ist es in einer Zeit, in der das Wertechaos wächst, wirklich besser, wenn katholische Bischöfe schweigen? Sprechen diese zwei Bischöfe in einer verwirrten Zeit wirklich noch mit einer Stimme?

Kardinal Ouellet sagte auch noch andere Worte, aus denen ersichtlich wird, wie sich einige Standpunkte katholischer Politiker mit den Positionen von katholischen Bischöfen überlappen:

»Bischöfe brauchen geistigen Scharfsinn und nicht nur politisches Kalkül, damit ihre Botschaft aufgenommen wird ... Wir müssen den Mut finden, die Tiefe der Herzen anzusprechen, dort, wo der Geist des Herrn die Menschen berührt, jenseits der Grenze dessen, was man berechnen kann ... Wenn sie nur formal etwas verkünden und in Wirklichkeit gar nicht wollen, dass es eintritt, weil sie ganz einfach nicht an die Möglichkeit glauben, die Menschen zu überzeugen, so werden sie ein Problem damit haben, wie sie die Botschaft vermitteln sollen.«

Vor der Abreise in den Vatikan widmete sich Kardinal Ouellet in einer Predigt während der Abschiedsmesse dem Problem vom Aussprechen und von der Aufnahme der Wahrheit. »Die Botschaft der Wahrheit ist nicht immer willkommen. Sie ist schmerzhaft für denjenigen, der sie hört, und manchmal auch für denjenigen, der sie ausspricht«, sagte der Kardinal. Raymond Gravel konterte in den Medien: »Die Botschaft der Freiheit ist immer willkommen, wenn sie überzeugend verkündet wird, wenn sie offen ist und nicht verurteilt oder respektlos daherkommt. Es kann keine Wahrheit des Evangeliums sein, wenn sie nicht auch Frieden bringt ...«

Diese beiden widersprüchlichen Sichtweisen machen die Krise der modernen Zeit, die ins Innere der Kirche eingedrungen ist, sichtbar. Welchen Fehler hat Jesus Christus gemacht, wenn viele seine Wahrheit nicht angenommen und ihn sogar getötet haben? Und sagte er nicht, er habe nicht den Frieden, sondern das Schwert gebracht ...

In April 2011 ist der österreichische Vizekanzler und Vorsitzender der Volkspartei ÖVP, Josef Pröll, von allen politischen Ämtern zurückgetreten. Bei dieser Gelegenheit hat der Wiener Erzbischof Kardinal Schönborn über ihn gesagt: »Josef Pröll ist ein großer Politiker und ein aufrechter Christ.«

Der Weihbischof der Salzburger Diözese, Andreas Laun, hatte einige Jahre zuvor das Programm der ÖVP aus christlicher Sicht analysiert. Das Ergebnis war für die ÖVP niederschmetternd. Und da wusste Laun noch nicht, dass die ÖVP unter der Führung von Pröll gemeinsam mit den Sozialisten im Herbst 2009 das Gesetz über die registrierten Partnerschaften von gleichgeschlechtlichen Personen billigen werde. Die Bischofskonferenz unter der Führung von Schönborn bezeichnete damals das Gesetz als »weder angebracht noch notwendig« und äußerte die Besorgnis, dass dadurch der Weg zur vollkommenen Gleichberechtigung mit der Ehe geebnet werde.

Warum wundern wir uns eigentlich, dass sich die katholischen Politiker in der Politik für die Lehre der Kirche schämen? Sie bleiben doch dabei nach den Worten des Kardinals »große Politiker« und »aufrichtige Christen«. Was sollen sich katholische Politiker denken, wenn sie sich Nachteile damit einhandeln, zu christlichen Prinzipien zu stehen? Sehen sie nach den Worten des Kardinals nicht wie Querulanten aus? Sind Kardinal Schönborn und Bischof Laun Bischöfe der gleichen katholischen Kirche? Ja, sie sind es, aber manchmal sieht es eben nicht so aus.

Im März 2012 sorgten Wahlen in den Pfarrgemeinderat der niederösterreichischen Pfarrei Stützenhofen für internationale Aufregung, weil unter anderen auch der 26-jährige Florian Stangl gewählt wurde. Stangl ist Homosexueller und lebt in einer registrierten Partnerschaft. Er sieht darin kein Problem. »Die Forderung, keusch zu leben, finde ich unrealistisch«, sagt er. Es gäbe keinen Grund, weshalb er nicht im Pfarrgemeinderat mitwirken solle. Die Regeln der Kirche sind jedoch eindeutig. Ein Mitglied im Pfarrgemeinderat soll sich zur Glaubenslehre und zur kirchlichen Ordnung bekennen. Das tut Stangl offensichtlich nicht, im Gegenteil benimmt sich der junge Mann souverän als religiöser Reformator. Pfarrer Gerhard Swierzek sagte, er könne diese Wahl nicht akzeptieren, weil sie ungültig sei. In einer ersten Reaktion wurde der Pfarrer auch vom Sprecher der Wiener Erzdiözese unterstützt. Aber nach einem gemeinsamen Mittagessen mit Stangl und seinem registrierten Partner entschloss sich Kardinal Schönborn zu der Aussage, Stangl habe ihn »beeindruckt« und könne Mitglied im Pfarrgemeinderat bleiben.

Jawohl, dem Diktat des Homosexualismus muss sich jeder beugen: Lehrer, Richter, Standesbeamte, Unternehmer, Politiker, einschließlich der christlichen, und letztendlich auch die katholische Kirche.

Der Pfarrer Swierzek ist nach der Entscheidung des Kardinals zurückgetreten. Welche Autorität hätte er noch in der Pfarre gehabt? Er ist nicht allein.

Der Autor dieses Buches beteiligt sich in der Slowakei an der Herausgabe der katholischen Vierteljahresschrift »Impulz«. Einer der Autoren der Zeitschrift war Pater Marcel Guarnizo, der in Österreich wirkte und später nach Amerika zurückkehrte. Anfangs 2012 erschien sein Name auf vielen Internetseiten. Er hatte es abgelehnt, die heilige Kommunion einer Frau auszuteilen, die sich bei ihm als Lesbe vorgestellt hatte. Sie stellte ihm auch ihre Partnerin vor, die sie als ihre Geliebte bezeichnete. Doch damit nicht genug! Sie bezeichnete sich auch noch als Buddhistin. Guarnizo hat die Ablehnung des Sakraments während des Gottesdienstes mit größter Diskretion vollzogen, sodass die anwesenden Gläubigen nichts davon bemerkten. »Ich habe so gehandelt, wie ein treuer katholischer Priester nur handeln konnte«, sagte Guarnizo. Die Washingtoner Erzdiözese hat ihn daraufhin sofort beurlaubt. Wir werden jetzt nicht alle ähnlichen Fälle aufzählen, die in den Medien gemeldet wurden. Es sind einerseits recht viele und andererseits können in einigen dieser Fälle keine definitiven Schlussfolgerungen gezogen werden, weil die notwendigen Fakten fehlen. Alle sorgen jedoch für Beunruhigung.

Zwei Tage vor Weihnachten 2007 nahm der englische Kardinal Cormac Murphy-O'Connor, damals Oberhaupt der Katholiken in England und Wales, während der heiligen Messe in Westminster ein neues Mitglied in den Schoß der katholischen Kirche auf. Der Kardinal sagte:»Ich freue mich, Tony Blair in der katholischen Kirche begrüßen zu können. Schon lange Zeit war er zusammen mit seiner Familie regelmäßiger Besucher unserer Gottesdienste und in den vergangenen Monaten wurde er auf den Eintritt in die Gemeinschaft vorbereitet. Ich bete für ihn, seine Ehefrau und seine Familie. Es ist ein froher Augenblick bei ihrem gemeinsamen Weg zum Glauben.«

Anthony Charles Lynton Blair ist der erfolgreichste Labour-Politiker in der britischen Geschichte. Er war der Labour-Premier mit der längsten Amtszeit und der einzige Parteivorsitzende, der die Partei zu drei Wahlsiegen hintereinander geführt hat. Der Eintritt eines solchen Politikers in die katholische Kirche ist eine Prestigeangelegenheit, vor allem in Großbritannien, wo antikatholische Ressentiments in den letzten Jahrhunderten stets präsent waren.

Tony Blair führte als Premier das Land in eine Katastrophe. Seine antidiskriminierende Gesetzgebung führte zur Diskriminierung der Christen. Der »Equality Act 2006« wurde 2006 durchgesetzt, und im März 2007 folgte der »Equality Act Regulations«. Dies geschah gegen Ende von Blairs Karriere als Premier. Er wurde unmittelbar darauf Katholik, nachdem er eine Peitsche für Katholiken und Nichtkatholiken durchgesetzt hatte. Er bekämpfte damit die Doktrin der katholischen Kirche. Die katholischen Bischöfe warnten vor diesen Gesetzen.

Es war Kardinal Cormac Murphy-O'Connor, der im Januar 2007 mit einem Schreiben öffentlich von Blair Änderungen forderte, damit christliche karitative Organisationen, die Kinder zur Adoption vermitteln, keine Adoptionen an homosexuelle Paare durchführen müssen. Premier Blair lehnte jedoch ab. Das einzige »Zugeständnis« war die 21-monatige Frist, in der sich auch die christlichen Organisationen anpassen sollten.

Im selben Jahr hat der Kardinal diesen Tony Blair in die katholische Kirche aufgenommen.

Das Problem besteht nicht darin, dass der Kardinal den Premier in die Kirche aufgenommen hat. Die Bekehrung von Saulus zum Paulus ist nicht nur eine schöne Geschichte, sondern in Tausenden von Jahren auch eine Herausforderung, der sich schon Scharen von Menschen gestellt haben, die eine ähnliche Konversion durchgemacht hatten. Jede dieser Geschichten ist ein Sieg des Konvertiten und des Christentums.

Aber Blairs Bekehrung weckt Bedenken. Das Problem steckt in den unbeantworteten Fragen. Als Politiker hat er sich gegen die Lehre der katholischen Kirche gestellt. Hat er vor der Bekehrung seine Fehler eingesehen und hat er Buße getan? Wenn nach einigen Jahren die fatalen Folgen seiner Politik sichtbar werden, ist er im Stande, dies auch einzugestehen? Auf diese Fragen gibt niemand eine Antwort.

Und es scheint so, dass die Antworten »Nein« lauten.

Aus dem liberalen Anglikaner ist ein liberaler Katholik geworden. Noch bevor Blair Premier geworden war, hat er in katholischen Gottesdiensten zusammen mit seiner katholischen Ehefrau die heilige Kommunion bekommen. 1997 hat ihm dies Kardinal Basil Hume verboten. 2009, ein Jahr nach seiner Konversion, sagte der Ex-Premier, die Ansichten des Papstes zum Thema Homosexualität seien »verstockt«, und er forderte die katholischen Würdenträger auf, sich bei ihrer Kritik zu mäßigen. Der Papst solle sich laut Blair danach richten, was die Menschen darüber denken. Der Nachfolger von Murphy-O'Connor, Erzbischof Vincent Nichols, stellte als Reaktion darauf fest, er überlasse sich dabei »lieber der Führung des Heiligen Vaters«. Heute unterstützt der ehemalige Labour-Premier Blair selbstverständlich den Tory-Premier Cameron bei seinen Bemühungen, die Ehen gleichgeschlechtlicher Personen zu legalisieren.

Die Vorstellung, dass sich der Papst von öffentlichen Umfragen leiten lassen solle, anstatt von der Heiligen Schrift, in der sich Gott geäußert hat, macht fassungslos. Doch es scheint, als würden sich solche Ansichten erfolgreich verbreiten.

Die Nichtbeantwortung der Fragen trägt zum Chaos in den Köpfen der katholischen Gläubigen bei.

Im September 2010 besucht Papst Benedikt XVI. Großbritannien. Für die Medien war dies wieder einmal eine Gelegenheit, die beliebten Themen zu erörtern. Die medialen Auftritte von Erzbischof Nichols vor und nach dem Besuch des Papstes waren kontrovers. Auf die Frage der Tageszeitung »Daily Telegraph«, ob die Kirche irgendwann die Realität der registrierten Partnerschaften anerkennen werde, antwortete der Erzbischof: »Ich weiß nicht.«

Knapp nach der Abreise des Papstes nahm Vincent Nichols an einem Gespräch in der BBC teil. Als der homosexuelle Professor Diarmaid MacCulloch anmerkte, dass die katholische Kirche unzufrieden mit der Legalisierung von registrierten Partnerschaften sei, erwiderte Nichols überraschend:

»Das ist nicht wahr ... man muss genau unterscheiden. Wir haben uns nicht gegen die Partnerschaften von Gays ausgesprochen. Wir respektieren, dass es im englischen Recht einen Raum für sie gibt. Wir haben nur ständig behauptet, dass diese nicht mit dem vergleichbar sein kann, was die Ehe ist.«

Der Anglikaner MacCulloch hat ihm schließlich geantwortet:

»Ich bin erfreut, wenn ich höre, was der Erzbischof zum Thema Sexualfragen sagt. Man muss zugeben, dass die anglikanische Kirche in dieser Frage ihre eigene Linie verfolgt und nicht die Linie des Vatikans. Die englische katholische Kirche verfolgt eine gewisse Unabhängigkeit. Das ist gut, so soll es bleiben.«

Sagt der Erzbischof nun etwa, dass registrierte Partnerschaften im englischen Recht korrekt sind, nur dürften sie keine Ehe sein? Zu solchen Kompromissen sind doch bereits christliche und konservative Politiker im Westen gelangt. Warum wundern wir uns dann?

Redet der Papst in dieser Sache etwa unklar? Nein, der Papst hat eine völlig klare Haltung – ob sein Name nun Johannes Paul II. oder Benedikt XVI. ist. 2003 erarbeitete die »Kongregation für Glaubenslehre« unter der Führung von Kardinal Joseph Ratzinger die Stellungnahme der katholischen Kirche zum Zusammenleben von Homosexuellen in einem ausführlichen Dokument: »Erwägung zu den Entwürfen einer rechtlichen Anerkennung der Lebensgemeinschaften zwischen homosexuellen Personen«. Im März 2003 wurde sie durch Papst Johannes Paul II. gebilligt.

Laut diesem Dokument kann »der Respekt vor homosexuellen Personen auf keinen Fall eine Billigung des Auslebens von Homosexualität oder die rechtliche Anerkennung von homosexuellen Beziehungen bedeuten«. Teil IV des Dokuments widmet sich besonders der Pflicht von katholischen Politikern, sich gegen die rechtliche Anerkennung von homosexuellen Beziehungen zu stellen.

Die österreichischen katholischen ÖVP-Politiker haben sich nicht nur nicht dagegengestellt, sie haben sie sogar vorgeschlagen. Trotzdem ist der Vorsitzende der ÖVP laut einem Kardinal der katholischen Kirche ein großer Politiker. Und auch das Oberhaupt der englischen Katholiken stellt sich nicht gegen solche Beziehungen. Sind Vincent Nichols, Joseph Ratzinger und Christoph Schönborn Bischöfe der gleichen Kirche? Man muss sich klarmachen, was für ein Chaos diese Widersprüche in die Reihen der Katholiken tragen. 2011 sagte Vincent Nichols bereits unverblümt, dass er registrierte Partnerschaften von Homosexuellen unterstütze. Im Februar 2012 sagte Vincent Nichols, dass die Christen in Großbritannien nicht verfolgt würden. Wenn ja, so sollten man ihm die Fälle nennen. »Ich persönlich fühle mich nicht verfolgt«, sagte Nichols.

In Ordnung, Vater Erzbischof, Sie werden nicht verfolgt. Gut. Aber wir sprechen über diejenigen, die ihre Stelle verloren haben oder sich durch Gerichte quälen müssen. Auch im Kommunismus wurden nicht *alle* Christen direkt verfolgt. Und wir können uns auch an viele Priester erinnern, die bereit waren, auch im Kommunismus zu beschwören, dass es keine Christenverfolgung gäbe. In der Tschechoslowakei haben sich diese Priester in einem durch die Kommunisten initiierten Bund »Pacem in Terris« zusammengeschlossen.

Eine ähnliche Abkehr von der biblischen Lehre über Homosexualität wie bei Nichols finden wir auch im Kollegium der Kardinäle. 2012 hat Kardinal Carlo Martini, der ehemalige, mittlerweile verstorbene Erzbischof von Mailand, ein Buch veröffentlicht, in dem auch er für registrierte Partnerschaften eintritt.

Im Januar 2011 haben sich einige prominente Politiker der deutschen CDU mit einem offenen Brief an die deutschen katholischen Bischöfe mit dem Vorschlag gewandt, die Bischöfe im Vatikan mögen doch für die Aufhebung des Zölibats eintreten. An der Spitze der Initiative stand der Vorsitzende des deutschen Bundestages, Norbert Lammert. Die Unterzeichner waren die Bundeskultusministerin Annette Schavan und drei ehemalige Ministerpräsidenten von Landesregierungen: Bernhard Vogel, Erwin Teufel und Dieter Althaus. Der Brief hatte letztendlich einen offenen Konflikt zweier deutscher Kardinäle zur Folge.

Kardinal Walter Brandmüller hat die Verfasser des Briefes öffentlich kritisiert. Ihm zufolge wecken die Unterzeichner den Verdacht, es handle sich nicht nur um den Zölibat, sondern um erste Schritte zu einer »anderen Kirche«. Die Initiative könne beleidigend für Priester sein, die freiwillig diese Lebensart gewählt haben und danach leben. Die Initiative könne man auch für eine Beleidigung Jesu Christi halten, der auch den Zölibat gewählt habe. Laut dem Kardinal muss diese schon lange andauernde Diskussion endlich beendet werden.

Auf Brandmüllers Worte hat Kardinal Karl Lehmann reagiert. Er stellte sich auf die Seite der Unterzeichner und bezeichnete sie als ehrenvolle Politiker, die sich lange Jahre für die Kirche eingesetzt hätten. Das Thema Zölibat bezeichnete er als »unerledigt« und gab an, dass er sich als Bischof für den Ton schäme, den Brandmüller für die Diskussion gewählt habe.

Der Brief der CDU-Politiker und das »Duell der Kardinäle« war nur das Vorspiel zu einem noch größeren Knalleffekt, als einige Tage später das »Memorandum der Theologieprofessoren zur Krise in der katholischen Kirche« veröffentlich wurde. Unterzeichnet haben es mehr als 200 deutsche Theologen. Die Unterzeichner des Memorandums forderten eine größere Teilnahme der Gläubigen an den personellen Entscheidungen in der Kirche, die Weihe von Frauen, die Abschaffung des Zölibats und die Abkehr vom »moralischen Rigorismus«. Sie forderten, »Menschen, die in Liebe, Treue und gegenseitiger Pflege in einer gleichgeschlechtlichen Partnerschaft leben oder als Geschiedene, die wieder verheiratet sind, nicht auszuschließen«. Dieses Memorandum ist indirekt eine Aufforderung zur Revision der Lehre der Kirche über die Unauflöslichkeit der Ehe und die Sexualmoral.

Und doch ist an diesen Ereignissen des Jahres 2011 nichts Schockierendes. Sie sind lediglich ein Echo auf die Ereignisse, die bereits 1995 eingetreten waren. Damals wurde in Österreich und in Deutschland eine Initiative ins Leben gerufen: »Wir sind die Kirche«. Diese Initiative forderte schon damals die Aufhebung des Zölibats, interne Demokratie in der Kirche, die Weihe von Frauen und eine Lockerung der Sexualmoral. Diese Initiative haben beinahe zweieinhalb Millionen Menschen unterzeichnet. In Deutschland wurde sie von einigen bedeutenden Mitgliedern der CDU unterstützt, zum Beispiel von der damaligen Präsidentin des Bundestags, Rita Süssmuth.

Zu den Intentionen von »Wir sind die Kirche« passt auch der Spruch des bekannten slowakischen katholischen Priesters Anton Srholec vom März 2011. Srholec wählte ungewöhnlich harte Worte: »Die katholische Kirche ist die letzte Bastion der totalitären Führung von Menschen ... Ihre Führung ist totalitär, was dann der Kommunismus nachahmte, die Stelle von Rom übernahm Moskau.«

Warum unterschreiben 150 katholische Priester eine Petition für die Weihe von Frauen? Warum erklären in Österreich katholische Priester offen ihren Ungehorsam gegenüber den Bischöfen? Wie konnte es in der Zisterzienserabtei in Rom so weit kommen, dass sie vom Papst wegen »Säkularisierung und liturgischer Exzesse« aufgelöst werden musste?

Zu Beginn 2009 habe ich in Kosice einen Augustinermönch aus Irland getroffen. Er sagte mir, er unterstütze registrierte Partnerschaften. Das Gleiche schreibt in der slowakischen Zeitschrift »Týždeň« der Katholik Michal Kaščák, ein populärer Veranstalter von Musikfestivals. Wissen die denn nicht, dass der Papst etwas anderes sagt? Sie wissen es, aber ist es für sie ohne Bedeutung? Ich weiß es nicht.

Zu viele kontroverse Geschichten ... Hierher gehört auch die Geschichte der Abgeordneten des belgischen Parlaments, Alexandra Colen, Ehefrau von Paul Belien (siehe Kapitel IV), die sich Ende der 90er-Jahre bemüht hat, die Verantwortlichen in Belgien dazu zu bewegen, einen in Umlauf befindlichen, skandalösen Katechismus für Kinder zurückzuziehen. Der Katechismus war wirklich ein liberaler Exzess bezüglich der Sexualerziehung. Kardinal Godfried Danneels lehnte es ab, mit ihr zu sprechen. Sie betete den Rosenkranz mit Hunderten von Eltern vor dem Sitz des Kardinals, aber Danneels blieb unbeugsam. Colen schrieb einen Brief über dieses Problem an alle Kardinäle der Welt. Sie bekam viele unterstützende Antworten. Es gibt Kardinäle, die sie unterstützt haben. Und diese Kardinäle und Godfried Danneels sind Teil derselben katholischen Kirche?

Zehn Jahre später schlug in Belgien der Skandal mit pädophilen Priestern wie eine Bombe ein.

Erwähnt sei auch die traurige Geschichte der kanadischen karitativen Organisation »Development & Peace«, die in den 60er-Jahren von kanadischen katholischen Bischöfen und katholischen Laien gegründet worden war. Sie wurde aus Spenden von Gläubigen finanziert. Vor einigen Jahren kam jedoch dank der investigativen Tätigkeit von »Life Site News« heraus, dass »Development & Peace« Nicht-Regierungsorganisationen in der dritten Welt unterstützt, die sich für die Abtreibungsideologie einsetzen.

Traurig sind auch die Geschichten der Entchristianisierung von vielen katholischen Universitäten, die nur noch dem Namen nach katholisch sind. Der Widerspruch zwischen dem Katholischen im Namen und dem Liberalismus, der in ihnen herrscht, ist skandalös.

Und wie viele Raymond Gravels gibt es in der katholischen Kirche? Wie viele Priester, Ordensbrüder und Ordensschwestern gibt es, die bewusst oder unbewusst zu Unterstützern der anthropologischen Revolution geworden sind, die den 1000 Jahre alten biblischen Blick auf den Menschen niederreißt? Sie unterstützen die Abtreibung, die homosexuelle Ideologie und an Stelle der katholischen Sichtweise auf das gesamtgesellschaftliche Wohl, das sie »teilweise« für spaltend halten, verkünden sie die Notwendigkeit irgendeines »alle Menschen« einigenden Guten. Und wie viele gibt es, die an grundlegende Glaubensartikel nicht glauben? Nicht an die Existenz der Hölle, des Satans, sie glauben nicht an die Transsubstantiation, nicht an die Gottheit Jesu Christi. Hunderte? Tausende? Und wie viele gibt es unter den Laien? Millionen?

Mit der apokalyptischen Sprache muss man vorsichtig umgehen. Aber haben nicht einige Bilder aus der heutigen katholischen Kirche einen Hauch von Apokalypse?

Stellen Sie sich eine katholische Universität vor, in der das vulgäre Stück »Monologe einer Vagina« gespielt wird. Stellen sie sich einen katholischen Priester vor, der als Wohltätigkeitsveranstaltung Geld für Frauen sammelt, damit diese abtreiben können. Stellen Sie sich eine Nonne vor, die aus lauter Barmherzigkeit eine Frau in die Abtreibungsklinik begleitet. Stellen Sie sich ein katholisches Krankenhaus vor, das den Namen des heiligen Josef trägt, den Pfleger des kleinen Jesus, in dem Abtreibungen durchgeführt werden. Stellen sie sich die Nonne Wendy Beckett vor, eine Nonne, die das Werk Serranos »Piss Christ« verteidigt. Das alles sind reale Ereignisse, die heutzutage in der katholischen Kirche vorkommen.

2012 brachten zwölfjährige Schülerinnen der *katholischen* Mädchenschule im kanadischen Sudbury Flyer aus dem Unterricht eine Anleitung zur Durchführung von oralem Sex nach Hause mit. Die Schule hat sich dann bei den entsetzten Eltern entschuldigt. Niemand entschuldigte sich aber bei dem Leiter der katholischen »Christkönig Schule« im kanadischen Winnipeg, David Hood, der Anfang 2012 entlassen wurde. Warum? Er hatte die Schüler der siebten und achten Klassen zu einer Kampagne »40 Tage Gebete für das Leben« eingeladen. Es ging um die Teilnahme an Gebetsversammlungen. Hood veröffentlichte die Einladung in einem Artikel in der Schulzeitung. Er übte keinen Zwang aus. Dennoch attackierte ihn die kanadische Presse hart und mit falschen Beschuldigungen. Schließlich hat ihn die Schulleitung entlassen, damit Ruhe herrsche. Die Angriffe begannen zwar durch die liberale Presse, aber *zu Ende gebracht* haben ihr Werk *andere*. David Hood, Vater von sieben Kindern, fragte in einer öffentlichen Stellungnahme: »Wo ist das Problem? Wir sind eine katholische Schule.« Und er sagte klar, er sei zum Sündenbock für diejenigen geworden, die an der Macht sind und die durch die mediale Aufmerksamkeit, die der Fall bekommen hatte, verunsichert waren. So, sagen Sie selbst: Sollen Schüler auf einer katholischen Schule dafür beten dürfen, dass es keine Abtreibungen gibt? *Also wirklich: un-er-hört!*

Hat nicht Papst Johannes Paul II. 2003 selbst in der apostolischen Exhortation »Ecclesia in Europa« gesagt, dass *»die europäische Kultur einen Schein der stillen Apostasie bietet«*? Hat nicht

Papst Benedict XVI. in seiner Weihnachtsansprache 2010 eine dramatische Parallele zwischen dem Niedergang des Römischen Reiches und dem Niedergang unserer Zivilisation gezogen? Hören wir die Worte vom 20. Dezember 2010:

»›Excita, Domine, potentiam tuam, et veni‹ – so und mit ähnlichen Worten betet die Liturgie wiederholt in den Tagen des Advents. Es sind Gebete, die wohl in der Zeit des untergehenden Römischen Reiches formuliert worden sind. Die Auflösung der tragenden Ordnungen des Rechts und der moralischen Grundhaltungen, die ihnen Kraft gaben, ließ die Dämme zerbrechen, die bisher das friedliche Miteinander der Menschen geschützt hatten. Eine Welt war im Untergang begriffen. Häufige Naturkatastrophen verstärkten noch diese Erfahrung der Ungeborgenheit. Es war keine Macht in Sicht, die dem hätte Einhalt gebieten können. Umso dringender war der Ruf nach Gottes eigener Macht: dass er komme und die Menschen gegen all diese Drohungen schütze.

›Excita, Domine, potentiam tuam, et veni!‹ Auch heute haben wir vielfältigen Anlass, dieses adventliche Beten in der Kirche anzustimmen. Die Welt ist mit all ihren neuen Hoffnungen und Möglichkeiten doch zugleich bedrängt von dem Gefühl, dass der moralische Konsens zerfällt, ohne den die rechtlichen und politischen Strukturen nicht funktionieren, sodass die Kräfte, die zu ihrer Verteidigung aufgeboten werden, zum Misserfolg verurteilt scheinen.«

Und Papst Benedikt XVI. sagte im gleichen Jahr an Bord eines Flugzeugs, mit dem er in das portugiesische Fatima flog, vor den Journalisten folgende überraschenden Worte:

»Heute sehen wir wirklich auf gruselige Art, die größte Verfolgung der Kirche kommt nicht von den äußeren Feinden, sondern sie erwächst aus den Sünden in der Kirche.«

Diese drei Bemerkungen zweier Päpste zeugen übereinstimmend von fünf Phänomenen der modernen Zeit. Es ist die massenhafte Abwendung vom Christentum in Europa und Amerika, der moralische Zusammenbruch des euro-amerikanischen Westens – verursacht durch die anthropologische Revolution, die Entchristlichung ehemaliger christlicher Parteien im Westen, die modern gewordene Verfolgung von Christen im Westen und der bedenkliche innere Zustand der katholischen Kirche.

Wir dürfen uns nicht über die Entchristianisierung der christlichen Parteien wundern, wenn wir sogar in der katholischen Kirche Ungehorsam gegenüber der katholischen Tradition und Ungehorsam gegenüber dem Papst feststellen. Die Entchristianisierung der Christen in der Politik trägt wiederum dazu bei, dass sich die »liberalen« Christen an der Verfolgung der Christen beteiligen.

Während des Kommunismus haben die Kommunisten die rechtsorientierten Parteien in der Nationalfront unterworfen. In diesen kleine Parteien überlebte nur derjenige politisch, der sich der Ideologie der Kommunisten angepasst hat. Heute hat die westliche Linke ihre Ideologie den rechten Parteien aufgezwungen. Deshalb sind heute für die Christenverfolgung nicht mehr nur die Linken, sondern auch rechte Politiker verantwortlich. Ake Green ist 2004 nach Gesetzen verurteilt worden, die Sozialdemokraten durchgesetzt hatten. Heute ist für solche Gesetze in Großbritannien der »konservative« Cameron verantwortlich. In Frankreich setzt der gaullistische Minister den Pro-Life-Lehrer Isnard auf die Straße.

Doch damit enden die Parallelen mit dem Kommunismus nicht. Die Kommunisten haben ihren Einfluss durch Gruppen in der katholischen Kirche organisiert, so zum Beispiel durch die Friedensbewegung der katholischen Geistlichen, »Pacem in terris«. Die Priester dieser Gruppierungen waren bereit, die kommunistische Politik zu preisen und sich an der Verfolgung von gläubigen Priestern und Laien zu beteiligen. Heute sehen wir liberale Priester, die die anthropologische Revolution unterstützen. Sie gehen gegen Christen vor, die sich an die Tradition halten, wie es der Priester Gravel gegen »Life Site News« tat. Wir sehen katholische Politiker wie Andrew Cuomo, Joe Biden und Edward Kennedy, die eine Gesetzgebung unterstützen, die der Christenverfolgung dient. Solche Politiker gehen nicht selten zu heiligen Messen und empfangen die heilige Kommunion. Die Kirche weiß sich bis jetzt dagegen keinen Rat. Im Unterschied zum Kommunismus, als diese Prozesse *formal* als hierarchisch geregelte Politik der kommunistischen Parteien abliefen, verlaufen diese Prozesse heute *informell* als Ergebnis der Entscheidungsfindung im Netzwerk.

Ein Teil dieses Phänomens ist auch, dass gerade die Christen, die der Tradition und der Kirchenlehre treu geblieben sind, manchmal selbst in der Kirche an den Rand gedrängt werden. Die Verfolgungsjagd auf die Christen im Westen und eine innere Spaltung der katholischen Kirche sind einander gegenseitig bedingende Spiegelerscheinungen.

Einerseits häufen sich in der Kirche liberale Exzesse. Andererseits werden sich immer mehr Würdenträger der wachsenden Verfolgung bewusst und sprechen darüber mit klaren Worten. Im September 2011 schrieb der Vorsitzende der amerikanischen Bischofskonferenz, Timothy Dolan, an den Präsidenten der USA, dass dieser mit seinem Engagement für die Beseitigung der Ehe »einen landesweiten Konflikt riesigen Ausmaßes zwischen Kirche und Staat schaffe, zum Schaden beider Institutionen«. Das ist *Ecclesia militans*.

Der Bischof, der bis jetzt am mutigsten den inneren Zustand der katholischen Kirche beschrieben hat, ist Andreas Laun. Er bezeichnete ihn als innere Spaltung, die fortschreitet. Er fügt hinzu, wenn nichts geschehe, werde der Spalt immer größer und gefährlicher. Als Lösung bietet er einen »Heilsdialog« an. »Zu wünschen ist, dass wir wirklich miteinander sprechen und in den Einrichtungen der Kirche nicht nur nebeneinander leben. Das gegenseitige Ausgrenzen und Sich-Anschweigen ist der erste Schritt in Richtung einer formalen, ›richtigen‹ Kirchenspaltung«, schreibt Laun.

Laun beschreibt weiter: »Seit Mitte des vergangenen Jahrhunderts hat die immer mehr entgleiste Theologie nach und nach den Weg durch die ›kirchlichen Institutionen‹ gefunden, womit sie eine Bewegung verursacht hat, die wir mit der Studentenrevolte gegen das bestehende System im Jahre 1968 in Westeuropa vergleichen können. Diese falsche Lehre einer Christi untreuen Theologie hatte mit ihrer Reichweite Priester, Theologielehrer, aktive Laien sowie das katholische Volk erreicht.«

Worüber spricht Bischof Laun? Spricht er nicht zufällig über »Gramscis Marsch durch die Institutionen«? Schon seit Jahren wissen wir, dass dieser Marsch erfolgreich die Medien, Universitäten, Gerichte, also die Kultur, erobert hat. Heute wissen wir, dass dieser Marsch nicht nur das linke, sondern auch das rechte politische Parteienspektrum erobert hat. Und heute wissen wir auch, dass die Revolutionäre die Tore der katholischen Kirche eingetreten haben.

Fügen wir hinzu, was Papst Benedikt XVI. als Antwort auf Journalistenfragen über die »Sünder in der Kirche« zu den sexuellen Missbrauchsskandalen gesagt hat. Ein Bestandteil dieser Sünde sei auch das Schweigen der verantwortlichen Repräsentanten der Kirche zu diesem Problem.

Ist das »Schweigen« oder das nicht »aussagekräftige Sprechen« eine weitere Sünde der katholischen Kirche?

Am Sonntag, dem 1. Mai 2011, eine Woche nach Ostern am Festtag der Barmherzigkeit Gottes, hat Papst Benedikt XVI. seinen Vorgänger Johannes Paul II. seliggesprochen. Es gab im vergangenen Jahrhundert keinen populäreren und mehr geliebten Papst. Johannes Paul II. trug viel zum Fall des Kommunismus bei und hat sich ununterbrochen in weitere Kämpfe zum Schutz des menschlichen Lebens und der Familien gestürzt – in den Kampf der Kultur des Lebens gegen die Kultur des Todes.

Katholiken und Nichtkatholiken haben ihn mehr geliebt als ihm gehorcht. Wie anders kann man sich sonst die stille Apostasie erklären? Das Leiden der Päpste hat manchmal unerwartete Formen.

Haben nicht in etwa die Nachfolger des verstorbenen Erzbischofs Marcel Lefebvre Recht, wenn sie schon seit Langem vor der Abwendung der Kirche von ihrer Tradition warnen? Oder sündigen auch sie durch Ungehorsam und Hochmut? Die Last der Antwort auf diese Fragen ruht auf den Schultern des Papstes.

Falls Sie für den Papst noch nicht gebetet haben, so ist es jetzt wahrscheinlich höchste Zeit.

Man muss dem Papst folgen. Er ist der Schlüssel zum zukünftigen weltweiten Geschehen. Die katholische Kirche geht weiteren großen Prüfungen entgegen. Sie hat aber die Zusicherung des Erlösers, dass die Tore der Hölle sie nicht überwinden werden. Niemals.

KAPITEL VII

Die europäische Geschichte der slowakischen Christdemokratie

*»Beim Aufbau Europas im dritten Jahrtausend
hat die Slowakei eine große Aufgabe.
Seien sie sich dessen bewusst!«*
Johannes Paul II. zu slowakischen Pilgern in Rom 1996

Als sich die »Kerzendemonstration« zum »schwarzen Totalitarismus« wandelte

»Das größte Vorurteil entsteht, wenn man sich,
wie es modern ist, von allen Vorurteilen befreien will.«
William Hazlitt

Eines Morgens im Jahr 1990 hörte ich beim Frühstück Radio. Im Rahmen der Wahlkampagne zu den historischen ersten freien Wahlen nach dem Fall des Kommunismus vernahm man in einem Werbespot der Partei »Öffentlichkeit gegen Gewalt« den Künstler Ladislav Chudík. Er erzählte, irgendein Priester habe irgendeiner Oma gesagt, wen sie wählen solle. »Ich kann mir vorstellen, was das im Fall des Sieges der christdemokratischen Bewegung KDH für einen Eindruck erwecken würde«, rief der Meister mit warnender Stimme. Ladislav Chudík ist eine slowakische Schauspielerlegende. Auch Zuschauer aus anderen europäischen Ländern kennen ihn, zum Beispiel aus der TV-Serie »Krankenhaus am Rande der Stadt«, in der er die Rolle des sympathischen Primarius Sova gespielt hat.

Was war in dem halben Jahr seit November 1989 passiert?

Nach dem harten Durchgreifen der Polizei gegen die Demonstranten am 17. November 1989 in Prag kamen die Ereignisse ins Rollen. In Böhmen entstand ein Bürgerforum, und das Symbol, das alle vereinte, war Václav Havel. In der Slowakei war die Situation anders. Der politische Dissident mit der größten Autorität war hier Ján Čarnogurský. Im Unterschied zu Havel, der sich zu einer »unpolitischen Politik« bekannte, plante Čarnogurský die Gründung einer christdemokratischen Partei. Deswegen einte er nicht die gesamte Opposition hinter sich. Außerdem saß er während der Novembertage im Gefängnis und deshalb fehlte den slowakischen Christen ein natürlicher Führer.

Die spontan entstandene »Öffentlichkeit gegen Gewalt« (Verejnosť proti násiliu – VPN) hatte an ihrer Spitze Leute, die in den ersten Schicksalsstunden die Führung übernahmen. Es waren überwiegend liberal orientierte Intellektuelle. In allen Teilen der Slowakei engagierten sich aber in der VPN auch Christen. Nach der Entlassung von Čarnogurský aus dem Gefängnis entstand sofort seine Christlich-Demokratische Bewegung – KDH. Mit ihrer Gründung lag sie zehn Tage hinter der VPN. Viele Christen, die sich in den ersten Tagen in der VPN engagiert hatten, wechselten natürlich zur KDH.

Die Beziehung zwischen KDH und VPN wurde vor den Wahlen 1990 von drei Ereignissen bestimmt. Das erste war der Eintritt von bekannten Vertretern der kommunistischen Partei der Slowakei (KSS) in die VPN. Dort haben sich von Anfang an Ex-Kommunisten, die »Achtundsechziger«, wie Miroslav Kusý, Milan Šimečka, Alexander Dubček und Vladimír Mečiar engagiert. Seit dem Frühling 1990 zeigten sich dann auch die Ex-Kommunisten mit dem großen Abzeichen der VPN an der Brust, obgleich ihr KP-Parteibuch noch warm war, etwa Marián Čalfa, Minister in der letzten kommunistischen föderalen Regierung des Premiers Adamec. Die Verhandlungen zwischen den Kommunisten und dem Bürgerforum von Václav Havel verhalfen Čalfa als Kompromisskandidat an die Spitze der neuen Föderalen Regierung der tschechoslowakischen Republik. Sie sollte die Republik zu freien Wahlen führen.

Außerdem war da Milan Čič. Er war Justizminister in der letzten kommunistischen slowakischen Regierung gewesen, damals, als Ján Čarnogurský der Prozess gemacht worden war. Čarnogurský war also gewissermaßen Čičs Häftling gewesen. Ähnlich befördert wie Čalfa wurde auch Čič: als slowakischer Premier ein paar Monate nach dem November. Der Anblick der Abzeichen der VPN an der Brust dieser Menschen war paradox. Die wichtigen Leute der slowakischen Kommunisten (KSS) engagierten sich nun in der revolutionären VPN.

Wie war es dazu gekommen? Die Ursache war Angst. Angst vor der wachsenden Stärke der Christen, Angst vor der Stärke der KDH. Die VPN hatte in ihre Reihen bekannte Kommunisten aufgenommen, um gegenüber der KDH stärker zu werden. Einige liberale Intellektuelle aus der VPN haben dies nicht einmal verheimlicht. Lieber ein Kommunist als ein Christ, erinnert ihr euch?

Das zweite Ereignis war der Besuch von Papst Johannes Paul II. in der Tschechoslowakei. Hunderttausende slowakischer Katholiken begrüßten ihn auf einem riesigen Gelände im Stadtviertel Vajnory in Bratislava. Der Heilige Vater kniete nach der Landung nieder, um den slowakischen Boden zu küssen. Der stellvertretende Vorsitzende der föderalen Regierung und Vorsitzender der KDH, Ján Čarnogurský, breitete geistesgegenwärtig seinen Mantel auf den Boden aus, damit sich der Papst nicht schmutzig mache. Die während des Papstbesuches entstandene explosive emotionale Atmosphäre erhöhten die Chancen der KDH bei den bevorstehenden Wahlen wie in kommunizierenden Gefäßen. In den Umfragen erreichte die KDH plötzlich mehr als doppelt so viele Prozent wie die VPN. Somit waren für die VPN auf einmal nicht mehr die Kommunisten aus der KSS die Gegner, sondern die KDH. Die KDH musste plötzlich Attacken sowohl von Seiten der ehemaligen KSS wie der VPN die Stirn bieten. Sie wurde als »schwarzer Totalitarismus« denunziert. Der Neffe von Vladimír Clementis konnte nur lachen: Ich habe es Ihnen doch gesagt ...

Das dritte Ereignis vor den Wahlen war die Einmischung von Präsident Václav Havel in den Konflikt von KDH und VNP. In diesen Monaten wuchs Havels Popularität. Es war einige Monate nach seinem triumphalen Besuch in Amerika. Dessen medialer Höhepunkt war die Veranstaltung »Ehre dem Václav Havel und Fest der Demokratie in der Tschechoslowakei« gewesen, die in der Kathedrale des heiligen Johannes in New York in Anwesenheit von Stars wie Paul Simon, Placido Domingo, Sigourney Weaver, Gregory Peck und Paul Newman gefeiert worden war. Anwesend waren außerdem Havels Freund Miloš Forman, die Legende der Außenpolitik Henry Kissinger, der Schriftsteller Eli Wiesel, der Ballettstar Michail Baryschnikow ... Es war eine informelle Krönung von Vaclav Havel zum König des osteuropäischen Widerstands gegen den Kommunismus. Die Bilder dieser Krönung sah die ganze Welt – vor allem aber sahen sie die Menschen in der Tschechoslowakei.

Wen würde Havel in der Slowakei unterstützen? Unterstützte der tschechische bürgerlich-liberale Dissident, der Häftling des kommunistischen Regimes, seinen Kollegen, den Dissidenten Čarnogurský, der auch von den Kommunisten gefangen gehalten worden war? Nein! Er unterstützte die VPN. Eine Bewegung, in der viele Ex-Kommunisten, »Achtundsechziger«, aber auch Parteimitglieder bis zum Jahr 1989 wie Čalfa und Čič waren. Havel hatte seit Dezember 1989 eine vertrauensvolle Beziehung zu Marián Čalfa. Dieser hatte eine wichtige Rolle bei Havels Wahl zum Staatspräsidenten in der Föderalen Versammlung, die fast nur aus Kommunisten zusammengesetzt war, gespielt. Eine ungeschriebene Regel besagte, wenn ein Tscheche Präsident ist, dann wird ein Slowake Vorsitzender der Föderalregierung. Havel wollte natürlich auch nach den Wahlen Präsident bleiben. Im Fall eines Sieges der KDH über die VPN konnte deshalb sein neuer politischer Vertrauter, Čalfa, nicht föderaler Premier bleiben. Diese Funktion würde die KDH besetzen. Čarnogurský erinnerte sich, dass noch vor den Wahlen 1990 Havel ihn in einem informellen Gespräch fragte, wie seine Ambitionen nach den Wahlen seien. Als Čarnogurský antwortete, er werde sich in der Slowakei engagieren und nicht in Prag, konnte man Havel die Erleichterung ansehen.

Und so haben die slowakischen Christen fast 15 Jahre vor Buttiglione diese Regel des vereinten Europas begriffen: Lieber ein Kommunist als ein Christ.

Die Wahlen in der Slowakei hat letztendlich die VPN vor der KDH gewonnen. Die politische Notwendigkeit, wirtschaftliche Reformen durchzuführen, hat beide Parteien gezwungen, eine gemeinsame Regierung zu bilden. Die Liberalen in der VPN empfanden aber unverhohlene Freude, als der neue slowakische Premier, Mečiar, den Koalitionspartner KDH kritisierte. Ihre Freude hatte allerdings im Frühjahr 1991 ein rasches Ende, als der populäre Mečiar die VPN zerschlug, eine eigene Partei gründete und für mehrere Jahre einen Weg einschlug, der die Slowakei in die internationale Isolierung geführt hat. Glücklicherweise ist die Slowakei diesen Weg nicht bis zum bitteren Ende gegangen, weil 1998 der »Mečiarismus« besiegt wurde.

Warum konnte so etwas passieren? Weil die Reste der zerschlagenen VPN im Jahr 1991 die Unterstützung der KDH bekommen haben. Ján Čarnogurský wurde dann, nachdem Mečiar zum ersten Mal abberufen worden war, slowakischer Premier. Die slowakischen Christen erinnern sich aber für immer an die Episode mit dem »schwarzen Totalitarismus«.

Der Weg von Čarnogurský

»Aber das Tor, das zum Leben führt, ist eng
und der Weg dahin ist schmal.«
Mat 7,14

Nach dem Fall des Kommunismus existierte nur ein Weg, der bekannt und erprobt war: der Weg der westlichen parlamentarischen Demokratie. Deswegen wurde die epochale Veränderung
auch als »Sieg des Westens im Kalten Krieg« bezeichnet. Im geo-
grafischen Sinn entsprach dies auch den Tatsachen. Wie wir aber
inzwischen wissen, handelte es sich nicht um einen Sieg des ursprünglich christlichen Westens, der nämlich schon nicht mehr
existierte, sondern um den Sieg des durch die anthropologische
Revolution transformierten Westens.

1989 sah dies kaum jemand so. Die Notwendigkeit zu einfachen politischen Lösungen führte zu einem Paradigma, das bis
zum heutigen Tag andauert. Das Paradigma lautet: Wenn die
westliche parlamentarische Demokratie das kommunistische Regime überdauert hat, so muss alles so wie im Westen gemacht
werden. Deshalb haben wir uns in den letzten 20 Jahren viele
Male dem Argument gebeugt: »So ist es in den entwickelten Ländern und deswegen muss es auch bei uns so werden.« Die Wahrnehmung der westlichen Demokratie glich sich bei einem Teil
der slowakischen November-Eliten an »Fukuyama« mit seinem
»Ende der Geschichte« an. Es herrschte die Vorstellung, wenn wir
einst dieses »westliche System« auch bei uns vollkommen installiert haben würden, würden alle Probleme ein Ende finden. Dieses Paradigma nennen wir »das Paradigma der Übernahme des
westlichen Modells«.

Zur Änderung dieses Paradigmas ist es im Grunde genommen bis jetzt nicht gekommen. Zu Beginn des epochalen No-

vember-Wechsels befand sich in der Führungsschicht der Samtenen Revolution nur ein Politiker, der sich auch bewusst war, dass dieses Paradigma keine Zukunft hatte. Es war Ján Čarnogurský. Čarnogurskýs Methode, mehrere Schritte nach vorne zu denken, brachte ihn letztendlich zu einem Paradigmenwechsel. Aber sein neues Paradigma bedeutet deshalb nicht eine Ablehnung des Westens. Čarnogurský hat vielmehr schon auf der Gründungskonferenz der KDH die Idee eines Beitritts der Slowakei zur Europäischen Union, die damals noch Europäische Gemeinschaft hieß, entwickelt. Von 1991 bis 1998 war Čarnogurský dann der Führer der Opposition gegen Mečiar. Während Premier Vladimír Mečiar die Slowakei in die internationale Isolierung trieb, stand Čarnogurský als Vorsitzender der stärksten Oppositionspartei an der Spitze der slowakischen Bemühungen, den Eintritt in die EU zu erreichen. Čarnogurský gewann auch rasch die internationale Anerkennung seiner KDH. Sie wurde Mitglied der EUCD (später EPP), der internationalen Vereinigung der europäischen christdemokratischen und konservativen Parteien, und gleichzeitig auch der EDU, einer ähnlichen Gruppierung.

Gleichzeitig hat er gezeigt, dass er nicht gegen alle Aspekte der Politik von Mečiar, aber auch nicht mit dem Paradigma der totalen Übernahme des westlichen Models einverstanden war. Er formulierte ein eigenes Paradigma. Seine Vorstellung war, dass die Slowakei zwar in den Strukturen der EU verankert wird, dabei aber nicht das gesamte westliche Modell übernehmen sollte, weil er in diesem Modell neben vielen Vorteilen auch eine Zunahme einer neuen ideologischen Bedrohung der Freiheit und des Christentums sah. Und er benannte auch alle diese Ideologien und kündigte ihnen selbstbewusst den Kampf an.

Im Herbst 1991 schlug der Premier der slowakischen Regierung, Ján Čarnogurský, diesen Weg mit seiner berühmten Rede in New York ein, in der auch die These zu hören war: »*Nach dem Kommunismus müssen wir den Liberalismus besiegen.*«

Čarnogurský sagte:

»Aus den Kommunisten von gestern sind von einem Tag auf den anderen überzeugte Liberale geworden. Der Liberalismus entwickelt sich zur größten Herausforderung für die katholische Soziallehre in den nächsten Jahrzehnten. Der Kampf gegen den Liberalismus mag heutzutage vielleicht genauso hoffnungslos erscheinen, wie vor 100 Jahren der Kampf gegen den Sozialismus, aber die Kirche muss sich diesem Kampf im Interesse der wirklichen menschlichen Werte stellen.«

Die Rede rief eine lebhafte Diskussion in der ganzen Tschechoslowakei hervor. Čarnogurský war sich bewusst, dass der Kampf mit dem Liberalismus lange dauern würde und dass die christliche Politik bisher keine Methode entwickelt hatte, um den Liberalismus zu besiegen.

Zu Čarnogurskýs Weg gehörte auch, dass er als Vorsitzender der KDH auf der internationalen christdemokratischen Szene gegenüber den Partnern, den Chefs der älteren »Schwesterparteien«, als gleichwertiger Partner auftrat. So wie die Slowakei vom Westen lernen konnte, so konnte seiner Meinung nach auch der Westen von der Slowakei lernen. Zum ersten Mal erprobte er es 1993. Damals verabschiedete das holländische Parlament die ersten Gesetzesänderungen, die zur Entkriminalisierung der Euthanasie führen sollten. Für diese Änderungen stimmten auch Abgeordnete der holländischen CDA. Čarnogurský zögerte nicht und schrieb an die EUCD einen Brief, in dem er forderte, die CDA solle auf der Sitzung der EUCD ihre Position rechtfertigen. Und dies geschah auch. Der Vorsitzende der CDA, Wim van Velzen, musste das Abstimmungsverhalten seiner Partei erläutern. Und als sich dann die Partei von Valéry Giscard D'Estaing um eine Mitgliedschaft in der EDU bewarb, forderte Čarnogurský eine Erklärung, warum in der föderativen Struktur der UDF von Giscard auch Parteien vertreten seien, die sich selbst als liberal bezeichneten.

Čarnogurský begriff, dass die anthropologische Revolution globalen Charakter hatte und dass deshalb die globalen Institutionen zu einem ideologischen Kampfplatz geworden waren. Deshalb sind die ehemaligen Verbündeten der Slowakei, beim Kampf gegen den Kommunismus, nicht unbedingt in allen Fragen auch heute noch Verbündete. Im September 1994 fand in Kairo eine UN-Konferenz über die Bevölkerung und ihre Entwicklung statt. 20.000 Teilnehmer, Repräsentanten von Regierungen und UN-Agenturen verabschiedeten Dokumente, in denen neue ideologische Termini wie »Reproduktive Gesundheit« auftauchten, hinter denen sich in Wirklichkeit das Recht auf Abtreibung verbarg. Die größten Verfechter dieser Sprachregelung waren die Vereinigten Staaten. Im Weißen Haus wohnte damals der Liberale William Clinton. In Kairo gerieten die USA vor allem in Konflikt mit der Delegation des Heiligen Stuhls, die Erzbischof Renato Martino leitete.

In der Slowakei regierte damals die Regierung von Jozef Moravčík und die KDH war Regierungsmitglied. Čarnogurský besprach die Angelegenheit mit Július Brocka, der damals Minister für Arbeit, soziale Angelegenheiten und Familie für KDH war. Brocka entschied über die Zusammensetzung der Delegation der Slowakischen Republik für Kairo und führte sie auch selbst an. Während der Konferenz war die slowakische Delegation wahrscheinlich der verlässlichste Verbündete des Heiligen Stuhls.

Ján Čarnogurský schrieb am 8. September in seinen persönlichen Notizen:

»Erste Berichte in den Zeitungen, dass die slowakische Delegation auf der UN-Weltbevölkerungskonferenz zusammen mit dem Vatikan gestimmt hat. In der Presse überwiegen Artikel, in denen die liberale Plattform der USA propagiert wird. Ich telefonierte mit Bischof Baláž, damit die katholischen Autoren unsere Sicht der Dinge darstellen.«

Am 2. Oktober notierte Čarnogurský:

»Nochmals zur Konferenz in Kairo. Eine Zeit lang stand nur die slowakische Delegation an der Seite des Vatikans. Brocka und Erzbischof Martino (Leiter der Vatikanischen Delegation) vereinbarten
auf der Konferenz eine Art geheimen Kontakt zwischen beiden Delegationen, damit dies nicht zu sehr auffällt. Anton Neuwirth hat
mich angerufen (damaliger Botschafter des Slowakei beim Heiligen Stuhl – Anm. des Autors), Kardinal Sodano (Staatssekretär)
habe im Gespräch nach der Konferenz das Vorgehen der slowakischen Delegation gelobt.«

Die Kairoer Konferenz fand einige Tage vor den Parlamentswahlen in der Slowakei statt, und die Kritik an der KDH in den liberalen Medien hätte der KDH schaden können. Dennoch verlangte Čarnogurský von der KDH, christliche Prinzipien auch in
Umbruchsituationen standhaft zu vertreten. Deshalb entschloss
er sich auch zu Handlungen, die liberale christliche Politiker mei-
den wie der Teufel das Weihwasser. Als 1993 Plakate mit nackten menschlichen Hintern erschienen, protestierte Čarnogurský
dagegen in den Zeitungen. Auch als Erzbischof Ján Sokol 1997
gegen das Plakat zu dem Film von Miloš Forman »Das Volk
gegen Larry Flynt« protestierte, auf dem der Schauspieler Woo-
dy Harrelson gekreuzigt auf dem Schoß einer Frau lag, zögerte
Čarnogurský nicht, Sokol zu unterstützen.

Einfach passiv der Zunahme der säkularen Kultur zuzusehen,
war für ihn unannehmbar. Als Vorsitzender der KDH war er ein
großer katholischer Politiker. Dank ihm war die KDH unter seiner
Führung eine außergewöhnliche europäische christliche Partei.

Die Verteidigung der Ungeborenen

»Der größte Zerstörer des Friedens
ist heute die Abtreibung.«
Mutter Teresa

Die KDH wurde als Partei gegründet, die das menschliche Leben ab der Empfängnis schützt. Den Fall des Kommunismus sahen die Mitglieder der KDH als Gelegenheit an, die legalisierte Abtreibung aus dem Jahr 1957 ebenso abzuschaffen wie die liberalisierte Abtreibung aus dem Jahr 1986. Die KDH-Strukturen sind 1990 ja letztlich aus den Strukturen der »Geheimen Kirche« hervorgegangen, für die der Kampf für den Schutz der Ungeborenen eine wichtige Sache gewesen war.

1990, als Alojz Rakús von der KDH, ein hervorragender Intellektueller, Gesundheitsminister geworden war, konnte er durch eine interne Weisung dem Gewissensvorbehalt von Medizinern in Sachen Abtreibung Geltung verschaffen. Minister Rakús ließ auch ein Gesetz über den Schutz des Lebens vorbereiten. Der damalige Vorsitzende des slowakischen Parlaments, František Mikloško, erinnert sich, dass einer der Gründe, warum die Initiative von Rakús ausgebremst wurde, folgende Diskussion war: Sind katholische Abgeordnete verpflichtet, nur für ein totales Verbot der Abtreibung zu stimmen, oder können sie auch nur für eine »Minderung des Bösen« eintreten, also für ein Gesetz, das Abtreibungen nur unter bestimmten Umständen verbietet? Im Parlament gab es nämlich keine Mehrheit für ein totales Verbot. Unter den christlichen Abgeordneten, die für ein völliges Verbot waren, und unter den katholischen Bischöfen gab es Bedenken, ob das Abstimmen für eine Einschränkung der Abtreibungen nicht als Einverständnis mit der Abtreibung zu verstehen sei.

Im April 1992 besuchte der zukünftige Papst, Kardinal Joseph Ratzinger, Bratislava. Er war damals Präfekt der Kongregation für die Glaubenslehre und traf mit den Bischöfen sowie mit Minister Rakús zusammen. Mikloško beschreibt dies in seinem Buch:

»*Auf die Frage, ob man so restriktiv ein Gesetz über Abtreibungen gestalten solle, antwortete Kardinal Ratzinger, er spreche zwar nicht im Namen der Kongregation für die Glaubenslehre, aber seine persönliche Ansicht sei, ja, man könne dies tun.*«

1995 gab die Enzyklika »Evangelium vitae« von Papst Johannes Paul II. auf diese Fragen eine Antwort, durch die Ratzingers Sichtweise bestätigt wurde. Der Abgeordnete, der zwar grundsätzlich für die völlige Ablehnung der Abtreibung eintritt, kann und soll auch für Entwürfe stimmen, in denen die Abtreibung wenigstens auch nur teilweise verboten wird.

Im Frühjahr 1992 legte Alojz Rakús das Gesetz über den Schutz des Lebens der Regierung des Premiers Čarnogurský vor. Das Gesetz wurde im Kabinett angenommen. In der letzten Sitzung vor den Wahlen im Juni kam das Gesetz dann zu den Lesungen ins Parlament. Die Abgeordneten lehnten es aber ab, sich mit dem Gesetzesentwurf zu befassen. Die Medien standen natürlich auf Seiten der Liberalen gegen die KDH. Es war zwar eine Teilniederlage, aber die KDH wusste im Voraus, es würde ein Langstreckenlauf werden.

Die KDH hat die Frage der Abtreibung einige Jahre später wieder in die Diskussion eingebracht. Anfang 2001 behandelte das Parlament die Novellierung der Verfassung. Es war notwendig geworden, die Verfassung durch Bestimmungen, die für den Beitritt der Slowakei in die EU unvermeidlich waren, zu ergänzen. Die Novellierung der Verfassung war für die KDH eine Gelegenheit, erneut einen Entwurf vorzulegen, der den vollkommenen Schutz von Ungeborenen sichern sollte. Damals war ich stellvertretender Vorsitzender der KDH und damit beauftragt, gemeinsam mit Anton Neuwirth und Daniel Lipšic den Entwurf vorzubereiten.

Mit dem Schutz des ungeborenen Lebens befasst sich ein vager Satz aus dem ersten Absatz des Artikels 15 der Verfassung, der sagt: »*Das menschliche Leben ist schützenswert auch vor der Geburt.*« Später, 2007, entschied das Verfassungsgericht, dass sich aus diesem Satz kein Schutz des menschlichen Fötus im ersten Trimester ergebe (siehe Kapitel V). Wir haben 2001 vorgeschlagen, diesen Satz durch einen neuen Absatz zu ersetzen. Es sollte klargestellt werden, dass die »*vorsätzliche Beendigung des ungeborenen menschlichen Lebens unzulässig ist*«.

Anna Záborská, die Tochter von Anton Neuwirth, vertrat den Entwurf in der parlamentarischen Diskussion im Namen der KDH. Sie analysierte die moralischen, gesundheitlichen, demografischen und wirtschaftlichen Folgen der Abtreibungspolitik seit 1957. Auf ihre Rede reagierten 27 Abgeordnete. Der Entwurf wurde nicht angenommen.

Ein drittes Mal kämpfte die KDH 2003 für den Schutz des Lebens. Diesmal ging es nicht um eine Verbesserung des bestehenden Zustands, sondern es sollte eine Verschlechterung verhindert werden. Die liberale Partei ANO des ehemaligen Kommunisten Pavol Rusko war seit 2002 Koalitionspartner in der Regierung des Premiers Dzurinda, der auch die KDH angehörte. ANO hatte sich mehr und mehr gegen die Kirche und die KDH gewandt. Anfang 2003 kam die Partei mit einem Gesetzentwurf, der Abtreibung auf Antrag im Fall eines genetischen Defekts des Fötus bis zum Ende des sechsten Monats der Schwangerschaft ermöglichen sollte.

Uns war klar, dass wir das nicht zulassen konnten. Auf einer Tagung des Vorstands der KDH habe ich vorgeschlagen, die Zusammenarbeit von KDH und ANO in der Regierung zu beenden, wenn dieses Gesetz angenommen werden sollte. Der Vorstand war einverstanden. Wir wählten die Formulierung: »*Wenn das Gesetz rechtswirksam wird, endet die Regierung in dieser Zusammensetzung.*« Dies haben wir auch öffentlich kundgetan.

Der Nervenkrieg dauerte einige Monate. Im April 2003 hat das Parlament das Gesetz zur zweiten Lesung mit den Stimmen der Parteien ANO, Smer, HZDS und KSS genehmigt. Die Vorsitzenden aller vier Parteien waren ehemalige Mitglieder der kommunistischen Partei. Sie handelten nach dem gleichen Impetus, mit dem die italienischen Kommunisten in den 70er-Jahren die regierenden Christdemokraten erniedrigt hatten.

Der zweite Akt des Dramas kam Anfang Juli. Das Gesetz wurde verabschiedet und dem Präsidenten ohne die Unterschrift des Parlamentspräsidenten Pavol Hrušovský, der Vorsitzender der KDH war, vorgelegt. Unterschrieben hatte es der stellvertretende Vorsitzende des Parlaments, Viliam Veteška. In den Händen des Präsidenten lag also nicht nur das Schicksal des Gesetzes, sondern auch der Regierung. Der Präsident, Rudolf Schuster, unterzeichnete das Gesetz nicht, sondern schickte es zurück ins Parlament. Allerdings kam es dann nicht mehr auf dessen Tagesordnung. Die Spannung zwischen ANO und KDH führte letztendlich zum Zerfall der ANO und zu deren Untergang.

Der Kampf um die Souveränität
in kulturellen und ethischen Fragen

»Der Nationalrat der Slowakischen Republik ... hält es für notwendig, das Prinzip der Souveränität von Mitgliedsländern der europäischen Union in kulturellen und ethischen Fragen zu respektieren. Entscheidungen über Fragen wie den Schutz des Lebens von menschlichen Wesen, Schutz der Familie und der Institution Ehe liegen ausschließlich in der Befugnis der Mitgliedsstaaten und werden von der Europäischen Union anerkannt.«
Aus der Erklärung des Nationalrates der Slowakischen Republik über die Souveränität der Mitgliedsstaaten der Europäischen Union in kulturellen und ethischen Fragen, verabschiedet am 30. Januar 2002

Ján Čarnogurský war der erste slowakische Politiker, der den Beitritt der Slowakei zur Europäischen Union gefordert hat. Aber er erkannte immer deutlicher, dass die Europäische Union ebenso wie die UNO zu einem Instrument der globalen anthropologischen Revolution und damit antichristlich zu werden begann.

So entschloss sich Čarnogurský, das Thema auf internationaler Ebene zu erörtern. Als Lösung des Problems sah er ein Prinzip, das man als »Souveränität der Mitgliedstaaten der EU in kulturellen und ethischen Fragen« bezeichnen kann. Dies bedeutet, die Europäische Union erkennt an, dass Fragen über den Schutz des menschlichen Lebens, die Familie, die Institution der Ehe und Ähnliches nicht von den Organen der EU entschieden werden, sondern ausschließlich unter die Kompetenz der einzelnen Mitgliedsstaaten fallen. Deshalb versuchte er, für dieses Prinzip die Unterstützung der Schwesterparteien in der Europäischen Volkspartei EPP zu gewinnen. 1995 auf der Sitzung der EPP in Nizza schlug Čarnogurský vor, die EPP-Parteien sollten sich hinter das Prinzip der Souveränität der Mitgliedsstaaten in kulturellen und ethischen Fragen stellen und es gemeinsam in der Europäischen Union durchsetzen. Die Sitzung leitete der damalige Vorsitzende Wilfried Martens.

Čarnogurský wurde aber enttäuscht. »Zu dem Vorschlag kam absolut keine Reaktion, nicht von Martens Partei und auch von keiner anderen. Diese westlichen Christdemokraten und Konservativen wollten sich nur technischen und pragmatischen Fragen widmen. Eine Vision für Europa hat sie nicht interessiert«, sagte Čarnogurský später.

Einige Jahre danach habe ich Čarnogurský vorgeschlagen, wenn es schon nicht gelungen sei, die Souveränität in kulturellen und ethischen Fragen zu einem internationalen Thema zu machen, so könnten wir dies doch im slowakischen Parlament ansprechen. Daher habe ich im November 2000 auf dem Kongress der KDH in Trenčín vorgeschlagen, die KDH möge einen Entwurf für eine politische Erklärung des slowakischen Parlaments über die Souveränität in kulturellen und ethischen Fragen erarbeiten. Der stellvertretende Vorsitzende, Ján Figeľ, hat in seiner Rede jedoch die Notwendigkeit, ein derartiges Prinzip durchzusetzen, in Frage gestellt. Ihm zufolge gehörten kulturelle und ethische Fragen, so wie ich sie formuliert hatte, nach dem bestehenden EU-Recht ohnedies in die Kompetenz der Mitgliedsstaaten. Dieses Argument gegen die Deklaration erschien später auch in der liberalen slowakischen Presse. Die Beschlüsse des Europäischen Parlaments, die den Mitgliedsstaaten empfehlen, welche Gesetze sie verabschieden sollen, sprechen jedoch eine andere Sprache. Gemäß der Europäischen Union sind diese Fragen nämlich dem Bereich der Menschenrechte zuzurechnen, und da will die Union selbst das letzte Wort haben, was auch schon bei einer flüchtigen Einsicht in die EU-Verträge zu erkennen war.

In der ersten Hälfte 2001 habe ich den Text der Deklaration des slowakischen Parlaments ausgearbeitet und im Herbst 2001 hat sie die KDH dem Nationalrat vorgelegt.

Zu Tagesordnungspunkten im Parlament nimmt auch die Regierung Stellung. Vor Beginn der Sitzung habe ich im Namen der Verfasser in der Kabinettssitzung die Notwendigkeit begründet, eine solche Deklaration zu verabschieden. Die Regierung von Mikuláš Dzurinda sprach im Parlament keine Empfehlung für die Erklärung aus mit der Begründung, dies würde den Beitritt der Slowakei in die EU erschweren. Von den damaligen Regierungsmitgliedern hat nur Justizminister Ján Čarnogurský die Erklärung unterstützt.

Die Diskussion im Parlament am 30. Januar 2002 war allerdings eine angenehme Überraschung. Es war eine ganztägige, recht kultivierte Diskussion. Am entschiedensten gegen die Deklaration trat der Abgeordnete der Partei der demokratischen Linken, die ehemals kommunistische Partei KSS, Peter Weiss, auf. Er bezeichnete den Deklarationsentwurf als *Manifest der Irrationalität und der Xenophobie.*

Weiss hatte Jahre in den Reihen der KSS verbracht. Er arbeitete während der Kommunistischen Ära im Institut für Marxismus-Leninismus. In dieser Zeit starben im Kugelhagel der Grenzsoldaten an der tschechoslowakischen Staatsgrenze Menschen, die durch den Eisernen Vorhang in den Westen wollten. 1989 habe ich zusammen mit Tausenden von Christen und auch Nichtchristen mit Schlüsseln auf dem Hauptplatz für die Beseitigung des Stacheldrahts, mit dem die Genossen von Weiss Europa geteilt hatten, gerasselt. Und zwölf Jahre später erzählte uns dann Peter Weiss, die eigentlichen Isolationisten und Xenophoben *seien wir Christen.*

Weiss benutzte auch einen intelligenten Trick. In seiner Stellungnahme zur Deklaration führte er als Beispiel für die Einmischung der EU bei kulturellen und ethischen Fragen den Artikel 13 des Amsterdamer Vertrages über die Gründung der Europäischen Gemeinschaft an. In ihm erhält die EU die Kompetenz, Maßnahmen gegen eine Diskriminierung auf Grund der sexuellen Orientierung zu ergreifen.

Peter Weiss fragte:

»Ist es möglich, dass dieser Artikel des europäischen Vertrages ohne das Einverständnis der Ministerpräsidenten, die Mitglieder von christdemokratischen Parteien sind, verabschiedet wurde? Ich antworte: Dieser Artikel wurde durch Konsens verabschiedet, weil ohne Konsens in der Europäischen Union nichts verabschiedet wird. Das bedeutet, slowakische Christdemokraten kritisieren europäische Christdemokraten scharf dafür, dass mit deren Einverständnis etwas Derartiges in den europäischen Vertrag geraten ist.«

Und genauso ist es auch.

Das slowakische Parlament verabschiedete dennoch die Deklaration mit 59 Stimmen von 101 anwesenden Abgeordneten. Die Initiative war ein Erfolg. Die Erklärung war kein rechtliches, sondern nur ein politisches Dokument, doch sie erwies sich als nützlich. Denn diese Erklärung erweckte im Nachbarland Polen das Interesse der Brüder Kaczyński von der Partei »Recht und Gerechtigkeit« und diente als Vorbild für die Ausarbeitung einer ähnlichen Erklärung des polnischen Sejm. Unter der Bezeichnung »Deklaration über Fragen der Souveränität der polnischen Gesetzgebung im Bereich von Moral und Kultur« wurde es im Herbst 2002 im Sejm zur Diskussion vorgelegt. Den Entwurf unterzeichneten 64 Abgeordnete, einschließlich des ehemaligen Sejm-Vorsitzenden Maciej Płażyński, der späteren Sejm-Vorsitzenden Marek Jurek und Ludwik Dorn und des zukünftigen Premiers Jaroslaw Kaczyński und Kazimierz Marcinkiewicz.

In der Diskussion im Sejm am 26. Februar 2003 sehen wir ein ähnliches Bild, wie es sich im slowakischen Parlament im Jahr davor dargeboten hatte. Der Abgeordnete Artur Zawisza, der den Entwurf eingebracht hatte, verheimlichte nicht, dass dieser nach dem Vorbild der Deklaration des slowakischen Parlaments konzipiert war:

»Das Parlament der Slowakischen Republik hat eine Deklaration über die Souveränität der slowakischen Gesetzgebung im Bereich

von Ethik und Kultur verabschiedet. Diese Deklaration wurde zum Vorbild für die polnische Deklaration ... Die Person, die sich um die slowakische Deklaration große Verdienste erworben hat, ist einer der Führer der christdemokratischen Bewegung, der derzeitige Innenminister Vladimír Palko, dem an dieser Stelle der Dank für diese Inspiration ausgesprochen werden soll.«

Während die Abgeordneten der oppositionellen Parteien die Notwendigkeit einer klaren Bestätigung der Souveränität Polens in kulturellen und ethischen Fragen betonten, bezeichnete Robert Smoleń, Vertreter des postkommunistischen Verbands der demokratischen Linken SLD, der an der Macht war, die Deklaration als unnötig. Die Christdemokraten von Solidarnosc, die den eisernen Vorhang zerrissen und dadurch die Teilung Europas beendet hatten, wussten zwar um die Notwendigkeit, der EU beizutreten, aber einige Fragen mussten zuvor geklärt und gesichert werden. Die ehemaligen Kommunisten hingegen, die jahrelang die Teilung Europas aufrechterhalten hatten, behaupteten hingegen, mit der EU sei alles in Ordnung. Sie hatten mittlerweile eben im Westen ihre Cousins erkannt ...

Die Deklaration konnte man im Sejm ohne die Stimmen der Abgeordneten der SLD nicht verabschieden. Die postkommunistische Mehrheit wagte es jedoch nicht, sie vom Tisch zu wischen. So wurden zwar der Text und auch der Name im Sejm geändert, aber letztendlich wurde die Erklärung am 11. Mai 2003 mit überwältigender Mehrheit verabschiedet. Und ihr Grundanliegen blieb erhalten.

Die Partei »Recht und Gerechtigkeit« stellte nach den Wahlen 2005 den Präsidenten und den Premier. Jaroslaw Kaczyński war klar, dass der Kampf um die Souveränität bei der Bewahrung der christlichen polnischen Kultur im Rahmen der EU nicht mit der Verabschiedung der Deklaration im Sejm beendet sei. In seiner programmatischen Regierungserklärung am 19. Juli 2006 vor dem polnischen Sejm bestätigte Kaczyński zweimal, seine Regierung werde sich in der Beziehung zur EU von der Deklaration des Sejms vom 11. Mai 2003 leiten lassen.

Das Thema war durchaus aktuell, denn auch Polen musste sich zum Lissabonner Vertrag äußern, ob es dem Vertrag, der den Verfassungsvertrag ersetzen würde, zustimmen werde. Ein Teil des Lissaboner Vertrags war die Charta der Grundrechte der EU. Für den Lissaboner Vertrag, also auch für die Charta zu stimmen, hätte bedeutet, das Prinzip der Souveränität der Mitgliedsstaaten in kulturellen und ethischen Fragen aufzugeben.

Premier Jaroslaw und Präsident Lech Kaczyński, beide Mitglieder von Solidarnosc und Antikommunisten, haben ein »Optout« durchgesetzt, also eine Ausnahmeregelung, der zufolge die Charta der Grundrechte nicht den Bereich des Familienrechts in Polen einschließt. Nur so konnten beide Kammern des polnischen Parlaments mit der notwendigen Zweidrittelmehrheit den Lissaboner Vertrag verabschieden. Polen ist das einzige Land, das eine Ausnahme von der Grundrechte-Charta auf Grund der Unvereinbarkeit mit den polnischen christlichen Kulturtraditionen erzwungen hat. Am Anfang dieses Prozesses standen die Deklaration des slowakischen Parlaments und die Erwägungen von Ján Čarnogurský, der bereits 1995 alles vorhergesehen hatte.

Auch den slowakischen christlichen Politikern war die Erklärung über die Souveränität von Nutzen. Beim Beitritt der Slowakei in die Europäische Union war ich Innenminister. Die Minister der Mitgliedsstaaten treffen sich regelmäßig im EU-Ministerrat, wo sie verpflichtende Rechtsdokumente für die ganze EU verabschieden.

Im Sommer 2004 stand das so genannte »Haager Programm« auf der Tagesordnung des Rats. Es handelte sich um einen fünfjährigen Arbeitsplan »zur Bekräftigung der Freiheit, Sicherheit und Gerechtigkeit in der Europäischen Union«. Zu dem Text des Dokuments gehörte auch ein Entwurf, dem zufolge die Mitgliedsstaaten der EU registrierte Partnerschaften von gleichgeschlechtlichen Personen gegenseitig anerkennen sollten. Der Entwurf war mit atemberaubender Leichtigkeit in das Haager Programm geraten. Die Zusage eines Landes, registrierte Partnerschaften, die in einem anderen Land geschlossen worden waren, anzuerkennen, ist faktisch dasselbe, als würde das Gesetz über registrierte Partnerschaften im nationalen Parlament verabschiedet.

Als der Ministerrat zum »Haager Programm« tagte, teilte Justizminister Daniel Lipšic aus der KDH mit, die Slowakei werde der gegenseitigen Anerkennung der Partnerschaften nicht zustimmen, deshalb solle dieser Entwurf nicht ins »Haager Programm« übernommen werden. Begründet wurde der Entwurf mit der Notwendigkeit, den Gedanken einer EU-Staatsbürgerschaft zu stärken. Weil die Agenda der Staatsbürgerschaften jedoch in die Kompetenz des Innenministeriums fällt, habe auch ich bei meinem Auftritt erklärt, der Entwurf sei inakzeptabel.

In dieser Sache hatte jedes Land ein Vetorecht: Was nicht einstimmig verabschiedet wird, ist ungültig. Zu den Besonderheiten der Tagung des Ministerrats gehört auch, dass die Reaktion auf eine zwar höfliche, wenn auch grundsätzliche Ablehnung, ein Spiel auf Zeit auslöst. Die Sache wird dann erst einige Wochen später auf der nächsten Tagung des Ministerrates zur Abstimmung gebracht.

Auf der nächsten Tagung hat dann Daniel Lipšic die ablehnende Haltung der Slowakei bekräftigt. Zu Wort meldete sich daraufhin der Innen- und Justizminister von Malta, Tonio Borg. Er verkündete, Malta nehme den gleichen Standpunkt ein wie die Slowakei. Es folgten zwei kurze Bemerkungen der österreichischen Justizministerin Karin Miklautsch und des finnischen Innenministers Kari Rajamäki. Sie meinten, wenn zwei Länder mit dem Entwurf nicht einverstanden seien, solle man die Sache nicht weiter verzögern und niemandem etwas aufzwingen, was er nicht wünsche. Damit hatten wir gewonnen. Aus der gegenseitigen Anerkennung der Partnerschaften wurde nichts.

Es ist wohl nicht übertrieben zu behaupten: Wäre die Slowakei nicht gewesen, hätte dort niemand sein Veto gegen den Entwurf eingelegt. Denn in Großbritannien, Deutschland, Polen und Spanien regierten damals die Sozialisten. In Italien herrschte als Premier Berlusconi, aber die italienische christliche Stimme wurde nicht gehört. Den Vorsitz in der Europäischen Union hatten in der zweiten Hälfte 2004 die Niederlande. Dort war die Regierung des Christdemokraten Jan Peter Balkenende von der CDA an der Macht. Justizminister war der Christdemokrat Piet Hein Donner, zwar ein erfahrener kultivierter Politiker, aber seine Stimme erhob er nicht gegen dieses Projekt.

Beunruhigend ist die Tatsache, dass uns Karin Miklautsch ganz normal und menschlich mit dem Motto »*wenn sie es nicht wollen, dann zwingen wir es ihnen nicht auf*« unterstützt hat. Sie war Ministerin für die Partei von Jörg Haider und von der Christdemokratie weit entfernt. Aus unseren gemeinsamen Gesprächen habe ich entnommen, dass sie eine Liberale ist. Sie hatte aber weniger Angst vor der politischen Korrektheit als die Christdemokraten.

An der Politik der EU ist beunruhigend, dass ein derart grundsätzlicher Entwurf im Grunde genommen ohne die Aufmerksamkeit der europäischen Medien verhandelt wurde. Für den Einsatz des Vetorechts haben uns slowakische Medien kritisiert, aber wir haben nur im Sinne der Deklaration des slowakischen Parlaments gehandelt, und diese besagt, über derartige Fragen soll im slowakischen Parlament entschieden werden, nicht in Brüssel.

Das Jahr 2004 war interessant. So wie über das »Haager Programm« am meisten von allen EU-Ländern in der Slowakei diskutiert wurde, so wurde in der Slowakei, mit Ausnahme von Schweden, am meisten über die Verurteilung von Pastor Ake Green diskutiert (siehe Kapitel VI). Das kam zufällig. Gerade als die Medien die Nachricht über seine Verurteilung brachten, sollte ich zusammen mit der schwedischen Botschafterin Cecilia Julin einen zwischenstaatlichen Vertrag unterzeichnen. Die Botschafterin kam ins Innenministerium und nach der Unterzeichnung des Vertrages habe ich höflich um Verständnis gebeten, ich müsse ihr noch etwas über den Rahmen des vereinbarten Programms Hinausgehendes sagen – unter Hinweis auf das Wort von Martin Luther: »*Ich kann nicht anders.*« Ich musste ganz einfach in diesem Moment gegen die Verurteilung von Ake Green protestieren. »Wir in der Slowakei haben nicht nur Erfahrungen mit der Verurteilung von Priestern, sondern auch mit der darauf folgenden Rehabilitierung«, sagte ich ihr.

Bogen des Gewissens

»Handle niemals gegen dein Gewissen,
auch dann nicht, wenn es der Staat fordert.«
Albert Einstein

Der Doktor der Rechtswissenschaften, Ján Čarnogurský, war bereits 1986 durch das kommunistische Regime aus den Reihen der Rechtsanwälte ausgeschlossen worden und stand in einem offenen Konflikt mit dem Regime. In einem Gerichtsverfahren hat er jedoch nach den gültigen Gesetzen Jozefína Kuklišová als Bürger vertreten.

Jozefína Kuklišová war insgeheim Nonne und arbeitete als Krankenschwester im Krankenhaus für Eisenbahnangestellte in Bratislava. Während der Urlaubszeit wurde sie in eine andere Abteilung versetzt, in der Abtreibungen durchgeführt wurden. Kuklišová sollte nun Tätigkeiten verrichten, die mit der Abtreibung im Zusammenhang standen – zum Beispiel Blut- und Urinabnahmen. Sie lehnte dies ab. Sie erhielt daraufhin eine Disziplinarstrafe und ging vor Gericht. Der Richter Pavol Bagin hob die Disziplinarstrafe als unangemessen hoch auf, denn Kuklišová war eine gute Mitarbeiterin und dies war ihr erstes »Vergehen«. Damit begann Čarnogursky einen Kampf, der den Namen »Kampf um den Gewissensvorbehalt« erhalten hat.

Seit der Vertretung von Jozefína Kuklišová sind mehr als zwei Jahrzehnte vergangen. Und seit damals hat Čarnogurský die Laufbahn eines politischen Gefangenen des kommunistischen Regimes, des stellvertretenden Vorsitzenden der Föderalen Regierung, des Vorsitzenden der slowakischen Regierung, des Justizministers und Gründers der christdemokratischen Partei absolviert. 2002 verließ er die Politik und nahm seine Rechtsanwaltstätigkeit wieder auf. Als Rechtsanwalt geriet er jedoch erneut in den Kampf um den Gewissensvorbehalt.

Diesmal ging es um den Arzt Peter Lukčo aus Prešov. Er hatte beim Eintritt in die gynäkologische Abteilung mit der Krankenhausleitung vereinbart, dass er keine Handlungen vornehmen müsse, die mit Abtreibungen zu tun hatten. 2004 wurde er jedoch gekündigt »wegen schwerwiegender Verletzung der Arbeitsdisziplin«. Er hatte es abgelehnt, einer schwangeren Patientin ein Medikament zu verabreichen, das zur Ausstoßung des Fötus geführt hätte. Lukčo ging vor Gericht und Ján Čarnogurský vertrat ihn – und zwar erfolgreich. 2005 erklärte das Gericht in Prešov die Kündigung für ungültig. Als Begründung gab das Gericht an, das Krankenhaus habe die zweimonatige Frist ab Verletzung der Arbeitsdisziplin, in der es hätte kündigen können, versäumt.

Der Bogen, der sich vom Fall Jozefína Kuklišová in den 80er-Jahren bis zum Fall von Peter Lukčo im 21. Jahrhundert spannt, ist symbolisch. Da spannt sich nämlich ein Bogen von der Unterdrückung der Christen in kommunistischen Zeiten bis zur heutigen Unterdrückung in der säkularen Gesellschaft. Beide Fälle sind mit der Person Ján Čarnogurskýs verbunden und endeten faktisch mit einem Sieg des Gewissensvorbehalts als Prinzip. Die Gerichte haben dieses Prinzip in beiden Fällen bestätigt. Jedoch haben sie der beklagten Partei keinen Fehler in der Sache selbst, sondern die Nichteinhaltung von technisch-juristischen Details vorgeworfen. Die Anerkennung des Rechts auf Gewissensvorbehalt war damals und heute problematisch.

Die kommunistische Verfolgung war vor allem in den Anfängen blutig. Viele Christen gingen für lange Jahre ins Gefängnis oder sogar in den Tod. Danach wurde die Verfolgung gemäßigt: Weitaus weniger Christen wanderten ins Gefängnis, und das nur für kurze Zeit. Die heutige Verfolgung ist anders. Es gibt keine langjährigen Gefängnisstrafen, keine Monte-Christo-Geschichten, wie sie Vladimír Jukl und Silvester Krčméry erlebt haben, keine öffentlichen Bekenntnisse zum Atheismus. Der

Traum der Revolutionäre ist heute eine andere Art der Vernichtung des Christentums, als die Kommunisten sie erträumt hatten. Die Kommunisten wollten, dass alle Menschen Atheisten werden. Die heutigen Revolutionäre wollen die Relativierung und Anpassung der Christen und des Christentums.

Heute werden die Christen in Europa und Amerika dadurch verfolgt, dass man ihnen das Recht abspricht, ihren Beruf ihrem Gewissen und der Moral ihres Glaubens entsprechend auszuüben (siehe Kapitel VI). Es geht um das Recht auf den Gewissensvorbehalt. Um das Gewissen wird ein politischer Kampf geführt.

1986 war Čarnogurský allein. Als er Peter Lukčo 2004 verteidigte, agierte in der slowakischen Szene seine KDH, die in ihrer Gesamtheit Bestandteil dieses Kampfes gewesen war. Ein Name gehört unverzichtbar zu ihm, denn er steht für den Bogen, der sich von der kommunistischen zur säkularen Verfolgung der Christen spannt: Es ist der Name von Anton Neuwirth.

2011 waren seit seiner Geburt 90 Jahre vergangen. Nach seinen eigenen Worten war er ein »Mensch auf der Brücke«. Dem Vater nach war er Jude, der Mutter nach Katholik. Zwölf seiner väterlichen Verwandten wurden während des Krieges in verschiedene Konzentrationslager deportiert. Auf ihn wartete das Gefängnis erst später, im anschließenden kommunistischen Regime.

Er war Arzt, geistig beheimatet im Kreis von Tomislav Kolakovič, einem kroatischen Priester, der während des Krieges in der Slowakei gewirkt hatte. Dieser Kreis, zu dem auch Vladimír Jukl und Silvester Krčméry gehörten, bekam den Namen Familie.

Obgleich sich ihm eine wissenschaftliche Karriere eröffnete, erwartete ihn stattdessen ein Leidensweg. Er wurde 1953 verhaftet und zu zwölf Jahren Gefängnis verurteilt. Seine kleinen Kinder wuchsen jahrelang ohne Vater auf. Nach der allgemeinen Amnestie wurde er 1960 in die Freiheit entlassen.

Er begann, wieder als Arzt zu arbeiten, und wurde 1966 Chefarzt im Krankenhaus von Martin. Aber sein Lebensbogen wandelt sich von der Verfolgung als Christ in Form von Kerker zur Verfolgung im Beruf. 1973 wurde er von einer Sonderkommission aufgefordert, aus der Kirche auszutreten. Er lehnte ab und damit war seine Laufbahn als Chefarzt beendet.

Obwohl schon Anfang 70, engagierte sich Anton Neuwirth 1989 in der Christdemokratischen Bewegung, wurde 1992 Abgeordneter im Parlament und bei den Präsidentschaftswahlen 1993 Spitzenkandidat der KDH. In der Partei hatte ich Gelegenheit, ihn persönlich kennenzulernen. Seine Gestalt war schon ein wenig gebeugt und er ging vorsichtig. Aber sein Geist war frisch und hellwach, er war stets liebenswürdig und freundlich.

Meine letzte Erinnerung an Anton Neuwirth ist verbunden mit dem Besuch von Johannes Paul II. in der Slowakei. An einem sonnigen Herbsttag 2003 zelebrierte der Papst die heilige Messe auf einer Wiese inmitten von Petržalka, unserem »Betondschungel«. Die Kommunisten haben Petržalka ohne Kirche gebaut und paradoxerweise auch ohne Friedhof. Nichts in dieser Panelsiedlung für 120.000 Menschen sollte an den Beginn und das Ende des Lebens erinnern. Und plötzlich war hier der Papst und seine Worte drangen durch die offenen Fenster zu den Bewohnern von Petržalka. Nicht weit von mir entfernt auf einer Bank saßen sehr stolz alte politische Gefangene. Sie trugen *Häftlingsuniformen*. Unter ihnen war auch der 82-jährige Anton Neuwirth – ein Symbol des liebeswürdigen und ungebrochenen katholischen Geistes. Anton Neuwirth hatte damals noch ein Jahr seines Lebens vor sich.

1994 hatte der 73-jährige Neuwirth jedoch den Höhepunkt seines Lebens noch vor sich. Die Regierung ernannte ihn zum Botschafter der Slowakischen Republik beim Heiligen Stuhl, und er begann in dieser neuen Rolle ein Spiel von europäischem Format zu spielen. Neuwirth, der am eigenen Leib die Verfolgung im Gefängnis und im Beruf erlebt hatte, sah, dass nun im säkularisierten Europa die Verfolgung von der ersten in die zweite Form verschoben wird. Er sah die Lösung darin, auf internationaler

Ebene dem Gewissensvorbehalt rechtliche Anerkennung zu verschaffen, zum Beispiel in Form eines zwischenstaatlichen Vertrages, eben zwischen dem Heiligen Stuhl und der Slowakischen Republik.

Laut František Mikloško war Anton Neuwirth der Hauptarchitekt des Grundvertrages zwischen der Slowakischen Republik und dem Vatikan und auch des Teilvertrages über den Gewissensvorbehalt:

»Der Grundvertrag beinhaltet vier Teilverträge. Der Teilvertrag über den Gewissensvorbehalt ist im Rahmen der Verträge anderer Staaten der Welt mit dem Heiligen Stuhl etwas völlig Neues. Einen solchen Vertrag hat bis jetzt kein Staat auf der Welt verabschiedet. Der Vertrag über den Gewissensvorbehalt ist der originale Gedanke von Anton Neuwirth. In seiner jüdischen Intuition hat er klar vorhergesehen, dass die Gewissensfrage von Christen in der Rechtsordnung, vor allem in den entwickelten westlichen Staaten, in Zukunft einem großen Druck ausgesetzt sein wird ... Anton Neuwirth sprach darüber mit dem Papst sowie auf mehreren Konferenzen ... Es war der große Wunsch von Papst Johannes Paul II., dass dieser Vertrag in der Slowakei ratifiziert wird.«

Damit hatte Anton Neuwirth aber die KDH für neue politische Kämpfe programmiert. Es überrascht nicht, dass der Gewissensvorbehalt auf den Widerstand der liberalen Medien stieß, besonders bei ehemaligen Kommunisten oder Liberalen der Partei ANO des Pavol Rusko. Bemerkenswert war jedoch, dass die dramatischste Auseinandersetzung sich unter Vertretern der christlichen Politik selbst ereignete: als Zusammenstoß zwischen der KDH und Dzurindas Partei »Slowakische demokratische und christliche Union« SDKÚ und später in gewissem Sinne auch innerhalb der KDH selbst.

Die KDH war seit 2002 Koalitionspartner in der zweiten Regierung Dzurinda. Der Vorsitzende der KDH, Pavol Hrušovský, wurde Parlamentspräsident, Innenminister war der Autor dieses Buches, Unterrichtsminister Martin Fronc und Justizminister Daniel Lipšic. Die Verpflichtung, die Verträge über den Gewissensvorbehalt zu verabschieden, wurde 2002 ohne Probleme auch Teil der Regierungserklärung. Das Justizministerium bereitete nach den Verhandlungen mit dem Heiligen Stuhl den Vertragstext vor. Gleichzeitig bereitete es einen beinahe identischen Text als Vertrag zwischen der Slowakischen Republik und den anderen christlichen Kirchen vor. Beide Verträge garantierten jedem Bürger die Möglichkeit, in seinem Beruf die Ausführung von Aufträgen abzulehnen, die seinem Gewissen und der moralischen Lehre der Kirchen widersprechen. Nichts deutete darauf hin, dass diese Verträge einmal Gegenstand von Konflikten innerhalb der Regierung sein würden.

Sie sind es aber geworden. Anfang 2006 war die Situation im Parlament für die Verabschiedung der Verträge günstig. Für die SDKÚ war es jedoch damals kein geeignetes Thema. Die Verabschiedung der Verträge am Ende der Wahlperiode stand im Widerspruch zu den Plänen von Mikuláš Dzurinda, der auch die Stimmen der liberalen Wähler bekommen wollte.

Ende 2005 sagte František Mikloško zum ersten Mal zu mir, er habe das Gefühl, Dzurinda schiebe die Verträge beiseite. Zu Beginn des folgenden Jahres war es dann offenkundig. Die Medien in ganz Europa brachten die Nachricht, der Beratungsausschuss der Rechtsexperten der EU in Brüssel habe Bedenken wegen der Verabschiedung des Vertrages über den Gewissensvorbehalt zwischen der Slowakei und dem Heiligen Stuhl. Die Revolutionäre hatten die Konterrevolution in dem kleinen Land entdeckt.

Am 26. Januar 2006 befand ich mich auf einer Auslandsreise in Slowenien. Am Abend rief mich František Mikloško im Hotel in Ljubljana an. Er teilte mir mit, Dzurinda werde die Verträge in der Kabinettssitzung wahrscheinlich überhaupt nicht vorlegen und die KDH müsse sich entscheiden, wie sie reagieren wolle. Nichts zu tun, wäre nach seiner Meinung lächerlich. Falls uns

Dzurinda in dieser Sache belüge, würden wir durch Stillschweigen unser Gesicht verlieren. Die einzige mögliche Antwort wäre, dass die KDH die Regierung verlasse. Ich stimmte mit ihm überein und rief Minister Fronc an. Er teilte vollkommen unsere Meinung.

Ein paar Tagen später überstürzten sich die Ereignisse. Der KDH-Vorsitzende Hrušovský rief die Mitglieder des KDH-Präsidiums und alle KDH-Abgeordnete zusammen. Wir waren uns einig: Wenn Mikuláš Dzurinda in seinem Regierungsprogramm die Punkte, die für die KDH wichtig sind, nicht erfüllt, dann ist das Verlassen der Regierung die einzige entsprechende Reaktion. In Präsidium und Fraktion herrschte völlige Einigkeit.

Daraufhin kam es zu einem Treffen zwischen Pavol Hrušovský, Pavol Minárik, František Mikloško von der KDH und Premier Dzurinda. Das Gespräch war kurz. Die KDH stellte ihren Standpunkt klar. Die Regierungserklärung sollte in die Tat umgesetzt werden, deshalb müssten die Verträge über einen Gewissensvorbehalt sowohl in der Kabinettssitzung als auch im Parlament vorlegt und verabschiedet werden. Im gegenteiligen Fall würde die KDH die Regierung verlassen.

»So können wir also die Koffer packen«, sagte Dzurinda. Seinen definitiven Standpunkt hat er jedoch nicht mitgeteilt. Danach wartete die KDH nur noch auf den Standpunkt der SDKÚ. Ihr Ultimatum an den Premier veröffentliche sie dann am Samstag, dem 4. Februar. In meinem Ministerbüro bereitete ich mich vor, rasch meine Sachen zu packen.

Am Montag, dem 6. Februar, teilte Mikuláš Dzurinda auf einer Pressekonferenz mit, die SDKÚ lehne den Vertrag über den Gewissensvorbehalt als inakzeptabel ab. Er werde diesen Vertrag nicht auf die Tagesordnung der Kabinettssitzung setzen, worauf die KDH erklärte, sie werde die Regierung verlassen. Das bedeutete, dass die von der KDH gestellten Minister dem Präsidenten ihre Demission einreichen. Gleichzeitig stellten wir klar, dass ein Bestandteil unseres Ausscheidens aus der Regierung auch die

Demission von Pavol Hrušovský aus seiner Funktion als Parlamentsvorsitzender sein würde.

Am Dienstag, dem 7. Februar, haben wir Staatspräsident Ivan Gašparovič aufgesucht und ihm unsere Rücktrittserklärungen überreicht. Wir kehrten noch einmal offiziell am nächsten Tag, dem 8. Februar, in das Präsidentschaftspalais zurück, wo uns der Präsident offiziell unsere Demissionsurkunden überreichte. Als mich Journalisten nach meinen Eindrücken fragten, habe ich, hoffentlich nicht unbescheiden, die Worte des heiligen Paulus benutzt: »Ich habe den guten Kampf gekämpft, ich habe den Lauf vollendet, ich habe den Glauben bewahrt ...«

Durch unser Ausscheiden wurden im Juni vorgezogene Parlamentswahlen notwendig.

Mikuláš Dzurinda begann ein Spiel mit der öffentlichen Meinung zu treiben. Er setzte sich die Maske des besorgten liberalen Katholiken auf, den die Sorge, dass nach Verabschiedung des Vertrags im Staat die vollkommene Anarchie ausbrechen könne, zu diesem Schritt veranlasst hatte. »Was, wenn ein Eisenbahner sich denkt, er könne wegen seines Gewissens, weil Weihnachten ist, keine Waggons aneinanderkoppeln?«, fragte er in den Medien. Ich erinnere mich, dass ich noch als Kind aus dem Katechismus gelernt hatte, wenn man am Feiertag seine Arbeit in einem durchgehenden Betrieb leistet, sei dies keine Verletzung des dritten Gebots. Der christliche Politiker und Vorsitzende einer christlichen Partei spielte also wortwörtlich ein antichristliches Spiel.

Das seltsamste Spiel begann der Premier aber, als ihm die KDH ein Ultimatum stellte. Am 1. Februar traf er sich mit dem Bischof von Banská Bystrica, Rudolf Baláž, der ihm die Meinung der katholischen Bischöfe verdeutlichte: Der Vertrag solle verabschiedet werden. Der Premier hat dieses Treffen benutzt, um dem Bischof eine Falle zu stellen. Er gab sich als derjenige aus, der sich den Vertrag zwar aufrichtig wünsche, aber *mit dem Vertrag sei noch nicht alles in Ordnung.* Er schlug dem Bischof die Bildung einer Kommission vor, bestehend aus drei Vertretern der Kirche und drei Vertretern der staatlichen Verwaltung, die den Vertrag »zu Ende bearbeiten« sollte. Der Bischof war einverstanden.

Die Fertigstellung des Vertrages hätte aber bedeutet, dass der Vertrag in dieser Legislaturperiode nicht mehr verabschiedet würde. Der Vertragstext wurde in den einzelnen Ressorts besprochen und auch der Vatikan war damit einverstanden. Der neue Text hätte die erneute Begutachtung und Zustimmung von beiden Parteien gebraucht. Bereits am nächsten Tag begriff der Bischof, dass Dzurinda kein sauberes Spiel gespielt und seine Kompetenzen überschritten hatte.

Aus internationaler Sicht wären die Verträge über den Gewissensvorbehalt, falls man sie verabschiedet hätte, ein weithin strahlender Leuchtturm im Kampf der Christen um einen würdigen Platz im Geist des Evangeliums Christi gewesen. In vielen Ländern der Welt würde man sich auf die kleine Slowakei berufen können. Hat Mikuláš Dzurinda eigentlich begriffen, was er da zerstört hatte? Für die Vereitelung des Vertrags hat er sogar eine Belohnung bekommen. Seine Taktik, liberale Wähler zu gewinnen, ist aufgegangen. Bei den Wahlen in Juni fuhr seine SDKÚ respektable 18 % ein.

Uns haben die Wähler für unsere Haltung nicht gerade belohnt. Die KDH erhielt nur 8,31 % der Stimmen.

Allerdings hatten wir die Regierung nicht verlassen, weil wir hofften, dass die Wähler dies umgehend honorieren würden. Wir haben die Regierung verlassen, weil wir es nicht zulassen konnten, die Botschaft des Evangeliums politisch außer Acht zu lassen – so wie dies 1990 die belgischen Christdemokraten unter van Rompuy und Martens getan hatten. Sie hatten trotz der durch die Liberalen und Sozialisten erzwungenen Legalisierung der Abtreibung weiter mit ihnen zusammengearbeitet. Wir haben uns anders als die Gaullisten von Chirac verhalten, die sich 1974 durch Simone Veil sowie die Kommunisten und Sozialisten ebenfalls bei der Frage der Abtreibung hatten erniedrigen lassen. Wir haben anders gehandelt als die italienische »Democristiani«, die, obgleich sie regierten, die gegen ihren Willen verabschiedeten Gesetze über Scheidung und Abtreibung unterzeichnet haben. Wir haben uns anders verhalten als die tschechische Volkspartei, deren Koalitionspartner gemeinsam mit den Kommunisten für registrierte Partnerschaften gestimmt hatte (siehe Kapitel IV).

Die KDH hat mit dem Verlassen der Regierung somit etwas bewiesen, was keine andere christliche Partei in Europa fertiggebracht hat. Am Beginn der Geschichte dieses Vertrags stand die Vision von Anton Neuwirth. František Mikloško hat darüber Folgendes geschrieben:

»Ich selbst erkenne den Höhepunkt seines Lebens im Entdecken, Einbinden und Vergegenwärtigen des Problems des Gewissensvorbehalts in den entwickelten demokratischen Ländern. Anton Neuwirth brachte dadurch die Slowakei in die neueste Geschichte Europas ein und verankerte sie im Kampf um ihr christliches Gesicht.«

Mit dem Verlassen der Regierung hat die ganze KDH weit über die Grenzen des Landes ein Zeichen gesetzt. Für mich war es eine große Ehre, Teil dieses Widerstandes gewesen zu sein. Dass ich meinen Ministerposten wegen des Vertrags über den Gewissensvorbehalt aufgegeben habe, empfinde ich als Sternstunde meiner politischen Karriere.

Der Vertrag von Lissabon

»Sie haben entschieden, dass das Dokument
unleserlich sein soll.«
Giuliano Amato, ehemals italienischer Ministerpräsident,
über den Vertrag von Lissabon

2005 diskutierte ich mit meinem Kollegen aus Malta, Tonio Borg, über den Aktivismus der Richter und die Sorgen wegen künftiger Entscheidungen des Europäischen Gerichtshofs in Luxemburg, des höchsten Gerichts der EU, in kulturellen und ethischen Fragen. Tonio Borg sagte, seiner Meinung nach sei der gefährlichere der Europäische Gerichtshof in Straßburg, der Gerichtshof des Europarates also. Tatsache ist, dass sich bis jetzt dieser mit seinen Entscheidungen hervorgetan hat.

Anfang Mai 2011 ist jedoch das luxemburgische Gericht aus dem Schatten seines Gegenübers herausgetreten. Es entschied über die Beschwerde eines deutschen Rentners aus Hamburg, der in einer registrierter Partnerschaft lebt und sich Folgendes ausgerechnet hatte: Wäre sein Partner kein Mann, sondern eine Ehefrau, so hätte er Anspruch auf eine höhere Rente. Dies betrachtete er als Diskriminierung und trieb den Fall bis nach Luxemburg. Das höchste Gericht der EU gab im Anfang Mai 2011 Recht.

Vielleicht zum hundertsten Mal zeigte sich hier, wie naiv die Behauptung ist, wir würden mit der Durchsetzung der Souveränität in kulturellen und ethischen Fragen offene Türen einrennen, weil die EU den Mitgliedsstaaten angeblich nichts aufzwingen wolle.

Es bestätigte sich auch die Schlüsselrolle der Richtertalare in der anthropologischen Revolution. Erneut wurde die Bedeutung der Familie als Ort, an dem die Kinder erzogen werden, die unter anderem auch für unseren künftigen Wohlstand verantwortlich sein werden, ignoriert. In Deutschland existiert ein Rentensystem, das auf dem Umlageverfahren basiert. Das Geld, das von den Beschäftigten in die Rentenkasse abgeführt wird, dient unmittelbar der Auszahlung der Renten für die heutigen Ruheständler. Jeder sieht, dass die Ehen von Männern und Frauen zur Finanzierung dieses Systems durch die Kindererziehung beitragen, die registrierten Partnerschaften aber keinen Beitrag leisten.

Letztendlich geht aus diesem Vorfall hervor, dass im legislativen Bereich auf EU-Ebene keine weiteren Dokumente, was die Menschenrechte betrifft, verabschiedet werden müssen, weil die Revolutionäre in den Talaren sie ja ohnedies durch Gerichtsbeschlüsse in ihrem Sinn verändern.

Ein grundlegender Schritt in der Entwicklung der EU sollte die Aufnahme des »Vertrages über die Verfassung von Europa« werden, der abgekürzt »Verfassungsvertrag« genannt wurde. Über die Notwendigkeit der Verabschiedung eines solchen Vertrages haben sich die Chefs der EU-Länder auf dem EU-Gipfel in Laeken 2001 verständigt. Ein Konvent über Europas Zukunft wurde einberufen. Er setzte sich aus Vertreten der Regierungen und Parlamente der Mitglieds- sowie der Kandidatenländer zusammen und sollte den Verfassungsvertrag vorbereiten. Die Regierung der Slowakischen Republik wurde durch Ján Figeľ vertreten, der damals Staatssekretär im Außenministerium war. Der Konvent unter der Leitung von Valéry Giscard D'Estaing hat diesen Text bis zum Sommer 2003 vorbereitet.

Die KDH beriet, wie sie sich zu dem Verfassungsvertrag stellen sollte. Der Vertrag vereinigte Texte der bisherigen EU-Verträge, übertrug viele Kompetenzen von der Ebene der Mitgliedsstaaten auf die Ebene der Union, änderte in vielen Bereichen die Abstimmung vom Konsens- zum Mehrheitsprinzip. Vor allem aber wurde die Charta der Grundrechte der EU für verbindlich erklärt. Ich diskutierte ab und zu mit Ján Čarnogurský über die Tücken der europäischen Integration. Dabei waren wir uns einig, dass ein kleiner Staat wie die Slowakei nicht alles ablehnen könne, was ihm an der Union nicht gefällt. Einerseits führe dies zu keinem Ergebnis, anderseits müsse man aufpassen, bei den komplizierten mitteleuropäischen Verhältnissen nicht international in Isolation zu geraten. Das bedeutet aber nicht, dass man mit allem übereinstimmen müsse. Die Slowakei könne und solle aus den Themen auswählen, was sie für wichtig hält. Und was für sie am wichtigsten ist, zu diesem Thema sollte sie dann beharrlich ihren Standpunkt durchsetzen.

An der Europäischen Union stört die Menschen die Undurchsichtigkeit der Gesetzgebung, und wie diese Gesetze zustande kommen, sowie der Einfluss von nicht gewählten Beamten, die ständig fortschreitende Zentralisierung oder die Bemühungen, hohe Steuern einzuführen. Die Christen jedoch sollten vor allem daran Anstoß nehmen, dass die EU Träger der anthropologischen Revolution geworden ist. Im Verfassungsvertrag war der Kampf um die Erwähnung Gottes und der christlichen Wurzeln Europas in der Präambel im Konvent verloren gegangen.

Ein Ja zur Grundrechte-Charta würde das Prinzip der Souveränität der Mitgliedsländer in kulturellen und ethischen Fragen verneinen. Als die Charta Teil des Verfassungsvertrags werden sollte, war klar, dass die EU beabsichtigte, die Fragen der Menschenrechte, also die Fragen über Familie, Ehe und des Schutzes des Lebens, nicht den Mitgliedsstaaten zu überlassen – oder besser: Sie wollte selbst darüber entscheiden.

Die Charta beinhaltet aber Formulierungen, die eine Waffe in den Händen der Revolutionäre in den Talaren werden könnte. So wird dort etwa das Recht auf das Private postuliert, aus dem die Richter des Obersten Gerichts der Vereinigten Staaten 1973 das Recht auf Abtreibung abgeleitet hatten. Wenn an einer Stelle über ein Verbot der Diskriminierung in Bezug auf die sexuelle Orientierung gesprochen wird und an anderer Stelle darüber, dass jeder das Recht hat, eine Ehe einzugehen, könnte sich aus beidem ein Anspruch auf die »Ehe« gleichgeschlechtlicher Personen ergeben. Wenn einerseits die Freiheit der wissenschaftlichen

Forschung gesichert wird und andererseits nur das reproduktive Klonen von Menschen verboten wird, so ist offensichtlich, dass umgekehrt das so genannte therapeutische Klonen nicht verboten werden kann.

Die KDH widmete daher dem Verfassungsvertrag eine besondere Tagung ihres Präsidiums. Auf dem Treffen sind im Grunde genommen zwei Sichtweisen vorgetragen worden. Ján Figeľ verteidigte den Verfassungsvertrag und ich habe vorgeschlagen, die KDH möge ihn nicht unterstützen. Unsere Tagung war sehr friedlich, aber es war doch ein Zusammenprall des Paradigmas von Čarnogurský mit dem Paradigma, das westliche Modell zu übernehmen. Langsam verfestigte sich aber in der KDH die Meinung, dass der Verfassungsvertrag nicht unterstützt werden könne.

Die KDH argumentierte gegen den Verfassungsvertrag auch im Parlament. 2005 war ein Jahr, in dem die Parlamente der Mitgliedsländer den Verfassungsvertrag verabschiedet haben. Im Nationalrat der Slowakei stand diese Abstimmung am 11. Mai 2005 auf der Tagesordnung. Zuvor hatte sich das Kabinett mit dem Thema befasst. Die Minister der KDH, Palko, Lipšic und Fronc, hatten dagegen gestimmt.

Der Fraktionsvorsitzende der KDH, Pavol Minárik, wies in der Parlamentsdebatte auf die Gefahr hin, dass sich die Auslegung durch liberale Richter zu einer Gerichtstyrannei ausarten könnte. Gerade deshalb hielt Minárik es für wichtig, dass durch die Erwähnung Gottes in der Präambel der Vertrag auch wertemäßig verankert werden sollte. »Dieser Vertrag hat Gott vergessen. Nicht vergessen, sondern abgelehnt. Deswegen wird er Europa zerstören«, sagte Minárik.

Dennoch verabschiedete das slowakische Parlament am selben Tag den Verfassungsvertrag mit 116 Stimmen gegen die Stimmen der KDH-Abgeordneten.

Einige Tage später schien es, als ob die KDH gewonnen hätte. Die französischen Wähler lehnten am 29. Mai den Verfassungsvertrag in einem Referendum ab. Drei Tage später folgten die Wähler in den Niederlanden. Der Ratifizierungsprozess wurde gestoppt. Doch war dies nun auch schon der Tod für den Verfassungsvertrag?

Keineswegs! Die Europäische Union funktioniert anders. Es war nur der Tod für den Namen Verfassungsvertrag. 2007 tauchte in der EU der Lissabonner Vertrag auf. Man hatte für ihn den ehemaligen Verfassungsvertrag einfach abgeschrieben. Valéry Giscard D'Estaing lobte sogar, dass der Lissabonner Vertrag inhaltlich mit dem Verfassungsvertrag identisch sei.

Doch nun hatten die Leute, die ihn durchsetzen wollten, darauf geachtet, dass die Wähler ihn nicht mehr ablehnen konnten. In Frankreich und in Holland fand kein Volksentscheid mehr statt. 2008 begann in den Parlamenten wieder das Abstimmungskarussell. Einen Volksentscheid gab es nur in Irland, den die irische Verfassung unbedingt vorschreibt. In Juni 2008 lehnten die Iren den Lissabonner Vertrag ab. Es folgte wie gewöhnlich der politische Druck seitens der EU – und die Iren kapitulierten. Der Volksentscheid wurde im Oktober 2009 wiederholt und der Vertrag verabschiedet.

Die Regierung von Robert Fico legte den Lissabonner Vertrag dem Nationalrat zur Abstimmung am 29. Januar 2008 vor.

Die Abgeordneten der KDH kämpften mit den gleichen Argumenten gegen den Lissabonner Vertrag wie vorher gegen den Verfassungsvertrag. Pavol Hrušovský forderte die Abgeordneten auf: »Stimmen Sie nicht für den Vertrag und ermöglichen Sie, dass das Leben in der Europäischen Union so bleibt, wie wir es jetzt als Zeugen erleben.«

In meinem Auftritt habe ich mich der Philosophie der EU gewidmet, die den Weg des Relativismus eingeschlagen hatte: Sie verlässt die Werte der Vergangenheit, unterscheidet nicht zwischen Tugend und Untugend, ignoriert das Transzendente und erkennt Ideale, die durch Selbstüberwindung erreicht werden müssen, nicht an.

Das Parlament stimmte über den Vertrag im April 2008 ab. Damals hatte die KDH-Fraktion nicht mehr die Zusammensetzung wie bei der Debatte im Januar. Denn im Februar 2008 hatte ich gemeinsam mit František Mikloško, Pavol Minárik und Rudolf Bauer die KDH verlassen und im März die Gründung einer neuen politischen Organisation angekündigt, die »Konservativen Demokraten der Slowakei – KDS«.

Über den Lissabonner Vertrag wurde am Vorabend des 10. April 2008 abgestimmt. Er wurde verabschiedet. Nur wir vier Abgeordnete von KDS und der unabhängige Abgeordnete Peter Gabura haben gegen den Vertrag gestimmt.

Aber warum haben nicht auch die Abgeordneten der KDH mit uns gegen den Lissabonner Vertrag gestimmt? Schließlich haben wir gemeinsam viele Jahre hindurch gegen den Verfassungsvertrag gekämpft? Was war in der KDH vorgefallen? Zur Beantwortung dieser Frage müssen wir in die 90er-Jahre zu Mikuláš Dzurinda zurückkehren.

Dzurindas Weg

»Wo ein Wille, da ist auch ein Weg.«
Mikuláš Dzurinda

Im September 1992 beendete ich mein Dienstverhältnis im Föderalen Sicherheits- und Informationsdienst, kehrte aus Prag nach Bratislava zurück und erneuerte meine Mitgliedschaft in der Christdemokratischen Bewegung. Die KDH hatte nach der historischen Niederlage bei den Juni-Wahlen schwere Zeiten durchgemacht. Auf den Stuhl des Ministerpräsidenten kehrte Vladimír Mečiar zurück. Es begann der »Mečiarismus«.

Eines Abends verfolgte ich im Fernsehen eine Diskussion über die Wirtschaft. Mehrmals trat dort ein lockerer 30-Jähriger mit Schnurrbart auf, den der Moderator als Mikuláš Dzurinda, den Wirtschaftsexperten der KDH, vorstellte.

Man konnte sein Engagement und seine Energie spüren. Er sprach mit Begeisterung über die Wirtschaft und weckte Hoffnungen. Von Beginn an zeigte er eine besondere Flexibilität, die im Kontrast zur Starrheit anderer Politiker der KDH stand. Er konnte einen weichen Eindruck machen, auch wenn er nicht weich war. Er war Sportler, lief Marathon. Er war modern. Von Woche zu Woche wurde er mehr und mehr zum medialen Gesicht der KDH, zu ihrem populärsten Gesicht.

Er war ein guter politischer Leader, unter Menschen fühlte er sich wohl. Einen Politiker erkennen Sie unter anderem daran, wenn Sie ihn irgendwo in ein Kino vor 100 oder 200 Menschen stellen und beobachten, ob er imstande ist, eine Stunde lang die Aufmerksamkeit der Menschen zu fesseln, sie zu unterhalten, zu überzeugen, sie zu ermuntern und ihnen auch zu schmeicheln. Dzurinda konnte das. 1993 wurde er stellvertretender Vorsitzender für Wirtschaft und 1994 legte er seine Bewährungspro-

be auf dem Stuhl des Verkehrsministers in der Regierung von Jozef Moravčík ab.

Wir wohnten etwa 300 Meter voneinander entfernt in unseren Panelwohnungen in Petržalka. Häufig am Samstag, dem Sit-
zungstag des KDH-Rates, wenn ich auf den Bus wartete, tauchte Dzurinda mit seinem Škoda Favorit auf und nahm mich in die
Zentrale der KDH mit. Wir sind gut miteinander ausgekommen.

In der KDH wurde oft, beinahe als Begrüßung, lächelnd die
Phrase benutzt: »Du kannst mehr«. Im Leben eines Politikers
gibt es Momente, da glaubt er, dass »er mehr kann«. Bei Dzurinda kam dieser Moment irgendwann um das Jahr 1995. Er wollte nicht mehr als Zweiter neben Čarnogurský stehen, er wollte
die KDH führen. Das wäre eigentlich nichts Schlimmes gewesen.
Aber es ging darum, wohin er sie führen wollte.

Um die Gemütsverfassung der Menschen in der KDH zu
begreifen, muss man in das Jahr 1990 zurückkehren, in deren
Gründungszeit. Damals waren die Erwartungen riesig gewesen.
Ich erinnere mich an das große Meeting der KDH in Petržalka
im Januar 1990. Im Saal waren ungefähr 400 Menschen und ein
Redner sagte: »Wir Christen wollen die Parlamentswahlen gewinnen.« Nach diesen Worten kam spontaner Beifall.

Ich habe auch geklatscht. Kann denn Sehnsucht falsch sein?
Hätten das die Christen, die 40 Jahre lang verkannt gewesen waren, denn nicht verdient? Auf der anderen Seite war der einzige reife Politiker der KDH ihr Gründer. Im April 1990 sagte mir
František Mikloško: »Čarnogurský ist dort doch der einzige Politiker.« Aus heutiger Sicht erscheint das damals erreichte Ergebnis von 19 % aller Stimmen für die KDH als wunderbarer Erfolg,
aber damals haben wir es alle als Misserfolg betrachtet. So hatten es sich die Christen nicht vorgestellt. Alles sah doch einige
Wochen davor, als der Papst kam und die KDH in den Umfragen
führte, so erfolgversprechend aus.

Nach 1992 begann in der KDH die Zeit des Suchens. Warum
sind wir in der christlichen Slowakei nicht so erfolgreich wie die

CDU in Deutschland? An der Pinwand im Gebäude der KDH in der Žabotová Straße hingen die Fotos von erfolgreichen Christdemokraten: Adenauer, de Gasperi, Kohl ... Was machen wir falsch und was müssen wir ändern? Sind wir zu verschlossen? Sind wir vielleicht zu christlich, zu fundamentalistisch? Die Frage nach der Öffnung der KDH war in den folgenden Jahren ein innerparteilicher Dauerbrenner. Die Position von Čarnogurský als Vorsitzender war nur so lange stabil, bis sich ein neuer General, der die neue liberale KDH verkörperte und die richtigen Worte verwendete, fand. Er würde die Scharen hinter sich versammeln. Und dieser Neue war 1996 Dzurinda.

Die Vision von Mikuláš Dzurinda war die Veränderung zu einer Volkspartei vom Typ der deutschen CDU. Diese Vision wurde von den Liberalen als »Modernisierung« bezeichnet, von den konservativen Christen jedoch als Aufgabe der christlichen Prinzipien gesehen. Dzurinda wollte nicht über Abtreibung sprechen. Das war für ihn kein Thema. »Wir können nicht mahnend den Finger heben«, sagte er, »wir sind für viele zu rigoros. Jetzt brauchen wir Prozente.« Prozente! So sprach er in vielen informellen Gesprächen mit mir und vielen anderen.

Die KDH stagnierte nach 1992 nicht. In den Wahlen 1994 überschritt sie knapp die Grenze von 10 Prozent, und in der Mitte der 90er-Jahre bewegten sich die Präferenzen im Durchschnitt zwischen 13 und 14 %. Sie war unbezweifelt der Oppositionsführer. Dzurinda und der andere Stellvertreter der KDH, Ivan Šimko, wussten jedoch, dass die Menschen in der KDH mehr wollten. So entschloss sich Dzurinda, für den Vorsitz zu kandidieren und seine Vision öffentlich vorzustellen. Am 8.6.1996 schrieb Čarnogurský in seine Notizen:

»Gestern tagte das Präsidium der KDH. Wir hatten eine lange Diskussion über die ›Öffnung‹ der KDH zu anderen. Die Menschen sind des harten Oppositionskampfes mit Mečiar müde. Aber die Vorschläge liefen ganz daneben. M. Dzurinda schlug vor, wir sollten

erklären, dass wir in den nächsten Wahlperiode das Abtreibungsgesetz nicht ändern ...«

Seine Vision stellte Mikuláš Dzurinda im Frühjahr 1996 auch auf der Tagung des Rates der KDH vor. Ich erinnere mich an einen Flyer, in dem die Hauptlinien der neuen KDH erläutert wurden. Eine seiner Absichten lautete: »Die Menschen mit einem liberalen Zugang zum Leben ansprechen«. In den Diskussionen wurde offen zugegeben, dieser Slogan bedeutet, dass in der neuen KDH die »Pro-choice«-Einstellung in Sachen Abtreibung mit der Mitgliedschaft in der KDH vereinbar gemacht werden sollte.

Dzurinda vertrat also offen das Paradigma der Übernahme des westlichen Modells, das mit dem Paradigma von Čarnogurský in Widerspruch stand. Er verkündete seine Kandidatur zum Parteivorsitzenden. Der Parteitag im November 1996 sollte über die beiden Visionen entscheiden – und er wählte wieder Čarnogurský, aber Dzurindas Ergebnis war gut. Der innerparteiliche Kampf entflammte jetzt erst recht.

Für Dzurinda arbeitete auch der Meinungswandel in der Gesellschaft, die sich eine starke Alternative zu Vladimír Mečiar wünschte. Dzurindas Flügel in der Partei bemühte sich deshalb um eine Wahlkoalition von mehreren Parteien, die der Wähler mit einem Stimmzettel wählen konnte. Dzurinda gelang es, in diese Koalition außer der KDH sowohl konservativ-liberale wie auch linksorientierte Parteien zu holen. Damit konnte der konservative Vorsitzende der KDH, Čarnogurský, natürlich nicht mehr Anführer einer solchen Koalition bleiben. Es schlug die Stunde von Mikuláš Dzurinda als Leader. Diese Koalition bestand 1997 aus fünf Parteien und erhielt den Namen »Slowakische Demokratische Koalition – SDK«.

Allein Mečiar half Dzurinda, als er Anfang 1998 das Wahlgesetz so änderte, dass es Wahlkoalitionen die Grundlage entzog. Statt der Wahlkoalition SDK setzte daraufhin Mikuláš Dzurinda eine politische Partei namens SDK durch. Ihre Mitglieder waren die Abgeordneten aus den Reihen der fünf politischen Parteien. Er begann, sie »Mutterparteien« zu nennen. Die Kandidaten sollten dann die Mutterparteien verlassen. Das Präsidium der KDH war im März 1998 mit einem solchen Verfahren einverstanden. Auch Ján Čarnogurský hat dafür gestimmt. Er befürchtete, falls die KDH dieses Verfahren ablehnte, würde sie unter dem Druck der Medien von außen und dem inneren Druck von Dzurindas Anhängern wortwörtlich zerrissen werden.

Vorsitzender der Wahlpartei SDK wurde Mikuláš Dzurinda. Die KDH verlor allmählich den Einfluss auf die SDK. Ihre Aufgabe war es nun, lediglich eine Wahlkampagne zu Gunsten der SDK zu machen. Die SDK war bei den Wahlen 1998 erfolgreich. Mečiar musste in die Opposition und Dzurinda wurde Premier und erklärte sogleich, die Rückkehr zu den Mutterparteien sei nicht möglich. Er wollte, dass die SDK als große Partei weiterarbeite und die Mutterparteien, einschließlich der KDH, schlucke. Dort fand seine Vision ein positives Echo, obwohl sie den Untergang der KDH als eigenständige Partei bedeutet hätte.

Mikuláš Dzurinda schlug als ersten Schritt die doppelte Mitgliedschaft vor. Jedes KDH-Mitglied sollte auch Mitglied der SDK sein können. Das bedeutete, Dzurinda würde mit der ungeheuren Autorität des Premiers auf dem nächsten Parteitag der KDH Ján Čarnogurský besiegen, zum Vorsitzenden der KDH gewählt werden und die ganze KDH dann in die SDK hineinziehen.

Eine von mehreren Sternstunden in der politischen Laufbahn von František Mikloško war es, dass er in diesem Moment einen Kompromiss vorschlug, nämlich die eingeschränkte doppelte Mitgliedschaft. Nach diesem Prinzip konnte ein Mitglied der KDH gleichzeitig auch Mitglied der SDK sein, konnte dann aber nicht in Funktionen der KDH gewählt werden. Mikloško hat mit diesem Vorschlag die Existenz der KDH gerettet – besser gesagt, die Statuten der KDH. Auf dem Parteitag der KDH in Liptovský Mikuláš im April 1999 wurde trotz der Bemühungen Dzurindas nur eine eingeschränkte doppelte Mitgliedschaft verabschiedet, die verhinderte, dass er sowohl Vorsitzender der KDH als auch der SDK sein konnte. Es wurde aber auch über einen Antrag auf uneingeschränkte doppelte Mitgliedschaft abgestimmt. Dafür stimmten 52 % der Delegierten des Parteitages. Die Statuten erfordern für die Änderung der Statuten das Einverständnis von zwei Drittel der Delegierten des Parteitages, also wurde der Antrag abgelehnt. *Es bleibt jedoch die historische Tatsache, dass die Mehrheit der Delegierten des Parteitages für etwas gestimmt hatte, was de facto die Auflösung der KDH als eigenständige Partei bedeutet hätte.* Es ist auch eine historische Tatsache, dass ein beträchtlicher Teil der Funktionäre und Mitglieder der KDH alle Schritte von Dzurinda zur Auflösung der KDH als eigenständige, konservative Christdemokraten unterstützten. Viele diese Schritte waren ein nicht vollendeter Selbstmord der KDH.

Schon im Jahr 2000 gab Dzurinda seine Bemühung auf, die KDH zu schlucken, und gründete die SDKÚ. Mit der kleinen Ergänzung der Buchstaben, nämlich um das Ú, führte er die Wähler von der SDK zur Wahl der SDKÚ, unter ihnen auch einen beträchtlichen Teil der Wähler der KDH. Die christlich-konservative KDH fiel damit definitiv vom zweiten Platz im Peloton auf den vierten, fünften Platz zurück. Der christliche Konservativismus schaute plötzlich von hinten auf den Liberalismus, der ihn überholt hatte.

Dzurinda hatte bei seinem Kampf in den Jahren 1996 bis 1999 zwei starke Trümpfe in den Händen. Der eine war die Unterstützung durch die liberalen Medien. Es waren der Fernsehsender »Markíza«, im Eigentum der amerikanischen Gesellschaft CME, Pavol Rusko, die liberale Tageszeitung SME und die Rundfunkstation »Sender Freies Europa«. Dieser Rundfunksender, der aus Mitteln der amerikanischen Steuerzahler finanziert wurde, hatte eine interessante Wandlung hinter sich: In den 80er-Jahren hatte der Sender über den Kampf von Dissidenten wie Čarnogurský informiert, in der Mitte der 90er-Jahre unterstützte er den Liberalismus von Dzurinda gegen den christlichen Konservativismus von Čarnogurský. Der zweite Trumpf war die Unterstützung von Seiten der deutschen CDU. Es ist nicht klar, wie hoch sie in den Kreisen der CDU angesiedelt war, aber wesentlich ist, dass die Funktionäre der KDH sie wahrgenommen haben. Eine Rolle spielte hier auch der Chef der Konrad-Adenauer-Stiftung (KAS) in der Slowakei, Reinhard Stuth. Stuth war ein intelligenter und sympathischer Mann. Während eines Frühstücks, zu dem er mich 1997 als stellvertretenden Vorsitzenden der KDH eingeladen hatte, stellten wir unser gemeinsames Interesse an Geschichte fest. Er interessierte sich für meine Meinung zu Čarnogurský, und als er feststellte, dass er meine Unterstützung für Čarnogurský nicht verändern konnte, hat er nicht weiter gedrängt.

In einem Gespräch mit František Mikloško habe ich vom Treffen Stuths mit Anton Neuwirth erfahren. Dabei habe Stuth Neuwirth gesagt, Čarnogurský habe das Vertrauen der CDU verloren. Er solle die Führung der KDH aufgeben und irgendwo in den europäischen politischen Strukturen arbeiten. Neuwirth informierte Čarnogurský, der am 10.2.1997 notierte:

»... die CDU würde unterstützen, dass ich ›die Treppe nach oben falle‹ ... Wir haben darüber mit Fero Mikloško gesprochen. Ich habe gesagt, dass ich kein Interesse an einer internationalen Organisation habe ... Es wiederholt sich die Situation von Karol Sidor aus dem Jahr 1939 bis auf den Unterschied, dass damals Hitler an der Macht war und jetzt ist es Kohl.«

Im Frühjahr 1998 war ich in Bonn eingeladen. Dort trafen wir mit Leuten aus der Führung der KAS, aus dem Sekretariat der CDU und aus der Fraktionsspitze der CDU/CSU in Bundestag zusammen. Bei manchen Treffen, vor allem mit der Fraktionsspitze, haben sie uns offen zu verstehen gegeben, dass Dzurinda nach den Wahlen Premier werden solle. Den deutschen Einfluss haben wir auch nach den Wahlen 1998 gesehen. Damals wollte Mikuláš Dzurinda, wie erwähnt, die Eigenständigkeit der KDH beenden. Eine Delegation der CDU besuchte Bratislava. Sie kamen auch zur KDH, die ich bei diesem Treffen vertrat. Die Deutschen deuteten an, die SDK sei die richtige Partei, sie werde in Zukunft die konservative Politik vertreten. Wir empfanden zwar gegenüber der CDU Dankbarkeit für die moralische Unterstützung in den Anfängen der KDH, aber diese Aktivitäten hinterließen bei mir ein komisches Gefühl.

Der entscheidende Unterschied zwischen dem Weg von Čarnogurský und der Übernahme des westlichen Modells lag vor allem in der Frage, ob die KDH eine *treue* christliche Partei bleiben und nicht so werden sollte wie alle anderen Parteien im Westen.

Mikuláš Dzurinda war ein lange unterschätzter Politiker. Es dient ihm zu Ehre, dass er begriffen hatte, dass, unterschätzt zu werden, in der Politik kein Nachteil ist. In seiner Beharrlichkeit und Zähigkeit ist er in der Slowakei einzigartig. Er konnte sich mit Menschen umgeben, deren Ambitionen erspüren und ihnen eine Zukunft bieten. Als Politiker war er hart, verzichtete nicht auf das kleinste Stück Macht, wenn er nicht musste. Politiker wurde er ohne die notwendigen Kenntnisse, aber er lernte mit beispielloser Geschwindigkeit, er war ein »Zoon politikon – ein politisches Wesen«.

Die Slowakische Christdemokratische Union, die er gegründet hat, führt in ihrem Namen auch das Attribut »christlich«. Die eine Hälfte der SDKÚ mied aber den Kampf gegen die anthropologische Revolution, die zweite Hälfte war mit ihr sogar einverstanden. Mit dem Namen Mikuláš Dzurinda werden die Beendigung der internationalen Isolation der Slowakei und der Beitritt zur NATO und zur EU verbunden bleiben. Geht es nach den Jahren, die er in höchsten Regierungsfunktionen verbracht hat, so ist er der erfolgreichste slowakische Politiker nach dem November 1989. Ein gewisses Format fehlt ihm sicher nicht. Seine SDKÚ ist aber keine starke Volkspartei geworden. Nach den großen Bestechungsskandalen hat die SDKÚ in den Wahlen 2012 nur noch 6,1 % der Stimmen erhalten und Dzurinda trat vom Posten ihres Vorsitzenden zurück.

Rücktritt

»Eine christliche Partei kann in der heutigen säkularen Gesellschaft keine Mehrheit gewinnen.«
Kardinal Joachim Meisner

Der KDH gelang es nach 1998 zwar, sich vor Dzurinda zu retten, aber die Stimmung innerhalb der Partei war schlecht. Die Mitglieder der KDH, die einige Jahre Dzurindas Politik unterstützt und es ihm ermöglicht hatten, der KDH in den Rücken zu fallen, taten keine Buße. Ganz im Gegenteil, gerade sie begannen den Rücktritt von Čarnogurský aus der Führung der KDH zu fordern, obgleich er die Selbstständigkeit der KDH gerettet hatte.

Čarnogurský war nicht der Einzige, der aus dem innerparteilichen Kampf mit Dzurinda geschwächt hervorging. Etwas Ähnliches kann man auch über den Autor dieses Buches sagen. Mein Aufstieg in der KDH begann im Jahr 1995, als ich einige Massenkundgebungen zur Unterstützung von slowakischen Humoristen moderierte. Nach einigen Fernsehauftritten 1996 wurde ich auch aus gesamtslowakischer Sicht bekannt. Ende Mai 1996 wurde ich in Banská Bystrica auf dem Parteitag der KDH zum stellvertretenden Vorsitzenden gewählt. Damit wurde ich Teil eines endlosen Kampfes, der bis zum Jahr 2000 gedauert hat. Ich trotzte allen Versuchen der Liquidierung der KDH durch Dzurindas Flügel. Deshalb musste ich als Erster auf die Ereignisse sowohl im Innern der KDH als auch in der Öffentlichkeit reagieren. Und ein Bote von schlechten Nachrichten zu sein, ist nicht angenehm.

Die eiserne Logik der Politik führte unweigerlich dazu, dass die führenden Protagonisten des Kampfes Dzurinda gegen Čarnogurský ihre Posten in der KDH verließen. Dzurinda verließ die KDH vollkommen und Čarnogurský wurde gewöhnliches Parteimitglied. In den Vordergrund traten Politiker, die nicht so offensichtlich in den Kampf involviert gewesen waren. Das waren Ján Figeľ und Pavol Hrušovský.

Ján Figeľ war Parlamentsabgeordneter seit 1992 und stellvertretender Vorsitzender seit 1994, Pavol Hrušovský Abgeordneter seit 1990. Mehr in den Vordergrund ist er jedoch erst 1998 getreten, hat sich insbesondere in der Funktion des stellvertretenden Parlamentsvorsitzenden des Nationalrates bewährt und sich damit den Weg zu den höchsten Posten in der Partei eröffnet. Ján Čarnogurský schlug ihn 2000 als seinen Nachfolger vor.

Nach dem Jahr 2000 gelang es, die KDH zu konsolidieren. Sie sendete nun klare Signale, dass sie definitiv eine eigenständige Partei bleiben wollte. Genau das wollten die verunsicherten Wähler, die sich 1998 für die SDK entschieden hatten, von der KDH hören. Bei den Wahlen 2002 bekam die KDH 8,25 % der Wählerstimmen und wurde Koalitionspartner in der zweiten Regierung des Premiers Mikuláš Dzurinda. Pavol Hrušovský wurde Parlamentspräsident, die KDH stellte in der Regierung drei Minister, Daniel Lipšic, Vladimír Palko und Martin Fronc. Zwei Jahre später wurde der stellvertretende Vorsitzende der KDH, Ján Figeľ, der erste slowakische Europa-Kommissar.

Die nicht verheilten Wunden aus dem schmerzhaften innerparteilichen Streit über den Charakter der KDH, den Mikuláš Dzurinda eröffnet hatte, schwelten jedoch unter der Oberfläche weiter. In der KDH waren viele Menschen, die es uns nicht verzeihen konnten, dass wir nicht bereit gewesen waren, den Weg der Liberalisierung der KDH einzuschlagen.

Diese innere Spannung trat 2006 plötzlich an die Oberfläche, als die KDH im Februar wegen der Frage des Gewissensvorbehalts die Regierung verließ. Und sie musste sich entscheiden, ob sie nach den vorgezogenen Wahlen eine Regierung mit der Partei »Smer« von Robert Fico bilden wollte.

Die KDH erhielt bei den Juni-Wahlen 8,31 % der Stimmen. Dies war eine Enttäuschung, weil wir uns mindestens 10 % als Ziel gesetzt hatten. Spannung kam auch wegen der Frage auf, ob die KDH eine Regierungskoalition mit der Partei »Smer« des späteren Premiers Robert Fico eingehen sollte. Dieser trat als junger Mann Ende der 80er-Jahre in die kommunistische Partei ein und wurde unmittelbar darauf, 1989, Zeuge des historischen Falls des Kommunismus. 1999 gründete er die linke Partei »Smer«, einen Zufluchtsort für ehemalige Kommunisten. Seine politische Rhetorik war erfolgreich, und 2006 siegte »Smer« bei den Parlamentswahlen. Die KDH musste sich entscheiden, ob sie mit »Smer« zusammenarbeiten wollte.

Von den elf Mitgliedern des Präsidiums der KDH waren sechs für eine Regierungskoalition mit »Smer«, unter ihnen auch der Vorsitzende Hrušovský. Zu den fünf, die gegen die Koalition waren, gehörten ich und František Mikloško. Der Vorsitzende Hrušovský hatte allerdings diese Entscheidung hinausgezögert und erst am elften Tag nach den Wahlen abstimmen lassen, ob die KDH eine Regierung mit »Smer« eingehen sollte. In der Zwischenzeit hatte jedoch Robert Fico die Geduld verloren und sich auf eine Regierungsbildung mit zwei anderen Parteien geeinigt. Die Nachricht über diese Regierungsbildung wurde in den Medien fast gleichzeitig mit der Nachricht veröffentlicht, dass auch die KDH in die Regierung mit »Smer« eintreten wollte – eine große Demütigung für die KDH, die nun in die Rolle der verschmähten Braut dastand.

Das Gefühl der Demütigung führte bei den Funktionsträgern der KDH zur Rache an denjenigen, die an dieser Demütigung nicht beteiligt gewesen waren, gegen uns, die wir im Präsidium gegen eine gemeinsame Regierung mit »Smer« gestimmt hatten. Dies zeigte sich ein paar Tage später bei der Wahl des Fraktionsvorsitzenden der KDH im Parlament. Der bisherige Vorsitzende Pavol Minárik – er hatte gegen die Regierungsbeteiligung gestimmt – wurde von der Fraktion nicht wiedergewählt. Wir alle haben dies als Strafe verstanden.

Mináriks verpasste Wiederwahl bekam für mich eine Schlüsselbedeutung: Die KDH ist aus dem Kampf gegen den Kommunismus hervorgegangen. Politische Häftlinge haben sie an verschiedenen Orten gegründet. Auch nach 1989 stand die KDH lange Jahre im Kampf mit den Kommunisten um das Antlitz der Slowakei. Und nun wurde Minárik als Vergeltung dafür, dass er mit Kommunisten keine Regierung bilden wollte, nicht wiedergewählt. Deshalb habe ich am Ende der Fraktionssitzung mitgeteilt, ich würde auf das Amt des stellvertretenden Vorsitzenden der KDH verzichten.

In diesen Tagen konnte man erkennen, dass Tausende von einfachen KDH-Mitgliedern auf unserer Seite standen, aber unter den Mitgliedern des KDH-Rates war die Stimmung genau umgekehrt. Sie wollten um jeden Preis eine Regierungsbeteiligung und verurteilten uns unbarmherzig. Der KDH-Rat verabschiedete auf seiner Sitzung im Juli einen Beschluss, wonach es Pflicht gegenüber dem Land und Ausdruck von Mut sei, für die Beteiligung der KDH an der Regierung von Fico zu stimmen. Dieser Beschluss war eindeutig unsere Verurteilung. Ungefähr 80 % der Mitglieder des KDH-Rates, an ihrer Spitze Pavol Hrušovský, stimmten dafür – ein tragischer und falscher Beschluss.

Erst als Robert Fico die KDH abgelehnt hatte, zeigte sich die Tragweite des Austritts aus der Regierung Dzurindas im Februar und wie stark die KDH-Strukturen gelitten hatten. Plötzlich standen diese Menschen vor einer neuen Realität. Ab da würden sie noch mindestens vier Jahre in der Opposition bleiben! Noch ein halbes Jahr nach dem Regierungsaustritt wurde immer wieder die wehmütige Frage gestellt:»Warum sind wir nur aus der Regierung ausgetreten?« Sie wurde das ganze nächste Jahr das wichtigste Thema unzähliger Treffen.

Auf dem Parteitag der KDH in Prešov im Juni 2007 habe ich für den Vorsitz der KDH kandidiert. In meiner Rede zeigte ich auf, dass die KDH ihre Politiker dafür abstraft, dass sie keine Regierung mit der postkommunistischen»Smer« bilden wollten, und verteidigte das Ausscheiden aus der Regierung Dzurinda. Bei der folgenden Abstimmung erhielt ich 110 Stimmen und Pavol

Hrušovský 197 Stimmen. Nach dem Parteitag dauerte die Feindschaft der KDH-Funktionäre. Und so machten weitere Jahre in der KDH in der Position von Verurteilten zu arbeiten, keinen Sinn mehr. Im Februar 2008 habe ich daher gemeinsam mit František Mikloško, Pavol Minárik und Rudolf Bauer die KDH verlassen.

In ihr hatte ich zwei Jahrzehnte verbracht. Es waren die besten Jahre meines Lebens. Auf die Frage nach der Dauer meiner Zugehörigkeit zur KDH sage ich stets halb im Scherz, halb im Ernst: seit der Kerzendemonstration im Jahr 1988. Natürlich wurde die KDH erst nach dem Fall des Kommunismus gegründet, aber schon nach der Kerzendemonstration wusste ich, der Kommunismus würde irgendwann fallen und danach eine christdemokratische Partei von Ján Čarnogurský entstehen und ich würde ihr Mitglied sein.

Unser Abgang aus der KDH war die Konsequenz zweier wesentlicher Entscheidungen. Wir haben die Regierung verlassen, weil die Verträge über den Gewissensvorbehalt nicht verabschiedet worden waren, und unmittelbar darauf haben wir ein Bündnis mit der postkommunistischen »Smer« abgelehnt.

Der Streit, den wir in der KDH geführt haben, gleicht also dem, der in vielen christlichen und konservativen Parteien des Westens, die mit der anthropologischen Revolution konfrontiert wurden, geführt worden ist – und ebenso die getroffenen Entscheidungen: Die mangelnde Bereitschaft, den Kampf gegen den Liberalismus zu führen, ging Hand in Hand mit der plötzlichen Welle des Anti-Antikommunismus in der KDH.

Durch unser Ausscheiden aus der KDH konnten wir in den folgenden Monaten vernünftige Dinge tun: Wir gründeten die Partei »Konservative Demokraten der Slowakei – KDS«. Sie ist die einzige politische Partei, deren Abgeordnete 2008 gegen den Lissabonner Vertrag gestimmt haben. Und die KDS richtete 2009 bei den Präsidentschaftswahlen die auf den Boden getretene Fahne christlicher Politik wieder auf, als sie einen Kandidaten vorschlug, der das ungeborene Leben und die Familie schützen wollte.

Iveta Radičová und der Aufstieg des slowakischen Liberalismus

»Das Zweite Vatikanische Konzil hält Abtreibungen für ein verabscheuungswürdiges Verbrechen.«
Aus der Enzyklika von Johannes Paul II. »Evangelium vitae«, 1995

Die Präsidentschaftswahlen 2009 zeigten den Aufstieg des slowakischen linken Liberalismus, und dies bestätigte sich dann auch in den Parlamentswahlen 2010. Dieser Aufstieg geht einher mit dem persönlichen Aufstieg von Iveta Radičová von Dzurindas SDKÚ. Sie war 2009 gemeinsame Präsidentschaftskandidatin der SDKÚ, KDH und der ungarischen SMK. Nach den Parlamentswahlen 2010 wurde sie Regierungschefin.

2007 hieß es, die slowakische Opposition werde eine gemeinsame Präsidentschaftskandidatin, Radičová, aufstellen. Kandidat der Opposition zu werden, bedeutet nicht nur die formelle Unterstützung der Parteien zu haben, es bedeutet auch, die Interessen der Wähler dieser Parteien zu vertreten. Das Wählerspektrum war breit: die Ungarn, die Liberalen, die Christen. »Ich sage es ganz offen, ich verstehe nicht, dass Ärzte Gynäkologen werden, wenn sie ein Problem haben, Abtreibungen durchzuführen«, sagte Radičová im September 2007 in einem Gespräch mit der Wochenzeitschrift Týždeň. Sie verriet damit, wie sie die Sichtweise der christlichen Wähler vertrat. Immerhin hatte die KDH wegen des Gewissensvorbehalts für Gynäkologen bei Abtreibung die Regierung verlassen.

Die Haltung von Iveta Radičová zu Abtreibungen war Prochoice:

»Ich bin nicht für eine Änderung der heutigen Rechtslage. Es ist eine höchst intime, persönliche Sache der Frau, die in eine schwie-

rige Situation geraten ist, und ich wünsche sie keiner Frau auf die-
ser Welt. Im Kommunismus hatten wir die Kommissionen. Können
Sie sich vorstellen, sich vor eine Kommission mit unbekannten Ge-
sichtern zu stellen?«

Bei der Frage der registrierten Partnerschaften gleichgeschlechtlicher Personen achtete Iveta Radičová sorgfältig darauf, keine
Missbilligung zu äußern.

In der Wahlkampagne trat sie ganz selbstverständlich als Kandidatin des liberalen Umfelds auf. Weltweit wohl einmalig war
die Tatsache, dass sie sich bei der Frage der Rechtmäßigkeit von
Abtreibungen auf die Aussagen des verstorbenen Papstes Johannes Paul II. berief. Die liberalen Kreise waren von ihrer Kandidatur jedenfalls begeistert. »Das, was in der Gesellschaft moralisch
oder unmoralisch ist, ist Sache des Gesellschaftsvertrages der jeweiligen Gesellschaft«, sagte Radičová. Eine Lehrbuchdefinition
des Relativismus also.

Radičová war Präsidentschaftskandidatin, Spitzenkandida-
tin und Premierministerin der SDKÚ, die sich in ihrem Parteina-
men als christlich bezeichnet. Radičová war also die slowakische
Christdemokratin Nummer eins. Gleichzeitig war sie auch die
am höchsten gestellte Repräsentantin der antichristlichen und
anthropologischen Revolution. Sie verkörpert den Höhepunkt
der Bemühungen von Mikuláš Dzurinda aus den 90er-Jahren in
der Gründung einer liberalen Christdemokratie.

Diese Iveta Radičová wurde im Frühjahr 2008 Präsidentschaftskandidatin der KDH.

Die KDH-Politiker verhielten sich mittlerweile so, als sei
Radičová vollkommen in Ordnung, als sei sie eigentlich keine
liberale Politikerin. Durch ihre Unterstützung verriet die KDH
ihre eigenen Werte.

Anfang Februar 2009 haben sieben Priester aus Bratislava,
an der Spitze Anton Solčiansky, eine große Diskussion losgetre-
ten. Sie schrieben einen Brief an den Vorsitzenden der KDH, Pa-

vol Hrušovský, in dem sie die KDH aufforderten, aus ihrem Namen das Wort»christlich« zu streichen. Die Priester erinnerten Hrušovský daran, dass auch die Slowakei vom Kampf um die Zivilisation der Liebe und die Kultur des Lebens betroffen sei. Sie warfen ihm vor, die KDH unterstütze nicht den Kandidaten mit einem klaren christlichen Profil, sondern eine Kandidatin, die ganz»klar Ansichten vertritt, die im Widerspruch zu Gottes Gesetzen und der christlichen Moral steht«.

Als Reaktion auf die Priester aus Bratislava gab dann Iveta Radičová die erwähnte relativistische Definition von Moral als Ergebnis des Gesellschaftsvertrages zum Besten. Gegen diese Definition polemisierte dann Bischof Rudolf Baláž in einer Rundfunkpredigt. Er wies darauf hin, wohin die relativistische Moral im Fall Hitler geführt hatte.

In einer ersten Reaktion erinnerte Iveta Radičová an die Inquisition, später bat sie den Bischof um ein Treffen. Dort zeigte sich ihre größere Erfahrung beim Umgang mit den Medien. Nach dem Treffen teilte sie diesen mit, zwischen ihr und dem Bischof gebe es keinen Konflikt. Das war nicht die Wahrheit, denn keiner von beiden hatte etwas zurückgenommen. In den Medien blieb jedoch der Eindruck, als wäre die Behauptung von Radičová, es habe keine Kontroverse gegeben, das gemeinsame Kommuniqué. Die christlichen Medien waren in ihrer Mehrzahl nicht imstande, dies richtigzustellen. So brachte etwa die»Katholische Zeitung« zwei Wochen vor den Wahlen einen Artikel mit der Überschrift, dass es zwischen Radičová und Bischof Baláž keinen Streit gebe. Und so haben die christlichen Wähler den Schluss gezogen, dass mit Radičová alles in Ordnung sei und man sie wählen solle.

Im März 2009 landete der Kandidat von Ficos»Smer«, Ivan Gašparovič, im ersten Wahlgang der Präsidentschaftswahl auf dem ersten Platz und hinter ihm Iveta Radičová. František Mikloško kam mit großem Abstand mit 5,4 % Stimmen auf den dritten Platz.

Selten zeigt sich in der Politik ein Wertekonflikt so offensichtlich wie bei diesen Präsidentschaftswahlen. Neu war bei diesen

Wahlen, dass eine Kandidatin, die sich auch um die christlichen Stimmen bemühte, ihren Liberalismus und Relativismus beinahe ostentativ zum Ausdruck brachte. Dank KDH hat ein großer Teil der Christen den liberalen Politikern bei den Präsidentschafts- wahlen eine Botschaft gesendet: Unsere christlichen Werte, vor allem den Schutz des Lebens, halten wir für politisch unbedeu- tend. Wir werden die Kandidatin auch dann wählen, wenn sie unsere Werte nicht respektiert.

Katholische Politiker, katholische Bischöfe

»Vater im Himmel, in diesen Zeiten der Prüfung,
wenn der Zeitgeist die christlichen Werte bedroht,
gib unserem Bischof die Heiligkeit des Lebens
und die Weisheit, damit er unsere Diözese
wie eine Familie führt und lenkt.«
Aus dem Gebet für den Bischof

In seinen Aufzeichnungen hält František Mikloško im Oktober 1996 ein interessantes Ereignis fest: Der Vorsitzende der Bischofskonferenz der Slowakei, Rudolf Baláž, habe bei einem Treffen mit einem der stellvertretenden Vorsitzenden der KDH die Ansicht geäußert, an der Spitze der KDH solle nicht mehr Ján Čarnogurský stehen, und dabei nicht zum ersten Mal für Mikuláš Dzurinda plädiert. Äußerungen wie diese bestärkten natürlich Tendenzen in der KDH, die zu Dzurindas Aufstieg und zum Ausscheiden von Čarnogurský aus der Politik führten.

Čarnogurský hatte eine Partei aufgebaut, die mit ihrer Treue zu christlichen Prinzipien in Europa einzigartig gewesen ist. Mikuláš Dzurinda hingegen vertrat eindeutig die Ansicht, die Christdemokratie müsse dem Geist der liberalen anthropologischen Revolution auf Kosten der christlichen Werte angepasst werden.

War etwa Bischof Baláž ein Liberaler? Sicher nicht. Der Bischof hatte sich im Kommunismus ehrlich verhalten, sodass ihm das Regime sogar verbot, seinen Priesterberuf auszuüben. 2009 hat er mit seiner Kritik an Radičová ihren Liberalismus entlarvt. Dass Baláž 1996 Dzurinda unterstützte, kann man wohl nur so erklären: Wahrscheinlich hat der Bischof den Unterschied zwischen Čarnogurský und Dzurinda einfach nicht durchschaut.

Oder: Als die KDH mit ihrem Austritt aus der Regierung wegen des Vertrags über den Gewissensvorbehalt drohte, bezweifelte wiederum der Sprecher der Bischofskonferenz der Slowakei, Marián Gavenda, die Bedeutung dieses Vertrages für die Bischöfe.

Ein weiteres Beispiel: Ende 2006 hat die Moderatorin des Fernsehens Ta3, Ľuba Oravová, den Erzbischof Ján Sokol in die Sendung zum »Thema des Tages« eingeladen. Bei der Bilanz über die Ereignisse des Jahres 2006 fragte sie ihn nach seiner Meinung bezüglich des Austritts der KDH aus der Regierung wegen des Gewissensvorbehalts. In ihrem Gespräch kam es zu folgendem Wortwechsel:

Ľ. Oravová: »Wenn Sie an der Stelle der Christdemokraten gewesen wären, hätten Sie die Regierungskoalition nicht verlassen?«

J. Sokol: »Ich nicht. Aber das ist deren Sache. Ich wäre nicht gegangen.«

Diese Worte des Metropoliten waren für die Mitglieder der KDH übrigens nicht die erste Enttäuschung dieser Art. Ähnlich die Worte von Kardinal Ján Chryzostom Korec nach einem Besuch des neuen Regierungsvorsitzenden Robert Fico am 7. Juli 2006. Nach dem Treffen zeigte sich der Kardinal zusammen mit Fico den Medien. Diese fragten ihn auch nach der Zukunft des Vertrages über den Gewissensvorbehalt. Die Agentur gibt die Reaktion des Kardinals wie folgt wieder:

»Den Vertrag über den Gewissensvorbehalt haben wir nicht besprochen. Die Regierung hat jetzt genug Probleme. Ich fürchte sogar, das macht ihnen Kopfzerbrechen. Aktueller ist es, dass einige Menschen nichts auf dem Tisch haben«, sagte Korec.

Die Slowakei sah ein Bild des Einverständnisses von Fico und dem Kardinal, und diese Verständigung betraf auch die Verschiebung des Vertrages über den Gewissensvorbehalt auf unbestimmte Zeit. Die Mitglieder der KDH, die zuerst die Worte des Sprechers der Bischofskonferenz gehört hatten, dann die Worte des Kardinals und anschließend die Worte des Metropoliten, erlebten eine enorme Frustration und ihre Empörung wuchs. Wozu bemühen wir uns all die Jahre hindurch, wozu sind wir treu? Wozu bringen wir Opfer? Den Bischöfen ist das doch ganz egal.

Die christlichen Politiker der KDH haben, als es um den Vertrag ging, einen Kampf geführt, der über die Slowakei hinaus von Bedeutung war. In diesem Kampf haben sie eine Leistung erbracht, wie vielleicht keine anderen Politiker im heutigen Europa. Aber die Art und Weise, wie sie von den katholischen Bischöfen der Slowakei im Stich gelassen worden sind, war schon bemerkenswert.

Einer der Bischöfe reagierte allerdings anders. Der Weihbischof der Zipser Diözese, Andrej Imrich, schrieb am 6. Februar 2006, als die KDH bereits mit dem Verlassen der Regierung gedroht hatte, einen Brief an den Sprecher der Bischofskonferenz, Marián Gavenda. Er reagierte damit vor allem auf dessen Worte: »Nicht einmal die Kirche selbst betrachtet den Abschluss dieses Vertrages als das Wichtigste für das Leben der Kirche und der Gesellschaft.« Bischof Imrich schrieb:

»Darüber wissen die Priester und Beichtväter Bescheid. Wenn nämlich ein solcher Pönitent, der tagtäglich bei Abtreibungen assistiert, zu ihnen zur heiligen Beichte kommt, müssen sie ihm die Absolution verweigern. Er redet sich zwar heraus: Wenn ich das nicht tue, verliere ich meine Arbeit. Diese Pönitenten und ihre Beichtväter verstehen sehr gut, welche große Priorität im Leben der Kirche und der Gesellschaft dem gesetzlich gesicherten Gewissensvorbehalt zukommt. Es ist ein Verrat an jenen Menschen, die gezwungen sind, gegen ihr Gewissen zu handeln, und es ist ein Verrat an ihren Beichtvätern, weil von der Slowakischen Bischofskonferenz ein Signal ausgegangen ist, dies alles sei nicht so wichtig ... Keine politische Partei wird in unserer Gesellschaft Wähler gewinnen, wenn sie auf dem Schutz des Lebens besteht oder auf dem Schutz des Gewissens vor dem Gesetz. Wenn sich solche Politiker noch finden, brin-

gen sie ein politisches Opfer, denn sie verlieren viele Wähler. Es ist befremdlich, wenn von Seiten der Bischofskonferenz Signale kommen, die diese Politiker als Fundamentalisten erscheinen lassen, die Konflikte suchen und Unruhe in die Gesellschaft tragen. Ein solches Signal haben auch Sie in der Slowakei im Namen der Bischofskonferenz gegeben.«

Ein Jahr später, im September 2007, schrieb Andrej Imrich einen Brief an die Bischofskonferenz der Slowakei:

»... als es um die Unterzeichnung des Vertrages über den Gewissensvorbehalt ging, handelte es sich um einen Kampf um Raum für ein freies Leben unserer Gläubigen in Übereinstimmung mit der katholischen Moral. Einige Repräsentanten der Politik haben in diesem Kampf im übertragenen Sinn ihre «Köpfe» geopfert. Sie haben ihre Ministerposten aufgegeben, um Freiraum zu erkämpfen. Von der Katholischen Bischofskonferenz der Slowakei kam damals ein Signal, als ob dieser Freiraum unbedeutend wäre, als ob wir für etwas gekämpft hätten, was heute überflüssig ist. Die genannten Politiker haben in unseren Herzen nicht einmal angemessenen Dank erhalten, noch angemessenen Respekt ausgedrückt bekommen ...«

Kehren wir zu den Worten des Kardinals nach seinem Treffen mit Fico in Nitra in Juli 2006 zurück. Die Worte von Korec stehen auch im Widerspruch mit den mehrjährigen Bemühungen des Heiligen Stuhls um die Verabschiedung dieses Vertrages über das Gewissen. Sie stehen im Widerspruch zum Interesse, das Papst Benedikt XVI. im September 2007 an diesem Vertrag gezeigt hatte, als er auf einer Audienz den neuen slowakischen Botschafter Jozef Dravecký empfing. Sie stehen im Widerspruch mit der Haltung des päpstlichen Nuntius Giordana, der im Juni 2008, gleich nach seiner Ankunft in der Slowakei, auf die Verpflichtung der Slowakei, den Vertrag über den Gewissensvorbehalt zu verabschieden, hingewiesen hat.

Paradoxerweise hat das kommunistische Regime Korec auch deswegen angeklagt, weil er zur Unterstützung des Papstes und des Vatikans aufgefordert hatte. Für seine Papsttreue musste Ján Chryzostom Korec acht Jahre ins Gefängnis. Und auch für seine Treue gegenüber dem Heiligen Vater hat ihn Papst Paul VI. auf nie dagewesene Art ausgezeichnet: Während einer Sonderaudienz schenkte Paul VI. Korec seine eigenen Bischofsinsignien: Pektorale, Ring, Bischofsstab und zwei Mitren. Wahr ist aber auch, dass der Kardinal im Jahr 2006 Robert Fico einen Freibrief gegeben hat, die Verpflichtung der Slowakei, die aus dem Grundlagenvertrag mit dem Heiligen Stuhl hervorgehen würde, nicht erfüllen zu müssen.

Für die Menschen in der KDH waren es lange, schmerzhafte Jahre, in denen sie eine Art Zuwendung von Kardinal Korec zu ehemaligen Kommunisten miterleben mussten, zuerst zu Vladimír Mečiar und dann zu Robert Fico. Zwei Monate nach den Worten von Korec ließ Robert Fico eine Gedenktafel für Vladimír Clementis enthüllen, der als Mitglied der so genannten »Kirchen Fünf« die Verfolgung der Kirche nach dem Februar 1948 initiiert hatte. Teil dieser Verfolgung war auch der achtjährige Gefängnisaufenthalt von Korec.

Um den Charakter der Partei von Fico zu begreifen, ist es sinnvoll, die Abstimmung der Abgeordneten bei der zweiten Lesung des Gesetzes aus dem Jahr 2003 zu betrachten. Es sollte die Abtreibung bis zum sechsten Monat für den Fall ermöglichen, dass der Fötus einen genetischen Schaden hat. Die KDH war bereit, falls dieses Gesetz rechtswirksam werden sollte, die Regierung zu verlassen. Von den 25 Abgeordneten von »Smer« waren 25 anwesend und alle stimmten für das Gesetz. Eine solche Kälte haucht einen selten an.

Wir waren Zeugen, wie ein »Achtundsechziger«-Kommunist und sogar ein Kommunist aus Husáks »Normalisierung« Gnade vor dem Augen eines Bischofs gefunden haben. Ein anderer Bischof gewährte seine Unterstützung einem Christdemokraten, der zur Entchristlichung der Christdemokratie beigetragen hat.

Während der 20 Jahre habe ich paradoxerweise keinen deutlichen und erkennbaren Ausdruck von Solidarität eines römisch-katholischen Ortsbischofs mit den Christdemokraten erlebt, die mutig auch im Kommunismus gekämpft und zäh dem neuen aggressiven Säkularismus getrotzt hatten. Für einen Katholiken ist es nicht leicht, sich kritisch über einen Bischof zu äußern. Besonders schwer fällt dies im Fall von Kardinal Ján Chryzostom Korec, einer monumentalen Erscheinung in unserer Geschichte.

Deshalb ist die Frage berechtigt, ob einige Fragen gestellt werden sollten. Wenn diese Fragen gestellt werden, sieht man die Notwendigkeit, andere Schulden zu begleichen. Nach 1989 sind Tausende von Christen in die Politik gegangen. Sie engagierten sich vor allem in der Christdemokratischen Bewegung. Sie hatten gute und uneigennützige Absichten und wollten die gewonnene Freiheit gut nutzen, nicht für sich, sondern für ihr Land.

Bald mussten sie aber feststellen, wie ungleich der Kampf war, auf den sie sich eingelassen hatten. Auf der einen Seite mussten sie die Slowakei vor arroganten Ex-Kommunisten bewahren, auf der anderen Seite antichristlichen Ideologien trotzen, die aus dem säkularen Westen hereinströmten. Diese Christen haben unbemerkt von der Öffentlichkeit geschuftet und nie viel Lohn dafür bekommen. Sie gehörten zum Ehrlichsten und Aufopferndsten in der slowakischen Politik. Sie haben ein Jahr ausgehalten, zwei, drei, zehn, 20 Jahre ... Ihr Leben ist ihnen zwischen den Fingern zerronnen.

Und in einigen Schlüsselmomenten haben sie gespürt, dass ihre geistigen Väter anderswo stehen. Sie haben mit Recht gefragt, was für einen Sinn dies alles hat. Sie verdienen Hochachtung und wahre Erinnerung und die Benennung ihrer Opfer.

KAPITEL VIII

Zum Kampf geboren

»Christen sind zum Kampf geboren.«
Papst Leo XIII.

Zehn Gebote – Ratschläge

*»Und so sind wir am Ende des neuen Weltbildes an einen
Punkt gelangt, an dem der Christ – und nicht nur er, aber
vor allem er – die Pflicht hat zu protestieren.«*
Kardinal Joseph Ratzinger, 1997

Also, lieber Leser, war das Bisherige vielleicht eine deprimierende Lektüre?

Bei Ihnen Depressionen auszulösen, das wollten wir jedenfalls nicht, sondern lediglich wahrheitsgemäß beschreiben, wie es um die Christen in Europa und in Amerika im öffentlichen Leben steht. Die Wahrheit hat eine befreiende Wirkung. Man sollte sie aber nicht mit Annehmlichkeit verwechseln.

Wir haben uns nicht bemüht, die heutigen ideologischen Kämpfe in der Welt in ihrer ganzen Komplexität zu beschreiben, sondern uns vielmehr auf Teile des Kampfes, die wir für besonders wichtig halten, konzentriert. Es ist ein Kampf zwischen den Kräften der anthropologischen Revolution und dem Christentum, zwischen der Kultur des Lebens und der Kultur des Todes. Und gerade in diesem Kampf ist das christliche Engagement in eine Krise geraten. Man muss sich fragen: Wie kommen wir aus dieser Krise heraus?

Wir haben uns vor allem auf die politische Dimension des Kampfes konzentriert, sind jedoch weit davon entfernt zu glauben, die Lösung liege einzig und allein im Bereich der Politik. Mehr als Reden von Politikern, Parteiprogramme und Slogans in Wahlkämpfen wird die freiwillige Umkehr im Geist und in den Herzen der Menschen entscheiden. Wer, wenn nicht die Christen, sollte sich bewusst sein, dass außer den Politikern, Philosophen, politischen Parteien und öffentlichen Vereinigungen die göttliche Vorsehung die entscheidende Rolle spielt?

Was ist also zu tun? Und was sollten wir gerade jetzt als Christen tun? Zur Beantwortung dieser Fragen will der Autor mit zehn Ratschlägen – die natürlich keinen Anspruch auf Vollständigkeit erheben – beitragen.

1.

Lernen Sie die Wahrheit kennen, sie wird Sie frei machen! Nehmen Sie die Fakten zur Kenntnis.

Wir leben nach dem Ausbrechen der großen linken anthropologischen Revolution in einer Gesellschaft, in der 1.000 Jahre alte Grundsätze der überlieferten Moral zerstört werden. Eine christliche Partei kann, wie es Kardinal Joachim Meisner gesagt hat, in der heutigen säkularisierten Gesellschaft keine Mehrheit mehr gewinnen. Die christlichen Parteien und die christlichen Politiker des Westens haben sich bei der Wahl zwischen der Treue zu christlichen Prinzipien und einem größeren Anteil an der politischen Macht entschieden – und zwar für mehr Macht. Dies gilt sowohl für Parteien auf nationaler als auch auf EU-Ebene.

Im Westen beginnt eine neue Verfolgung der Christen. Die geistigen Voraussetzungen dieser Verfolgung reiften schon lange im philosophischen und politischen Wurzelgeflecht der Gesellschaft und kamen wie die Pilze in den 60er-Jahren des letzten Jahrhunderts vollständig ans Tageslicht. Es sind nur andere Triebe, aber die Wurzel ist die gleiche, aus der auch der Kommunismus gewachsen ist. Paradoxerweise hat gerade die brutale Verfolgung des Christentums im sowjetischen Kommunismus verhindert, dass sich die Feindseligkeit gegenüber dem Christentum im Westen entfaltete.

Die neue Verfolgung ist nicht blutig, deshalb sind auch die in die Arena strömenden Löwen bis jetzt nur eine Metapher. Die neue Verfolgung kann nicht mit dem verglichen werden, was in den letzten Dekaden des Kommunismus geschehen ist, ganz zu schweigen von der blutigen Zeit zu Beginn der kommunistischen Ära. Deshalb ist sich die christliche Gemeinschaft im Westen als

Ganzes dieser Verfolgung bis jetzt nicht bewusst geworden. Im Gegensatz dazu wussten die Christen in der Zeit des Kommunismus, dass sie verfolgt wurden.

Aber diejenigen, die von dieser neuen Verfolgung betroffen sind, und wir haben Dutzende Fälle beschrieben, sind sich der Verfolgung schmerzhaft bewusst. Es gibt keinen Unterschied zwischen ihnen und den verfolgten Christen in der Zeit der »Normalisierung« in der Tschechoslowakei. Auch aus Solidarität mit ihnen muss über sie gesprochen werden.

Das Wesen der neuen Verfolgung liegt heute nicht in der Unterdrückung von christlichen Begriffen, sondern in deren inhaltlicher Veränderung. Der »liberale Christ« beziehungsweise der »liberale Katholik« sollte zwar ein in sich widersprüchlicher Begriff sein, aber gerade um die Durchsetzung eines solchen Oxymorons geht es der anthropologischen Revolution. Von einem liberalen Katholiken verlangt heute niemand mehr einen formellen Verzicht auf den Glauben, wie es die Kommunisten getan haben. Von ihm wird vielmehr ein faktischer Verzicht verlangt. Er soll sich im Konflikt zwischen den christlichen Werten und den Standpunkten der Revolution für den liberalen Revolutionsstandpunkt entscheiden. Einem solchen Katholiken droht keine Verfolgung.

Als Anders Breivik im Juli 2011 in Norwegen Dutzende von Menschen ermordet hatte, bezeichneten ihn die Behörden als christlichen Fundamentalisten. Dabei unterstützte der Freimaurer Breivik die Rechtmäßigkeit von Abtreibung im Falle der Behinderung des Kindes oder bei Vergewaltigung der Frau. Im Kampf gegen den Islam hielt er es für nützlich, die Forderungen der Homosexuellen-Lobby ebenso zu unterstützen wie Sex in den Medien. Ein Christ zu sein, bedeutet nach seinen eigenen Worten nicht unbedingt, an Gott zu glauben oder zu beten. Er sagt von sich selbst, dass er keinen persönlichen Bezug zu Gott und zu Jesus Christus habe. Und das soll ein christlicher Fundamentalist sein, also ein »Strenggläubiger«? Dass die Behörden Breivik als

»Fundamentalisten« bezeichneten, passt aber vollkommen zum Zeitgeist. Das strenggläubige Christentum wird attackiert, das liberale Christentum, also die Abweichung von der Strenggläubigkeit, wird toleriert.

Deshalb nimmt heute der Kampf manchmal so überraschende Formen an. Er wird zur inneren Auseinandersetzung in jeder christlichen Konfession, wie es Metropolit Hilarion Alfejew beschrieben hat. Liberale Christen stehen manchmal bei der Verfolgung von Christen auf der Seite der Liberalen oder der Linken unterschiedlichster Provenienz. Vor allem in der katholischen Kirche kann man einen richtigen »Bürgerkrieg« beobachten. So viele Abtrünnige, die heutzutage zur katholischen Kirche gehören, gab es vor einigen Jahrzehnten noch nicht. Dieses Renegatentum besteht eher *faktisch,* als dass es *ausdrücklich artikuliert* wird. Das ist nicht etwa eine kühne Annahme des Autors. Es ergibt sich aus den Aussagen von drei Päpsten, die wir zitiert haben.

Sich dieser Realität zu stellen, ist ein zentrales Anliegen dieses Buches.

2.

Tun Sie Buße! Besser gesagt, »tun wir«, weil der Autor keineswegs die Absicht hat, sich diesbezüglich auszunehmen. In Zeiten der Krise gibt es keinen Raum für Triumph, sondern nur für Demut. Der Christ sollte sich in der heutigen Situation ehrlich die Frage stellen, was er selbst zum Stand der Dinge beigetragen hat.

Im Kommunismus konnte nur der bestehen, der Entbehrungen nicht fürchtete, der keine Furcht vor dem repressiven Regime hatte oder es zumindest öffentlich ablehnte, die kommunistische Regierung zu unterstützen. Wie kann man in der anthropologischen Revolution bestehen? Diese Revolution ist ja nicht an das Programm irgendeiner konkreten Regierung gebunden. Genügt es schon, dass eine Frau keine Abtreibung vornehmen lässt? Genügt es, die Ehe gleichgeschlechtlicher Personen nicht zu unterstützen?

Es genügt wahrscheinlich nicht. Das Phänomen der Abtreibung und die Homosexuellen-Ehen sind nämlich nur die logische Konsequenz einer Revolution, die in den 60er-Jahren das Attribut »sexuelle« bekommen hat. Im Unterschied zum Kommunismus, der sich in erster Linie auf Terror stützte, verdankt diese Revolution ihren Erfolg der menschlichen Schwäche. Sie hat die Standards in den Sexual- und den Familienbeziehungen aufgehoben. Wenn die Konservativen heute zu Recht behaupten, dass die Förderung der Homosexuellen-Ehe eine Attacke auf die Institution Ehe sei, so antworten die homosexuellen Aktivisten völlig zu Recht, dass dies schließlich nicht die erste Attacke sei. Die Institution Ehe wurde schon vor langer Zeit durch Scheidung, Untreue, Empfängnisverhütung oder die Akzeptanz von Sex vor der Ehe beschädigt. Damit hält die Homosexuellen-Bewegung der ganzen Gesellschaft einen Spiegel vor. Und die Christen können nicht so tun, als seien sie nicht betroffen.

Vielleicht kommt einmal die Zeit, in der sich die Christen und besonders die Katholiken selbst fragen: Wie haben denn wir gelebt? Und vielleicht werden sich dann auch die Priester und Bischöfe fragen: Wie haben denn wir die Menschen geführt?

3.

Sagen Sie die Wahrheit! Alle Päpste, die Menschen von heute erlebt haben, hatten ein besonderes Charisma: Pius XII. eine mystische Frömmigkeit, Johannes XXIII. seine Gutmütigkeit, Paul VI. die stille Demut, Johannes Paul I. das Lächeln, Johannes Paul II. eine liebenswürdige Kommunikationsfähigkeit. Am Pontifikat von Papst Benedikt XVI. ist faszinierend, wie er ruhig und liebevoll die Wahrheit sagt: die Liebe in der Wahrheit, »caritas in veritate«, wie der Titel seiner letzten Enzyklika gelautet hat. Und das ist es gerade, was die heutige Zeit, in der die Existenz einer objektiven Wahrheit angezweifelt wird, braucht.

Es genügt nicht, die Wahrheit nur zu wissen, man muss sie auch weitersagen. Das Biblische, »wenn sie schweigen, werden die Steine schreien«, gilt auch heute. Da ist auf der einen Seite der Papst: Er stellt mit großer Besorgnis fest, dass in der Welt heute der moralische Konsens zerfällt, ohne den keine rechtliche und politische Struktur funktionieren kann, und er weist bei dieser Gelegenheit auf den Zusammenbruch des Römischen Reiches hin. Und auf der anderen Seite die Politiker, auch die christlichen: Von ihnen hören wir vorwiegend hohle Phrasen, weil sie nicht mehr daran glauben, dass ein Bekenntnis zur Wahrheit zum Erfolg führen könnte. Auch sind sie nicht im Stande, etwas unverblümt auszusprechen. Das ist die Schere, die sich öffnet.

Dies soll nicht als Aufforderung missverstanden werden, fortgesetzt apokalyptische Reden zu halten. Es ist vielmehr eine Aufforderung an christliche Politiker, Journalisten, Aktivisten, zur rechten Zeit die Dinge beim Namen zu nennen: nämlich, dass die Kultur des Todes der Gesellschaft schadet; dass die Verdrängung des Christentums aus dem öffentlichen Leben zu neuen Tyranneien führt; dass die Gesellschaft auf diese Weise nicht ewig funktionieren kann; und dass man nicht ständig an die nächste Meinungsumfrage denken soll.

4.

Bereiten Sie sich auf das Märtyrertum vor! Dieser Ratschlag ist den Äußerungen von Erzbischof Charles Chaput aus Denver entliehen. »Werden Sie Märtyrer beim Aufbau einer Kultur des Lebens«, schrieb der Erzbischof den Gläubigen seiner Diözese im Februar 2011. Nein, es geht nicht um neues Blutvergießen von Christen. Mit großer Wahrscheinlichkeit auch nicht um Gefängnis. Aber die neue Zeit bringt neue Formen des Märtyrertums mit sich.

Man kann Ihren Ruf zerstören, die Öffentlichkeit davon überzeugen, dass Sie ein böser Mensch sind. Man kann Sie in den Medien durch den Dreck ziehen, jedes Versagen aufblähen, um aus Ihnen einen Heuchler zu machen. Man kann Sie als »Fundamentalisten« und »gefährlichen Radikalen« abstempeln und in die Isolation treiben. Man kann Ihre Freunde davon überzeugen, sich von Ihnen zu distanzieren, sie zu ruinieren. Alles sehr unangenehm!

Aber ohne die Bereitschaft, das zu ertragen, wird es nicht gehen, erinnert der Erzbischof. Was wird nicht gehen? Wir müssen uns klarmachen, was unser eigentliches Anliegen ist. Ist es etwa das Ziel von Christen, bei Wahlen lediglich Anteil an der Macht zu erlangen? Klar, auch das ist ein Ziel, aber doch nicht das einzige. Das eigentliche Ziel sollte ein Sieg der Kultur des Lebens sein. In diesem Kampf geht es aber nicht um Kompromisse – sondern um den Sieg.

Und ein Sieg ist ohne Märtyrertum unmöglich. Dieser Kampf kann den Christen in der Politik weit nach oben bringen. Er kann einen Parlamentssitz oder einen Ministerstuhl erringen. Es gibt viele christliche Wähler, die in der Politik von solchen Menschen vertreten werden wollen. Aber die Beteiligung am Kampf kann den christlichen Politiker ebenso sein Mandat kosten. Es gibt Momente, da wollen die Mitglieder von christlichen Parteien, weil sie müde oder ernüchtert sind, nichts mehr von einem Kampf für die Kultur des Lebens hören und verlangen vom Politiker die Fahnenflucht. Dies ist der Moment der Wahrheit. Ab und zu zeigt sich dann aber, dass der Politiker die Kultur des Lebens in seiner Werteskala nur auf den zweiten Platz hinter seinem Mandat stellt. Die Teilnahme am glitzernden politischen Zirkus hat eben ihren Reiz. Es ist aber notwendig, das Märtyrertum als Alternative einzukalkulieren. Wer diese Alternative ausschließt, der ist nicht frei. Ján Čarnogurský hat mir einmal gesagt: »In der Politik muss man in jedem Moment darauf vorbereitet sein, alles zu verlieren.«

5.

Rüsten Sie sich mit Argumenten aus! Eine der Ursachen, warum die Christen verlieren, warum sich Gesellschaft und Politik entchristlichen, ist der trügerische Schein, dass es eigentlich auch ohne Christentum und ohne Gott gehe, dass die anthropologische Revolution im Grunde genommen unschädlich sei. Oft haben die Christen dies selbst geglaubt. Ist es aber die Wahrheit? Sind nicht schon jetzt die schlimmen Früchte der anthropologischen Revolution erkennbar?

Diese Revolution hat eine in der Geschichte beispiellos niedrige Geburtenrate hervorgebracht. Die europäischen Frauen haben im Durchschnitt 1,5 Kinder. Dieser Zustand hält nun schon mindestens seit zwei Jahrzehnten an. Die Bevölkerung altert, und es steht die offene Frage im Raum: Wie wird künftig die Gesundheitsfürsorge aussehen? Wer bezahlt die Renten, wenn es immer mehr alte Menschen gibt, die Menschen im arbeitsfähigen Alter, die diese Renten zahlen sollen, aber weniger werden?

Der Bevölkerungsrückgang wird zwar durch die Verlängerung des menschlichen Lebens und die Immigration gebremst. Der Immigrant aber kann das eigene Kind nicht ersetzen. Es wird immer mehr alte Menschen geben, die einsam leben und niemanden haben, der für sie sorgen kann. Dies wird den Druck in Richtung Euthanasie erhöhen. Die Immigration bringt neue Probleme mit sich, die zu erörtern aber den Rahmen unseres Buches sprengen würde.

Eine Gesellschaft, die nicht im Stande ist, sich zu reproduzieren, hat ein großes Problem, das sich nicht verheimlichen lässt. Historiker werden einst über unsere Zeit schreiben, damals hätten verrückte Menschen gelebt. Obwohl sie keine Kinder hatten, haben sie unentwegt die Abtreibung verteidigt und behauptet, die Ehe hätte nichts mit der Zeugung und Erziehung von Kindern zu tun.

Haben Sie nichts vom Rückgang des Niveaus in unserer Schulen bemerkt? Haben Sie nicht bemerkt, dass Kinder und Jugendliche, die unsere Grund- und Mittelschulen verlassen, weniger als vor 20 Jahren wissen? Darf man sich darüber wundern, wenn sie überall nur unverantwortliches Verhalten sehen und stets nur über ihre Rechte und nicht über ihr Pflichten belehrt werden?

Wollen wir nicht wahrhaben, dass die Standards im Benehmen gesunken sind? Und wann werden wir zur Kenntnis nehmen, dass eine Familie mit Kleinkindern beim Einschalten des Fernsehers im Wohnzimmer feindliches Territorium betritt?

Wollen wir nicht wahrhaben, dass Europa zu keiner Einigung mehr im Stande ist, welchen kulturellen Minimalanforderungen Immigranten gerecht werden sollten, wenn sie hier eingebürgert werden wollen? Soll der Eignungstest darin bestehen, dass sie den Anblick von zwei sich küssenden Männern ertragen, so wie dies in Holland der Fall ist?

Und was steckt hinter den modernen Krisen: den Wirtschafts-, Schulden- und Währungskrisen? Ist es nicht etwa die Sehnsucht, alles sofort haben zu wollen – auch um den Preis von Verschuldung? Und gilt Gleiches nicht auch für die anthropologische Revolution? Ist die Abtreibungsepidemie nicht ein Leben auf Kosten künftiger Generationen? Ist die Euthanasie nicht ein Leben auf Kosten der Elterngeneration? Sind die Tausenden von plündernden Vandalen in den Straßen der britischen Städte im Sommer 2011 nicht eine Konsequenz der zerfallenden Familien, in denen ein fester Bund zwischen Vater und Mutter fehlt? Ist nicht die Auflösung der Familie ein Leben auf Kosten der anderen?

Und ist nicht die einzig vernünftige Schlussfolgerung aus den heutigen Krisen der Imperativ: Lebe *verantwortungsbewusst*?

Die Revolution hat viele böse Früchte hervorgebracht. Die Christen sollten mit diesen Fakten geschickt und selbstbewusst argumentieren lernen.

6.

Vernetzen Sie sich untereinander, kommunizieren Sie miteinander, handeln Sie gemeinsam! Wir haben detailliert beschrieben, dass sich die christliche und konservative Gesellschaft in ihrem politischen Umfeld in Europa und in Amerika nach links bewegt, und dies ganz im Sinne der linken anthropologischen Revolution. Aber man sieht auch überall neue Dissidenten, die es ablehnen, sich dieser Bewegung zu unterwerfen, obgleich sie in Konflikt mit ihrem Umfeld geraten. Es sind Politiker, Publizisten, Aktivisten. Es sind einsame Kämpfer oder kleine Grüppchen. Man kann sie auch in der Blogosphäre des Internets entdecken, wenn man das Geschehen verfolgt. Ihre Situation ist ausweglos, sie haben keine Hoffnung, sich politisch durchzusetzen. Man findet sie überall in Europa.

Das Schicksal von Politikern, die 2008 die KDH verlassen haben, wurde schon erwähnt. In der Tschechischen Republik setzen sich die Menschen in den Medien am aktivsten gegen die anthropologische Revolution ein, die mit der KDU-ČSL nichts Gemeinsames haben oder ihr gegenüber zumindest kritisch eingestellt sind. Es sind Michal Semín, Ignác Pospíšil, Michaela Freiová. In Österreich wurde vor einigen Jahren die Partei »Die Christen« als Ausdruck der Missbilligung der entchristlichten ÖVP gegründet. Ihre Wahlergebnisse bei den Parlamentswahlen betrugen zwar nur Bruchteile von Prozenten, aber bei den Präsidentschaftswahlen 2010 bekam ihr Kandidat, Rudolf Gehring, immerhin 5,4 % der Stimmen. Die ÖVP unterstützte den Kandidaten der Sozialisten Heinz Fischer, der für Abtreibung und Homosexuellen-Partnerschaften steht. Gehrings Ergebnis war das Gleiche wie das Ergebnis des Kandidaten der KDS, František Mikloško, in der Slowakei ein Jahr zuvor.

2007 trat in Polen der Präsident des »Sejms«, Marek Jurek, von seinem Posten als Vorsitzender zurück und verließ auch seine Partei »Recht und Gerechtigkeit«, weil sich die Partei nicht für den vollen Schutz des ungeborenen Lebens in der Verfassung einsetzen wollte. Jetzt ist er Vorsitzender einer außerparlamentarischen Opposition.

In Großbritannien ist Peter Hitchens ein Kritiker der Konservativen Partei. In seiner Jugend Trotzkist, wurde er durch einen Besuch in der Sowjetunion von seiner Linksorientierung geheilt. Er wurde Christ und Mitglied der Konservativen Partei. 2000 verließ er die Zeitung »Daily Express«, bei der er zwei Jahrzehnte lang Kommentator gewesen war. Der Grund: Ein Herausgeber von Sex-Magazinen wurde neuer Inhaber der Zeitung. Hitchens verließ 2003 die Konservative Partei, weil sie ihren konservativen Charakter verloren hatte. Diesen Prozess beschreibt er in seinem letzten Buch »The Cameron Delusion« beispielhaft an der Person des heutigen Führers der Konservativen, David Cameron. Hitchens klagt ganz offen, dass es in Großbritannien zur Verfolgung von Christen durch den Staat kommt. Der Bruder von Peter Hitchens, Christopher, wiederum war ein bekannter kämpferische Atheist (gest. 2011), ein Vertreter des so genannten »Neuen Atheismus«. Diese gegensätzliche Ausrichtung der beiden Brüder ist charakteristisch für das heutige Europa.

Christian Vanneste überlebte erfolgreich in einer Halb-Dissidentenposition in der Gaullisten-Partei von Sarkozy (siehe Kapitel VI). In der deutschen CDU tauchen Initiativen auf, die die Abkehr der CDU von christlichen Werten kritisieren. Im Jahr 2010 gab es eine Initiative »Aktion Linkstrend stoppen«, die eine geistige Wende zu den ursprünglichen Werten, größeren Schutz der Familie und der Ungeborenen forderte. Im Sommer 2011 meldete sich der Verband der Senioren in der CDU mit einem Manifest »Kultur des Lebens« zu Wort, in dem die Entchristlichung Deutschlands befürchtet wird. Der Verband kritisiert das Einverständnis der CDU mit der Präimplantations-Diagnostik und fordert die CDU zum Kampf gegen Abtreibung, Stammzellenforschung und Euthanasie auf europäischer Ebene auf..

Was bedeuten diese Beobachtungen? Dieses Widersprechen reicht vom Bemühen, die Wertepositionen der Parteien zu ändern, bis zum offenen Bruch. Sind dies unwichtige Episoden oder Signale von ernsthaften Rissen im Organismus der etablierten christlichen und konservativen Parteien? Die Zeit wird es zeigen.

Eines ist aber offensichtlich, die »Europäische Volkspartei« ist nicht mehr der Raum, in dem die christlichen und konservativen Parteien im Kampf gegen die liberale Revolution zusammenarbeiten können. Die EPP hat es schon vor langer Zeit abgelehnt, sich in diesem Kampf zu engagieren. Die EPP bleibt aber ein Raum, in dem sich *Einzelne* aus diesen Parteien, die sich über den Stand der Dinge bewusst sind, treffen können.

Die anthropologische Revolution ist eine globale Revolution. Transnationale Bündnisse sollten daher auch engagierte Christen bilden, die eine gemeinsame Meinung verbindet, egal, ob es sich um Politiker der Mitgliedsparteien der EPP oder um Aktivisten ohne politische Funktionen handelt. Solche Bündnisse, Kontakte und gemeinsame Veranstaltungen befinden sich in den Anfangsstadien.

7.

Kommunizieren Sie und arbeiten Sie mit Andersdenkenden zusammen! Dieser Ratschlag birgt verständlicherweise auch Gefahren. Die beste Basis für aktive Christen in der Politik des heutigen Europa ist eine christliche Partei, die in der Sache klar Stellung bezieht und es ablehnt, sich durch den Gramsci-Marsch korrumpieren zu lassen. In einer Partei aktiv zu sein, von der die anthropologische Revolution nicht bekämpft wird, ist nur zweite Wahl. Die Mitgliedschaft in einer Partei, die offensichtlich antichristlich ist, ist sinnlos und unakzeptabel.

Es ist jedoch stets nützlich, wenn Christen auch mit Menschen guten Willens, die zwar keine deklarierten Christen sind, in Projekten zusammenarbeiten. Dabei müssen Christen jedoch ihre Identität bewahren. Diese Zusammenarbeit ist notwendig. Die Christen sind nämlich nicht allein für sich selbst verantwortlich. Damit soll nicht angedeutet werden, dass christliche Politik nur Gutes für Christen tut. Es wird auch nicht behauptet, dass nur irgendwelche »christlichen Werte« existieren und irgendwelche »allgemein menschlichen Werte«, die im Konfliktfall Vorrang vor den »christlichen« Interessen haben. Ein solcher Synkretismus ist mir fremd. Christen glauben daran, dass ihr Glaube zu tiefsten Erkenntnissen über die Menschen und die Gesellschaft führt und deswegen die Grundlage der Politik, die Gutes für alle bringt, sein sollte.

Die »Ad hoc«-Zusammenarbeit mit Andersdenkenden ist noch aus anderen Gründen wichtig. Erstens erfordert die Erfüllung einiger Aufgaben das Bündeln von Kräften. Manches können Christen allein bewirken, anderes aber nur in Verbindung mit anderen. Zweitens haben Christen auch weiterhin die Aufgabe, das Evangelium zu verkünden. Drittens können Andersdenkende manchmal für Christen ein nützlicher Spiegel sein, in dem sie erkennen, dass sie nicht heilig sind. In der Bibel gibt es zur Warnung viele Geschichten von Menschen, die zwar das Geschenk des Glaubens erhalten haben, es aber nicht richtig anwenden. Auch Geschichten von Menschen stehen da, die dieses Geschenk zwar nicht hatten, aber so lebten, als hätten sie es.

František Mikloško pflegte manchmal zu sagen, dass er in der liberalen Welt mehr Großzügigkeit begegnet sei als in der christlichen – ohne daraus jedoch eine Regel zu machen. Auch ich habe in nicht ausdrücklich christlichen Umgebungen Menschen getroffen, die zwar falsche Ansichten vertraten, aber großzügig, aufopfernd und liebevoll gewesen sind. Ich habe selbst auch die Erfahrung des beraubten Menschen aus dem Gleichnis des »barmherzigen Samariters« gemacht, den zwar der Levit und der Priester gemieden haben, dem aber ein Samariter geholfen hat.

Wir wollen nicht die Illusion verbreiten, ein »streng gläubiger« Christ könne heute die Zuneigung der liberalen Welt gewinnen. Die slowakischen Liberalen waren zu Beginn der 90er-Jahre durch den Mečiarismus in die Defensive gedrängt und auf die Zusammenarbeit mit der starken KDH angewiesen. Aber nachdem sie stärker geworden waren, wandten sich viele gegen die KDH. In den Anfängen meiner politischen Karriere, Mitte der 90er-Jahre, wurde ich durch meine Teilnahme an einer Petition bekannt, mit der slowakische Humoristen wie Jaro Filip, Milan Markovič und andere unterstützt wurden. Anhänger von Mečiar hatten sie aus dem slowakischen Fernsehen verbannt. Außer der KDH konnte ihnen damals niemand helfen. Daher war in der Mečiar-Ära eine solche Zusammenarbeit notwendig. Später hingegen wurde es notwendig, gegen den Liberalismus zu kämpfen – und heute würde kein 25-jähriger Liberaler mehr glauben, dass ich damals slowakische Humoristen unterstützt habe, die garantiert nicht konservativ waren.

Falls sich Christen ein dauerhaftes Verständnis erwarten, würden sie sicher enttäuscht. Trotzdem sollten sie großzügig sein. Ist Christentum ohne Großzügigkeit denkbar? Man darf diese Großzügigkeit jedoch nicht mit Gedankenlosigkeit und Naivität verwechseln. Vielleicht gehört es aber zu Gottes Humor, dass manchmal und ganz unerwartet das Schicksal Menschen verbindet, die sich in der Vergangenheit als Gegner gegenübergestanden sind. Hätten etwa die jungen Kommunisten in den 50er-Jahren gedacht, dass sie in den 60er-Jahren aus der kommunistischen Partei ausgeschlossen und in den 80er-Jahren sogar hoffen würden, dass die Untergrundkirche stark und aktiv genug sein werde, um den Kommunismus zu besiegen?

Die anthropologische Revolution und die ihr verwandten Strömungen, wie etwa die »politische Korrektheit«, können Menschen das Leben recht unangenehm machen – und zwar nicht nur Christen. Die Zukunft bringt oft überraschende Bündnisse.

8.

Schaffen Sie Kultur! Als ich dieses Buch schrieb, hörte ich aus dem Internet Musik: Mozart, aber auch die Rolling Stones. Mit ihnen bin ich groß geworden. Als ich aber über Angela Davis geschrieben habe, stieß ich auf das Lied von Mick Jagger »Sweet Black Angel«. Mir fiel da auf, dass es bisher zu meinen Lieblingsliedern gehört hatte. Das kennzeichnet unsere Situation. Wir nutzen Kultur und Kunst, die oft gar nicht unseren Wertvorstellungen entsprechen. Den Siegeszug der Revolution erkennt man in der modernen Kunst. Die Kunst bestimmt den Sieger, der Sieger die Kunst. Die Kunst, in der es ja um Empfindungen, Wahrnehmungen und Fantasie geht, ist ein Megafon, das philosophische Botschaften verstärkt. Dante, Shakespeare, Gotik, Renaissance,

Barock, Mozart ... sind Zeugen aus Zeiten, in denen der christliche Geist Europa regierte. Diese Werke kann man jedoch nicht kopieren. Die Erneuerung der christlichen Kunst in der Gegenwart ist eine Herausforderung an christliche Künstler.

Während meiner Jugend habe ich außerhalb der Volkskunst drei wesentliche künstlerische Strömungen wahrgenommen. Es war die sakrale Kunst in den katholischen Kirchen, die ich besucht habe. Unsere Zeit hat allerdings auch die sakrale Kunst, was Architektur und Musik betrifft, ins Wanken gebracht. Auf der anderen Seite gab es die offizielle Kunst des sozialistischen Realismus. Seine Schöpfer waren nicht ohne Talent. In dieser Zeit hat aber diese Strömung bei der jungen Generation an Kredit verloren, weil die Verlogenheit ihrer Botschaft offenkundig geworden war. Dass die Russen gute Filme drehen können, habe ich erst nach dem Fall des Kommunismus schätzen gelernt.

Aber was Popularität und Auffälligkeit anbelangte, war die Popkultur am wichtigsten, obgleich sich das kommunistische Regime bemüht hat, sie so gut es ging, zu unterdrücken. In den 60er- und 70er-Jahren haben die westliche Rockmusik und die neuen Hollywoodproduktionen den Weg in die Herzen und Köpfe der jungen Generation gefunden, zu der ich damals gehört habe.

Außerhalb der Kirchen sind wir mit der Musik der Beatles, Rolling Stones, Deep Purple, Led Zeppelin und Nazareth groß geworden. Mit unseren langen Haaren haben wir ihre Sänger imitiert. Manchmal höre ich sie bis heute. Als wir sie zum ersten Mal gehört haben, konnten wir meistens kein Englisch. Als wir dann die Sprache gelernt hatten, mussten wir feststellen, dass sie ab und zu Unsinniges gesungen haben. Doch das haben wir ihnen nicht übel genommen. Wenn die Lieder eine politische Botschaft hatten, so stellten wir fest, dass sie nicht gegen den Kommunismus rebellierten, in dem wir lebten, aber dass sie gegen die eigene Gesellschaft revoltierten, auf die wir unsere Hoffnungen setzten.

In den 60er-Jahren endete in Hollywood die Ära, in der (wie es ein schlagfertiger Beobachter ausgedrückt hat) »die jüdischen

Eigentümer der Filmstudios für das amerikanische protestantische Publikum Filme mit einer katholischen Botschaft produziert haben«. Kein »Ben Hur« oder »Zehn Gebote« mehr, sondern »Asphalt-Cowboy« und »Pate«.

Ebenso wie die Rockmusik haben wir auch die neue Hollywoodproduktion mit dem Westen identifiziert und erst später begriffen, dass die beiden Phänomene eher eine Attacke von innen gegen die ältere Kultur des Westens waren.

Die Botschaft der Popkultur richtet sich überwiegend gegen Werte wie Familie, Verantwortung oder menschliche Würde im christlichen Sinn. Dies ist einfach eine Tatsache. Nicht nur der Film und die Musik, sondern noch weitere Bereiche der modernen Kunst stehen im Dienst der linksliberalen Revolution.

Dies gilt aber nicht ohne Einschränkungen. Und es bedeutet nicht, dass in der säkularen Welt, außerhalb der sakralen Kirchenkunst, keine Kunst entsteht, die christliche Werte fördert. Ich erinnere mich noch an den Erfolg des Musicals »Evangelium über Maria« auf den Brettern der Neuen Bühne in Bratislava. Ein Lichtblick war auch der Film von Mel Gibson »Die Passion Christi«. 2012 kam der mexikanische Film »Cristiada« in die Kinos mit Stars wie Andy Garcia, Eva Longoria und Peter O'Toole in den Hauptrollen. Auf der Filmleinwand wird da der vergessene Kampf der mexikanischen Katholiken für die Freiheit während der Willkürherrschaft von Präsident Plutarco Calles wieder lebendig. Während ich diese Zeilen schreibe, halte ich einen Gedichtband mit katholischer Poesie von meinem Freund Štefan Bučko in der Hand.

Die christliche Kunst ist also nicht verloren gegangen. Sie führt aber einen ungleichen Kampf. Das ist eine Herausforderung für talentierte Christen.

9.

Werdet Fachleute. Vor dem November 1989 waren es die Christen, die sich am meisten um den Fall des Kommunismus Verdienste erworben haben. Unter den Bedingungen der Freiheit konnte jedoch eine Weile die liberale Umgebung mehr Fachleute für Regierungsposten stellen. Verwunderlich war das nicht: Die Christen hatten 40 Jahre lang eine harte Fastenzeit. Wenn sie ihrem Glauben treu bleiben wollten, waren sie Bürger dritter Klasse und kamen nicht in Führungspositionen. Deswegen hatten sie auf diesem Gebiet auch keine Erfahrungen. Aber 20 Jahre später kann man sich darauf jetzt nicht mehr ausreden.

Die Durchsetzung von christlichen Werten im öffentlichen Leben trägt ein Risiko in sich, und zwar, dass der Christ seine mangelnde fachliche Kompetenz hinter seinem Christentum versteckt, auch wenn sein Christentum aufrichtig gemeint ist. Er kann zu einem »Karriere-Christen« werden.

Der Mensch lebt nicht vom Brot allein, aber doch auch vom Brot. Zu den Schwächen des gegenwärtigen christlichen Engagements zählt die mangelnde Fähigkeit, ein Wirtschaftsprogramm für die heutige Zeit zu bieten. Die Diskussion verlief in den letzten Jahrzehnten fast ausschließlich zwischen den Verfechtern des Sozialstaates nach sozialistischem Vorbild, die sich auf Marx berufen, und den Verfechtern des freien Marktes, die sich auf die Österreichische Schule berufen, also auf Friedrich von Hayek und Ludwig von Mises. Man hört nichts von katholischen Ökonomen, die in die wirtschaftliche Praxis die Lehre der päpstlichen Sozialenzykliken einbringen. Was ist aus dem Konzept des Familienlohnes geworden? Man hört nichts über den »Distributismus«, wie ihn Hilaire Belloc oder Gilbert Keith Chesterton entwickelt haben.

Der sozialistische und auch der kapitalistische Staat haben Merkmale, die zur Suche nach Alternativen geradezu herausfordern. Der sozialistische Staat schafft eine Bevölkerungsschicht, die von der direkten Unterstützung durch den Staat abhängig ist. Der kapitalistische Staat steuert auf eine immer geringer werdende Anzahl von Kapitalisten zu, die dann schließlich so große Player sind, dass sie der Staat auch dann unterstützen muss, wenn sie sich unverantwortlich verhalten.

Da ist eine christliche Antwort gefragt.

10.

Fürchtet euch nicht! Das sind die Worte des seligen Johannes Pauls II. – also fürchten wir uns nicht! Ja, jeder, der ein christlicher Politiker war, weiß, wie schwer es ist, dem Druck der Zeit standzuhalten. Wie es beinahe unmöglich erscheint, ein erfolgreicher Politiker zu werden und gleichzeitig den christlichen Werten treu zu bleiben.

Der Kommunismus schaffte den Druck durch Terror, bewaffnete Macht und Geheimpolizei. Das heutige System kann einen ähnlich wirksamen Druck durch seine Ideologie und mediale Überlegenheit schaffen. Trotzdem muss man sich davor nicht fürchten. Das, was die Christen aus Osteuropa in die heutigen Kämpfe einbringen, ist ihre Erfahrung. Der Kommunismus schien unbesiegbar zu sein, und dennoch fand er ein Ende. Deswegen dürfen wir uns heute nicht von dem Gefühl irreführen lassen, dass es keinen Sieg geben kann.

Auch das heutige System hat seine großen inneren Widersprüche, wie sie auch der Kommunismus hatte. Man kann nicht unendlich lang die wesentlichen Regungen, die Menschen in ihren Herzen tragen, unterdrücken. Es ist nicht möglich, das menschliche Leben wie etwas Materielles zu manipulieren. Es ist nicht möglich, sich als Gott aufzuspielen. Es ist nicht möglich, die Familie zu missachten, die bisher stets eine Basis für die Gesellschaft gewesen ist. Es ist nicht möglich, den Menschen ununterbrochen Rechte zuzusprechen und ihnen ihre Pflichten zu verschweigen und die sich daraus ergebende Unverantwortlichkeit auch noch als Freiheit zu bezeichnen. Es ist nicht möglich, das Leid der Menschen zu beklagen und sie gleichzeitig auf einen Weg zu führen, der sie zerstört. Es geht auf Dauer nicht, die Kinder gegen ihre Eltern aufzuhetzen und die Tradition zu verachten. Es ist nicht möglich, die Existenz der Wahrheit zu leugnen, sonst wird alles irrational. Es ist auf lange Sicht nicht möglich, ununterbrochen menschliche Schwächen zu unterstützen, die zur Lähmung der Gesellschaft führen. Es ist nicht möglich,

Menschen dafür zu bestrafen, dass sie nach ihrem Gewissen leben wollen.

Man kann dies lange so treiben, aber es kommt der Moment, da geht es nicht mehr.

»Die Abtreibung ist etwas so Unnatürliches, dass es sie in 50 Jahren nicht mehr geben wird«, sagte der Pro-life-Aktivist Dr. Jack Wilkie. Die Hellsichtigkeit und die Schlichtheit dieser Worte wirkt fast betäubend. Und Menschen wie ihn gibt es viele. Wisst Ihr, wie viele Menschen im vergangenen Jahr am Marsch für das Leben in Paris teilgenommen haben? Es waren 40.000. Und diese Menschen waren eine lebendige entschiedene Masse. Sie haben nicht gebettelt, sondern kompromisslos den Schutz der Ungeborenen gefordert. In Washington beteiligten sich 2011 400.000 Menschen an einem Marsch für das Leben. Sie alle teilen die Vision, dass sie in diesem größten moralischen Konflikt unserer Zeit siegen werden. Wollen nicht auch Sie dabei sein?

Wir stehen in einer großen kulturellen Wende, die über die Kontinente hinweg stattfindet. Man darf sich nicht mit ihr abfinden und muss sich aber auch nicht vor ihr fürchten. Man muss sie aushalten. Wir müssen uns gegenseitig unterstützen. Verlieren wir nicht den Mut und den Humor! Glauben wir nicht an unsere Überlegenheit. Vergessen wir nicht, dass wir keine Heiligen sind. Wir sind gewöhnliche Menschen, die Fehler machen, die aber wissen, dass ihr Kampf nicht nur ein menschlicher Kampf ist.

Demütig und friedlich kämpfen wir unseren Kampf.

NACHWORT
ZUR DEUTSCHEN AUSGABE

2014 sind zehn Jahre seit der Bewerbung von Rocco Buttiglione auf den Posten des Kommissars der Europäischen Union vergangen. Bald werden wieder Wahlen zum Europäischen Parlament stattfinden. Wir kennen schon den Kandidaten, der zukünftig der Vorsitzende der Europäischen Kommission sein soll. Die Partei der europäischen Sozialisten PES hat inzwischen mitgeteilt, dass sie den Deutschen Martin Schulz für diesen Posten vorschlagen wird, den jetzigen Vorsitzenden des Europäischen Parlaments.

Während des Falls Buttiglione war Martin Schulz Chef des Parlamentsklubs der europäischen Sozialisten. Es war auch Martin Schulz, der gesagt hat, Barroso müsse unbedingt Buttiglione loswerden, sonst könne er nicht mit der Genehmigung der Kommission rechnen. Bei der Besetzung des Postens des Kommissionsvorsitzenden sind die Sozialisten an der Reihe. Deshalb wird Schulz zweifellos gewählt werden. Zweifellos werden seiner Wahl auch die Abgeordneten der Europäischen Volkspartei EPP zustimmen, einschließlich der Abgeordneten der deutschen CDU. Keiner von ihnen wird sich daran erinnern, dass ein Katholik, der den Katechismus der Katholischen Kirche hochhält, es laut Martin Schulz nicht wert ist, in der Europäischen Kommission mitzuwirken. Bereits als sie 2011 Martin Schulz zum Vorsitzenden des Europäischen Parlaments gewählt haben, hat sich keiner daran erinnert. Es scheint, die Förderer der anthropologischen Revolution sind erfolgreich.

Weniger erfolgreich sind hingegen die Katholiken, die dem Katechismus treu geblieben sind. Der deutsche Journalist Martin Lohmann, Mitglied der CDU, ist schon seit Jahren als Gegner der Abtreibung und der Ideologie des Homosexualismus bekannt. Nachdem er 2013 in den Medien aufgetreten war, hat die Leitung der Macromedia Hochschule für Medien und Kommunikation in Köln beschlossen, Lohmann nicht länger als Lehrkraft zu beschäftigen.

2012 erschien das Buch »Die Löwen kommen« in der Slowakei. Alle Trends, die in ihm geschildert sind, haben sich fortgesetzt. Das Jahr 2013 verzeichnete einen außerordentlichen Zuwachs an gerichtlichem Aktivismus im Dienst der anthropologischen Revolution. Das deutsche Verfassungsgericht entschied, dass registrierten gleichgeschlechtlichen Paaren die gleichen Steuerbegünstigungen zustehen wie Ehepaaren. Besonders in Deutschland, wo die Anzahl der Kinder pro Frau konstant bei 1,3 liegt, ist dieses Urteil verwunderlich. In den USA hat das Höchste Gericht in einem historischen Beschluss einige Teile des Gesetzes DOMA – Defence of Marriage Act – aufgehoben. Ähnlich wie in Deutschland, wird damit das Prinzip aufgehoben, dass der Ehe von Mann und Frau materielle Vorteile garantiert sind, die den gleichgeschlechtlichen Paaren nicht zukommen. Es melden sich Stimmen, dieses Urteil bedeute für die Verteidigung der Familie das, was 1973 das Urteil »Roe vs Wade« für den Schutz des Lebens bedeutet hat. Das Europäische Gericht für Menschenrechte hat nun endgültig die Beschwerde von Lillian Ladele abgelehnt: Der Gewissensvorbehalt wird auf dem ganzen Kontinent in Frage gestellt.

Die Präsidentschaftswahlen in den USA im November 2012 haben eine Wendung in der Unterstützung der Homosexualität durch die amerikanischen Wähler mit sich gebracht. Noch 2004 verfolgte George W. Bush bei der Präsidentschaftswahl als siegreiche Strategie die Organisation von Volksentscheiden in mehreren amerikanischen Staaten. Die Wähler bestätigten in diesen Referenden die Ehe als Bund von Mann und Frau. Der Sieg von Barack Obama 2012 war jedoch von Referenden in vier Staaten begleitet, in denen sich die Wähler zu Gunsten der »Ehen« von gleichgeschlechtlichen Paaren ausgesprochen haben. Zwei große westeuropäische Länder, Frankreich und Großbritannien, haben inzwischen die Ehe neu definiert. Die französische Justizministerin Christiane Taubira bezeichnete das Gesetz über die »Ehe« von Personen des gleichen Geschlechts als »anthropologische Revolution«. Es scheint, wir haben uns bei der Terminologie getroffen.

Mit Irland fällt eine der letzten Bastionen beim konsequenten Schutz des Lebens. Ein Gesetz über die Legalisierung von Abtreibungen ist verabschiedet. Wir erfahren, dass einigen Abgeordneten, die mit dem Gesetz nicht einverstanden sind, dies ihre Karriere in ihren jeweiligen politischen Parteien gekostet hat. Das Europäische Parlament hat eine Ausstellung zur gesamt-europäischen Petition »One of us« zum Schutz des Lebens in seinen Räumen verboten.

In Westeuropa und in Amerika tauchen immer neue Fälle von kleinen, aber auch größeren Verfolgungen von Christen, die sich gegen die anthropologische Revolution stellen, auf. Eingeschaltet werden die Polizei, die Gerichte, aber auch Mittel des Arbeitsrechts.

Gleichzeitig zeigt sich, dass der Osten und der Westen nach 1989 ihre Rollen, was die Verfolgung des Christentums betrifft, getauscht haben. Putins Russland hat ein Gesetz über die Strafbarkeit von homosexueller Propaganda verabschiedet, während im Westen der Homosexualismus zur wirksamsten Form von Christenverfolgung wird. Russland verbietet die Schändung christlicher Kirchen. Die Randaliererinnen von »Pussy Riot« wurden dafür verurteilt. Für Fernsehsender wie den amerikanischen CNN sind diese Frauen jedoch Heldinnen. Für die christdemokratische Kanzlerin Angela Merkel sind Pussy Riot »politisch aktive Bürgerinnen« und ihre vulgären Schreie in der Christ-Erlöser-Kathedrale in Moskau ein Ausdruck einer »dynamischen Bürgergesellschaft«. Dabei gibt es für ein derartiges Verhalten auch im deutschen Strafgesetzbuch entsprechende Paragrafen. Die Verteidigung von Pussy Riot durch Merkel ist kennzeichnend für die Entwicklung der europäischen Christdemokratie.

Die ukrainische Feministin Irina Schewtschenko aus der »Femen«-Bewegung, die in Kiew in aller Öffentlichkeit mit einer Motorsäge ein Kreuz abgesägt hat, bekam in Frankreich Asyl. Ihre Kolleginnen von Femen in Brüssel haben Erzbischof Léonard während seines öffentlichen Auftritts mit Wasser begossen und vulgäre gotteslästerische Parolen geschrien. Die französische Post hat eine neue Briefmarke herausgegeben. Das französische Kultursymbol Marianne trägt das Antlitz von Irina Schewtschenko.

Die Verfolgung der Christen im Westen wird von den großen Medien systematisch ignoriert. Manchmal können aber auch sie einzelne Fälle nicht ganz unter den Tisch fallen lassen. Die amerikanischen Medien mussten darüber informieren, wie das US-Steueramt IRS konservative und christliche Organisationen diskriminierte. Auch konnte man letztendlich nicht völlig verheimlichen, dass sich in Frankreich wiederholt eine Million Menschen friedlich auf den Straßen zur Verteidigung der Ehe getroffen haben und die Polizei gegen sie Tränengas eingesetzt hat.

Falls uns jemand vor 20 Jahren gesagt hätte: »Es wird eine Zeit kommen, in der Hunderttausende für eine solche Selbstverständlichkeit wie die Ehe von Mann und Frau demonstrieren und viele von ihnen ins Gefängnis geworfen werden, weil sie ein Symbol der traditionellen Familie tragen«, so hätten wir gedacht, dies sei der Stoff für einen fantastischen Film in einer fernen dystopischen Zukunft.

ÜBER DEN AUTOR

Doz. RNDr. Vladimír Palko, CSc. (*1957) hat Mathematik an der Comenius Universität in Bratislava studiert. Er wurde dreimal zum Abgeordneten des slowakischen Nationalrates für die Christdemokratische Bewegung gewählt. In den Jahren 2002–2006 war er Innenminister in der Regierung der Slowakischen Republik. Zur Zeit arbeitet er als Dozent für Mathematik an der Paneuropäischen Hochschule in Bratislava. Er ist verheiratet und hat drei Kinder.